U0631689

周易全書

（四）

最新整理珍藏版

学术顾问　汤一介　文怀沙

吉　凶

《易》首“元亨利贞”，次则“吉凶悔吝”，《传》云“吉凶者，失得之象也”。“元亨利”则得，不“元亨利”则失。故“元亨利”则吉，而“贞”则有吉有凶。三百八十四爻言凶者仅五十七。言吉者一百四十四，盖人性皆善，失可变而为得。始虽凶，一经“悔吝”，凶仍化而为吉。《易》之为书也，对人教人迁善改过，故吉多于凶。“悔吝”，亦吉也。是吉处其三，而凶处其一。说者以“悔吝”为凶，非也。

《传》云“方以类聚，物以群分，吉凶生矣”，又云“辨吉凶者，存乎辞”，又云“圣人有以见天下之动，而观其会通，以行其典礼。系辞焉以断其吉凶”，又云“系辞焉而命之，动在其中矣”。“吉凶悔吝”，生乎动者也。辞因动而系，由动而失，亦可由动而悔。“迷复凶，有灾眚”，以其成明夷也。乃明夷六爻不言凶，而六二言“吉”，九三言“得”，六五言“利”。以其悔而变通于讼，故《讼·九五》“元吉”，初六六三“终吉”，九四“安贞吉”，九二“无眚”。是凶至于成明夷，一经“悔吝”，即化为吉也。归妹“征凶”，以其成大壮也。乃《大壮·初九》称“征凶”，以“明”即归妹之“征凶”。而九二直称“贞吉”，九四称“贞吉悔亡”，六五称“无悔”，上九称“艰则吉”，皆以其能变能也。《易》虽言凶，必言其变通，以复于吉。惟成两既济，则为“终凶”，为“贞凶”，乃不可救药，所谓“终止则乱”也。

厉

“厉”之见于《彖辞》者一，爻辞称“厉”者二十六。《夬·彖》“孚号有厉”，《传》云“孚号有厉，其危乃光也”。“厉”之训“危”于此可见。总全《易》而通之，“厉”与“无咎”相表里。未“悔吝”则厉，既“悔吝”则无咎。一则因满盈而危，满盈而能变通，则“悔终吉”。一则因伤害而危，

伤害而能变通，则“吝无咎”。知其危而悔而吝，由悔吝而无咎。此其大略也。《夬·象》“孚号有厉”之“厉”，以“失道而危”也。《乾·九三》“君子终日乾乾。夕惕若，厉无咎”之“厉”，以当位而危也。《文言传》云“知进而不知退，知存而不知亡，知得而不知丧”。不知退，不知亡，不知丧，即不知危。乾成家人，刊成屯。盈而不知戒，将成两既济。为穷之灾，何危如之？故“亢龙有悔”。“悔”则“乾乾，夕惕若”，故虽危无咎。《传》云：“知至至之，可与几也。知终终之，可与存义也。是故居上位而不骄，在下位而不忧。故乾乾因其时而惕，虽危无咎矣。”

见几存义，则能变通，通变能则不骄不忧。骄由于当位，忧由于失道。在上位指《家人·上九》，在下位指《谦·九三》，在下位指《谦·九三》。《乾·九三》之“厉”专指家人、屯。《传》并及于忧，骄即亢，忧即号，明“亢”与“号其危”同也。

乾上之坤三成夬，与艮上之况三同。《兑·九五》“孚于剥，有厉”，即夬之“孚号有厉”。兑成夬，故“有厉”。因其“厉”而“孚于剥”，是为“孚号，厉”，而“能孚”则“不厉”，故《传》云“其危乃光也”。先言“孚”，后言“有厉”，《易辞》每用倒装。若云所以“孚于剥”者，以其“有厉”也。

夬剥相错，为大畜萃。《萃·初六》“若号”，犹“夬之号”，《大畜·初九》“有厉”，犹夬之“有厉”。夬以艮上之兑三而号，大畜以鼎四之初而号。夬有厉，以孚于剥而光。大畜有厉，以孚于萃而利。《经》称有厉者三，其相贯如此。

《系辞传》云：“三与五同功而异位。三多凶，五多功，贵贱之等也。其柔危，其刚胜邪？”柔危刚胜，皆指五。五柔则危，五刚则胜。“胜”即《夬·初九》“往不胜”之“胜”。不胜则危，谓五未刚中而三先动，此失道而忧之厉也。夬孚于剥，则谦孚于履。谦舍夬而通履，故云“夬履”。夬二之谦五，四之谦初，则成两既济，为“贞凶”。履二之谦五，四之谦初。在谦则“贞”。在履则成益。益上之三，为家为上之屯三之比

例，故云“贞厉”。一成屯，一成家人。

厉而不贞，两卦皆成既济。“贞凶”而不“止于厉”，一成既济，一成益，则“贞而厉”也。履二之廉五四之谦初，则“贞厉”。夬二之剥五四之剥初，则亦“贞厉”。夬二之剥五，四之剥初，为大壮二之五、四之观初之比例。《大壮·九三》“小人用壮，君子用罔，贞厉”。用壮，大壮成革。用罔，观成益。大壮成既济，其“贞厉”与夬、履“贞厉”同。大壮、观相错为豫、小畜。《小畜·上九》“既雨既处，尚德载，妇贞厉”。“既雨”谓豫既成明夷，“既处”谓小畜既成需。在需宜通晋，需二之晋五，为大有二之五之比例。“德载”，即“大车以载”。《小畜·传》云“德积载也”，《大有·传》云“积中不败”也，《需·传》云“敬慎不败”也，以两“积”字、两“不败”相钩贯。

需成既济晋成益，则“贞厉”矣。不直云“贞厉”，而云“妇贞厉”，“妇”指豫也。豫成明夷，五柔仍为“妇”。旁通于讼，讼二之明夷五，则“妇贞”。讼成益则“厉”。“贞厉”上加一“妇”字，明其指豫之成明夷。盖承上“既雨既处”。明夷则宜通讼，需则宜通晋，“尚”犹“宜”也。需宜“德载”明夷变宜然。明夷宜“贞厉”，需亦宜然，互相明也。于是《晋·九四》、《讼·六三》，皆言“贞厉”。《晋·九四》“晋如鼫鼠贞厉”，《讼·六三》“食旧德，贞厉。终吉”。“鼫鼠”谓需成既济，晋成咸。成既济益则危在益三。成既济，咸则危在咸四。明夷“三日不食”，通讼则“食旧德”。明夷成既济明“贞”，讼成益则“厉”“贞”则成既济而“终”，“厉”则未成既济故“吉”。“或从王事”无成，则知危悔，而变通也。

《旅·九三》“旅焚其次，丧其童仆”，则成明夷。其贞厉，谓明夷通讼，明夷成既济，讼成咸。何以知之？《传》云“旅焚其次，亦以伤矣”。“伤”谓明夷也。以“旅与下”，其义丧也。“与”谓咸也。《噬嗑·六五》“噬干肉，得黄金”，谓井二之噬嗑五，与履二之谦五同。“贞厉”，即与夬、履“贞厉”同。《革·九三》“征凶，贞厉。革言三就，有孚。征

凶"，谓蒙成益而益上之三也。"贞厉"即申上"征凶"之义。蒙成益，革成既济。益上征三则凶，此革成既济之贞所以厉。

已征则凶，未征而恐其征则厉。凡《经》称"贞厉"者八，非指成既济、益，即指成既济、咸，而为盈之危如是。《系辞传》云："危者，安其位者也；亡者，保其存者也；乱者，有其治者也；故君子安而不忘危，存而不忘亡，治而不忘乱，是以身安而国家可保也。"《传》以赞《否·九五》，《否·九五》"休否，大人吉。其亡其亡，系于包桑"。泰五亡故危，变通于否，否五已安，已存，已治。乃俟泰二之五，而初四应之，则是"安不忘危，存不忘亡，治不忘乱"。

然泰成既济，否成益，又为"贞厉"，宜"悔"而通于恒。《传》赞《益·上九》"立心勿恒"云："君子安其身而后动。""安其身"谓恒二之五，"动"谓益上之三。又云"危以动，则民不与也"。恒心未安，而益上之三，是为"危以动"。但以已之安而动，不顾人之危，故"民不与"。"与"，指咸。"民"，指恒五。恒二不之五，故不"与"。彼危而我安，我之安不可久也，故"危"在我也。

《晋·九四》"贞厉"，谓成咸矣。上九"晋其角，维用伐邑。厉吉，无咎，贞吝"，此以"贞厉"二字分言之。"贞"虽系于"吝"，而厉实属于"贞"。"吉无咎"在"贞吝"，而"厉"亦所以"吉无咎"。"吝"以已变通者言，"厉"以未变通者言。先"厉"而后"吝"者，倒言之也。

《遁·初六》"遁尾厉"。遁旁通临，临二不之五而遁上之临三，何危如之？故申云"勿用有攸往"，《传》赞云"不往何灾也"。"不往"者，能变通也。九三系遁，有疾厉。畜臣妾吉。临二之五，而遁上之临三成咸，异乎"遁尾"之"厉"矣。然"遁尾"之"厉"，厉于失道者也。"系遁"之"厉"，厉于当位者也。"有疾"而"畜臣妾"，则因"厉"而能变通矣。《复·六三》"频复"即《巽·九三》"频巽"也。"频巽"则云"吝"，"频复"则云"厉无咎"。震成复而后通姤，故"吝"。通姤而复成既济，姤成咸，故"厉"。

《姤·九三》"臀无肤，其行次且。厉，无咎"，上九"姤其角。吝，无咎”，即此“频巽吝”“频复厉”之“无咎”也。《家人·九三》“家人嗃嗃，悔厉吉”，《传》云“家人嗃嗃，未失也”。“嗃嗃”即“亢”，“悔”即“亢龙有悔”之“悔”，“厉”即“夕惕若厉”之“厉”。乾分言于三上两爻，此合言之，能“悔”故“未失”也。家人悔则与解通，解二之五成萃，又与大畜通。家人以“盈”而厉，大畜以“害”而厉矣。《睽·九四》“睽狐，遇元夫，交孚，厉无咎”。睽二不之五，而四之蹇初成损，是为“睽孤”。“孤”则危矣。损通咸而“遇元夫”交于其所孚，故虽“厉”而“无咎”。

《渐·初六》“鸿渐于干，小子厉，有言无咎”。归妹二不之五，而四之渐初。归妹成临，渐成家人。“小子”指临。“小子厉”，则异于“亢龙”厉，而其悔而变通，于解则同。解成萃，萃上有兑言，故“有言无咎”。归妹四之渐初，成家人、临，犹随四之蛊初成屯、大畜。大畜孚于萃，为“干父之蛊”。在解成萃为“有言”。在大畜成家人，为“有子”。故《蛊·初六》“有子，考无咎。厉，终吉”。“厉”即“有厉，利已”之“厉”也。《颐·上九》“由颐，厉吉”。颐通大过，大过成既济，颐成益，是为“贞厉”。

知其厉而益通于恒，则为“由颐”。能“由颐”，则虽厉而吉。《小过·九四》“弗过遇之，往厉，必戒”。“弗过遇之”，谓豫不成小过而成萃。“往”，谓萃初往四也。萃成屯，小畜成家人，故“厉必戒”者，欲具悔也。《艮·九三》“艮其限，列其夤，厉熏心”。“艮其限”，谓艮成谦，兑成夬。“艮成谦”则厉，谦通履则“熏心”。“危”而“薰心”，“厉”而“无咎”矣。

《震·六二》“震来厉”，巽二来之震五，无所为“厉”也。震先成复，而后姤二来之复五，则其来也“厉”矣。故下云“亿丧贝，跻于九陵，勿逐七日得”。六五“震往来厉”。巽二先来之震五，震已成屯，则前之所来者已往，屯变而通于鼎。鼎二之五，则“往”而“来”。“震来厉”之“厉”，失道而伤害之“厉”也。“震往来厉”之“厉”，当位而满盈之“厉”也。故下云“无丧，有事”。“无丧”谓成屯，“有事”

谓屯通鼎也。《传》云“危行”也，谓知危而时行也。

《既济·上六》“濡其首，厉。”“濡其首”，谓恒成泰，益成既济也。《未济·上九》“濡其首，有孚失是，”此以“失是”与“厉”互明。所以“厉”者，以其“失是”也。失是则厉，可不知所变通乎？《系辞传》赞《困·六二》云：“非所困而困焉，名其辱。非所据而据焉，身必危。既辱且危，死期将至。”谓二不之责五，而责上之困三，成大过明夷。“不见其妻”，则大过又成需与“濡其首”正同。非所困，非所据，即失是也。非所据必危，此失是所以厉也。

无咎

《易》彖称“无咎”者八。爻称“无咎”者八十五。又有称“何咎”者，“何其咎”者，“为咎”者，“匪咎”者。《系辞传》云：“二与四同功而异位，其善不同。二多誉，四多惧近也，柔之为道，不利远者。其要无咎，其用柔中也。”“远近”犹云“缓急”，俱指二言。二急于之五，而四不先行，则利。二缓于之五，而四先行，则不利。二先之五而四从之，固无咎矣。乃上又之三，则仍有咎。“要”者，约也，谓上之三也。二之五，而四从之其上之三，得无咎者，能变通，以“刚中”易为“柔中”故也。故云“其要无咎，其用柔中”，又申言之云“危者使平，易者使倾。

其道甚大，百物不废，俱以终始，其要无咎。此之谓易之道也”。“用柔中”，即易也。“要”，即倾也。惧而后“要”，则终而有始，故“无咎”也。有始而后有终，即“易者使倾”也。《传》云“震无咎者存乎悔”，又云“无咎者，善补过也”。“善补过”所以“存乎悔”，明乎何以为“过”，何以为“悔”，则所以“存乎悔”，所以“善补过”，可得而知也。义备于《彖》乾二之坤五为比，与离五之坎二同，巽二之震五为随，与艮五之兑二同。随“利贞”而“后无咎”，比“永贞”而“后无咎”。比“何以永贞”，随“何以利贞”。谓已“元亨”而成屯，屯变通于鼎，鼎二之五而后上之屯三，是为“利贞"，即为"永贞"。屯已盈通于鼎则能有悔，故"无咎"。此无咎一也。若坤坎成比震兑成随，不以初四应而以三上应，则在比成蹇，在随成革。"艮其背，不获其身，行其庭，不见其人，无咎"。"不见"谓不成屯，"艮背"谓成蹇，"不获其身"则蹇初不之革四。蹇初不之革四，则蹇必通于睽，革必通于蒙，此无咎二也。

乾二不之坤五成比，而四之刊初成复，艮五不之兑二成随，而初之兑四成贲。是则"有咎"矣。乃复悔而通姤，则"朋来无咎"。贲悔而通困，则"亨，贞大人吉无咎"。贲犹复也，困犹姤也。举困、复以互明贲、姤，则小畜、节之通豫、旅，夬、谦、丰、井之通剥、履、涣、噬嗑例诸此，此无咎三也。

屯通鼎，革通蒙，无咎矣。若鼎二不之五而上之屯三成恒，与解二不之五而家人上之解三同。蒙二不之五而革四之蒙初成损，与睽二不之五而四之蹇初同。鼎解成恒，蒙睽成损，皆不能"无咎"。故《象》于恒、损两卦明之。损"有孚"，于咸则"元吉，无咎"。恒亨于益则无咎，此无咎四也。同人、师为讼、明夷之相错。《象》以师之"无咎"，明明夷之"无咎"，故《传》云"以此毒天下，而民从之吉，又何咎矣"。"毒"字指明夷。伤害至于明夷，能"艰贞"则亦"无咎"，此无咎五也。

《象》于此八卦称"无咎"，而"无咎"之义了然，"咎"即过也。知其过在此，而变通以补之。凡"元""亨""利""贞""吉""悔""吝"，皆视乎此。《夬·初九》云"壮于前趾，往不胜，为咎"，《传》云"不胜而往，咎也"。《大有·初九》云"无交害，匪咎"，《传》云"大有初九，无交害也。刚中则胜，柔中则不胜"。"不胜"者，五未行而三先行也。五未行，三先行，成谦。夬不变通于剥，而二之谦五，谦成蹇，夬成革，是为"壮于前趾"。四往而从之，成两既济矣。在四，从二五而往，似可"无咎"。不知不胜在前，"往"即为"咎"。此咎不在"盈"，而在"不胜"也。比通大有。大有二不之五，而四之比初，在比成屯，而大有则不成家人而成大

畜。“害”而成“匪”，其咎亦不在屯之“盈”，而在大有之“无交”也。此二卦特指其“咎”之所由，在“不胜”，在“无交”。其诸卦则皆以“无咎”言。

《乾·九三》“终日乾乾，夕惕若。厉，无咎”，谓屯通鼎。九四“或跃在渊，无咎”，谓革通蒙。《坎·六四》“纳约自牖，终无咎”，此与“终日乾乾”之“无咎”相发明。“樽酒簋贰”，则成屯。约，要也，牖，明也。鼎二之五则明，鼎上之屯三为约。屯三纳受鼎上之要。自鼎二之五之牖，所以“无咎”。特指一“终”字，明坎由屯而成既济，即“终日”之“终”也。《离·初九》“履错然。敬之无咎”。坎二不之离五，而离四之坎初成节，节有咎矣。节通旅，犹谦通履，故云“履错然”。节二之旅五为履二之廉五之比例，履二之谦五则异乎“壮于前趾”者之“往不胜为咎”，故“敬之无咎”。上九“有嘉折首。获匪其丑，无咎”，“匪”则“咎”，“匪其丑”则“无咎”，与大有“匪咎”互明，即与“匪其彭，无咎”互明。艮初六、六四之“无咎”，发明《象》之“无咎”。

《巽·九二》“巽在床下”谓震成复，巽成小畜。小畜通豫，则“用史巫纷若，吉无咎”。小畜二之豫五，成家人萃。萃上兑为“巫”，“纷”犹“分”也，谓小畜成既济。物以群分，巽成小畜“有咎”矣。小畜通豫则无咎与上九“丧其资斧，贞凶”互明。用“巫”则“得其资斧”，“丧其资斧”则不用“史巫纷若”也。

《坤·六四》“括囊，无咎无誉”。坤主受，有底曰“囊”。五未行而初先行成复，其象为囊。通于姤，姤二至复五囊括矣，故“无咎”。在复能通姤则“无咎”，在坤成复则“无誉”。乾四之坤初为复，犹晋四之初为颐。颐五之大过二则“无咎”，晋成颐则“无誉”。以“无咎无誉”四字相比例，知坤之“括囊”谓不成屯而成复也，“无咎”之义，其备于八卦之爻辞者如此。屯之“无咎”在鼎。《鼎·初六》“得妾以其子，无咎”。鼎二之五为“其了”，上之屯三鼎成咸，上兑为“妾”。“得妾以其子”，犹云“纳约自牖”也。家人之无咎在解，解初六不加一辞直云“无咎”。明解四不之初而成咸，犹鼎四不之初而成咸也。

《革·九二》“巳日乃革之。征吉无咎”。“巳”谓四不行，“征”谓三地。惟四不行，而三之征乃吉。亦惟四不行，而通于蒙乃无咎。睽初九、九二、九四皆云“无咎，见恶人，遇主于巷”，谓蹇变通于睽。九四“睽孤”则成损，“遇元夫，交孚”而后“厉无咎”，谓损通于咸。六五“悔亡，厥宗噬肤，往何咎”，“往”谓四往蹇初也。此申明九四“睽孤”之义。二不之五而四往蹇初成损，至于“孤危”，必“遇元夫”而后得“无咎”。若“厥宗噬肤”，则二先之五。二先之五四往蹇初，不成损而成益，故云“何咎”。

《复·六三》“频复。厉无咎”，即《彖》之“朋来无咎”，“朋来”谓姤二之复五，“频复”则兼及姤上之复三，故云“厉”。《姤·九二》“包有鱼无咎”。“朋来”则“包有鱼”。九三“其行次且”，四不行于初也。“厉无咎”与复之“厉无咎”同。复“失道”而变通，故上九云“吝无咎”。《小畜·初九》“复自道，何其咎”。乾成小畜则“失道”，变通于豫则“复自道”。变通于豫即“有孚”于豫。六四“有孚。血去惕出，无咎”。豫成咸，则血去也。《夬·初九》“往不胜为咎”，谓四往谦初也。若二不之剥五，而四之剥初，夬成需，亦“有咎”。九三“若濡。有愠，无咎”。“濡”即“需”也。“有愠”谓需通晋，故“无咎”。九五“苋陆夬夬，中行无咎”，谓夬二之剥五。不致成需而后以“有愠”为“无咎”也。

《剥·六三》“剥之无咎”，《传》云“失上下也”。夬与谦“失道”，即“失上下”。变通于剥，不谦之而剥之，故“无咎”。夬之无咎在剥，谦之无咎在履。初九“素履，往无咎”。“素”，谓谦五无实。素而夬，则“往不胜”为“咎”“素”而“履”则“往无咎”。“往”谓履四往谦初也。困之“无咎”，《贲·上九》明之。困二之贲五，成家人，上巽为“白贲”，而“白贲，无咎”矣《困·九二》：“困于酒食，朱绂方来。利用亨祀。征凶，无咎。”困二不之贲五，而贲上之困三，故“征凶”。“朱绂”则成需，需通于晋，故“困于酒食”。“征凶，无咎”者，虽征凶，能变通亦“无咎”也。

《节·初九》"不出户庭，无咎"。"出户庭"，谓节二之贲五，与夬之"壮于前趾"同，故以"不出"为"无咎"。二不出而之贲五，则变通于旅。而二出而之旅五，节二之旅五而后旅上之节三，乃谓之节。六三"不节若则嗟若，无咎"，谓"不节"则"嗟"，"节"则"无咎"也。

《丰·初九》"虽旬无咎"。坤为旬，遇其配主，则涣二之丰五。涣成观，下虽是坤而"无咎"。若不遇配主，而四之涣初，丰成明夷。坤旬在上，是为遇旬，不能"无咎"矣。涣成观，丰成革，革、观相错为家人、萃，即小畜二之豫五之比例。故《小畜·六四》"血去惕出，无咎"，《涣·上九》亦"涣其血，去逖出，无咎"。丰"失道"则"大号"，涣二假之，则"汗其大号"，故九五"涣王居，无咎"。井坎成需，有咎矣。变通于晋，则有以修之，是为"井甃"。井而甃则无咎。

《噬嗑·初九》"屦校灭趾，无咎"，六二"噬肤灭鼻，无咎"，六五"噬干肉，得黄金。贞厉，无咎"，皆谓井变得通于噬嗑。六三"噬腊肉，遇毒。小吝，无咎"。"毒"谓成明夷，明夷通于讼则"遇毒"。"毒"而"遇"，故"无咎"。即《师·传》所云"以此毒天下而民从，吉又何咎矣"。《比·初六》"有孚。比之，无咎"。有孚，谓孚于大有。大有二之五而比初比之。比成屯，大有成家人，则不致成匪而有咎。比之无咎，与"无交害，匪咎"互明者也。大有成大畜，则"无交害，匪咎"。大有成大壮，亦"无交"，《传》于九三以"小人害"赞之。其"害"既同，则"咎"亦同。《大壮·上六·传》云"咎不长也"。"咎不长"则先"有咎"可知。若二交于五，而后上之比三，无俟转移，大有已成革，比已成蹇。故九二"大车以载，有攸往，无咎"，又明其义于九四"匪其彭，无咎"，已成大畜之"匪"而为"咎"矣。大畜孚于萃为"其彭"。"其彭"者，"其旁"也，谓旁通于萃也。

"匪"则"咎"，匪而旁通仍"无咎"矣。《师·九二》"在师中，吉无咎"，六五"田有禽，利执言。无咎在师中"，则二先之五也。"利执言"则屯通鼎，鼎四不之初也。鼎四不

之初而二之五，则“王三锡命”也。六四“师左次无咎”。“师左”谓成临，“左”而“次”则临通遁矣，故“无咎”。《同人·初九》“同人于门，无咎”，《传》云“出门同人，又谁咎也”，“出门”即《随·初九》之“出门”。“门”所以止也。同人成革，师成蹇，止而不行。故“无咎”。

《随九四》“随有获贞凶。有孚。在道以明。何咎”，《传》云“有孚在道，明功也”，即明“出门交有功”之“功”。“官有渝”则“贞吉”，“随有获”则“贞凶”，随“何以有获”。蛊成蹇，随成革，不能止而革四之蹇初，无艮门矣。“出门交有功”，则四未行，不成两既济，何咎之有？随四之蛊初，蛊成大畜，犹大有成大畜。大畜悔而通萃，则“干父之蛊”。初六“干父之蛊，有子。考无咎”，九三“干父之蛊，小有悔，无大咎”。蛊成大畜则“小”，“小”而“有悔”则“有子”。“有子”，则“小”，“进”为“大”而“无咎”。不通萃而大则“有咎”，故云“无大咎”。

《渐·初六》“鸿渐于干”、六四“鸿渐于木”，皆谓初之归妹四。归妹成临，渐成家人，家人上巽为木。临上有坤土，无坎水，故干。家人通于解，解成萃，则“有言无咎”。临通于遁则“或得其桷，无咎”。《临·六四》“至临无咎”，临通遁，而二之五也。上六“敦临吉无咎”，临二之五而遁上之临三也。六三“甘临，无攸利”，则临二未之五而遁上之临三成泰。泰通于否，则“既忧之，无咎”。《传》云“既忧之，咎不长也”，与《大壮·上六·传》同。大壮“羝羊触藩。不能退，不能遂，无攸利”，谓成泰也。“艰则吉”，谓泰通于否也。

《观·初六》“童观，小人无咎”，“小人”谓蒙。乾成革，革通于蒙，蒙二之五而革四之蒙初，则“无咎”。若已成观，为“君子”。大壮二未之五，而四之观初，大壮成泰，则为“吝道”。九五“观我生”，则大半二之五也，故“君子无咎”。上九“观其生，君子无咎”。大壮成既济，观成益，益又通于恒。“观其生”谓恒二之五也，故亦“君子无咎”。

《升·九二》“孚乃利用禴，无咎”。“孚乃利”谓旁通无妄也。用禴，无妄上之三也。升以蛊上随三而有咎，故以

"孚"无妄为"无咎"。六四"王用亨于岐山，无咎"，即同于《随·上六》"王用亨于岐山"。升二之五而无妄上之三，仍蛊二之五，而上之随三也。

《无妄·九四》"可贞无咎"，《传》云"可贞无咎，固有之也"。"恒为德之固"，谓无妄成益，而通于恒。申六三"邑人之灾"之义。益不通恒，而上之三则"灾"。益通恒，而后上之三则"无咎"矣。

萃六爻皆云"无咎"，初六"勿恤，往无咎"，谓大畜二之五而萃三往应之也。六二"引吉，无咎"，与大畜相牵引也。九四"大吉，无咎"，九五"萃有位，无咎"，皆谓大畜二之五也。六三"萃如嗟如，无攸利。往无咎，小吝"，《传》以"上巽"赞"往无咎"，则指大畜成家人，而萃三往家人上也。"玩其辞"，即指初六之"勿恤，往无咎"。谓"嗟如无攸利"则"有咎"，若如初六之"往无咎"则利，但小吝耳。上六"洟咨涕洟，无咎"，谓成泰而通否也。需之"无咎"在晋。《需·初九》"需于郊。利用恒，无咎"，《晋·上九》"晋其角，维用伐邑。厉吉，无咎"是也。泰之"无咎"在否。《泰·九三》"艰贞无咎，勿恤其孚"，《否·六四》"有命无咎，畴离祉"是也。

《晋·初六》"罔孚，裕无咎"。"裕"即"裕父之蛊"之"裕"。蛊成泰，随成既济，相错即需。需通晋，二之晋五，而晋成益以孚之，则虽裕亦"无咎"。损、恒之"无咎"，已见于《彖》。

《损·初九》"已事遄往，无咎"。损以不能"已"而有咎，通于咸。咸四不之初，则仍"已"，故云"已事"。谓咸四不之初而损二之五也。损成益，咸四仍不之初，而损上又之三，是为"遄往。""遄"，速也。速则咸仍为咸，"往"谓益三往上。上九"弗损益之，无咎"。"弗损"者，睽四不之蹇初而二之五也。革四不之蒙初，而蒙二之五也。先成损而损二之五成益，与睽先成无妄，蒙先成观，而后成益同一"益"，而是为"弗损益"之。井成损，而即成益。不俟变通，而自"无咎"先成损则必变通于咸，而"已事遄往"乃得"无咎"。

《益·初九》“利用为大作。无吉无咎”，谓恒通益而二之五成咸，即“恒，亨”之“无咎”也。六三“益之用凶事，无咎”，《传》云“益用凶事，固有之也”，与《无妄·九四·传》同。知无妄之“可贞”谓成益，知益之“用凶事”为通恒。在损成益，既通咸则不必通恒，而“酌损之”即“无咎”。在“弗损”而成益，则必通恒而益之“用凶事”，乃“无咎”。未济初之四亦成损，损通咸而不“已事遄往”。损又上之三而成泰，为尾。咸又四之初成既济，为“濡其尾”，“濡其尾”则“无攸利”。泰通否则“曳其轮”。《既济·初九》“曳其轮，濡其尾，无咎”，谓泰能通否，则虽“濡其尾”亦得“无咎”。既济通未济，而未济成否，与需二之晋五同。

《未济·上九》“有孚于饮酒，无咎”。“饮酒”者二之五成否也。明“有孚”必二先之五乃无咎，虽“有孚”而二不之五，则“无交害”而“匪咎”矣。乌得无咎？明夷通讼需通晋则“无咎”。

晋上之三成小过，初之四成颐。讼上之三成大过，初之四成中孚，则“有孚失是”，与未济成恒、成损同。颐与大过互通，中孚与小过互通，则仍“无咎”。“咎”即“过”也。“过”而至于明夷通讼，需通晋，悔已晚矣。而犹失是，故直以“过”名卦。有过而“养之”则仍“无咎”。

在讼成大过，则“灭顶凶”，通于颐。过而能涉，故“凶无咎”。《易》称“凶无咎”者二，《大过·上六》与《困·九二》皆谓能变通，虽“凶”，“无咎”也。“无咎”则凶已化为吉矣。初六“籍用白茅无咎”，谓四不之初而二之颐五。四不之初，故柔在下。颐之“咎”，以柔不在下。故大过柔在下，足以补之。颐柔不在下则“无誉”，大过柔在下则“无咎”。

六四“颠颐，吉。虎视眈眈，其欲逐逐，无咎”。“虎视眈眈”，谓夬四之剥初，即晋四之初。“其欲逐逐”，谓颐通于大过。颐之“无咎”在大过，大过之“无咎”在颐，两卦互明之矣。中孚不与明夷孚，而孚于小过。二之小过五成咸，故“有孚挛如，无咎”，与《小畜·九五》辞同。小过者，小畜二不之豫五而上之豫三也。孚于中孚，则中孚二之小过五而后

上之三，即小畜二之豫五而后上之豫三，故“无咎”也。六四“月几望。马匹亡，无咎”。“月几望”亦小畜之“月几望”，谓上之三成需。需下乾为马，晋五亡，需二匹之。是以“马匹”其“亡”，故“无咎”。《小过·六二》“过其祖，遇其妣，不及其君。遇其臣，无咎”。小过五之中孚二，故“遇其臣”。九四直云“无咎”，指下弗过遇之。豫不成小过，则“无咎”。犹蒙不成损，则“无咎”。“弗过”犹云“弗损”，中孚之“无咎”在小过，小过之“无咎”在中孚，两卦亦互明之矣。

统而测之“无咎”与“厉”相表里。其家人、屯、蹇、革本“无咎”，则变通而不使有咎。其复、小畜、夬、谦、贲、节、丰、井、大畜、大壮、临、升、恒、损、泰、需、明夷本有咎，则变通而归于“无咎”。

“咎”在三上之先行，则以三上之未行者补之。“咎”在初四之先行，则以初四之未行者补之。“盈”则以亏之者补之，“害”则以补之者补之。《传》于三五言“危”，于二四言“无咎”者，互辞耳。

第三章　易通释卷三

易

《易》以“易”名书，《系辞传》云“生生之谓易”。生生不已，所以“元亨利贞”，故《易》之一书，“元亨利贞”四字尽之。而“元亨利贞”四字，一“易”字尽之。易为变更反复之义，即一阴一阳之谓也。“易”与“交”，义同而有异。“交”者，二五相交。如乾二之坤五，归妹二之五，是也。“易”者，既交之后，易而变通。如乾成同人，易而通师；坤成比，易而通大有；归妹成随，易而通蛊。既交之后，两五皆刚，上下应之，则不能一阴一阳，两两相孚，必易而后成一阴一阳之道。此“交”、“易”之殊也。睽二不之五，而上之三，成大壮。大壮旁通于观为“易”，故《大壮·六五》“丧羊于易”。离“不畜牝牛”，而以四之坎初成节。节旁通于旅为易，故《旅·上九》“丧牛于易”，此由失道而易者也。易而交，则为“丧羊”之“无悔”。易而不交，则为“丧牛”之“凶”。交而不易，则“盈不可久”。易而不交，则“消不久”也。

《大有·六五·传》云：“厥孚交如，信以发志发。威如之吉，易而无备也。”孚而交，则以二先之五，后以四之比初成家人，比成屯。若以家人上之屯三，则成两既济，而六爻皆备矣。惟易而通于解，不仍与屯系。易则不备，故云“易而无备”也。

《系辞传》云：“乾知大始，坤作成物。乾以易知，坤以简能。易则易知，简则易从。”乾二之坤五，“知大始”也。若不易，则一生不复再生，一始不复再始，何以为“行健”不已？惟反复交易。乾二交坤五为比，比易而通于大有，大有二五交为同人，同人又易而通于师，是乾所以“知大始”，由易而行也。

交

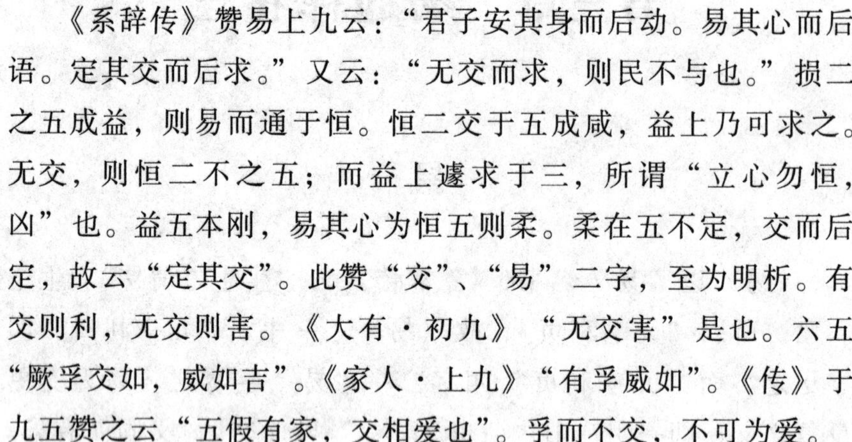

《系辞传》赞易上九云：“君子安其身而后动。易其心而后语。定其交而后求。”又云：“无交而求，则民不与也。”损二之五成益，则易而通于恒。恒二交于五成咸，益上乃可求之。无交，则恒二不之五；而益上遽求于三，所谓“立心勿恒，凶”也。益五本刚，易其心为恒五则柔。柔在五不定，交而后定，故云“定其交”。此赞“交”、“易”二字，至为明析。有交则利，无交则害。《大有·初九》“无交害”是也。六五“厥孚交如，威如吉”。《家人·上九》“有孚威如”。《传》于九五赞之云“五假有家，交相爱也”。孚而不交，不可为爱。

《睽·九四》“遇元夫，交孚”，交必由于孚，不孚而交，不可为遇。《随·初九》“出门交有功”。乾坤、坎离交，成同人、比。震巽、艮兑交，成随、渐。随通蛊，则蛊二五交。渐通归妹，则归妹二五交。比通大有，则大有二五交。《经》于大有、随明言“交”，《传》于归妹称“天地不交”。归妹二不之五，而三四先行成泰。泰孚否，则二之五为“天地交”。归妹成泰，渐成既济，与泰二不之五，而否成既济同，故皆云“天地不交”。“交”、“易”为全《易》大义所在。虞仲翔以震为“交”，非矣。

当

《未济·传》云“虽不当位，刚柔应也”。《既济·传》云“既济事，小者亨也。利贞刚柔正而位当也”。说者谓既济六爻皆正，为“当位”；未济六爻皆不正，为不当位。苦然则“终止”，何以“道穷”？《未济·六三》“征”何以“凶”？何以为“位不当”？是宜从《经》、《传》中测之。“刚柔正而位当”六字，《既济·传》用以释《经》文“利贞”二字。既济六爻皆正，宜旁通于未济。用一“小”字加“利贞”上，谓未济也。

《传》且以“小”字属亨，明既济通未济乃得“亨”“利贞”。未济二之五成否，初之四应之成益，是“亨”也。益又通于恒，恒二之五，而后益上之三成既济，则“利贞”。“贞”是刚柔正，“利”是当位。未济二先之五为“初吉”。初四三上先行成泰而后二之五为“终乱”。“初吉”则当位，“终乱”则刚柔正而位不当。“当位”则“亨”“利”而“贞”，“终乱”则“贞”而不“亨”不“利”，此《传》文之明白可见者也。

《传》赞“初吉”云“柔得中也”，赞未济“亨”亦云“柔得中也”。“柔得中”则“当位”矣。下云“小狐汔济，未出中也。濡其尾，无攸利，不续终也”。不续而终，即是“终乱”。下则总上而赞之云“虽不当位，刚柔应也”。“不当位”，指上“小狐汔济濡其尾”。“刚柔应”，指上“未济亨”。言虽不续，而终致刚柔正而位不当，而能变通于未济。仍得小者而亨，则“刚柔应”也。需、困、噬嗑三《传》，皆云“虽不当位”。《需·上六·传》云“虽不当位，未大失也”。若如俗解，则“需之三上，刚柔皆正”。何以转为不当位？荀慈明乃谓“上降之三，三上本正，降而为不正，乌得为吉？”需之初、四、三、上、五皆正，惟九二不正。则所谓“不当位”者，于此可明。正以初、四、三、上先正，而二未正，所以“不当”。惟变通于晋，而需二之晋五，不成两既济，而晋成否。上三爻皆刚，为“三人来”，斯为“未大失”。不当位在需，而二既之晋五，则当位自在晋。知需不当位，则知明夷不当位。知需明夷不当位，则知小畜、复、夬、谦不当位。在乾坤为小畜复夬谦，在坎离为节贲丰井。《噬嗑·传》云“虽不当位”，指离上之坎三成井也。《困·九四·传》云“虽不当位”，指困成需也。困旁通贲，而成咸，则“有与”。因不当位而成需，需通晋，晋仍成咸，故云“虽不当位，有与”也。井之不当位，在三先于五。“徽纆丛棘”之凶，“用狱”之不“利”者也。井通于噬嗑，噬嗑成无妄，而后上之三，则三仍从五，故云“虽不当位，利用狱”也。丰井相错为恒既济，即未济“征凶”之“不当位”。恒通益，犹井通噬嗑。“虽不当位”，“刚

柔应”也。犹云“虽不当位”，“利用狱”也。若井二之丰五，上已“不应”，无所为“用狱”矣。于“不当位”上，加一“虽”字，明前此之“不当位”。下云“未大失”，云“有与”，云“利用狱”，皆以能变通，改“不当”而为“当”。“虽不当位，则柔应也”，与此一例。《传》凡用“虽”字，如云“虽危无咎”、“虽凶居吉”，皆有能变通一层。

前此“不当位”则“刚柔不应”。既能变通则“刚柔应”。“刚柔应”则“位当”。若“不当位”，即能“刚柔应”，是“凶”即能“吉”，“危”即能“无咎”。而不俟变通，有是义乎？《传》于《遁·象》赞云“遁当位而应，与时行也”，于《节·象》云“当位以节，中正以通”，于《革·象》云“革而当，其悔乃亡”，于归妹赞云“征凶，位不当也”。所谓“当位”，所谓“位不当”言之详矣。凡九五言“当位”者四，六五言“当”者一，六四称“当位”者三，六五称“不当”者二，九四称“位不当者”七，六三称位“不当者”十一。

《归妹·六三》“归妹以须”之位不当，与《象》之“征凶，位不当”相发明。渐上之归妹三成大壮蹇。相错为需，乃谓之须。是即“征凶”，是即“位不当”。位之所以不当，莫明于此。与未济“征凶”之“位不当”同。凡二不先之五，而上先之三者，视此矣。履二不之谦五而上之三，犹临二不之五而遁上之临三，即为兑二不之艮五而艮上之兑三之比例。此“甘临，位不当”、“咥人之凶，位不当”、“来兑之凶，位不当”所以同也。

小畜二不之豫五，而上之豫三，即中孚二不之小过五而上之三之比例。此“或鼓或罢，位不当”、“盱豫有悔，位不当”所以同也。需小过相错即磊壮蹇，则中孚、豫六三之“位不当”，又同于归妹“征凶”之“位不当”也。遁上之临三成泰，犹恒四之初成泰。《传》于《否·六三》赞之。否所“包”之“羞”，即恒“或承”之“羞”。“包羞，位不当”，与“甘临，位不当”互明者也。盖家人上之解三成恒，又四之初成泰。解四先之初成临，遁上又之临三成泰。恒之成泰在四，而解之成恒则在三。故“羞”在三，即“位不当”在三

也。巽二不之震五，而上之震三。震成丰，巽成井；与噬嗑上之二同。丰四又之井初成明夷，"为眚"即为"毒"。明夷通讼，则"遇毒"。"遇毒"则"苏苏"，而"无眚"。此震六三之"位不当"，即噬嗑六三之"位不当"也。师二不先之五，而同人上之师三成升。升不孚无妄而以二之五成蹇，是为"弟子舆尸"，亦为"见舆曳"，宜变通于睽。《睽·六三》"见舆曳，位不当也"，即《师·六五》"弟子舆尸，使不当也"。

《解·九四》"解而拇，未当位也"，谓解成临也。解成临，犹渐初之归妹四成临。临家人相错，为中孚明夷，即丰四之涣初之比例。《丰·九四》"丰其蔀，位不当也"，谓丰四之涣初也。夬四之剥初成颐，夬成需，需颐相错为屯大畜。《传》云："其行次且，位当当也。闻言不信，聪不明也。"大畜位不当，故通于萃。《萃·九四》"大吉无咎，位不当也"。"位不当"指大畜，与《夬·九四》互明者也。《小过·九四》互明者也。《小过·九四》"弗过遇之，位不当也。往厉必成，终不可长也"，此与《晋·九四》"鼫鼠贞厉，位不当也"互明。晋不成小过而成否，"位当"矣。所谓"弗过遇之"也，乃否初往四成益，则"往厉必戒"，谓益上不可之三也。益上之三，则"位不当"，所以"厉"也。否上之三成咸，则"鼫鼠，贞厉"，谓咸四不可之初也。咸四之初四位不当，所以"厉"也。皆于九四赞之者，一缘初往四而厉，一缘"贞厉"不可四之初也。

以上"位不当"，见于六三九四者如此。其称"位当"，多见于九五，则皆与六三互明。《否·六三》言"位不当"，九五言"大人之吉，位正当也"。《兑·六三》言"位不当"，九五言"孚于剥，位正当也"。《履·六三》言"位不当"，九五言"夬履贞厉，位正当也"。《中孚·六三》言"位不当"，九五言"有孚挛如，位正当也"。

中孚二不之小过五而上之三成需，此六三"得敌"之"位不当"也。需通晋，而晋成咸，则"有孚挛如"而"位正当"矣。兑二不之艮五，而艮上之兑三成夬，则"来兑"而"位不当"也。夬孚于剥夬二之剥五，仍不异兑二之艮五，而位当

矣。夬履“贞厉”者，履二之谦五，而后四之谦初，谦成既济、履成益也。履二不之谦五，而上之三，仍同于乾上之坤三，为“咥人凶”而“位不当”矣。恒成泰“或承之羞”，《否·六三》所谓“位不当也”。否既有以“包之”，则“有命无咎”，而“位正当”矣。《噬嗑·六五》“贞厉无咎”，“得当”也，亦与六三互明。井二之噬嗑五，噬嗑四之井初，井成既济，噬嗑成益，所谓“贞厉，无咎”者也，“得当”故“无咎”。若井二不之噬嗑五，而噬嗑四即之井初，又上之三，为“腊肉”之“毒”，而成明夷则“位不当”。六五之“贞厉”，犹《晋·九四》之“贞厉”。《晋·传》赞其“厉”，故云“位不当”。此赞其“无咎”，故云“得当”也。如俗解，九五称“当位”可矣。此六五正所谓“不当”者，何云“得当”乎？

《师·六五》“不当”，谓三先于五。《大壮·六五》“丧羊”，即归妹之“刲羊”。《传》云“丧羊于易，位不当也”，即“归妹以须”之“未当”也。其临蹇贲六四称当位。临与解互明，解成临，为“解而拇”，则“不当位”。临通遁，而二之五，为“朋至斯孚”，故“至临无咎”，其位当，仍解二之五之例矣。蹇与师互明，师成升不通无妄，而以二之五为“弟子舆尸”则“使不当”。升通无妄而二之五，则为“来连”，“来连”故“当位实”也。《贲·六四》“匪寇昏媾”，谓贲成明夷。节成需，需通晋，晋成益，与噬嗑“贞厉，无咎”同。“无咎”则当位，“贞厉”则“疑”，故云“当位疑”也。

总之，“当”则“悔亡”，“不当”则“征凶”，《象传》了然明白。有“当”而“不当”者，如晋成咸“当”矣，咸未通损而四之初，仍“不当”是也。有“不当”而“当”者，如兑成夬“不当”矣，孚于剥而“当”是也。有“不当”加以“不当”者，如震成丰不当，丰又成明夷是也。或于“既当”之时，豫戒其“不当”，“弗过遇之”，“晋如鼫鼠”是也。或于“既当”之后，追言其“未当”，“包羞”、“遇毒”、“震苏苏，大吉无咎”是也。或在此卦称彼卦，或在此爻讼彼爻，屈曲相通，主客互见。“当”谓二五先于三四，“不当”谓三四先于二五，断然无疑。《系辞传》云：“道有变动，故曰爻。爻有等，故曰物。物相杂，故曰文。文不当，故吉凶生焉。”乾之二四上，杂于坤之初三五为文，相杂则六爻皆正，而有“当”有“不当”，则从爻“有等”不可紊也。《传》又云：“开而当名，辩物正言，断辞则备矣。”“开”犹“始”也。终则有始。“元亨利贞”而“名”乃“当”。“当名”即“当位”也。

应

解者本《乾凿度》“以初二三与四五上，一刚一柔为应”。若然则乾坤坎离，宜不得言“应”矣。乃乾则云“同声相应”，坤则云“应地无疆”，艮则云“上下敌应”，兑则云“顺乎天而应乎人”。中孚二五两刚，《传》称“应乎天”，与大畜、大有同。虞仲翔说乾、坤，以为“震巽雷风相薄，坤阳正于初，则乾四应坤初”。若然，则本卦无应，即以旁通之卦为应则是无卦不应。无爻不应而未济之刚柔应，何别于诸卦，而特表而出之邪？

《传》称“刚中而应”者五。而《遁·传》云“刚当位而应”。睽鼎两《传》皆云“得中而应乎刚”。然则所谓“应”，谓应刚之得中。“刚得中”即“刚中”，“刚中”即“刚当位”，刚当位二先之五也。莫明于《大有·彖传》云“柔得尊位，大中。而上下应之”。又云：“应乎天而时行，是以元亨。”“大中即刚中”。大有五本柔，二之五成同人，则得尊位而“大中”。三上应之为“上应”，初四应之为“下应”。上应则成革，下应则成家人。初四先行成大畜。大畜与屯，则有“上应”无“下应”。三上先行成大壮。大壮与蹇，则有“下应”无“上应”。惟二五先行，有三上“应之”于上，初四“应之”于下，是为“上下应”。故于比赞之云“不宁方来，上下应也”。大有二先之五，而比三应之为“上应”，比初应之为“下应”也。又于小畜赞之云“柔得位而上下应之”。“柔得

位"即"刚中"，谓二之豫五成萃也。乾二不之坤五，而四之坤初。坤成复，乾成小畜，是"不当位"。而小畜二之复五，有"上应"无"下应"矣。惟小畜旁通于豫，小畜二之豫五，仍上下皆"应"。《豫·传》云"刚应而志行"。"刚应"犹云"刚中而应"，非先"刚中"，不可为应。非上下应，不可为"当位"。中孚称"应乎天"，大畜亦云"应乎天"，大有同。同人称"柔得位得中而应乎乾"，又云"中正而应"。履亦称应乎乾。《传》文明析，不待烦言而解。"应"者，初四三上应二五也。谓"初应四、二应五、三应上"者，非也。凡二五已定，旁通于彼卦，谓之"感"。二五未定，以二之五，以五之二，谓之"交"。二五先交，而后初之四，三之上以从之，谓之"应"。《乾·九五·文言传》云"同声相应，同气相求"。分言之，为"求"为"应"；合言之，"应"即是"求"。《蒙·彖》云"匪我求童蒙，童蒙求我"，《传》云"志应也"，明以"应"赞"求"。无交而求，即无交而应。二五先交，而后"声应气求"。"声应"者，乾二之坤五，而四之坤初应之。乾成家人坤成屯，家人上巽屯下震，"雷风相薄"而同声也。"气求"者，乾二之坤五，而上之坤三应之。乾成革，坤成蹇。蹇下艮，革上兑，山泽通气而同气也。

《兑·传》云"顺乎天而应乎人"，申上"刚中而柔外"，说以"利贞之义"。"刚中"谓兑二之艮五，"柔外"谓兑三之艮上。艮成蹇，兑成革。革变通于蒙，是为"顺"。蒙二之五，而革四之蒙初从之，是为"应"。以所承言之，故云"顺乎天"。变通在人，故云"应乎人"。

《革·传》云"汤武革命，顺乎天而应乎人"，与《兑·传》同。知兑之应人谓成革，四应蒙五也。《损·彖传》云"二簋可用亨"。"二簋"应"有时"，以"应"赞"亨"。"簋"指"坤"。损之坤在五，益之坤在二。损成益，而咸四应之。恒成咸，而益三应之。各有所宜，故"有时"。而《咸·传》则赞云"二气感应以相与"。咸二五已定，感而孚于损。损二五交成益，而后咸四之初应之。感于彼而应乎此，即蒙二之五，而革四之蒙初也。所谓"求我"也，所谓"志应"也。

于是《恒·传》即赞之云“雷风相与，巽而动，刚柔皆应”。相与，即“二气感应以相与”。“二气”即刚柔也。“刚柔皆应”，即二气感应也。“皆应”则上下应，“刚柔”相感而上下“皆应”，则“当位”矣。《未济·传》云“未济亨，柔得中也。小狐汔济，未出中也。濡其尾无攸利。不续终也”，下申之云“虽不当位，刚柔应也”。“柔得中”三字，《传》以赞未济“亨”，又以赞既济之“初吉”，可知未济“亨”，即既济之“小者亨”。谓既济感于未济，而未济二先之五也。何以亨？以上下皆应，故云“刚柔应”也。“刚柔应”三字，紧接“柔得中”三字，即“刚中而应”也，即“得中”而“应乎刚”也，即“大中”而“上下应”也。乃于“刚柔应”三字上，加“虽不当位”四字，则以《经》文有“小狐汔济，濡其尾。无攸利”十字。会《经》文之义而赞之，此《传》文之微妙者也。

《经》云“未济，亨”。“亨”刚柔得中而刚柔应矣，下则反言其“不亨”。“小狐汔济”，谓二不之五而四之初成损也。“小”，指损五柔。“狐”指咸下艮。“小狐”二字，明成损而通于咸“濡其尾”，“尾”即“遁尾”之“尾”。用一尾字，明损通咸。而损二不之五而上之三成泰，为遁上之临三之比例。“濡”即需字之假借，明泰不通否，而咸四之初成既济。既济泰相错为需，濡其尾属咸。成既济，则“无攸利”，即指咸成既济而言。损二之五而后咸四之初，乃为“二气感应以相与”。今损二不之五，而咸四之初成既济，则二气不感而刚柔不应。二气不感，刚柔不应，则是不当位。

《传》赞“小狐汔济”云“未出中也”，谓二不之五与坎二不之离五同。赞“濡其尾，无攸利”云“不续终也”，损成泰是“不续”，咸成既济是“终”。“不续”而“终”，则不当位。然咸成既济虽不当位，既济通未济而亨则又刚柔应。《传》以“虽不当位”，承“未出中”、“不续终”，以“刚柔应”承“柔得中”、“初吉终乱”，是于既济中言未济。“濡其尾，无攸利”是于未济中言既济。既济通未济“虽亨”，而未济成泰则“不续终”，仍不“亨”。咸成既济虽不“亨”，而既济通未济，则又“刚柔应”而“亨”。《经》文语妙，《传》引申之。不知《传》文承接转折之妙，则不知《经》文回环互见之奇。乃以未济六爻为“不当位”，又为“刚柔应”，讵有刚柔，皆应而不当者乎？

乘承

王弼《略例》谓“辩顺逆者。存乎承乘”。邢璹注云：“阳乘于阴，逆也，师之六三‘师或舆尸凶’。阴承于阳，顺也，《噬嗑·六三》‘小吝，无咎’。承于九四，虽失其正，‘小吝，无咎’也。”又云：“阴承阳则顺，阳承阴则逆。故小过六五乘刚，‘逆’也；六二承阳，‘顺’也。”此以爻之在上者，于下为乘；爻之在下者，于上为承。乃核于《经》之所谓“乘”、“承”者，则不尔也。屯六二、六四、上六皆云“乘马”，《传》于六二赞云“六二之难，乘刚也”。以“乘刚”赞“乘马”，而特用一“难”字贯之。马，乾也。

知其下成乾，而五以柔乘之。谓鼎二不之五，而初四三上有以乘之也。在六四言上，谓四之初成大畜。在上六言之，谓上之屯三成恒。鼎成泰，犹归妹成泰。《归妹·彖传》云“无攸利，柔乘刚也”。“女承筐无实，士刲羊无血”，则归妹成泰。此爻云“无攸利”，即发明《彖》之“无攸利”。《传》于“乘刚”上加一“柔”字，明五柔未进，而初三先动也。《解·六三》“负且乘，致寇至”，谓成泰而二之五为坎寇也。《睽上九》“见豕负涂，载鬼一车”。以“车”载“鬼”，则“鬼”乘于上，亦谓其成泰也。此成泰。彼成既济。相错即需、明夷，故为“难”。

《传》言“乘刚”者四，皆互明。《屯·六二》“乘刚”，谓初三先刚，而五以柔乘之。若屯三先之鼎上成恒，亦为“乘刚”。恒、既济相错为丰、井，即巽上之震三，亦震上之坎三也。离上之坎三“灭鼻”，《传》于《噬嗑·六二》赞云“乘刚也”。谓离上之坎三“灭鼻”也，即屯三之鼎上也。巽上之震三为“乘刚”，震四之巽初亦为“乘刚”。《震·六二·传》

云"震来厉，乘刚也"，谓震成复，巽成小畜也。巽上之震三，为"乘刚"。既为屯三之鼎上之比例则震四之巽初之"乘刚"。亦可例鼎四之初，则鼎成大畜之为"乘刚"，可互见矣。《困·六三·传》云"据于蒺藜，乘刚也"，谓贲上之困三成大过、明夷。

《豫·六五·传》云"六五贞疾，乘刚也"，谓小畜上之豫三成需、小过。震、小过相错即大壮、蹇，为渐上之归妹三。大过、明夷相错即升、革，为同人上之师三，说为蛊上之随三。而蛊初之随四成大畜屯，即鼎四之初也。同人四之师初成家人、临，即归妹四之渐初也。《同人·九四》"乘其墉，弗克攻。吉"。此一"乘"字谓同人四之师初，即谓归妹四之渐初，与解之"负且乘"互明。解四之初成临，同于师归妹。家人上之解三成恒，又同于鼎。故《传》以《豫·六五》之"乘刚"，赞归妹之成大壮；以《困·六三》之"乘刚"，赞师、蛊之成升；以《噬嗑·六三》之"乘刚"，赞解鼎之成恒。盖解师归妹之成临，则同。而解成恒、师成升、归妹成大壮则异。《传》之赞《经》，详密如此！

《传》又于《贲·初九》赞云"舍车而徒，义弗乘也"。贲上之困三则"乘刚"，若困二先之贲五困成萃。下有坤车，又"舍车"。而萃四之初，为震足之"徒"行，则"利以和义"，故"弗乘"。"弗乘"者，二先之贲五也。二不先之贲五而困四之初成节，为离四之坎初之比例。不成节、贲而成家人、屯，则"义弗乘"，不成家人、屯而成复、小畜，则"乘刚"，又《传》之互相明者也。然则"乘"上爻乘下爻之谓，凡初四三上先行，初三先有刚。而五以柔在上为乘，即为柔乘刚，核诸《经》文《传》文，明白可见者也。

《经》之言"承"者三。一为《师·上六》"开国承家"。"开国"谓师二之五；"承家"谓同人四之师初，同人成家人。是时师成屯，屯三承之而行，是为"承家"。必鼎二之五，而屯三乃可承之。若鼎二未之五，为"小人"，则不可"承"，故云"小人勿用"。鼎二之五而屯承之，为"王三锡命"。

《师·九二·传》云"在师中吉，承天宠也"。"宠"即

龙，谓屯下震。以承同人之成家人，为“承家”。以承师之成屯，为“承天宠”。《文言传》云“坤道其顺乎？承天而时行”。“承天”即“承天宠”，而以“时行”二字明之。“明行”谓变通也，在前初四应二五成家人屯，则家人屯变通而承之，是为“承”也。一为《归妹·上六》“女承筐无实”，此所承谓承“士刲羊”也。渐上之归妹三成大壮蹇，为“士刲羊”。是时承之则大壮宜通观，蹇宜通睽。乃不变通以承之，而即以蹇初之大壮四，蹇成既济，大壮成泰，是为“承筐”。《传》以“虚”字赞之。“承天”则“时行”，承“虚”筐则“无攸利”，两义了然。《传》于初九赞云“跛能履，吉相承也”。归妹四之渐初成家人临，犹成大壮蹇也。大壮蹇不能变通而承，则承虚筐无攸利。家人临能变通，则临通遁，为“跛能履”而“吉相承”。随四之蛊初成大畜，犹渐初之归妹四成临也。临通遁为“跛能履”。大畜通萃，为“干父之蛊”。《传》云“干父之蛊，意承考也”，《六五·传》又云“干父用誉，承以德也”。“承以德”，则非“虚筐”矣。一为《恒·九三》“不恒其德，或承之羞”，谓二不之五而四之初成泰。

益不与泰孚，足为“或”。是时即宜变通，不变通而益上之三承之，则是承之以“羞”也。此与“承筐”同。“承筐”谓先成大壮蹇，后成泰既济；“承之羞”谓恒先成泰益，后成既济。惟泰孕于否，则“包承”、“包羞”矣。《节·六四·传》云“安节之亨，承上道也”。兑成节，通旅以承之，故合乎“道”。若兑四之艮初，又兑三之艮上，则亦“承之羞”矣。

然则“承”非下爻承上爻之谓，在初四先从二五，则三上为承。在三上先从二五，则初四为承。此以德承德，或三上先二五。则初四从二五承之。初四先二五，则三上从二五承之。以变通而为补救，则是吉相承。若先已失道，又失道以承之，如“承虚筐”是矣。核诸《经》文《传》文，又明白可见者也。《乾·彖传》云“时乘六龙以御天”，《文言传》云“时乘六龙，以御天也。云行雨施，天下平也”。“乘”而谓之“时乘”，则非“乘马”、“负且乘”之“乘”。“柔乘刚”则“无攸利"，"刚乘柔"其为"时行"矣。

通

《系辞传》云"一阖一辟谓之变，往来不穷谓之通"，又云"化而裁之谓之变，推而行之谓之通"。"变能"二字不烦言而解。而《序卦传》以泰为通，《杂卦传》以井为通。《系辞传》则云"困穷而通"，并与困互明。困成需则穷，需孚于晋则穷而通。泰孚于否，犹需孚于晋。泰之通，亦穷而通者也。《系辞传》云"易穷则变，变则通，通则久"，引《大有·上九》爻辞以明之云"自天佑之，吉无不利"。又云"黄帝尧舜，垂衣裳而天下治，盖取诸乾坤"。

大有二之五，为乾二之坤五之比例，故取大有之通，以明乾坤之通。若大有二不之五而四上先行，比成既济，大有成泰，其道穷矣。穷则民倦，民倦则"无攸利"。惟泰变通于否，是为"通其变，使民不倦。神而化之，使民宜之"。"取诸乾坤"，上乾下坤。否也。大有成泰则穷。泰孚于否，穷则变也。孚于否，而泰二之五，变则通也。泰成既济，否初四应之成益。益又通于恒，生生不已。"通"则久也，不言取诸否，而言取诸乾坤，以否乃"不通"之名，不可云"通"而取诸"不通"也。"否之匪人"乃为否，故不云"否"也。谓天在地下为通，天在地上为不通，失之远矣。同人固天在上，何以能通天下之志乎？

往

《系辞传》云"往者屈也，来者信也，屈信相感，而利生焉"，《说卦传》云"数往者顺，知来者逆"。解者以自下而上为"往"，自上而下为"来"。以《经》、《传》测之，未然也。

坤"元亨利牝马之贞"。或成屯而通鼎，或成蹇而通睽是也。下云"君子有攸往，先迷后得主。利"。所谓"先"，谓先于二五也。所谓"后"，谓后于二五也。"先"、"后"指二、

五，则“有攸往”指屯三蹇初矣。《传》云“先迷失道，后顺得常”，“后顺”即所谓数往者顺。《屯·象》云“勿用有攸往，利建侯”。“建侯”，鼎二之五，而后屯三可往也。“勿用有攸往”，鼎二未之五，屯三不可先往也。鼎二不之五而屯三往，则“往吝”，谓“往”而鼎成恒且成泰也。泰孚于否，“求昏媾，往吉，无不利”，谓泰二之五而否初往四以求之也。“求”，犹“应”也。有所求而往，则必二五先行矣。蹇初六、九三、六四、上六，皆云“往蹇”，谓初往睽四也。睽二之五，而蹇初乃而往。睽二不先之五，蹇初之“往”所以蹇也。

《蹇·彖传》云“蹇利西南，往得中也。不利东北，其道穷也。利见大人，往有功也”。“利西南”即“西南得朋”。“往得中”即“乃以类行”。“得中”即“得朋”，谓乾二之坤五。“往”谓乾上之坤三也。“东北”谓初往也。“道穷”则初不可往也。“往有功”即谓乾二先得中于坤五，而后上往坤三也。即升二之五，而无妄三往上也。坤成屯，则乾成家人。坤成蹇，则乾成革。革通于蒙，家人通于解。

《蒙·初六》“以往吝”，初往革四也。解二之五为“来复”，“来复”乃为“得中”。“得中”即“得众”。若初先往成临，是未得众而往也。初不往而二先之五，故云“无所往，其来复吉”。“无所往”者，初不往四也。“其来复吉”者，二之五也。二来复，而后三往家人上，则成咸，故云“有攸往，夙吉”。“夙”犹“速”也，“速”即咸也。“有攸往”，三往家人上也。往而成咸，必二先之五矣。“往有功”，即“往得众”。“往得众”，即“往得中”。先得中而后往，是“往得中”。

先得众而后往，是“往得众”。蹇、解两《彖》传可以互明。解成屯，则“勿用有攸往”。解成萃，则“三可往”，乃萃与大畜通，必大畜二先之五，萃三之“往”乃“无咎”。《萃·彖》之“利有攸往”，即《大畜·九三》之“利有攸往”也。《睽·六五》“厥宗噬肤，往何咎”，谓二先之五则四往蹇初为“无咎”。“睽不孤”则“蹇之往”不蹇。睽二之五为无妄，无妄可往蹇初矣。乃无妄与升通，必升二之五，而无妄乃

"可往"。若升二不之五。而无妄四之升初，无妄成益，升成泰，所谓"匪"也。既"匪"即宜变通。若益上之三成既济则"有眚"，"有眚"故"不利有攸往"。

《传》云"无妄之往，何之矣？天命不右，行矣哉！"天命何以不右？升二未之五，益又未通恒也。初九"无妄往吉"，谓升二之五，则四可往也。《革·九三·传》云"革言三就，又何之矣？"革成既济，蒙成益，故"贞厉"。"三就"则益通于恒。用"何之"二字，明其皆为益三往上也。

《无妄·六二》"不耕获不菑畬，则利有攸往"。《尔雅》：一岁曰菑，三岁曰畬。耕者初发之事，义犹菑也。获者已成之事，义犹畬也。"耕"谓升二之五，获谓无妄成既济。升二不之五，是不耕不菑也。无妄成既济，是不耕而获，不菑而畬也。无妄何以成既济？先以四之升初成益。又以益上之三，即《象》所云"其匪正有眚也"。惟不耕而获，不菑而畬，则"有眚"而"凶"。故当其成益时，宜通于恒。益通于恒，则"利有攸往"。前此不耕不菑者，一能变通，遂耕而获，菑而畬矣。

《遁·初六》"遁尾成，勿用有攸往"，此与无妄，不利有攸往互明。同人上之师三成升，同人四之师初成临，临通遁犹升通无妄。升二不之五而无妄四之升初成泰，犹临二不之五而遁上之临三成泰。遁上之临三，所云"遁尾厉"也。无妄成益，则三不可往上。"不利有攸往"者，谓三上也。遁成咸，则初不可往四。"勿用有攸往"者，谓初四也。无妄成益，行则"有眚"。遁成咸，往则"有灾"。故《传》云"不往，何灾也？"

《夬·初九》"壮于前趾，往不胜为咎"。"前趾"，谦也。夬不变通于剥，而二之谦五成蹇、革，则四往谦初，即革四往蹇初。若谦变通于履，履二之谦五，则为"素履"。谦成蹇，履成无妄。以履四往谦初即是升二之五而无妄四之升初也，故"往无咎"。无妄成益而通于恒，则"利有攸往"。故《恒·象》云"恒，亨，无咎。利贞，利有攸往"，《传》云"利有攸往，终则有始也"。"终"，谓益上之三矣。而《益·象》首即云“益，利有攸往”，《损·彖》云“有孚，元吉。无咎，可贞。利有攸往”。“有孚，元吉，无咎”，谓损通咸而成益。“可贞”即无妄九四之“可贞”。

《传》云“固有之也”，与《益·六三》“用凶事”《传》同。恒为“德之固”，恒二之五而后益上之三，乃为“可贞”。《损·彖》以“可贞”加“利有攸往”之上，则知无妄之“利有攸往”即谓“可贞”也。“可贞”，故“贞吉”。《损·上九》“贞吉，利有攸往”，即发明“可贞，利有攸往”也。夬剥相错，为萃。《剥·彖》云“不利有攸往”，《传》云“小人长也”。《夬·彖》云“利有攸往”，《传》云“刚长乃终也”。“小人长”则夬二未之剥五，剥上则不可往三。“刚长”则夬二先之剥五，夬四可往剥初。夬成既济，故云“刚长乃终，复利有攸往”。《传》云“刚长也”，谓姤二先之复五，则三可往姤上也。《姤·初六》“有攸往，见凶”。姤二之复五成屯为“见”。若姤初先往四成小畜，而后二之复五，则其成屯为“凶”矣。姤二不之复五而上之复三，姤成大过往之“不利”者也。

《大过·彖》云“利有攸往，亨”，谓其通于颐也。大过初之四，为“有攸往”。大过二先之颐五，而后大过初往四，是为“利有攸往”。《传》云“利有攸往乃亨”，以“利有攸往”明“亨”，即以“亨”明“利有攸往”。《贲·彖》云“贲，亨。小利有攸往”。困二先之贲五，而后贲上之困三，则不成大过而成咸，与姤成咸同。《巽·彖》云“巽小亨。利有攸往”。“小亨”，则震成革，巽成蹇。“利有攸往”，谓蹇通于睽。睽二之五，而蹇初往睽四。

《大有·九二》“大车以载有攸往，无咎”。“大车”指比下坤。比初比三，皆往大有者也。大有二先之五。则有所“载”。然后比初往，乃非“无交害”。三往，乃非“小人害”。故无咎。

《明夷·初九》：“君子于行，三日不食。有攸往，主人有言。”“行”，指小过四之初。中孚，君子也。于小过初四之“行”，则“不食”。而“有攸往”，指中孚三往上成需，故

"有言"也。凡称"有攸往"者五，称"利有攸往"十二。称"不利有攸往"二，称"勿用有攸往"二。皆指初四三上，历历可见。

小畜二之豫五，因而上往豫三，是为"密云不雨"。《传》云"密云不雨，尚往也"。"尚往"犹云"当往"。《大壮·九四》"贞吉，悔亡。藩决不羸"，《传》亦云"尚往也"。谓二之五成革，而四往观初。观未成蹇，故四当往。小畜以上往豫三成咸，大壮以四往观初成益。"往"不同，其为"尚往"则同。"尚往"犹云"往有尚"。《节·九五》"往有尚"，谓三往旅上成咸也。

《丰·初九》"往有尚"，谓四往涣初成益也。盖坎二不之离五，而初往离四，则坎成节。坎二不之离五，而三往离上，则离成丰。是"往"之"不当"者，《坎·彖》云"行有尚"，《传》云"行有尚，往有功也"。以"往"字赞"行"字，明坎之"行有尚"，即节、丰之"往有尚"。既成节"往有尚"则不成需，既成丰"往有尚"则不成明夷。丰不成明夷而涣成益，犹大壮四之观初成益。是丰之"往有尚"，即大壮之"尚往"也。节不成需而旅成咸，犹小畜上之豫三成咸，是节之"往有尚"，即小畜之"尚往"也。《传》两言"尚往"，所以赞"往有尚"，而爻两言"往有尚"，所以发明《彖》之"行有尚"。

夫《彖》一言"行有尚"，而爻则两言，往有尚，《传》则两言"尚往"。节以明坎初之离四，丰以明离上之坎三，固矣。大壮、观为小畜、豫之相错，则大壮之"尚往"，指大壮四之观初，即明豫四之初。小畜之尚往，指小畜上之豫三，即明观上之三。其互相发明，亦历历可见。大抵从二五而往，则"往有功"、"往有庆"、"往有事"。不从二五而往则"往吝"、"往未得"。

《说文》："数计也。自一十百千万顺而计之。不更端而起，是之谓数。"二五先定，由二五而次第数之，以及初四三上。"往"指初四三上，而实以二五之先定言。盖二五先定，而初四三上从之，其事为"已往"，即宜"退藏"，故云"藏往"。

不俟数往之穷，而即旁通变化。

舍“已往”，而二五更端而起，则谓之“来”。故云“神以知来”。“知”犹“为”也，“为”即作也。初四从二五往矣，则不数三上。而变通以知来，三上从二五往矣。则不数初四，而变通以知来。故以为“神”，亦以为“逆”。凡言“往”，谓初四三上从二五而往也。其不从而往者匪矣。凡言“来”，谓二五先初四三上而来也。其不先而来者，慢矣，岂自上而下、自下而上之谓乎？

来

《杂卦传》云“萃聚而升不来也”。蒙二不之五而上之三成升。而谓之“不来”，是“来”指二五也。蹇云“来誉”“来反”“来连”“来硕”，皆以升二之五言之。九五“大蹇朋来”，即西南所得之朋。升二之五成蹇则“朋来”。升不来，所以赞蹇卦五“来”字。至精至微也。于是以蹇之“朋来”，例复之“朋来”。无妄升相错为姤复，升二之五为蹇，即姤二之复五为屯。复之“朋来”，即蹇之“朋来”也。

于是以复之“来复”，例解之“来复”。姤二之复五，犹小畜二之豫五。故小畜称“牵复”，称“复自道”。小畜二之豫五，成萃。解二之五，亦成萃。故解二之五，为小畜二之豫五之比例，亦即姤二之复五之比例。解之“来复”即复之“来复”也。于是以解之“来复”例丰之“来章”。涣丰相错，即家人解。涣二之丰五，犹解二之五。解二之五为“来复”，故涣二之丰五为“来章”。“来章”，即是“刚来”，故《涣·传》云“刚来而不穷”。于是以涣之“刚来”，例随、讼两卦之“刚来”。

《随·传》云“刚来而下柔”。随之“刚来”，谓巽二之震五成随也。《讼·传》云“刚来而得中也”，所以赞“有孚窒惕，中吉”。“有孕，窒惕”谓二之明夷五也。《无妄·传》云“刚自外来，而为主于内”。睽二之五成无妄。睽，外也。无妄九五之刚自睽二来，故云“刚自外来”。惟五称“主”。睽二之五，在睽为外，在无妄为内，故为“主于内”。非“来”于五，乌得称主？

于是以随之“刚来”，知震之震来“震来”。“虩虩”谓巽二来之震五也。若巽二来之震五也。若巽二不来于震五，而震四之巽初，成复、小畜。震成复而后姤二来于复五，则其“来”也，厉矣。若巽成家人震成屯，为“往”。屯通鼎。鼎二之五，则由“往”而来，故六五“震往来厉”。

于是以震之“往来”，例咸之“往来”，震巽相错即恒益。巽二之震五，即恒二之五。恒二之五而益上之三，则“往”。恒成咸，咸通于损。损二之五成益，则“来”。损成益，咸四之初，又“往”矣。益通恒，恒二之五又“来”，是为“憧憧往来，朋人尔思”。益六二上九两《传》，皆云“自外来”。损二之五成益，犹睽二之五成无妄也。

于是以蹇之往来，例井之往来。井成蹇，噬嗑成革，则“往蹇”通于睽。睽二之五。“刚自外来”，则“来”，是为“往来井井”也。于是以比之“方来”，例困之“方来”。比通大有，大有二之五为“方来”。困成需，需二之晋五与大有二之五同。《需·上六》“有不速之客三人来”。需下本是“三人”，二来晋五，晋上亦是“三人”，故云“三人来”。困二不来贲五，穷而成需，而后乃“三人来”，故《困·九四》“来徐徐”。然“来”虽“徐徐”，而其“来”也，由变通而来，则“敬之终吉”者也。

若坎成需，离成明夷，不能变通。而以需二“来”之明夷五，需上本有坎，明夷成既济，上又有坎，是为“来之坎”。坎初四三上先行，而后二五乃“来”，其“来”为“不顺”。《离·九四》“突如其来如。焚如死如弃如”。突，不顺也。《离·九三》“来兑凶”。兑之一卦，全以成革，而变通为言。二先之艮五，而后长上之兑三乃成革而解兑。若三先之艮上成谦夬，夬不孚剥，而二来之谦五，是为“来兑”。即夬之“壮于前趾”，而睽之“舆曳”也。故“来兑”之凶，见“舆曳”，《传》皆云“位不当”也。

泰“小往大来”，否“大往小来”，此犹云“日往则月来，

月往则日来。寒往则暑来，暑往则寒来”。“大来”二字，《传》于《既济·九五》赞之云“实受其福，吉大来也”。此“大来”，本《彖传》“小者亨”而言。未济本小，二之五则“大来”。未济通既济，而二之五成否。犹泰通否，而二之五成既济。“实受其福”，即“于食有福”。泰五小通于否，而小进为大，是“小往而大来”。否五“大”，通于泰。而“大”易为“小”，是“大往”而“小来”。在泰宜“小往”而“大来”，在否宜“大往”而“小来”。惟否不能“大往小来”，故“否之匪人，不利君子贞”。不旁通于泰，则“小”不“来”。否自成既济，则“大”不“往”。“大往小来”四字，乃是转语。泰“小往大来”则亨，否“大往小来”则利。虞仲翔以坤阴诎外为“小往”，乾阳信内为“大来”。“亨利”之义不明，“往来”之故遂昧。

“往来”者屈信之谓也。刚上而柔下，则为“大来”。阳退而通阴，则为“小来”。“小来”即是“柔来”。《传》于贲用“柔来”二字，与“刚上”二字互明。乾二之坤五，“大来”也，即泰二之五也。乾成革舍而孚蒙，小来也，即困之孚贲也。《传》于既济称“大来”，于贲称“柔来”。大来即“交”，小来即“易”，是可推矣。

至

《坤·彖传》云“于哉坤元!”此“至”字即用“履霜坚冰至”之“至”。坤成谦通于履，履二之谦五，是为“坚冰”至。谦履相錍，为临遁。临通遁而临二之五，为谦通履而履二之谦五之比例。

《临·六四》“至临无咎”。“至临”之“至”，即“坚冰至”之“至”也。《解·九四》“解而拇朋至斯孚”。“解而拇”谓四之初成临。临通遁而临二之五为至临，故云“朋至”。“朋至”即《蹇·九五》“大蹇朋来”，何也？临二之五，为履二之谦五之比例。履二之谦五成蹇，即为升二之五之比例，故解之“朋至”，即蹇之“朋来”。

升二之五成蹇，犹姤二之复五成屯。《复·传》云“至日闭关”。“至”谓姤二之复五也。姤二先之复五，为“至”。姤上后之复三成既济，下离为日。若姤成需，复成明夷。以需二之明夷五，则为“至于十年”。“十年”者，明夷也。需二之明夷五，为“至于十年”。明夷变通于讼，而讼二之明夷五，亦为“至于十年”。为需二之“至”，则以其“国君凶”，为讼二之“至”，则“不克征，无眚”。

解二不之五，而四之初成临，临下兑，为“八月”。临通遁而二之五，临不通遁而二之五，皆为“至于八月有凶”。“有凶”者，明乎其有不凶也。“不克征”者，明乎其有既克既征也。以是推之解四不之初，而二先之五，则不“至于八月”，而为“至之宜”。家人解相错为丰、涣。《丰·传》云“雷电皆至”。“至”谓涣二之丰五，即解二之五也。《乾·九三·文言传》云“知至至之，可与几也”，此谓坤成屯而通鼎。然则坤成屯，则鼎二之五为至。坤成谦，则履二之谦五为至。此坤元所以“至”也。

《系辞传》云“履和而至”，即指“坚冰至”之“至”矣。“至”之义为“假”。家人通解，解二之五为“五假”。丰通涣，涣二之丰五，即解二之五，故亦云“五假”。大畜通萃而二之五，亦云“王假”，皆为“至”也。“至”之义为“括”。坤成复，复下有底为“囊”。通于姤，姤二之复五则为“括囊”，即《复·传》“至日”之“至”也。困二之贲五为“怀其资”，“怀”亦“至”也。《尚书大传》云“祭之为言祭也，察之为言察也。察者，至也。淮南原道高不可际”。高诱注云“际，至也”。则《经》称“禴祭”“祭祀”，《传》称“天地际，万民察”，皆此“至”也。《周礼师氏注》以“至德”为“中和之德”，故《易》之称“至”皆指二之五。凡称“括”、“假”、“杯”、“祭”，义与“至”同，皆指二之五，可推而通也。

以此至彼，必上有所承，故为坤元。惟二五先行得众，则至为“元”；二五不先行，虽同是至而有凶。故“至”有由“失道”而“至”者，有由“当位”而“至”者。有“至”

而“当”者，亦有“至”而“凶”者。必“知至”而“后至”，“知至”者，知其所当至也。

几

《屯·六三》：“君子几不如舍。”《系辞传》于《豫·六二》赞之云：“知几其神乎？君子上交不谄，下交不渎。其知几乎？几者，动之微。吉之先见者也。君子见而作，不俟终日。《易》曰：‘介于石，不终日。贞吉。介如石焉，宁用终日？断可识矣’”。

《文言传》于《乾·九三》赞之云：“知至至之，可与几也。”有此两赞，而全《易》之义明矣。何也？乾成家人，坤成屯。屯三更之家人上，则成两既济终矣。屯三则“知几”，于是舍家人而旁通于鼎。屯三即坤三。屯三舍家人，即坤三舍乾。故《乾·九三》称“终日乾乾”，而《传》即用屯三“君子几不如舍”之辞赞之，以为“可与几”。“可与几”，即“知几”。“君子几不如舍”，故“可与几”也。坤成屯乾成家人，宜“知几”。坤成蹇，乾成革。亦宜“知几”。

屯之见几而作在三，革之见几而作在四，家人之“待时而动”在上，蹇之“待时而动”在初。《传》以“宜待”赞蹇初矣，而乃于《豫·六二》畅言“知几见几”之义，所以明革四也。“介于石”，则豫成咸，小畜成既济。既济咸，为蹇革之相错。咸四之初成离日而“终”，既革四之蹇初成离日而“终”，亦即家人上之屯三成离日而“终”也。“见几而作，不俟终日”，谓咸四不之初，而旁通于损。即革四不之蹇初而旁通于蒙。亦即屯三不之家人上。而旁通于鼎，屯咸蹇不成既济，则不终，下无离则不日，故“见几”而不“终日”。若“终日”则必俟“乾乾”，谓鼎二之五，而后鼎上之屯三，屯成既济而“终日”，损二之五，而后咸四之初，成既济而“终日”。

君子所以“终日”者，以其“乾乾”也。未“乾乾”，则“不终日”矣。“不终日”，而俟鼎二之五，损二之五，“知至至之”也。鼎二之五，损二之五，而后屯咸成既济而终，“知终终之”也。“知至”则“可与几”，“知终”则“可与存义”。“利者，义之和”。变而通之，以尽利。“知几见几”，不外变通而已。《传》又于《复·初九》赞云：“颜氏之子，其殆庶几乎？有不善未尝不知，知之未尝复行也。《易》曰：‘不远复，无祇悔，无吉’。”“庶几”，谓“庶乎其知几”也。乾二不之坤五，而四之坤初成复，“失道”而“不善”矣。若不变通，则“不善”不能改。自知“不善”，即是“知几”变而旁通于姤，是为“反复其道”。

《传》即赞之云“天行也”。“天行”即“乾行”。又于《乾·九三》赞云“终日乾乾，反复道也”。然则由“当位”而变通，为“知几”，为“反复道”。由“失道”而变通，亦为“知几”，为“反复道”。《传》又总赞之云：“夫《易》，圣人所以极深而研几也。唯深也，故能通天下之志。唯几也，故能成天下之务。”“研”，摩也。“知几”因而摩之，为“研几”。深，潜也。阳潜于二，因而中之，为“极深”。深而极则先二五。深而求则先初四。故“浚恒”为凶也。

第四章 易通释卷四

刚 柔

《杂卦传》首称“乾刚坤柔”。《说卦传》云“立天之道曰阴与阳。立地之道曰柔与刚。立人之道曰仁与义”。“仁”即元也，“利”即义也。元而利，即一阴一阳之道也。阴阳刚柔仁义，其义一也。《传》又云“分阴分阳，迭用柔刚”，又云“发挥于刚柔而生爻”。

《乾·传》云“六爻发挥，旁通情也”。由“旁通”而有发挥。两卦旁通，故分阴分阳。惟乾纯阳、坤纯阴，故“乾刚坤柔”。其余六十二卦，两两旁通。以此爻之阴，对彼爻之阳，亦阴阳两分，乃不纯乎阴阳。则视五之阴阳，以为“刚柔”。自柔而刚则为“元”为“仁”。自刚而柔则为“利”为“义”。《系辞传》称刚柔十一。“动静有常，刚柔断矣”，一也。“刚柔相摩”，二也。“刚柔相推而生变化”，三也。“刚柔者昼夜之象也”，四也。“刚柔相推，变在其中矣”，五也。“刚柔者，立本者也”，六也。“君子知微知彰，知柔知刚，万夫之望”，七也。“上下无常，刚柔相易，不可为典要，唯变所适”，八也。“柔之为道，不利远者。其要无咎，其用柔中也”，九也。“其柔危，其刚胜邪”，十也。“刚柔杂居，而吉凶可见矣”，十一也。

“相摩”“相推”“相易”，即“迭用柔刚”。“迭用柔刚”，故生变化。五刚则宜静，五柔则宜动。一动一静，视乎五之刚柔，故“动静有常”。以刚柔为断，刚则存，柔则亡。柔而用刚为进，刚而用柔为退。“知进而不知退，知存而不知亡，知得而不知丧”，是知刚而不知柔也。反是则知柔而不知刚。“退亡丧”，隐也，微也。“进存得”，见也，彰也。“知微知形，知柔知刚”，为“万夫之望”。知刚而又知柔，知柔而又知刚，所谓“迭用柔刚”也。静动断于刚柔，故刚柔为立本，所以变通趣时者，以此为本也。刚在五为刚中，柔在五为柔中。柔中必更变为刚中，故云“其用柔中”。“用”，即更变也。惟“柔中”，乃须更变，若已刚中则静而不动矣。

《传》称刚中者十二，称“刚得中”者四，皆以刚居五而言，《姤·传》云“刚遇中正”，《乾·传》云“刚健中正”，《履·传》云“刚中正，履帝位而不疚”。“柔中”则失，“刚中”则得。凡《传》称柔得中，谓五本柔，变为刚中。自柔而变刚，为“柔得中”。自刚言之，即为“刚得中”。“刚得中”谓“刚中”，“柔得中”亦谓“刚中”。唯“刚中”乃称得中也。

何以明之？未济“亨”。“柔得中”也。既济“初吉”，亦云“柔得中”也。未济五本柔中，二之五则刚中，是为“柔得中”。本柔而得“刚中”，所以“亨”，所以“初吉”。“初吉”者，未济三四不行先以二之五成否为吉也。“得”字即作“刚”字，“柔得中”则“小者亨”。既济之“柔得中”，正与未济之“柔得中”相贯。解者以未济“柔得中”指五，既济“柔得中”指二，非其义也。《小过·传》云“柔得中，是以不事吉也。刚失位而不中，是以不可大事也”。

《小过·彖》言“可小事”，《传》以“小事吉”赞之。“小事吉”三字，乃睽之《彖》辞。《睽·传》云“柔进而上行，得中而应乎刚，是以小事吉”。《传》于“柔得中”三字中间，增入“进而上行”四字。明柔之所以得中，由于进而上行。则变柔为退，柔变刚为进。用一“进”字，明谓二进于五。二进于五是为“上行”，以睽之“小事吉”，赞小过之“可小事”。则小过之“柔得中”，即睽之“柔进而上行得中”也。柔在中则刚失位而不中。刚不中则失，《传》文甚明。

通变之谓事，“小事”，即是变小为大，谓中孚二宜之小过五，而小过四不可先之初，故云“不可大事”。“不可大事”四字，《传》用以赞《遁·九三》，又用赞《丰·九三》《传》云“丰其沛，不可大事也”，谓宜以涣二之丰五，不可以丰四

之涣初。《涣·传》云“刚来而不穷，柔得位乎外而上同”。“刚来”谓涣二之丰一。丰五本柔而不得位，自涣二之刚来，则“柔得位乎外”。“柔得位乎外”即“柔得中”，而《传》用“刚来”二字明之。“柔得位”由于“刚来”，则得中得位。指柔进为刚，明白无疑。

《遁·九三·传》云“畜臣妾吉，不可大事也”。鼎二之五为遁，亦所云“柔进而上行得中，而应乎刚也”。与睽之“小事吉”同即与小过之“柔得中”同。以小过之“不可大事”赞遁即赞鼎二之五之为“可小事”也。鼎、屯相错为噬嗑、井，井二之噬嗑五成无妄，与睽二之五同。故鼎之柔进而上行得中，与睽同。《噬嗑·传》云“柔得中而上行”。噬嗑之“柔得中而上行”，即睽、鼎之“柔进而上行得中”，比例之无不合。睽鼎称“柔进而上行”，噬嗑称“柔得中而上行”，明以“得中”与“进”互明。“得中”由于“进”，“进”乃为“得中”。《传》之自相赞也。噬嗑、睽之“柔”，既进而上行“得中”，成无妄。《传》于无妄赞云“刚自外来，而为主于内”。“刚自外来”即柔得位乎外。节二之旅五成遁，与鼎二之五同。鼎屯相错，既为噬嗑井，故《噬嗑·传》称“刚柔分”，《节·传》亦称“刚柔分”。节五刚，旅五柔。井五刚，噬嗑五柔，是为“刚柔分”，即为“分阴分阳”。

节二之旅五。在旅则“柔得中乎外”，在节则为“刚得中”。以井二之噬嗑五，在噬嗑为“柔得中而上行”，在井则为“刚中”。《讼·传》云“刚来而得中也”。讼二之刚，来于明夷五而“得中”。“得中”即“得位”。在五言这为“柔得中”，在二言之为“刚得中”。若五本是刚，不必言“得”。惟五以柔进而为“刚”，斯为“得中”。可称“柔得中”亦可称“刚得中”，“刚得中”，刚本在二而“得中”于五也。“柔得中”，五本是柔，而得进为“刚”也。“刚中”即是“刚得中”，“柔中”与“柔得中”迥别。“刚而中”，即是“得”，“柔而得”则“中”已不“柔”也。推之升二之五、困二之贲五、兑二之艮五、蒙二之五、师二之五、小畜二之豫五、临二之五、坎二之离五，皆为“刚中”。履二之谦五，为“刚中正”。姤二之复五为“刚遇中正”。巽二之震五为“刚巽乎中正”。乾二之坤五为“刚健中正”。中孚二之小过五，在小过为“柔得中”，在中孚为“刚得中”。鼎二之五，在鼎为“柔进而上行得中”，在成遁为“刚当位”。

《大畜·传》云“刚上”，谓二之五也。《萃·传》云“刚中”，谓大畜二之五也。《无妄·传》云“刚中”，谓升二之五。《比·传》云“刚中”，谓大有二之五。升“柔以时升”，升亦“进”也。升五失中为柔，通于无妄而二升于五，是为“时升”。《谦·传》云“地道卑而上行”，“地道”即“柔”也。“上行”即“进而上行”也。履二之谦五，与升二之五同。升之“柔”以“时升”，即谦之“地道卑而上行”也。同人柔得位得中，谓师二之一。或以“柔得位得中”，指《同人·六二》。

同人二五已往，不必言者也。同人之名取其舍已众人，善与人同。则“柔得位得中”，指师无疑，师之“刚中”，即“柔得位得中”也。未济二之五与需二之晋五同。《晋·传》云“柔进而上行”，与未济“柔得中”互明。合之，即睽、鼎之“柔进而上行得中”也。“得中”刚柔进为刚，故云“得中而应乎刚”。《渐·传》云“进得位，往有功也。进以正，可以正邦也”。其“位”，“刚得中”也。“进”谓渐成蹇，而通于睽，可以“正邦”，即蹇之“当位贞吉以正邦”。“进得位”，即睽之“柔进而上，行得中”，《传》特以“刚得中”三字明之。

是“柔”之“得中”，正是“刚”之“得中”。在睽为“柔得中”，自蹇言之则“刚得中”也。蛊二之五，犹大畜二之五，故皆云“刚上”。而蛊以“柔下”二字申明之，与《恒·传》同。恒益相错为兑、艮。恒二之五，即兑二之艮五。兑二之艮五，既同于蛊二之五，则蛊之“刚上而柔下”，即恒之“刚上而柔下”。恒二之五咸，咸益相错为随。渐、随之“刚来”，谓巽二之震五。巽二之震五，即恒二之五之比例。“刚来而下柔”，与咸之“男下女”、屯之“贵下贱”义同。“男”也，“贵”也，即“刚”也。“女”也，“贱”也，即“柔”

也。舍屯、咸、随之刚，从鼎、损、蛊之柔，是为“下柔”。恒二之五，则“刚上而柔下”，故申云“雷风相与”，谓成咸也。咸四之初则“柔上而刚下”，故申云“二气感应以相与”，谓应损也。

兑二之艮五，则“刚中”，三之艮上，则“柔外”。中孚二之小过五，则“刚得中”，三不先之上故“柔在内”。《损·传》云“损刚益柔有时”，此语为六十四卦之通例。“柔”在五则益之，谓损交而成益。“刚”在五则损之，谓益易而通恒。“损刚”即“柔来而文刚”，“益柔”即刚上而“交柔”。《夬·传》云“刚决柔”；《剥·传》云“柔变刚”；《姤·传》云“柔遇刚”；《履·传》云“柔履刚”；《蒙·九二·传》云“刚柔接”；《坎·六四·传》云“刚柔际”；《屯·传》云“刚柔始交”。

凡此皆明“迭用柔刚”之义。说者不明“进”与“得”皆指“刚”，遂以“柔进上行”为柔爻上行，以“柔得中”为柔爻居五。于是造为卦变之说：鼎之“柔进上行”为遁初之五，晋之“柔进上行”为观四之五，乃用以说睽之“柔进上行”，则穷矣。用以说升之“柔以时升”，则又穷矣。虞仲翔解“柔以时升”云：柔谓五，坤也。升谓二，坤邑无君，二当升五虚。此明以柔爻在五，刚爻在二，宜以二升于五。以此推之，睽、鼎、晋之“柔进上行”，无不皆然，而何卦变之有也？泥于自上而下为“来”，谓随之“刚来”，为遁三来二，乃用以说。无妄之“刚自外来”则穷，不得不以为遁。上来初而其例紊矣。

大　小

《系辞传》云：“齐大小者存乎卦。齐者整齐之也。阳刚为大，阴柔为小，一阴一阳，所为齐也。”乾刚坤柔，乾二之坤五，乾成同人，坤成比。两卦皆“刚中”，不齐矣。以同人孚师，以比孚大有，则又齐矣，是谓“齐小大”也。

齐则大通于小，小进为大。不齐则在不孚于小，小不进于大。小不进于大，则小而又小，以至于“匪”。故凡卦以刚通柔为孚，既孚则以柔进为刚。乃为利，齐亦利也。故乾刚通于坤柔，坤五以小为大，则“大哉乾元”。坤成屯，通于鼎，鼎五小，以孚屯五之大，而必以鼎二之五为“利见大人”。

《经》称大人者十二，皆谓“小进于大”。“小进于大”为“大人”，“小不进于大”则为“小人”。大不孚于小则“盈不可久”。孚于小即“大中而上下应之”，乃可用。如大有五本小，二进于五乃大，而后四上乃可用之比初三。若二不之五而四上行，则成泰为小人，故“勿用”也。未成泰上先行则成大壮，四先行则成大畜。惟大畜孚于萃，则二之五为“利见大人”。《萃·九四》“大吉”，谓大畜二之五，小化为大则吉也。《蛊·九三》“干父之蛊，小有悔。无大咎”。蛊成大畜，犹大有成大畜。成大畜五柔，故“小”。因其“小”，而“悔”。“悔”则变通于萃，乃名大畜。不通于萃而二之五，虽亦大，而上之屯三成两既济，则大而不畜矣。大而不畜虽大亦咎，必变通于萃，乃“有悔”而“无大咎”也。

《乾·九二》“利见大人”谓屯通鼎。九五“利见大人”谓家人通解。家人通解为“有孚于小人”，解二之五则“利见大人”。《革·九五》“大人虎变”谓通蒙。蒙二之五，鼎成大畜，犹大有、蛊成大畜也。睽成大壮，犹大有、归妹成大壮也。蒙成升，犹师、蛊成升也。解成临，犹师、归妹成临也。其鼎解之成恒，犹大壮也。蒙睽之成损，犹临也。而恒、损、大畜、升、大壮、临，仍不能进于大，则成泰，故卦至成泰，则小甚矣。大壮本小，孚于观而二之五，乃名大壮，犹大畜本小，孚小萃而二之五乃名大畜也。

《大壮·九三》“小人用壮”，大有成大壮为“小人”。用壮则大。大有“小人弗克”，克则成大壮也。临者，大也。临本小，孚于遁而二之五，乃名临。遁“亨小利贞”，小谓临也。升本小，孚于无妄而二之五，则“用见大人”。《系辞传》云“复小而辨于物”。乾四之坤初，坤五未大，故复小。小畜二之复五，则小不能畜。惟孚于豫，乃名小畜，而复亦通于姤，为“辨于物”。丰本小而孚涣则大，与临同。离成贲犹坤成复。贲

通困，则“小利有攸往”。小进于在，故困“亨贞大人吉”。贲小不可与节系，节通旅则“小亨”。若旅四之初仍成贲则小而又小，是为“旅琐琐”，“琐琐”犹“小小”也。

节之于旅，犹蹇之于睽。节孚旅则“小亨”，蹇孚睽则“小事吉”。泰孚否则“小往大来”，否孚泰则“大往小来”。“大往小来”故“小人吉”，“小往大来”故“大人否亨”。《否·九五》“休否，大人吉”，谓泰以小进为大而否应之，以成“休否”也。既济孚于未济，则“亨小利贞”，犹遁孚临为“小利贞”。未济二不之五而成泰，则“小狐汔济”。坎二不之离五而成需明夷，则“小有言”。

需通晋，明夷通讼，则“小有言终吉”，亦为“求小得”。“小而得”则大，即“得其大首”也。大抵小之进为大也，宜有应，有应则亨。“亨”则“大”即是“元”，故《传》每以“大”赞“元”。大而在五，先乎初三，乃为“元”。大而不在，五则“不可大事”。在五而后乎初三，则为“大耋”“大号”，不可为“元”，故“元”未有不大，而大不必即“元”也。大之易为小也，宜急进为大。急进为大，则利。故不急进则“无攸利”。小即进为大，则“小亨”、“小利贞”、“小事吉”。小而不即进为大，则“小有悔”、“小吝”，故利未有不由大易于小；而小久于为小，又转不利也。升“积小以高大”。师本小，二不之五而成升。升又小，故为“积小”。由“积小”而下巽为“高”，然后乃孚。无妄“用见大人”，是由高而大也。

新旧

《讼·六三》“食旧德”。《井·初六》“旧井无禽”。《传》于鼎称“取新”，于大畜称“日新其德”。两“新”字，正用以赞两“旧”字。此《传》之赞《经》，最为微妙者也。井与噬嗑旁通，即为屯鼎之相错。坎二不之离五，而离上这坎三成丰、井，“失道”矣。井宜舍丰而通噬嗑，乃井不通于噬嗑，而仍与丰系。

丰四之井初，所为“井泥不食”也。舍丰而通噬嗑则以能更变而为“新”。不能更变故为“旧井”也。井更变于噬嗑，井二之噬嗑五，为鼎二之五之比例。《杂卦传》云“鼎，取新也”，谓屯通于鼎也。屯通于鼎，则“取新”，是井通于噬嗑，则“取新”也。井通于噬嗑则“取新”，井不通噬嗑而仍与丰系，是不能“取新”矣。不能“取新”，则“旧井”矣。丰四之井初，井成需，丰成明夷。明夷通讼讼二之明夷五，则“食旧德”。井以“不食”而“旧”，“旧”而能变通，则仍“食”矣。此“旧德”之“旧”，即“旧井”之“旧”也。“食旧德”，犹云“噬腊肉”，“腊”即“昔”字。肉久不食在而干，是为“昔肉”，如旧醳谓之昔酒，娱乐噬嗑明夷而通讼也。噬嗑未成明夷，必先成颐。噬嗑四之井初成颐，为鼎四之初成大畜之比例。屯通鼎而鼎成大畜，不可为“取新”也。井通噬嗑而噬嗑成颐，亦不可为“取新”也。斯时颐未成明夷，即宜通大过大畜未成泰，即宜通萃，大畜而通萃仍不异屯之通鼎。故云“日新其德”。“新其德”则不俟成。明夷乃“食旧德”也。

大畜萃相错为夬剥。大畜通萃，为“日表其德”。夬通剥，亦为“日新其德”，何也？夬不通剥，而仍与谦系，是为“壮于前趾”。前犹昔也，“前趾”犹旧趾也。乾上之坤三成谦夬，犹离上之坎三成丰井。井不通噬嗑为“旧井”通噬嗑则“取新”，《传》以鼎之“取新”赞之。夬不通剥为“前趾”，通剥则“日新其德”，《传》以大畜之“日新其德”赞之。所谓赞，《经》之微妙也。“前趾”犹“前禽”。比成屯，屯通鼎则“失前禽”，“失前禽”则得新禽。是鼎之“取新”赞“旧井”。正所以“赞前禽”。“前禽”者，“旧禽”也。“旧井”者，“前井”也。乾上之坤三，犹大有上之比三。大有成大壮，比成蹇，相错为需、小过。

《需·传》云“险在前也”，《蹇·传》亦云“险在前也”。“险在前”，则宜变通以取新。一则云“刚健而不陷，其义不困穷矣”，一则云“见险而能止，知矣哉！”皆谓其能新也。《易》之一书，全以“日新”为要。《系辞传》云“日新之谓盛德”，然则凡卦皆宜然。《大畜·传》云“君子多识，前言往行，以畜其德”。“前言”指萃上兑，所更新在大畜。萃上言“已先有”。故云“前”。若家人通解，而解成萃，则言为“新言”，而行为“新行”矣。

远近

《系辞传》三言“远近”，两言“远迩”，由《复＆初九》“不远复”一言赞之也。乾二之坤五而初四应之。在四则“惧”，在二则“誉”。不烦改而变通，故为“近”。若乾二不之坤五，而四之坤初，乾成小畜，坤成复。复若不能改变，又以小畜上之复三成明夷。明夷虽能通讼，已辗转艰难而后得。故为“远”，所谓“柔之为道，不利远者”也。惟复即孚于姤，姤四不之初，即以二之复五。虽不能如乾二之坤五“得中无失”，而随失随复，故“不远复”。成明夷而后复则“远复”矣。《蒙·六四·传》云“困蒙之吝，独远实也”。蒙成泰，犹坤成明夷。成泰而后复，犹困成需而后复。五之虚虽实乃不实于蒙五。而初于泰五，故“远实”。《姤·九四·传》云“无鱼之凶，远民也”。柔在五称民，姤二之复五则“不远”。姤二不之复五，而四之初复五之柔仍未复，故“远民”。“远民”者，使复成明夷也。

以复视明夷则复之孚姤为近，明夷之孚讼为远。以复小畜视乾坤则乾成同人、坤成比为“近”，复孚姤、小畜孚豫为“远”。《小畜·六四》“有孚。血去惕出。无咎”，《涣·上九》作“逖出”，《传》云“远害也”。“逖”与“惕”通。凡《易》称“惕”皆“逖”，谓远也。其未害也则不可远。其既害也，则不得不远。乾坤成小畜，复不得不以小畜孚豫为“惕出”。坎离成丰，井不得不以丰孚涣为“逖出”。蒙未成泰先成损，不得于通于咸为“远害”。兑艮成谦夬，不得不以夬孚剥为“惕号”。“失道”至于明夷需不得不以明夷孚讼为“惕中吉”。夬已号矣，以夬四之剥初成颐，则“虎视眈眈，其欲逐逐”，不得不以颐孚大过。“逐逐”者，远也。此皆因失道而远者，故“远近相取而悔吝生”。家人上不可之屯三，则远而通于鼎，是为“夕惕”。《传》于《中孚·九二》畅发之云：“君子居其室出其言善，则千里之外应之。况其迩者乎？居其室出其言不善，则千里之外违之。况其迩者乎？言出乎身加乎民。行发乎迩，见乎远。”自乾坤发之，为屯家人。由屯家人旁通于鼎解，此“出其言善，千里之外应之”者也。即豫应小畜成咸，咸又应损，而损成益也。亦即小过应中孚，成咸咸又应损，而损成益也。乾坤成小畜复，迩已失道，不应复通姤。又不应，而成明夷太过。小畜通豫。又不应，而成小过需。此“出其言不善，千里之外违之”者也。即豫不应小畜而成小过，小过乃违而通中孚。小过又不应中孚，而成明夷。明夷乃违，而通讼也。

惟“生生不已”，故以言乎远则不御。“终则有始”故以言乎迩则静而正。静而正者往而成既济也。不御者，来而通变于无穷也。震成屯通鼎，犹坤成屯通鼎。《震·象传》云“震惊百里，惊远而惧迩也”。“惧迩”即四多惧。谓四应五成屯，则惧而三不行。“惊远”，所以“夕惕若”也。鼎二之五成遁，《传》云“君子以远小人”。鼎成遁视屯为“惊远”矣。用一“远”字，赞“夕惕惕”字，即与“惊远”互明。夬“惕号”于剥。若剥上之三仍是谦，夬四之剥初成明夷，仍是夬四之谦初，是为“剥床以肤”。《传》云“切近灾也”。夬舍谦而通剥，则远剥。成谦，则仍近。“切”犹“割”也。“割”即剥也，以剥而远者，反以切而近，是“惕”之不能惕也，故为灾也。

内　外

《杂卦传》云“睽，外也；家人，内也”。李鼎祚引虞氏义云：“离女在上，故外。家人女正位乎内，故内。”内外专以指离，未切于《易》义。一卦六爻，下卦称内，上卦称外，固也。此以家人与睽分属内外，则以旁通之两卦言之。睽与蹇旁通，睽为外，则蹇为内。家人与解旁通，家人为内，则解为外。大抵五已正位者为内，五未正位者为外。内其故也，外其

新也。内其躬也，外其邻也。

比与大，有旁通。《比·六二》“比之自内”。自内者大有二之五而比四比之。大有成家人也，六四“外比之”。“外比之”者，比成蹇而通于睽，睽二之五而后初比之也。《泰·初九·传》云“拔茅征吉，吉在外也”。“拔茅”则泰成既济，否成益。益犹家人也，家人内则益内。益通恒，犹家人通解。“志在外”，“外”谓恒也。恒“外”，成咸则“内”。益“内”，损则为“外”。《咸·初六·传》云“咸其拇，志在外也”。“外”，谓损也。《益·六二·传》云“或益之，自外来也”，《上九·传》云“或击之，自外来也”，谓损二之五成益，益之来由于损也。

睽二之五，成无妄，则外变为内。《无妄·传》云“刚自外来，而为主于内”。无妄五自睽来，而云“自外来”，明睽为“外”。既成无妄，则为“主于内”，明以无妄为“内”。无妄五刚，睽五柔。内外之义，莫详于此。蹇孚于睽，则睽为“外”。升孚于无妄则无妄为“内”。《蹇·九三·传》云“往蹇来反，内喜之也”。《上六·传》云“往蹇来硕，志在内也”。“来反来硕”，皆指升二之五。升未成蹇，仍与无妄系，故云“志在内”。内喜之，睽成无妄为内，睽成损，则仍为外。故损成益为“自外来”，犹睽成无妄，为“刚自外来”。

鼎成遁，与睽成无妄同。《临·上六·传》云“敦临之吉，志在内也”。遁为内，则临为外。临二之五成屯。屯遁相错，即蹇无妄，为睽二之五之比例，即为升二之五之比例。《临·上六》之“志在内”，犹《升·上六》之“志在内”也。旅节相错为睽蹇。《旅·传》云“柔得中乎外”。“柔”字“外”字皆赞旅“小亨”“小”字。睽“小”旅亦“小”。旅“外”，即睽“外”也。涣、丰相错为家人、解。

《涣·六三》“涣其躬”，《传》云“专在外也”。家人内则解外。涣得家人之上半，内也。丰得解之上半，外也。涣二这丰五，则“柔得位乎外”。涣上之三应之，则“上同”。涣上应乎丰五之志。故“志在外”，犹云“志在丰”也。丰在外，丰成明夷。犹睽成损。

《需·九三》“震于泥”，《传》云“灾在外也”。丰四之井，初成需，为“井泥”。而明夷之灾则在丰矣。《家人·传》云“女正位乎内”，谓鼎成家人。“女”即“女子贞不字”之“女”。男正位乎外，谓解二之五也。解二不之五而四之初成临。临、家人相错为明夷、中孚，为丰四之涣，初之比例。《明夷·传》云“内难”，谓与中孚相错为家人也。莫详于《坤·六二·文言传》云“直其正也，方其义也。君子敬以直内，义以方外，敬义立而德不孤”。乾成家人革，坤成屯蹇，“直内”也。蹇通于睽，“方外”也。“义以方外”，则睽二之五。睽二之五则“睽不孤”，故“敬义立”而“德不孤”也。

上 下

《乾·九五·文言传》云“本乎天者亲上，本乎地者亲下”。乾为天本乎乾，则是乾二之坤五也。乾二之坤五而亲在坤上。坤为地本乎坤，则是坤五之乾二也。坤五之乾二，而亲在乾下。乾之于坤，犹坎之于离。《杂卦传云》“离上而坎下也”。坎属天，本乎坎二以亲于离五，故“离上”。离属地，本乎离五，以亲于坎二，故“坎下”。二之五亦五之二。所谓“交”也。泰二上行，五下行，为“上下交”。否上下不交谓泰二不之五，五不之二也。泰、否为乾、坤之错。泰之上下交即乾、坤之“亲上”、“亲下”，此上下以二五言者也。

《小过·彖》云“小过亨，利贞。可小事，不可大事。飞鸟遗之音，不宜上宜下，大吉”。《经》之称“上下”，仅见于此。《传》云：“小过小者过而亨也。过以利贞与时行也。柔得中，是以小事吉也。刚失位而不中，是以不可大事也。有飞鸟之象焉，飞鸟遗之音。不宜上宜下，大吉。上逆而下顺也。”由“顺逆”二字推之，即发明坤“顺承天”之义。《蒙·上九》传云“利用御寇，上下顺也”。上逆而下顺，则不能上下顺。上下皆顺则上不逆。因蒙之“利御寇”，求诸《渐·九三》之“利御寇”。渐、归妹相错，为中孚、小过。渐何以“利御寇”？渐成家人，上不之解三也。蒙何以“利御寇”？蒙

初应五成益，而上不之三也。

小过成既济，中孚成益。既同于革成既济，蒙成益。然则“宜下”者，小过成咸而四之初也，即蒙成观而革四之蒙初也。“不宜上”者，中孚成益，而上不之三也，即蒙成益上不之三也。若益不通恒，而上之三，则逆矣。

乃“上下顺”三字，不赞于渐，而赞于蒙，何也？《渐·九三》“鸿渐于陆”，为归妹二不之五，而四之渐初成家人、临。与中孚二之小过五，而小过四之初成既济、益不同。成既济、益，则“下顺”；成临、家人，则下并不顺。必临通遁，乃“容保民”，故《传》但云“顺相保”，以明其为临，家人，而以“利御寇”三字，与蒙同。蒙之成益，既同于中孚成益，则以蒙之“利御寇”，明渐之“利御寇”。即以“利御寇”之“上下顺”，明“飞鸟遗之音”之“不宜上宜下”。“飞鸟遗之音”，谓中孚二之小过五。小过四之初应之，“不宜上宜下”。“不宜上”者，“宜下”也。推之，“不宜下”者，则“宜上”也。

《小过·六五》“密云不雨，自我西郊”，《传》云“已上也”。不雨则小过成咸，四不之初，所谓“已”也。“密云”则中孚成益。而上之三，所谓“上”也。“已”是“不宜下”，“不宜下”故“上”。“飞鸟”则是“宜下”，“宜下”故“不宜上”。

盖初四从二五为“下”，三上从二五为“上”。初四从则三上不从，是“不宜上宜下”也。三上从则初四不从，是“已上”也。不宜上，则宜下，不宜下，则宜上，《经》自示其例如此。凡初四从二五为下应，三上从二五为上应。上应则下不可应，下应则上不可应，是为“上下顺”。下应而上又应，则下顺而上逆。推之，上应而下又应，则上顺而下逆矣。此上下以初四三上言者也。

《损·彖传》云“损，损下益上，其道上行”，谓二上行于五成益。《益·彖传》云“益，损上益下，民说无疆。自上下下，其道大光”，谓益上之三成既济，必通于恒。恒二先之五成咸，咸上兑，故“民说”而“无疆”也。

何为“自上下下”？“上”指益上之三，“下”指咸四之初。损二之五成益，益上不遽之三，让咸四之初，然后通于恒。俟恒二之五，而益上乃之三，是“上应”下于“下应”。如是，道乃广大而不穷矣。

在恒二之五，为刚上而柔下。则益“损上益下”应之。在损二之五，为“损下益上”，则咸柔上而刚下应之。损、恒言二五之上下，益咸言初四三上之上下。“损下益上”说刚上而柔下也。“损上益下”，亦柔上而刚下也。

比通大有，小畜通豫。则上下应。此指初四三上。乾成夬，坤成谦，则“失上下”。因“失上下”，而夬通剥，谦通履，则“辨上下，定民志”。此上下指二五，即谓“亲上”“亲下”也。谦失道而通履，宜以五下行之履二，故“柔履刚”。夬失道而通剥，宜以二上行之剥五，故“刚决柔”。复失道，宜以五下行之姤二，故“柔遇刚”。需二宜上行上晋五，故《晋·传》云“进而上行”。

《中孚·六四·传》云“马匹亡，绝类上也”，谓中孚成需，而通晋也。井失道，二宜上行之噬嗑五，故《传》云“得中而上行”。睽、鼎以本卦二之五，故专以二之五言，皆云“进而上行”。贲称“刚上”，谓困二之贲五。《讼·九二·传》云“自下讼上”，谓讼二之明夷五。《井·初六·传》云“井泥不食，下也”，谓巽上已之震三，成丰井，而丰四又之井初也。《乾·初九·文言传》云“潜龙勿用，下也”。乾上之坤三，成谦夬，夬四不可又之谦初也。丰井下应，而上下应，变而通噬嗑，则“上应”。上下皆应，乃称“元吉”。《井·上六·传》云“元吉在上”，谓通于噬嗑，而上应也。节、贲“上应”而“下不应”。节变而通旅，则“下应”。

《六四·传》云“安节之亨，承上道也”。上从二五，节成既济，旅成咸，是为“安节”。而咸初四，乃承上而时行以为道，则不徒以上应穷也。节二宜上行于旅五，乃旅夷，则宜以五下行于讼二，故云“以旅与下”。贲五宜下行地困二，乃困成需，则宜以二上行于晋五，故云“与上兴也”。旅四之初成贲，贲上又之节三成明夷，所以至于“鸟焚其巢”者。上先

行故也。故《传》云"以旅在上，其义焚也。"升二不之五，而无妄四之升初成泰。无妄上又之三，为"不耕而获"。在升，则为"冥升"。《传》云"冥升在上，消不富也"。升之冥，由无妄三之上也。小畜二不之豫五，而豫四之初成复。小畜上又之复三成明夷，为"冥像"。《传》云"冥豫在上，何可长也?"豫之冥，由小畜上之复三也。未济二不之五，而上之三成恒，恒之震由于上也。故云"振恒在上"。大壮二之五，而后观上之三，故《传》云"大观在上"。

谦夬无上应，谦通于履，仍有上应，与井通噬嗑同。故《上九·传》亦云"元吉在上"。蛊上之随三成蹇、革，则"上穷"，谓上不应也。巽上之震三成需、明夷。则"上穷"，谓下不应上又不应也。剥上之三成谦，则"轻"而不"厚"。夬二先之剥五，而后剥上之三。故云"上以厚下"。以"厚"而下，不以"蔑"而下也。萃四不之初而三这家人上，大畜先成家人上巽，故云"上巽"也。《上六·传》云"赍咨涕洟，未安止也"，谓大畜二不之五，而萃三之大畜上。其"上"也，不成既济也。

三之上称"上"，而上之三，亦称"下"。四之初称"下"，而初之四亦称"上"。"上以厚下"，谓上之三。讼成益三从恒五而上，《传》云"从上吉"。比成蹇，初从睽五而上，《传》亦云"以从上"。三之上，由上应而上也。上之三，由上应而下也。四之初，由下应而下也。初之四，由下应而上也。上应而下又应，下应而上又应，是为"上下敌应"。"上下敌应"则"获其身"而"有咎"，所以"已"而后可"上"，"不宜上宜下"也。《乾·九四·文言传》云"上下无常，非为邪也"。此"上下"，即谓"上下应"。下应成屯家人，上应成蹇革。乾四本可应坤五，乃乾上既先应成革，则乾四不得又应。故改而应乎蒙，显"或跃在渊"。若乾四先应，成家人，则乾上改而应乎解，所谓"上下无常"。而总之皆以应乎二五为主，故"非为邪"。

《系辞传》云："变动不居，周流六虚，上下无常，刚柔相易，不可为典要，唯变所适"。"变动不居"，所以上下无常也。

惟“上下无常”，所以有“不宜上宜下”者，有“已上”者。大畜二之五，为困为二之贲五之比例。“刚上而尚贤”之“刚上”，即是“刚上而文柔”之“刚上”。“本乎天者亲上”正此“刚上”也。为卦变之说者，以贲之刚上，为泰二之上，以大畜之刚上，为大壮初加于上，明乎比例，无容此岐说矣。

进 退

《序卦传》云“晋者，进也；遁者，退也”。又云“渐者，进也”。《杂卦传》云“遁则退也，需不进也”。需不进以二不可之明夷五也。通于晋则二可之晋五，故晋“进”。进者，谓二进于五也。《说卦传》云“巽为进退”。

《经》文称“进退”，一见于《巽·初六》“进退，利武人之贞”，一见于《观·六三》“观我生。进退”。《乾·九四·文言传》云“进退无恒，非离群也”。《文言传》既进退并称，而《九国·传》则云“进远咎也”。《文言传》又云“乾道乃革”，又云“亢之为言也，知进而不知退，知存而不知亡，知得而不知丧”，所以发明“进退”之义者详矣。“丧”、“亡”，谓五不得位也。“得”“存”，谓五得位也。“丧”、“亡”者，宜进。“得”、“存”者宜退。坤成屯，而通鼎，鼎五丧亡则宜进。鼎二之五成遁，又宜退而通临，故遁则退。坤成屯乾成家人，不知退，则成两既济，为“穷之灾”。

《屯·初九》“磐桓”，荀慈明云“磐桓者，动而退也”。王弼云“不可以进，故磐桓”。是屯宜退，帮“磐桓，不进也”。家人则退，而通于解。《解·六五》“有孚于小人”，《传》云“小人退也”。家人舍屯，而通解，则知退，故于解明指出“退”字。君子“孚于小人”为“退”，“小人”化为“君子”则“进”。

《传》于解言“退”，于鼎言“进”。明云“小人退也”，是解二未之五时，为家人所孚，是则为“退”。若解二之五，则所谓“君子有解”矣，退而进矣。然特于解、遁两卦言“退”，于晋睽两卦言“进”，有微义焉。渐上之归妹三，归妹

成大壮。渐成蹇，蹇通于睽，《传》称睽“柔进而上行”。蹇、大壮相错为需，蹇之通睽，犹需之通晋，故《晋·传》称“柔进而上行”，与睽同。蹇成于渐，则睽、晋之“进”，即渐之“进”。

《传》以“进”赞渐，即谓渐成蹇，通于睽。何以明之？《渐·彖传》云“渐之进也，女归吉也。进得位，往有功也。进以正，可以正邦也”。“往有功”，即《蹇·彖传》之“往有功”。“可以正邦”，即《蹇·彖传》之以“正邦”，连用“往有功”“以正邦”两言，显与《蹇·彖传》相钩贯。明以此渐之“进”，即蹇通睽而“柔进上行”之“进”。《传》之赞《经》，极为神妙者也。

渐成蹇其进在睽。归妹成大壮，其进即在大壮，而《经》于《大壮·上六》称“不能退”，与渐之“进”互明。大壮成革则“退”，成泰故“不能退”。大壮“不能退”，明其同于睽、晋之“进”也。《艮·六二·传》云“不拯其随，未退听也”。兑二不之艮五而四之兑初，艮成贲，兑成节，即归妹二不之五，而四之渐之比例。节通于旅，旅成通。犹临通于遁，而临成屯。今方“艮其腓”成节，而未通于旅，故未成遁，即是“未退”。兑先成节则“听”，成随无饮耳。成节则有坎耳，故“听”也。大壮进则成革，革又宜退而孚于蒙。蒙进而成观，观退而孚大壮。在大壮、蒙宜“进”在革、观宜“退”。

《乾·九四·文言传》明指出“革”，则“或跃在渊”。谓乾已成革，革四宜退，而变通于蒙。蒙二进于五，为“跃在渊。《传》言“进无咎”，谓蒙二之五。蒙之“进”，即革之“退”。故《文言传》兼言“进退”。大壮二之五成革，所谓“观我生”，蒙进而成观，观退而孚大壮。大壮进而成革，革又退而通于蒙。《系辞传》云：“变化者，进退之象也。观以神道设教，取阴阳不测之义。”观上巽由此进，即由此退。是巽所以为进退也。《巽·初六·传》云“进退，志疑也”，震四之巽初，巽成小畜，小畜通豫，为大壮通观之比例，故“进退利武人之贞”。《巽·初六》之“进退”，即《观·六三》之“进退”也。

得丧　存亡

“进退”之义明则“得丧存亡”之义明。五正位为“得”，五不正位为“失”；“得”则吉，“失”则凶，帮《系辞传》云“吉凶者矢得之象也”。然失而不得固凶，而非失则无以为得。

《比·九五·传》云“舍逆取顺，失前禽也”。“失前禽”为取顺者，知“得”而知“丧”也。坤五本“丧”，则宜得朋。“西南”，坤也，故“西南得朋”。蹇五已“得”，则宜“丧朋”。“东北”蹇下艮也，故“东北丧朋”。得朋固为“与类行”，丧朋亦为“终有庆”。丧而得，交也。得而丧，易也。得而丧，反也。丧而得，复也。反复其道，即一阴一阳之道。

《井·象》云“改邑不改井。无丧无得，往来井井”。“改邑”由于“不改井”。“改井”者，井通噬嗑也。井二之噬嗑五，而噬嗑三上，应之。噬嗑成革，井成蹇。若蹇不通睽，则“无丧”。“无丧”，则“无得”。“无丧”所谓“不知丧”也。井、噬嗑相错，即屯、鼎。井通噬嗑，即屯通鼎。屯通鼎，则“知丧”。是井通噬嗑，则亦“知丧”。井成蹇，“丧”而“得”矣。蹇通睽，又由“得”而“知丧”。“无丧无得”四字，上承“改井”，“改井”固“知丧”下接“往来井井”，井而又井，即成蹇。又通于睽，是“知丧”。而又“知丧”也，徒守所“已得”而不知变通，则不能“日新”，而其道穷。向之所“得”者几何？仍归于“无得”而已。

“东北丧朋”，帮《睽·初九》。“丧马，勿逐自复”。睽二之五，乃有乾马。以其反乎蹇则丧。以其“自复”，而成无妄，则有马。据未得马而言，故云“丧马”而云“自复”，复即是得，丧即是反，互相明矣。知得不知丧，则穷而灾。知丧而不能得，则丧而益丧，凶何如矣。睽不自复而上之三成大壮，则是丧而又丧。既成大壮，虽复亦不能成无妄，而为马。惟易而通于观，复而成革上兑，故不为“丧马”，而为“丧羊”。节二之旅五，与睽二之五同。则睽“丧马”，旅亦“丧马”。旅

上之节三成小过，与需相惜为大壮。则大壮“丧羊”，小过亦宜“丧羊”。乃旅之成小过者，四又之初成明夷，是为“丧牛”。

“丧马”者，由丧而得乾马也。“丧羊”者，由丧而得兑羊也。“丧牛”者，由丧而成坤牛也。“丧马”“丧羊”，则由丧而得。“丧牛”，则丧而又丧。盖一丧而得，则睽成无妄为马。再丧而得，则大壮成革为羊。再丧而不得，至于三丧，小过成明夷。即大壮成泰为牛，“丧马无咎”，“丧羊无悔”，以其能变通也。“丧牛”则凶，以其不能变通也。“改井”，则“丧马”得马。“不改井”而“改邑”，则虽“丧牛”，而亦得其“大首”。旅四之初成贲通困，则得“童仆”，亦为得“资斧”。成明夷则“丧牛”，亦即丧“童仆”。巽初之震四，成复小畜，则“丧贝”。由小畜复成明夷需，则丧“资斧”。

复通姤“七日来复”，故七日得。六五“亿无丧有事”，《传》云“其事在中，大无丧也”。“大无丧”犹云“大有得”，谓巽二先之震五也。“丧贝”而“七日得”，是丧而有事也。成屯而通鼎，是“无丧”而“有事”也。“无丧”指屯，“有事”指变通于鼎。变通于鼎，则“无丧”而“知丧”。鼎二之五，“不丧匕鬯”，又丧而得矣。未济“丧茀”而成损，损通咸，则亦“七日得”。损不通咸，而上之三成泰，丧而又丧，与巽丧其“资斧”同。《泰·九二》“朋亡”，谓损上之三也，恒四之初也，大壮四之观初也，大畜上之萃三也，升初之无妄四也，临三之遁上也。变通于否，则亡而存丧而得，故云“得尚乎中行”。

《否·九五》“其亡其亡，系于包桑”。两言其亡者，谓亡而又亡。一亡成损恒大壮大畜升临，再亡成泰，亡而又亡。一经变通于否，有以包之，遂“得尚乎中行”。“丧”“亡”叠至，“系于包桑”而即得。在“丧”“亡”者，不可不变通，而得所“系”。在“已得”“已存”者，不可不知其“丧”“亡”，而用“包”“容”。《易》于一丧再丧，而言其得之之易。如此君子包之，小人化之，又何过之不可改！恶之不可遏乎？

《豫·六五》“贞疾恒不死”，《传》云“中未亡也”，谓豫成小过，通于中孚也。中孚上之三成需，为小畜上之豫三成小过之比例。小过通中孚，犹需通晋。中孚二之小过五，则“中未亡”。需二之晋五，则“马匹亡”。“亡”指晋五，“马”指需下乾。以“马匹”晋五之“亡”，而“亡”“不亡”矣。《旅·六五》“射雉，一矢亡”，谓节二之旅五。而旅上之节三，节成既济，旅成咸。“亡”谓咸，通于损，由“得”而“知丧”。一用“矢”即知“亡”而变通，故“终以誉命”。若成咸而不知亡，仍以咸四之初，则所用不止一“矢”，而成两既济、“知存不知亡”矣。《系辞传》云“成性存存”，存而亡，亡而又存，故“存存”也。

生死

《系辞传》云“原始反终，故知死生之说”，以《经》文观之，“死”与“终”不同。《檀弓》“君子曰终。小人曰死”，此《易》义也。

《经》之称“生”者二卦，观六三、九五“观我生”，上九“观其生”；《大过·九二》“枯杨生稊”，九五“枯杨生华”，是也。《经》之称《死》者二卦，《离·九四》“突如其来如，焚如死如弃如”，《豫·六五》“贞疾恒不死”，是也。

乾二之坤五，成家人屯，则通解鼎成蹇革，则通睽蒙，是“生而又生”，故“生生之谓易”。乾二之坤五，为“大生”，屯蹇通鼎，睽为“广生”。“大生”故“资始”，“广生”故“资生”。观为蒙二之五之卦，《经》于此明“生生”之义。屯通鼎，则家人通解。蹇通睽则革通蒙。“生”由此而广矣。革通蒙则蒙成观，是为“童蒙求我”。我有所生则“观我生”，谓观通大壮，而大壮二之五也。“我生”而初四应之成益，益又通于恒。恒二之五，是为“观其生”。

《益·象传》云“天施地生，其益无方”，即所以发明“观其生”之义也。有乾坤“大生”“广生”，因有观之“我生”“其生”。以归于益恒咸损，而乾坤之“生生”乃“不

已”。自乾坤而革蒙，而观大壮，而益恒。此“生生”之“未有失”者也。若“失道”而成大过，是乾二不之坤五，而四之坤初也。姤二不之复五，而上之复三也。“失道”而成颐，是乾二不之坤五，而上之坤三也，夬二不之剥五，而四之剥初也。“大生”“广生”之机，失矣。然大过通颐，而颐成益，则“枯杨生华”。颐通大过而大举一大过、颐之“生生”，其他失道而变通者，皆其例矣。在成既济则“终”，在益通恒则“始”。“终则有始”，其始为“生生”，而终亦不可为死。“死”者，澌也。澌即“斯其所其灾”之斯。

《豫·六五·传》以“中未亡”赞“恒不死”。然则死谓五亡也，坎二不之离五，而离四之坎初。离成贲，坎成节，与旅四之初同。“焚如”即“旅焚其次”之“焚”。《旅·传》云“旅焚其次，亦以伤矣”。“伤”，谓成明夷，旅成明夷。即离成明夷，是贲上之节三，如是则“死如”。故贲上之困三，困成大过，贲成明夷。

《传》赞之云“死期将至”。“将至”者，大过四又之初，即离上先之坎三而四又之坎初也。。成大过而通于颐，即随蛊之相错，有子以“承父德”。你虽终而不可为“死”，父有子则“终而始”，“死”而“不死”矣。故大过为棺椁，所取不同于坎成需、离成明夷之为“弃如”。“死”而“弃”，则真死矣。

豫成小过，犹困成大过。大过通颐而二之颐五，为益通恒而恒二之五之比例。故豫成小过，能“恒”而“仍不死”，即困成大过能“恒”而“仍不死”。是以云“恒不死”，在大过以“生稊”“生华”。两“生”字，与豫之不死互明。而《传》云“过以相与”，即恒之“雷风相与”，谓成咸。“相与”二字，所以与“恒不死”之“恒”互明也。《传》赞中孚云“君子以议狱缓死”，谓豫成小过。虽近于“死”，而能通于中孚则“缓死”。“缓死”，即“恒不死”也。离四之坎初，与兑四之艮初同。

《传》云“说以犯难”，则节通于旅，而不致“焚其次”。贲通于困，而不致“不见其妻凶”。不成需明夷，故“民忘其死”也。

然则死生之说，可得而言矣！积善有余庆则生，积不善有余殃则死。死非谓形丧也，谓中亡也。生命，而不可为死。所谓“原始要终”者，如是。所谓死生之说，如是，不以形之存亡为死生，而以善不善积为死生，此《易》之言死生也。

第五章　易通释卷五

道

《易》之言“道”者四:《复·彖》云“反复其道”;《小畜·初九》“复自道”;《履·九四》“履道坦坦”;《随·九四》“有孚在道”。

《系辞传》云“一阴一阳之谓道，继之者善也，成之者性也”，又云“形而上者谓之道，形而下者谓之器”。“形”即“品物流形”之“形”，以爻之定言，谓成既济。未成既济之先，阴阳变化，生生不已，是之谓道。一阴一阳，犹云一阖一辟。凡两卦旁通，皆阴阳相偶。以阴易阴，以阴交阳。终则有始，谓之续终。继即续也，成两既济而终止，无复一阴一阳相对，是但有形器而无道。惟“成性”之后，而又“存存”。前者未终，后者已始。柔刚迭用，至于无穷。如坤成屯，屯通鼎，鼎成遁，遁通临，临又成屯，此道也，“继之者善也”。鼎成遁，遁上之屯三，成既济，此形也，“成之者性也”。屯成既济，而鼎成咸，咸又通损，此“成性，而存存也”。

“反复”即“一阴一阳”也。一阴则反其道，一阳则复其道。《乾·九三》“君子终日乾乾”，谓坤成屯而通于鼎，故《传》以“反复其道”赞之。“反复其道”，《复·彖辞》也。乾成小畜，坤成复，“失道”也。小畜通豫，则“复自道”。复通姤，则“反复其道”。

《传》取以赞“终日乾乾”，明当位者以“反复为道”指二五。“一阴一阳”亦指二五。坤一阴，反乎乾之一阳，宜以乾二之坤五，则反而复。一阴化为一阳，乃不成比而成复，仍反而为一阴，是“失道”也。宜变通而以姤二之复五，则反而复。乃不成屯而成明夷，仍反而为一阴，是“失道”也。

《传》以“反君道”赞“迷复”之“凶”，“迷”即“先迷”之“迷”。《坤·彖传》云“先迷失道，后顺得常”。反而不复，是有阴而无阳也，“失道”也。复而不反，是有阳而无阴也，亦“失道”也。“终日乾乾”之“反复道”，已复而欲其反也。“七日来复”之“反复其道”，已反而欲其复也。《随·九四》“随有获贞凶，有孚在道”，以明“何咎”，“有获”谓革四之蹇初成两既济，有阳无阴为“其道穷”。革通于蒙，则“有孚在道”。革一阳蒙一阴，故“在道”。

《传》云“明功也”，明初九“出门交”之“功”。“出门交”，则成蹇革为“有功”。因其“功”而“续终”，故“明功”，此与屯通鼎之道同。复通姤则“从道”，谦通履则“履道”，谦之“失道”，同于复。其“履道”，即与复之，“反复其道”同。《经》之言道，其义已足。

《传》称得中道五，“未失道”二，“其道穷”四，“失道”三。由阴而阳为“君子道”。由阳而阴为“小人道”。能“变化”而后为“乾道”，能“驯致其道”而后为“坤道”。“知周乎万物而道济天下”，故不过。

“济天下”成既济而定也。以道济之，则终则有始，而“知周乎万物”。“知者利仁”，变而通之以“尽利”，是为“通乎昼夜之道”而知也。道有变动，故“为道也屡迁”。变动屡迁故一阴一阳。“立天之道，曰阴与阳。立地之道，曰柔与刚。立人之道，曰仁与义”，“分阴分阳，迭用柔刚”，此道之所以为道也。

命

《经》称“命”者六卦。《乾·彖传》云“乾道变化，各正性命”。“道”、“命”二字，言之最明。《大戴记》所谓“分于道之谓命也。一阴一阳之谓道”。乾二之坤五，坤化为比。比通大有，大有化为同人。

同人通师，师又化为比。一气反复往来，是为“道”。分而言之：坤化为比命也。师化为亦变命也。大有化为同人，亦

命也。通诸卦之二五言之，为“道”。自一卦之二五言之，为“命”。有命斯有性，故云“各正”。“各”之云者，分于道之谓也。《师·上六》“大君有命”，谓二之五也。九二“五三锡命”。师成屯，屯通鼎，鼎二之五又“有命”也。《大有·传》云“顺天休命”。二之五，“天命”也。四应之成家人，天之“休命”也。家人通解，解二之五又“有命”，则“顺天休命”也。屯通鼎，鼎二之五。

《传》赞之云“君子以正位凝命”。凝谓二之五，上成乾也。《革·九四》“悔亡有孚改命吉”。革之“改命”，谓乾成革而通蒙，犹坤成屯而通鼎也。师二不之五而同人上之师三成升，则“不用命”而“失道”矣。升通无妄，则仍“有命”。《无妄·传》云“大亨以正，天之命也”，谓升二之五也。师二不之五，而同人四之师初成临，则“不用命”而“失道”矣。临通遁，则仍“有命”。《临·传》云“大亨以正，天之道也”，与《无妄·传》同。而以“道”字明“命”字，“分于道”为“命”。“天之命”，即“天之道”也。《临·九二》“咸临，吉无不利”，《传》云“未顺命也”。“未顺命”，谓师成临。唯“未顺命”，故必通于遁为咸临。若“顺命”，则师成屯而通鼎，无所为“咸临”矣。

《困·象传》未明言“命”字，故于此补出也。师之通同人，犹比之通大有。“未顺命”三字，与大有“顺天休命”互明。而《萃·象传》亦云“利有攸往，顺天命也”。大畜二之五，而萃三往大畜上，犹解二之五，而家人上之解三。解二之五则“顺天命”，解二不之五而四之初成临，则“未顺命”。以大有、萃两《传》通观之，“未顺命”指师成临，亦指解成临。何疑师解成临？已不顺命，而仍不通于遁，而成泰，其为“不顺命”尤甚矣。乃泰变通于否，则“仍有命”。《否·九四》“有命无咎”，谓泰二之五也。

《泰·上六》“勿用师，自邑告命”，谓通于否而二之五也。师成临而成泰，犹师成升而成泰。升二不之五，而无妄四之升初。犹师二不之五，而同人四之师初也。无妄成益，升成泰，而益上又之三。犹师成临，同人成家人，家人上又之临三也。《传》云“天命不右，行矣哉”，谓无妄成既济，即谓师解成泰也。师成临，犹坤、震成复，坎、兑成节。《姤·传》云“天下有风，后以施舍诰四方”。

《九五·传》云“有陨自天，志不舍命也”。“施命”者，姤二先之复五，而后上施于复三也。“施命”，故，“志不舍命”。“不舍命”，“不改命”也。“舍”，即“君子几不如舍”之“舍”。乾成家人，坤成屯。屯三不可之家人上，则舍而从鼎，是“舍命”也。姤二之复五亦成屯，而姤未成家人，则屯三不必舍，故“不舍命”。盈则宜改而变通，未盈故不舍也。

《旅·六五》“射雉一矢亡，终以誉命”，节二之旅五，旅上应之，节成既济而终，是“终于有命”矣！而云“誉命何也”，离五未之坎二，而四之坎初，“无誉”矣。“无誉”则不可言“命”，乃贲于节“无誉”则“无命”。旅初未之四，旅“自有誉”。旅有誉，故节“得终”以“命”也。节通于旅，贲则通于困，贲亦可“终以誉命”矣。乃困二不之贲五而成需，则改而通于晋是为“致命”。由困成需，久不“用命”。需二之晋五，则“终归于命”。“致”之言“至”也。“致命”，“至”于“命”也。

《晋·初六·传》云“裕无咎。未受命也”。此未受命，与《临·九二·传“未顺命”同。困成需，犹蛊成泰。蛊成泰，则“裕父之蛊”。困成需，则“徐徐”。“徐”犹裕也，“未受命”故“裕”。“未受命”以变通而“致命”，故“裕无咎”。困成需，则贲成明夷。需“未受命”，通于晋则“致命”。明夷“未受命”，通于讼则“复即命”。

《巽·传》云“重巽以申命”，又云“随风巽，君子以申命行事”，“申”之言“重”也。巽二之震五成随，震“有命”矣。三上从成蹇革，革又改命于蒙，是“重有命”也，故云“申命”。《革·九四·传》云“改命之吉，信志也”。“信”即“申”也。道变化而不已，命分于道则有所限，有当安于所限者，“不舍命”是也。有不当安于所限者，“申命”“改命”“致命”是也。命而“能改”“能申”“能致”，则“命不已”，即“道之不已”。如是乃为“知命”，自“变通”之义不明，

而“未受命”“未顺命”之文，遂成一莫解之说矣。

性情才

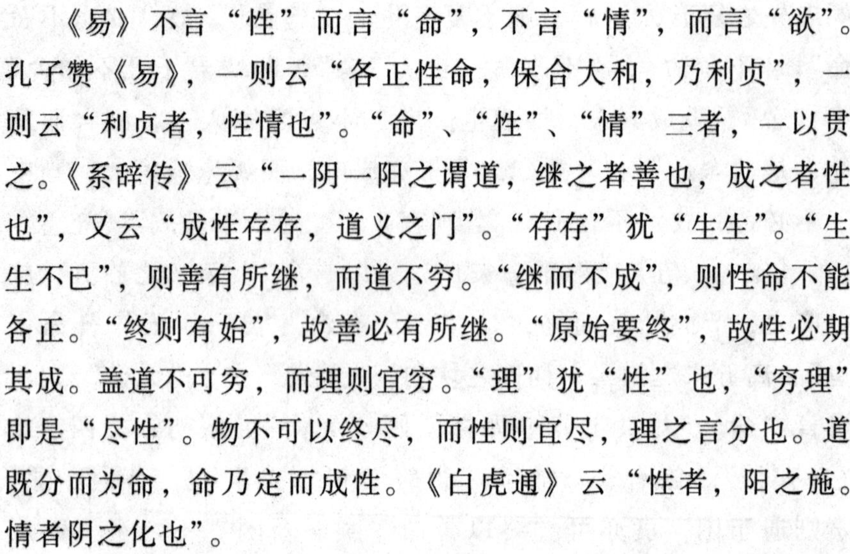

《易》不言“性”而言“命”，不言“情”，而言“欲”。孔子赞《易》，一则云“各正性命，保合大和，乃利贞”，一则云“利贞者，性情也”。“命”、“性”、“情”三者，一以贯之。《系辞传》云“一阴一阳之谓道，继之者善也，成之者性也”，又云“成性存存，道义之门”。“存存”犹“生生”。“生生不已”，则善有所继，而道不穷。“继而不成”，则性命不能各正。“终则有始”，故善必有所继。“原始要终”，故性必期其成。盖道不可穷，而理则宜穷。“理”犹“性”也，“穷理”即是“尽性”。物不可以终尽，而性则宜尽，理之言分也。道既分而为命，命乃定而成性。《白虎通》云“性者，阳之施。情者阴之化也”。

《论衡》云“性生于阳，情生于阴”。性即道之一阳，情即道之一阴。一阴化为一阳，为命即为性。由九五一阳，上下应而成既济，则为“成性”。五已刚中，不必行动，所谓“人生而静，天之性”也。由其天性之善，扩而充之。使六爻皆正，则成性而尽其性。费力所成者性也，非道之不已也。成性而存存，乃为“道义之门”。性为“人生而静”。其与人通者，则“情”也、“欲”也。《传》云“六爻发挥，旁通情也”。“成已”，在性之“各正成物”，在情之“旁通”。非通乎情，无以正乎性。情属“利”，性属“贞”。故“利贞”兼言性情，而“旁通”则专言情。旁通以利言也，所谓“感于物而动性之欲”也。如乾五刚中，性也。坤五柔中，情也。必以乾二通于坤五，而为“元”为“仁”。次以坤初之乾四，而为“亨”，为“礼”。乾成家人，坤成屯，家人则旁通于解。

解二之五成萃，为“利”，为“义”。然后家人上之解三成既济，为“贞”，为“成性”，为“尽性”。其坤五之成比，亦“元”也，“仁”也。成“屯”，亦“亨”也，“礼”也。屯旁通于鼎，鼎二之五，亦“利”也，“义”也。然后屯三之鼎上，成既济，亦"贞"也，"成性"也，"尽性"也。乾非通乎坤，又通乎解，则性不可得而正，即性不可得而成。通乎坤，通乎解，坤之成屯也。亦通乎鼎。乾坤屯家人，各成既济，各正性命也，而乾孚于坤，家人孚于解，屯孚于鼎。其"柔中"者，无不化为"刚中"，是情以旁通，而皆可以为善，则"保合太和"也。家人屯成既济，"成性"矣，而鼎解则成咸，"未已"也。咸通于损，咸成既济，"成性"矣，而鼎解则成益，"未已"也。是为"存在"，即为"穷理尽性以至于命"。自成己性，各为既济，"穷理尽性"也，"贞"也。

旁通而柔中，又为刚中。使"未顺命""未受命"者，皆"复自命"，"至于命"也。"利"也，即"信"也，"知"也。以己之情，通乎人之情，因有以"正人之情"，即有以"正人之性"。是"人之性"，自我而率。

"人之命"，自我而立。性已定故静，情未定故动。性与情孚，而有以窒其欲，则情不失乎正而情善。性孚于情，一阳而一阴也。情得乎善，一阴而一阳也。

故"天命之谓性，率性之谓道，修道之谓教"。"率性"由于"通情"。"通"乎人之"情"，则"不拂"乎人之"性"，故"成性存存，道义之门"。若乾二不之坤五，屯不通于鼎。鼎二不之五，家人不通解。解二不之五，则情不通。情不通，则欲不窒。于是有悖逆诈伪之心，有淫泆作乱之事。强者协弱，众者暴寡，知者诈愚，勇者苦怯。疾病不养，老幼孤独，不得其所。天理灭人欲穷，性命不能各正。睽孤困悖，不能"保合大和"矣。

《传》云"情伪相感，而利害生"，又云"设卦以尽情伪"。能"窒其欲"则情通，"以阴化阳"而所为善，为善则"利"。不能"窒其欲"则情不通，不"以阴化阳"而所为不善，为不善则"害"。乾、坤、坎、离、震、巽、艮、兑，成家人、屯、蹇、革，通于解、鼎、睽、蒙。解、鼎、睽、蒙成咸益，又与损恒通，而终则有始。此"窒欲"，而"为善"者也，"设诸卦以尽其情"。乾、坤、坎、离、震、巽、艮、兑，成复、小畜、夬、谦、丰、井、贲、节，又成明夷、需。或

"有孚失是"，而成大壮、大畜、升、临，又成泰，此"不能窒欲"，不能通乎人情而为不善者也，故"设诸卦以尽其伪"。

情，实也；伪，虚也。性发而为情，故为性之欲。有以通人之情则有以窒己之欲，而刚孚于柔者，柔又进乎刚。"情"合于善，"欲"行于仁，"才"为之也。《传》云"立天之道，曰阴与阳。立地之道，曰柔与刚。立人之道，曰仁与义"，是为"三才"。有此"才"，乃能"迭用柔刚"，"旁通情"而"立乎一阴一阳之道"。"才"以用言，与"材"同。

故彖者，材也。又云"爻彖以情言"，旁通者情，所以能"旁通"而"穷理尽性以至于命"者，"才"也。孟子云"乃若其情，则可以为善矣。若夫为不善，非才之罪也"。通其情可以为善者，才也。不通情而为不善者，无才也。云"非才之罪"，则无"才之罪"也。故又云"或相陪蓰而无算者，不能尽其才者也"。

以血气心知之性，为喜怒哀乐之情，则有欲。欲本乎性，则"欲立立人，欲达达人。己所不欲，勿施于人"。有以"通神明之德，类万物之情"。"类"犹"似"也，以己之情，度人之情，人己之情通。而人欲不穷，天理不灭，所以善矣。如是则尽其才而为才子。否则所为不善，而人欲穷天理灭。不能尽其才，而为不才子。故才者，能达其情于天下者也。才能达其情，而情乃可旁通，性命乃可各正。情不旁通，故人欲穷性。不各正，故天理灭。不以己之"欲""不欲"，通乎人之"欲""不欲"，是"无情"。"无情"，是"不近乎情"。《传》云"凡《易》之情近，而不相得则凶"。近乎情则相得，不相得则不近乎情。虽有善性而无才以尽之，则情不能通，欲不能窒矣。终身之行惟在乎恕。平天下之道，不过絜矩。知有己之性，不知有人之欲，情不通而欲穷矣。伏羲作八卦，以类万物之情，所以"穷则变，变则通，通则久"者，唯此"旁通情"而已矣。孔子叹"才难"，孟子道"性善"，皆本乎是。舍情而言善，舍欲而求仁，舍才以明道。所以味乎羲文、孔孟之传者也。

教

《易》言“教”者三卦，坎“习教事”，临“教思无穷”，观“观民设教”。渐上之归妹，三成大壮，渐初之归妹四成临，皆失道者也。渐成既济，归妹成泰，与坎成需离成明夷同，则失道又失道者也。唯失道，所以教之。

唯失道而教之，即能复于道。所以性虽限于命，而无不善也。《中庸》言“修道之谓教”，而“道”复于“教”，即《易》义也。道者，“一阴一阳”也，“后顺得常”也，既分而为命，而性本于命，则于道为“不全”。或不能“一阴一阳”矣，或不能“后顺得常”矣，则“限于命”而“失道”矣！然性为道之所分，能率而行之，性即是道。何为“率”？率者，循也，不越次之谓也。两卦旁通，则不越乎“一阴一阳”矣。先二五而初四三上，各趣时以为行止，则不越乎“后顺得常”矣。然此惟圣人能之。其限于命，而不能自率其性者，不自知也，则必赖先觉者觉之。如归妹二先之五，而后四之渐初，则率性矣。

限于命者不知也，乃四先二五，而成临。此“失道”也，不能“率性”也。圣人教之，使变通于遁，而民乃变化，各正其性命。是“教思无穷，容保民无疆”也。归妹二先之五，而后三之渐上，则“率性”矣。限于命者不知也。乃三先二五而成大壮，此失道也，不能率性也。

圣人教之使变通于观，而民乃变化“各正性命”，是“神道设教而天下服”也。习坎入于“坎窞”，则失道。“系于徽纆，寘于丛棘”，可忧也。则不使之“习坎”，而使之“习教事”。“习于坎险”，则成需明夷，“来之坎坎”，罪大恶极而不可解。习于教“事”，则有以“辩上下定民志”。耻不仁，畏不义，刑罚清而民服，所谓“性相近”也，“习相远”也，以“习坎”与“习教事”相较，故“相远”。此圣人所以以“教”为重也。

古之时未有三纲六纪，民人但知其母，不知其父。伏羲因

夫妇，正五行，始定人道。夫妇者，一阴一阳之交孚也。有夫妇而后有父子，有父子而后有君臣、上下。于是尊卑贵贱，“品物咸亨”。“后顺得常”而“终则有始”也。“五行”即“五伦”，其先民不知夫妇之宜别，上下尊卑之有等。此命限之也，伏羲教之。无论知愚贤不肖，皆知有夫妇之别，上下尊卑之等，此性善之相近也。民之不知有父，但知有母，与禽兽同。圣人教民，民皆知人道之宜定，而各为夫妇，各为父子，以此教禽兽，仍不知也，此人性所以善也。

古之人，卧之祛祛，起之吁吁，饥即求食，饱即弃余，茹毛饮血。食禽兽肉。神农因天时，分地利，制耒耜，教民农作。于是民皆知有耕稼，无不火食。其先饥求食饱弃余，与禽兽同。圣人教民，民皆知自食其力。以此教禽兽，仍不知也。此人性所以善也。性不外男女饮食。人有此性，禽兽亦有此性。人之性可因教而明，故善。禽兽之性，虽教之不明，故不善。故圣人之教，因人性之善而立。性虽善非教不明，圣人设教以寡天下之过，所谓“通神明之德，类万物之情”也。

则法律

《师·初六》“师出以律”，“律”即“法”也，“法”即“则”也。《系辞传》云“制而用之谓之法”，“制”即“谦以制礼”、“节以制度”之“制”。制而用之，则尊卑先后之序不紊，旁通交孚之类不穷。圣人以教修道，非徒恃乎空言也，有法存焉矣。如乾上之坤三，非礼也。谦通于履，则“尊而光，卑而不可喻”。离四之坎初，非度也，节通于旅，则“不伤财，不害民”。所谓法也，蛊上之随三，为同人上之师三之比例。不以上之随三，而先以二之五，则“不事王侯，高尚其事”。二之五故志可“则”，即是“师出以律”。“事王侯”则失“律”矣。

《谦·六四》“无不利抙谦”，谓履成益而通恒。《传》云“不违则也”，“违”即“天与水违行”之“违”。履二不之谦五，而四之谦初，成明夷中孚，是为“夷于左股”，失“则”

矣。惟中孚通小过。明夷通讼，仍“顺以则”。“用拯马壮吉”，谓中孚二之小过五也。《传云》“六二之吉，顺以则”也。而明夷五之讼二，例此矣。明夷通讼，是为“违行”。今履二先之谦五，而四从之，则谦不成明夷，则不必违行于讼。所以“不违行”者，以其“不失则”也，故云“不违则”也。明夷五不之讼二，而讼上之三，成大过，所为“后入于地”也。《传》云“后入于地，失则也。”讼成大过，为“失则”。讼成中孚亦为“失则”。讼四之初成中孚，即履四之谦，初成中孚之比例。“失则”二字，与六二之“吉”互明，即与《谦·六四》“不违则”互明也。履四之谦初，为同人四之师初之比例。讼上之三，为同人上之师三之比例，即为蛊上之随三之比例。《明夷·上六》之“失则”，与《蛊·上九》之“志”可则互明。而《同人·九四》“乘其墉”，则谓师成临，同人成家人。

《传》云“乘其墉，义弗克也。其吉，则困而反则也”。家人通解，为“反则”，与中孚通小过同。唯“反则”，故“顺以则”也。“顺以则”，言中孚以该明夷。困而“反则”，言家人以该临。皆与谦之“不违则”互明，而皆所以赞师之“同以律”也。《乾·文言传》云“乾元用九，乃见天则”。“群龙无道”，谓乾成家人，坤成屯。先二五，次初四也。震成屯，巽成家人，亦犹乾之用九矣。《震·象》传云“震来虩虩，恐致福也。笑言哑哑，后有则也”，谓屯通鼎。鼎二之五，而后上之屯三。“虩虩”即《履·九四》之“愬愬”。震成屯犹履成益。初四既从二五，则三上不敢又从，故俟变通为有则。“后有则”之则与“乃见天则”互明，正与谦之“不违则”互明诸“则”字相钩贯如此。

仁义礼信知

《经》言信言知，不言仁礼义。《传》以“仁”赞“元”，“礼”赞“亨”，“义”赞“利”，而以“有孚”为“信”。

《蹇·彖传》云“见险而能止，知矣哉”。临由失道而变

通，《经》言“知临”。睽二不之五，则蹇初“止而不行”，《传》以“知”赞之。然则“知”者，谓其能变通也。“立人之道，曰仁与义”。

“仁”配“阳”，谓由阴交而生阳也。“义”配阴，谓由阳易而通阴也。应乎其间，而不失等杀者，为礼。“仁”“义”指二五，“礼”属初四三上，以其应二五为亨，以其应二五而成既济为“贞”。“亨”“贞”皆属乎礼，以其不成既济。变而旁通为有孚，则为“信”。有孚而不失是，则为“知”。知其盈而悔，知其非而悔，“知”也。“知周乎万物而道济天下，故不过”，此“知”所以崇法天也。《中庸》“修道以仁”，由仁之亲亲，及义之尊贤，礼即由仁义之等杀。而生义而尊贤，即知人知天而为知，三达德以知冠仁，所以发明《易》道详矣。

仁通义即是信，义生仁即是知。非信无以为利，非知则不能元亨。能信知而后，可贞。贞非信，亦非知。《乾凿度》以五气为五常，而配八卦。以信为北方坎，知为四维中央。何妥本之，以贞配信。李鼎祚依汉《天文志》，以贞配和，斥何妥为非，乃以全《易》测之，均未有合也。

誉惧

《易》爻言誉者六，《坤·六四》、《大过·九五》，皆云“无咎无誉”。《丰·六五》“有庆誉吉”，《旅·六五》“终以誉命”，《蛊·六五》“用誉”，《蹇·初六》“往蹇来誉”。说者均以二多誉解之，是也。然何以有誉，何以无誉，则未有详其义者。

《系辞传》云：“二与四同功而异位，其善不同。二多誉，四多惧，近也。”誉在二，而实由于四之“无咎”。故《易》之称“誉”，或在五，或在初四，而蹇之“来誉”在初六。

《传》云“宜待也”。已成蹇，宜待睽二之五。初有所待而不行，故“誉”。蛊成大畜而通萃，为“干父之蛊”。萃成咸，四亦有待而不行，是为“用誉”。“用誉”者，“用”而后“有誉”。蛊成大畜，则初四先二五而行，不可为“誉”。由无

"誉"，变通而有"誉"，故为"用誉"。涣二之丰五，丰成革，为"来章"。涣成观，观上之三成蹇。初四不行，故"有庆誉"。

《旅·六五》"射雉一矢亡"，谓节二之旅五，而三上从之。旅四不行也。故"终以誉命"。噬嗑四之井初成颐，犹随四之蛊初成大畜。大畜无誉，通萃为"用誉"。无誉则有咎，无咎则有誉。颐通大过，在颐则"有咎无誉"，在大过则"有誉无咎"，故云"无咎无誉"。先失道"无誉"，后变通而"无咎"。《易》文多用到也。

《坤·六四》"括囊，无咎，无誉"。坤成复，犹噬嗑成颐。坤主受而有底，为"囊"之象，此"无誉"而"有咎"者也。复通于姤，是为"括囊"。在复"有咎无誉"，在姤"有誉无咎"。故"无咎无誉"，与颐、大过同。其"四多惧"何也？二行而四从之，在二则誉，在四则惧惧，三上"不知悔"而又行，成两既济也。

《经》不言惧，而言"震来虩虩"。《传》云："恐致福也。""震来"，谓巽二之震五。初四从之，成屯家人，故"虩虩"而"惧"，"惧"家人上之屯三也。惟其"惧"，则屯通于鼎，是以"恐致福"。"君子以恐惧修省"。"恐惧"，成屯不敢，即成既济也。"震惊百里"。郑康成云"雷发声闻于百里，古者诸侯之象"。然则"百里"二字，与屯之"建侯"互明。

《传》云"尺远而惧迩也"。"迩"指震，"远"指鼎。震成屯，是惧"在于迩"。变通于鼎，是惊"及于远"。出可以守宗庙社稷，以为祭主，非诸侯而何？"不建侯"则"丧匕鬯"。侯之建，由于恐惧。惧则"见几"，见几乃"致福"矣。震之"虩虩"，即履之"愬愬"。履二之谦五，而四之谦初。谦成既济则"终吉"，履成益则"惧"，惧上之三也。益上之三，与家人上之屯三同。

《大过·传》云"君子以独立不惧"，谓大过二之颐五。而颐三上应之"不惧"。大过四未之初也，四不行而三行。在四"不惧"，在三则"有功"。四行而三又行，则成两既济，故"惧"。四不行而三行，则不成两既济，故"不惧"也。

功

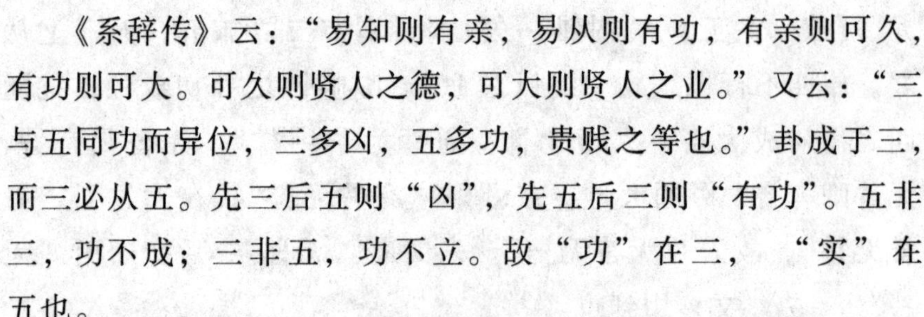

《系辞传》云："易知则有亲，易从则有功，有亲则可久，有功则可大。可久则贤人之德，可大则贤人之业。"又云："三与五同功而异位，三多凶，五多功，贵贱之等也。"卦成于三，而三必从五。先三后五则"凶"，先五后三则"有功"。五非三，功不成；三非五，功不立。故"功"在三，"实"在五也。

《彖传》称往有功者五，皆以三上从二五言。而"功"之称于《经》文者，惟《随·初九》"出门交有功"一语。谓蛊二先之五，而后上之随三。蛊成蹇，随成革为"有功"。革又孚于蒙，为"明功"。所以明此"出门交之功"也。

《坎·彖传》以"往有功"与"以正邦"连言，《渐·彖传》亦以"往有功""以正邦"连言。在蹇谓升成蹇而通睽，在坎谓坎成蹇而通睽，在渐谓渐成蹇而通睽。升二之五，而无妄三上从之成蹇革。与坎二之离五，而三上从之成蹇革同。渐成蹇睽，则以睽二之五。而三上从之成革，为"往有功"。渐之成蹇，由于上之归妹三。

在归妹成大壮，"原凶"而"无功"。而《传》以蹇之"往有功"，明其成蹇通睽。睽进而得位，其"往"乃"有功"，则此时成蹇。未进而得位，正是"无功"。下云"进以正，可以正邦"，则谓睽二之五，而蹇初从之，成既济。盖"往有功"，皆谓三从五成蹇革。"以正邦"，皆谓蹇革变通而成既济。

《传》以"往有功""以正邦"为钩贯，以明其同也。大壮、蹇相错为需、小过。《需·彖》云"利涉大川，往有功能"。此"往有功"，与《渐·彖传》之"往有功"互明。蹇通睽，即需通晋。"利涉大川"，则晋已成益而通恒。乃恒成咸，益成既济，正是蹇革之所错。"往有功"而成咸、既济，即是二之五而益上之三，为坎二之离五，而离上之坎三之比例也。其小过、大壮，则于《解·彖传》赞之云"有攸往，夙

吉。往有功也"，谓解成咸，解、家人相错为丰、涣。涣二之丰五，而三从之成蹇革，与大壮通观成蹇革同，亦与小过通中孚成咸既济同。涣通于观，丰近于小过也。凡五言"往有功"，其钩贯之妙如此。解之"往有功"指丰涣，故《涣·彖传》赞云"利涉大川，乘木有功也"。"乘木"二字，亦用以赞中孚之"利涉大川"，皆隐与《解·传》互明。

《巽·六四·传》云"四获三品，有功也"。"四获三品"，即解之"四获三狐"。明"有攸往夙吉"，即是"田获三狐"。"田获三狐"，即是家人成既济、解成咸。《传》之屈曲相明，可谓详矣。惟坎二不之离五，而先成需明夷。需二之明夷五，成两既济而终，则"无功"。

《坎·六三·传》云"来之坎坎，终无功也"。未成需、明夷，则先成丰、井。井通于噬嗑，则"繘井"。不通于噬嗑，而丰四之井初，则"汔至，亦未繘井，羸其瓶"，此"来之"所由"坎坎"也。《传》云"未有功也"，尚未"来之坎坎"，故不云"终无功"，而云"未有功"。盖需二不之明夷五，尚可变通而"有功"也。

《传》称"大无功"二。其一《恒·上六·传·云》"振恒在上，大无功也"，谓恒二不之五而益上之三也。其一《师·六三·传》云"师或舆尸，大无功也"，谓师二不之五，而同人上之师三也。同人上之师三，为蛊上之随三之比例。恒二不之五而益上之三，为离上之坎三之比例。而皆"大无功"，则坎之"往有功"，即随之"交有功"也。

《蒙·彖传》云"蒙以养正，圣功也"，也蹇革则"有功"矣。然必变而通之，以养正其"功"。"圣"犹"通"也，"圣功"犹云"明功"。"有功"而不变通，则仍旧于凶。《师·上六·传》云"大君有命，以正功也"。师成屯，同人成家人。斯时"承"其"家"，必旁通于解。解二之五，而后家人上之解三。家人成既济与"养正"同。但蒙以"有功"而"养正"，家人以"正"而"有功"，故云"以正功也"。此与"田获三品"之"有功"，又互明矣。

权

孔孟皆重“权”。孔子云：可与立，未可与权。孟子云：执中无权，犹执一也。《桓十一年·公羊传》云：权者何？反于经，然后有善者也。《系辞传》云：巽以行权。又云“巽称而隐”，又云“巽德之制也”。“称”即是“权”。“制”即“谦以制礼”之“制”。乾二不之坤五，而上之坤三。以卑逾尊以贱你，僭贵，无礼已甚，所谓“轻”也。君子变通之以谦孚履则上下辩，民志定。轻化为重，所谓裒多益寡，称物平施。明指出“称”字，可知此之谓“权”。彼之所轻，吾则重之。彼之所薄，吾则厚之。此“谦以制礼”之“权”也。权所以知轻重，吾知其轻重，因而平之。裁成辅相，全赖乎此。巽上之震三成丰井，犹乾上之坤三成谦夬。井变通于噬嗑。则“辩义”。“辩义”，即履之“辩上下”。三先于五成谦井，犹三先于五成大过。

《传》云“茅之为物薄，而用可重也”。薄而可重，所以行权也。其属之巽者，巽之义为顺。顺在坤为“承天而时行”。“巽以行权”，即承天而时行为“行权”。巽之义为逊，逊则不执一。“寒往则暑来，暑往则寒来”。“天不执一”，天之权也。“通其变使民不倦，神而化之使民宜之，圣人不执一”，圣人之权也。权由失道而补救之，则隐而称。权由当位而变通之，则称而隐。“先庚三日”成蹇革，则变通于睽。是为“后庚三日”，蹇反身而通睽，是为“反经”。不“反经”，而蹇初之革四成两既济，其道穷。反经而道乃不穷，是反于经然后有善也。推此而家人“反身”于解，屯反而“夕惕”于鼎，皆“行权”也。

大过通颐大过成既济，颐成益，为“拂经”。“拂经”者，辅弼之以为“经”也。此时称之，则益宜反而通恒。益不反而通恒，遽成既济。在颐为“颐征凶”，在益为“立心勿恒凶”。“立”谓成既济，“心勿恒”谓不通于恒。不通于恒，是不能反经，虽能“立”亦凶。所谓“可与立，未可与权”也。夫

权者，所以元、亨、利、贞也。盈则以反经为权，失道则以制礼，辩义为权用，以自救其过，即用以寡天下之过。执一则害道，变通则道不穷，行权者，变而通之也。

民

《乾·上九·文言传》云“贵而无位，高百无民”，谓乾成家人。上巽为高，即宜变通于解。不通于解故“高而无民”。君贵民贱，君孚民则贵下贱。

《屯·初九·传》云“以贵下贱，大得民也”。“贵”谓屯五，“贱”谓鼎五。舍屯五之“贵”，而通鼎五之“贱”。鼎五，民也。二之五则“大得民”。民在泰五，则通于否。而裁成辅相，以左右之。民在谦五，则通于履，以“辨上下，定民志”。民在临五，则通于遁，以“教思无穷，容保民无疆。”

大过二之颐五，“养贤以及万民”。民在颐五，贤在大过二，贤人在下位也。大过二养于颐五则养贤，而“贤人有辅”。“万民”者，非一民也。颐五之民，养成益矣。益变通于恒，恒五亦民也。恒二之五，则“民说无疆”，故“及万民”。“民说”则“万民服”。谦通履成益，通于恒。《传》云“劳谦君子，万民服也”，谓由谦五以及恒五也。《观·九五》“观我生”，《传》云“观民也”。大壮五为民，二之五则“观民”，而“民化”。《剥·上九》“君了得舆”，《传》云“民所载也”。剥五，本是“民”。夬二之剥五，五为君子，以阴载阳，故云“民所载”也。复五，民也。姤二不之复五，有民而无鱼故《经》云“无鱼”，而《传》以“远民”赞之。豫五，民也。小畜二之豫五，而上应之成咸。四不之初，故“刑罚清而民服”。

《兑·彖传》云“说以先民，民忘其劳”。“先民”者，以民为先。民指艮五，谓兑二先之艮五，而三上后应之成蹇革。兑成革而通蒙，是因先民而说，故云“说以先民”。“说”，解脱也。不能先民，则艮上先之兑三，成谦夬。夬二之谦五，上成坎则劳。不成蹇而成渐，故“民忘其劳”。谦通履则以“劳

谦”而“民服”，不“劳”字互明。

《井·传》云“君子以劳民劝相”。离上之坎三成井，犹艮上之兑，三成谦。谦通履，成蹇、无妄，为“劳谦”。井二之噬嗑五，成蹇、无妄，为“劳民”。其义一也。“劝”即“子庶民，则百姓劝”之“劝”。《孟子》云“文王以民力，为一为沼，而民劝乐之”。“劝”谓井二之噬嗑五，“相”谓上下皆应。《系辞传》云“井以辨义”，又云“理财正辞禁民为非，曰义”。巽成井震成丰，民“为非”矣。井通噬嗑，“明罚敕法”以禁之，则不至又成需、明夷。至于“劳民”而“民劝”，则所以转移而变化之者，深矣。兑、艮成节、贲，犹震、巽成丰、井。节旅，仍先以节二之旅五，则节以制度，不伤财，不害民。艮五，民也。旅五，亦民也。艮成贲，则害民；旅成遁，故不害也。

君子　小人

《经》文并称“君子”“小人”者六，单称“君子”者十四，单称“小人”者三。通而核之，皆以五之刚柔为别，刚居五则为君子，柔居五则为小人。试以其并称者言之，未成观为小人，既成观为君子。何为未成观？蒙二未之五也，夬二未之剥五也。在蒙、剥则欲其为观，在观则欲其变通于大壮。大未壮，小人也。大已壮，成革，君子也。既成革，又欲其变通于蒙，而成观。观、大壮、革、剥四卦，并称“君子”“小人”，其义一贯。《观·初六》“童观”，即蒙之“童蒙”也。由蒙而成观，是由小人而成君了。初六、九五、下九三称“君子”，皆指观。初六“小人”，则指蒙也。大壮为“小人”，则宜“用壮”，谓二之五成革也，成革则为君子。“用罔”，谓四之观初成益也。蒙二方之五，尚与革系。则革四之蒙实，为“小人无咎”。

蒙已成观，观为君子。大壮尚是小人，不“用壮”。而即以四之观初，观成益，大壮成泰，故“吝”。盖蒙与革通，革为“君子”，蒙为“小人”。大壮与观通，观为“君子”，大壮为“小人”。蒙成观，是“小人”已进为“君子”。故革四之蒙初，在蒙“无咎”。大壮未成革是“小人”，未进为“君子”。故革四之蒙初，在蒙“无咎”。大壮未成革是“小人”，未进为“君子”，故观初之大壮四，在观为“吝”。大壮已进为“君子”，则四之观初为“用罔”。即观之“观我生”，观不“吝”而“无咎”矣。夬二之剥五，在剥为“小人”，犹童观之“小人”。

剥成观为君子，即“观我生”之君子。“得舆”之“舆”，即“壮于大舆之輹”之“舆”。剥已成观为君子，则孚于大壮。而得其所壮之“舆”，必俟大壮“用壮”。观上乃可之三，若虽成观仍系于夬，则犹是剥。犹是剥，则仍是小人。既夬二已之剥五，则不俟大壮“用壮”。而上即可之三成蹇，是为“剥庐”。

《革·上六》“君子豹变，小人革面，征凶”，“君子”谓蒙成益，益通恒，恒为“小人”，则益为君子。小人谓蒙，二方之五，仍系于革。革为君子，则蒙为小人。蒙二既之五，则革四可之蒙初成益，是为“革面”，即“童观”之“小人无咎”也。益为君子，必变通于恒。恒二之五，而益上乃可征三，是为“豹变”。若方“革面”而不“豹变”，则益上之三为“征凶”矣。革通蒙成观，观通大壮成革。其“君子”“小人”，迭相交易如此。推之于家人，则家人为君子。通解为小人，解成萃为君子。又通大畜为小人，推之于屯，则屯为君子，通鼎为小人。鼎成遁为君子，又通临为小人。

《解·六五》“君子维有解，有孚于小人”，《传》云“君子有解，小人退也”。君子指成萃，小人指未成萃，而家人孚之也。《遁·九四》“好遁，君子吉，小人否”，《传》云“君子好遁，小人否也”。君子指成屯，小人指临二不之五，而遁成既济也。于解称“君子”“小人”，以例萃、大畜。于遁称“君子”“小人”，以例屯、鼎。遁、解两卦，亦互明也。

《坤·彖》“君子有攸往”，则兼指屯蹇。《乾·九三》“君子终日乾乾”，专指屯，即《屯·六三》“君子几”之“君子”。屯为君子，则三不可往，鼎未成君子也。小畜为君子，

则上不可征，豫未成君子也。“君子舍之”，舍其为君子，而孚于小人也。“君子征凶”，自恃为君子，而不能孚于小人也。否为君子，宜孚于泰。泰二不之五，而否自成既济而贞。固自以为君子，自以为贞，乃不能通于泰。泰为匪人，匪人由于否之。则否自为君子贞，何利之有？故不利君子贞。泰犹师也，否犹同人也。师二之五，而后同人上之师三，为“同人于野”。如是则利君子贞，所以善与人同，“舍己从人”也。泰之于否，犹需之于晋。需二之晋五成否，与未济二之五同。

《需·象》云“有孚光亨”，《未济·六五》“君子之光”，谓成否，否为君子也。否为君子，则泰为小人。否不自贞，而以“包”泰之“羞”，俾得进为君子，。此小人所以吉，而天地所以泰也。小人得君子“包”之，则进为“君子”。小人为君子所“否”，至于成“匪人”。“小人不吉”，则君子不利，君子指否，小人指泰也。小过四垂于初，犹乾四之坤初。中孚上往于三，犹乾上之坤三。小过神，“小人”也。中孚乾，“君子”也。小过初四既行而成明夷，则中孚二不可“食”于明夷五，故云“君子于行，三日不食”。坤未成明夷，先成谦。谦以卑逾尊，小人之轻薄者也。履以“君子”通之，制礼以辩上下，于是“尊而光，卑而不可逾”。以轻薄之“小人”，化为有终之“君子”。不特谦之轻化为厚，且谦而又谦，益通于恒，亦化为“君子”，不致“无所容”而“或承之羞”。

《经》之单称“君子”者如此。同人为“君子”，师为“小人”比为君子，大有为“小人”。大有成同人，而后上之比三可也。二未之五成同人，“小人”也。则上不可之比三。之三为“克”，故云“小人弗克”。师成屯，“小人”进为“君子”矣。既“开国”，则“承家”。“承家”，家人通解，屯通鼎也。鼎二之五，成“君子”，屯三乃可之鼎上。若鼎二未之五，仍是“小人”，则屯三不可用，故云“小人勿用”。家人通解亦然，家人以“君子”有孚于“小人”。必“小人”进为“君子”，家人上乃可“维”于解三。未成“君子”，未可“维”矣。

《既济·九三》“高宗伐鬼方，三年克之”，谓未济成益而上之三也。益必通于恒。恒二之五为君子，而后益上乃可之三。若恒二未之五，仍是“小人”，则益三不可用。益之通恒，犹屯之通鼎，故亦云“小人勿用”。《经》之称“小人”者如此。孔子于泰、否两《传》，畅发其义。《泰·传》云“内君子而外小人。君子道长，小人道消也”，《否·传》云“内小人而外君子。小人道长，君子道消也”。否、泰为乾、坤之相错。“内君子，外小人”，内乾外坤也。“内小人，外君子”，内坤外乾也。“小人”在外，宜进而变为君子。“君子”在外，宜退而孚于小人。所以为一阴一阳之道也。在泰宜以二之五为君子，二之五为“君子”，则道由此而长。不以二之五，仍为“小人”。则道由此而消，故云“君子道长，小人道消也”。在否宜通泰孚于小人，通泰孚于小人，则道由此而长。不通泰自以君子贞，则道由此而消，故云“小人道长，君子道消也”。又于剥、观、夬三卦赞之。

《剥·彖传》云“剥，剥也。柔变刚也。不利有攸往，小人长也”。《观·初六》传云“初六童观，小人道也”。《杂卦传》云“夬，决也。刚决柔也。君子道长，小人道忧也”。“柔变刚”与“刚决柔”互相发明。刚决柔，则夬二之剥五。夬二所以之剥五者，以“刚决柔”。

剥成君子，则道由此而长。“刚”不“决柔”，剥仍为小人，则道由此而忧也，推之柔变刚，刚剥旁通于夬。剥所以旁通于夬者，以柔变刚，则夬孚于小人，而道由此而长可知也。柔不变刚，则夬不孚于小人，而道由此而长可知也。柔不变刚，则夬不孚于小人，而道由此而消，亦可知也。“小人长”三字，即是“小人道长”。“小人道长”，即是“君子道消”。夬剥两卦，一赞于《彖传》，一赞于《杂卦传》，遥相铖对。鸠而观之，其义可见。惟夬方通剥，剥方变夬。而夬二尚未之剥五，则夬四不得往剥初，剥三亦不得往上。故《经》云“不利有攸往”，而《传》以“小人长”赞之。赞“不利有攸往”，正是申明“柔变刚”。犹以“君子道长，小人道忧”申明“刚决柔”也。泰孚否，即是“柔变刚”。泰二之五，即是“刚决柔”。于泰“言君子道长”，又于夬言“君子道长”；于否言

"小人道长"，又于剥言"小人长"；《传》文每互相发明。泰以例剥，央以例否。是否宜孚小人，而泰即宜进为君子也。是泰宜进为君子，而否实先宜孚于小人也。合观剥、夬两卦，以例否泰。

《杂卦传》明以"刚决柔"，为"君子道长小人道消"之注脚。则知泰二未之五，犹夬二未之剥五。在剥"不利有攸往"，在否"不利君子贞"。泰二未之五，则否上不可之三。犹夬未之剥五，剥上不可之三也。泰二已之五，则否四可之初。犹蒙二之五，革四可之蒙初也。故缘《观·初六》"小人无咎，君子吝"而赞之云"小人道也"。"小人道"，谓在小人则合乎道也。惟蒙为小人，则以成观为"合道"。若观为君子，则又以孚大壮为"合道"。蒙成观，"君子道长"也。观通大壮，"小人道长"也。小人成君子，而小人乃无咎。君子孚小人，而君子乃无咎也。

《系辞传》云"负也者，小人之事也，乘也者，君子之器也。小人而乘君子之器，盗思夺之矣"。此谓解成泰，小人在上，君子在下，以柔乘刚，为道之大悖。蜀才、崔憬之流，乃以此天翻地覆之卦，为"天气下降，地气上腾"，即指为"君子道长，小人道消"，而圣人"财成辅相之道"，遂莫能明。

解未成泰，先成临。临通于遁，则"君子以远小人"。谓临二先之五，不使成泰，为"小人乘君子之器"。遁不能远小人，乃上之临三成泰，岂成泰转谓之"君子道长"乎？惟君子孚于小人，则仁覆天下。惟小人化于君子，则天下归仁。君子自为君子，乃成"亢龙"之灾。小人长为小人，则积"灭身"之罪，两相交则治，两相离则乱，此《易》之道也。

第六章　易通释卷六

遇

《杂卦传》云：姤，遇也。柔遇刚也。又云：井通而困，相遇也。困之相遇，何以同于姤？《同人·九四》“乘其墉，弗克，攻吉”，九五“大师克相遇”，《传》云：乘其墉，义弗克也。其吉，则困而反则也。大师相遇，言相克也。同人四之师初为“乘其墉”，是时同人上未克于师三。师成临，未成泰，故欲其“弗克”，而以“攻”为“吉”。若同人上克于师三，则师成升，升通无妄则“相遇”。何也？升无妄相错为复、姤。升二之五，即姤二之复五之比例。姤之遇，正与“大师克相遇”之“遇”赞明。

困之为困，以其成需也。困成需，贲成明夷，犹同人成既济，师成泰。师未成泰而成临，犹困未成需而成节也。师未成泰而成升，犹困未成需而成大过也。

《传》既以“困而反则”，赞师之成临，又以困“相遇”，赞师之“成升”。然则师成临为困，即困成节为困。师成升为困，即困成大过为困。困“相遇也”，所以赞同人之“相遇”，而知大师“克相遇”，为升通无妄也。姤二之复五，犹小畜二之豫五。小畜二之豫五，而后上之豫三，则成咸，不成小过。

《小过·九四》“弗过遇之”，谓小畜上不之豫三成小过，而二先之豫五为相遇也。上六“弗遇过之”，豫五既不与小畜二遇，而致成小过，则是时宜自小过旁通中孚，不可又“飞鸟离之”，而成明夷。“弗过”则欲其遇之，弗遇转欲其过之。不欲其夷之，豫成小过则小畜成需，是为“过其祖”。何以明之？小畜二之豫五，则“作乐崇德”以配“祖考”。乐不作，德不崇，则不能“配其祖”。不能“配其祖”，是“过其祖”也。

既过其祖，则需不能与小过遇。变而与晋通，需二之晋五，是为“遇其妣”。“妣”即王母也。

《晋·六二》“受兹介福，于其王母”，与小过“遇其妣”正相发明。“王”即“君”也。晋上成乾为“君”，“遇其王母”则“及其君”。“不及其君”，谓需二不之晋五，而晋上之三，与小畜上之豫三同。“不及”即是“过”，不可以“过”加君，故变其文也。“过其祖”不及其君，而成小过。小过不可与需遇，而与中孚遇。中孚二之小过五，与损二之五同，是为“遇其臣”。“臣”，即“损得臣”之“臣”。乃《传》以“配其祖”，赞“过其祖”。称“配”不称“遇”者，所以赞丰之“遇其配主”也。丰、涣相错为家人、解。涣二之丰五，为解二之五之比例。解二之五成萃，又为小畜二之豫五之比例。故小畜二之豫五，为“配其祖”。涣二之丰五，为“遇其配主”。

涣二不之，丰五而初之丰四。丰成明夷涣成中孚。明夷不与中孚遇，而与讼遇。九四“遇其夷主”，谓丰成明夷，而五与讼二遇也。离上之坎三成丰、井。丰不可与井遇，而“遇其配主”于涣。井亦不可与丰遇，而通于噬嗑。井二食于噬嗑五，则为噬肉。乃不遽噬，而致噬嗑成明夷，则“腊肉”有“毒”。明夷变能于讼，讼二之明夷五，是为“遇毒”。

《传》于师赞云“圣人以此毒天下，而民从之”。同人、师相错为明夷、讼。用一“毒”这，以明“遇毒”之“遇”。指讼二之明夷五，井二之噬嗑五，为睽二之五之比例。《睽·九二》“遇主于巷”，则未毒而先遇之，与升、孚、无妄同。睽四先之蹇初成损，与大有四先之比初同。损孚于咸，而二之五为“遇元夫”。《睽·六三》“见舆曳，其年掣。其人天且劓，无初有终”。

《传》云“遇刚也”。“遇刚”，与《同人·九三·传》“敌刚”互明。同人上之师三，为“伏戎于莽”，即是“师或舆尸”。升不通于无妄，而遽以二之五成蹇，为“升其高陵”，即为“弟子舆尸”者，而变通于睽，则“其牛掣，其人天且劓，无初有终”矣。睽二之五成无妄，仍不啻升通无妄，而二之五成蹇。睽之“遇刚”，与大师“克相遇”，互相发明。盖“舆曳”而能变，则遇而不敌矣！夬“独行遇雨”，谓剥成蹇，夬二先之剥五，为“遇”。而后剥上之三，上坎为雨。以此推之《睽·上九》之“遇雨”，“遇雨”上用一“往”字，谓睽三往上成大壮。大壮通观，与夬通剥同，故云“遇雨则吉”也。

告

《蒙·彖》云初筮告，以“初筮”明“告”字，此《经》文自示其义，不烦他说者也。“初筮”谓二先之五，二先之五为告。初先行而二后之五，则为“再”。初三先行而二后之五，则为“三”。至“再”至“三”为“渎”，则不为“告”。“初筮”成观；至“再”，则革四先之蒙初成损，损二后之五为益也。至三，则革四先之蒙初成损。损上再之三成泰，然后泰二之五也。泰二之五上成坎，《说卦传》云“坎为满渎”，为此赞也。何以知“初筮”为“成观”也？蒙二之五为夬二之剥五之比例。

《夬·彖》云“告自邑，不利即戎”。邑，坤也。戎，离也。夬二之剥五，成观观下坤，故“告自邑”。若夬四先之剥初，剥上又之三，剥成明夷，夬成需。需二然后之明夷五，则为“即戎”。“即戎”则为下交之渎，不可为告矣。

夬之告自邑，即申明蒙之“初筮告”也。何以知？“再”为“成损”，而损二之五也。损二之五成益，《益·六三》“有孚中行，告公用圭”，六四“中行，告公从”。蒙成损，损成益，非“初筮”不可为“告”。既成益，而有孚于恒则恒，二之五为“中行”，亦即为“告”，《传》云“固有之也”。恒为“德之固”，明蒙成损，损成益，不可为“告”。益有孚于恒，仍为“告”也。

乾为“玉”，恒二互乾，二之五，“用圭”即是“用玉”。乾为“君”，“君”即“公”也。用二于五，因以四之初从之，是为“中行告”。“公从”于益，六三、六四称“告”，知蒙

"再筮"谓成益也。何以知？三为泰二之五民。

《泰·上六》"勿用师，自邑告命，贞吝"。蒙成泰，犹师成泰。成泰上有坤邑，不可为"初筮"矣。惟有孚于否，否"有命畴离祉"，则泰二之五"以祉元吉"，仍为"初筮告"。所以得称"告"者，以有孚于否而有命，故"自邑告命"也。于《泰·上六》称告，而知蒙之"三"筮谓成泰也。不特此也。《大畜·六四》"童牛之告，元吉"，"童"即"童蒙"之童，"告"即"初筮告"之"告"。大畜二之五成家人，家人、萃相错为观、革，正为蒙二之五之比例。

大畜以"告"为元吉，蒙以"告"为"初筮"，而以一"童"字贯之，其义甚明。至于"告"之为"训"，以其属"童牛"也。于《说文》"止牛角"为"近"，以其属"童蒙"也。于《广雅》，"告"语之"训"，为"近"。《易》之辞各随其所属，以为之义，而皆以此一字为之引申，所以神妙不测也。

食

《杂卦传》云：噬嗑，食也。噬嗑何以"食"？井二"来食"于五也，井二不通于噬嗑五，而丰四之井初，为"井泥"。"井泥不食"，谓不通于噬嗑也。九三"井渫不食"，旧以治去泥浊为"渫"。然"井泥不食"，浚去泥浊，何为又不食？《史记·屈原传》引此《易》作"井泄不食"。"泄"与"渫"通。泄，漏也。即谓丰四之井初，与"井泥"同义也。噬嗑、井相错为鼎、屯。鼎二之五，为井二之噬嗑五之比例。鼎成家人，家人屯不能相错为噬嗑，故"雉膏不食"。谓鼎四先之初，则二之五，不得比例于噬嗑之"食"也。鼎四之初成大畜，大畜二之五成家人，则"雉膏不食"。惟鼎四不之初，而二先之五，不成家人。不成家人而成遁，则不异井二之食于噬嗑五，故云"不爱食吉"。明家则不食，即不吉也。

《传》以"养贤"二字，赞"不家食吉"。"养贤"即鼎之"大亨以养圣贤"，《传》明指"不家"为鼎。鼎，乃为井、噬嗑所错也。大畜、萃相错为夬、剥。夬二之剥五，为大畜二之剥五，为大畜二之五之比例。在鼎二之五，“不家”则“食”。在大畜二之五成家人，则“不食”可知。夬、剥。夬二之剥五，既同于大畜二之五，故亦“硕果不食”。丰四之井初，为“井泥不食”矣。“井泥”则井成需，丰成明夷乃需通晋。需二之晋五，仍为食。《需·九五》“需于酒食”，《传》云“君子以饮食宴乐”是也。明夷通讼，讼二之明夷五，仍为“食”。《讼·六三》“食旧德”。《丰·彖传》云“月盈则食”是也。

需通晋，明夷通讼，犹泰通否。《泰·九三》“于食有福”是也。于是困成需通晋，亦云“困于酒食”，皆推广而及之。《明夷·初九》“明夷于飞，垂其翼”，谓小过四之初也。小过与中孚侧这，今既垂翼为明夷，下成离为“三日”。小过，小人也。中孚，君子也。中孚二原可“食”于小过五，于小过初四之行而成明夷，则中孚二不“食”于小过五，故云“君子于行，三日不食”。何以知中孚可食于小过？中孚小过相错为渐、归妹，中孚二之小过五，即归妹二之五之比例。

《渐·六二》“鸿渐于磐，饮食衎衎”，谓归妹二之五也。归妹二之五为“食”，则中孚二之小过五为“食”。中孚二之小过五为食，故小过成明夷，则中孚“不可食”也。盖日月交而“有食”，人相亲而“有饮食之礼”。孚则食，不孚则不食。中孚过小孚，不与明夷孚矣。小过四之初，即丰四之涣初，亦履四之谦初。井与丰不食。井食于噬嗑，则丰食于涣。《经》不言丰五食于涣二，而言丰四之涣初“不食”。推一定之规于噬嗑，则井二食于噬嗑五。噬嗑四之井初，则不食矣。噬嗑四之井初成颐赞云“节饮食”。“节饮食”，则“不食”。

颐与需“不食”，犹中孚与明夷“不食”，补《经》之所未言，所谓“翼”也，又赞《渐·六二》“饮食衎衎”云“不素饱也”，与《履·初九》“素履”互明。素而履则不素。是履四不之谦初，而二之谦五也。即丰四不之涣初，而涣二之丰五也，亦即小过四不之初，而中孚二之小过五也。是中孚二之小过五为“食”，而小过四之初则三日“不食”也，《传》之翼《经》，神妙极矣。

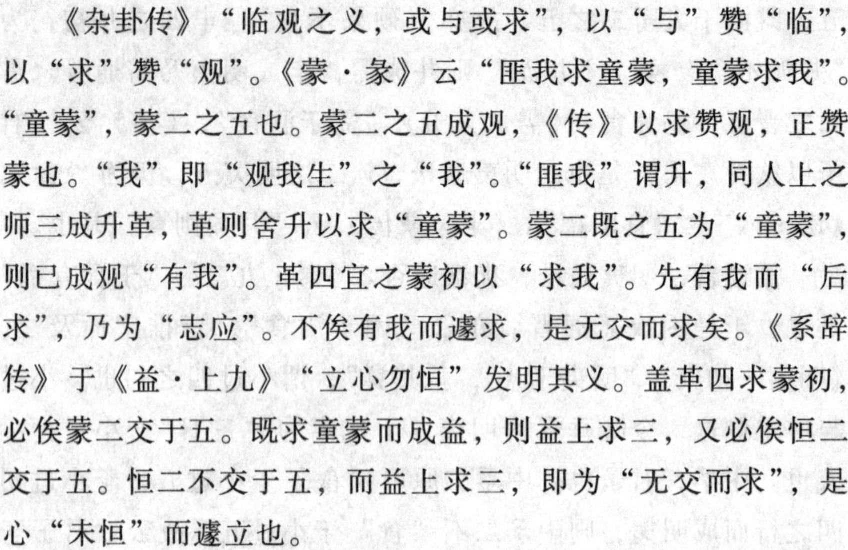

求

《杂卦传》“临观之义，或与或求”，以“与”赞“临”，以“求”赞“观”。《蒙·彖》云“匪我求童蒙，童蒙求我”。“童蒙”，蒙二之五也。蒙二之五成观，《传》以求赞观，正赞蒙也。“我”即“观我生”之“我”。“匪我”谓升，同人上之师三成升革，革则舍升以求“童蒙”。蒙二既之五为“童蒙”，则已成观“有我”。革四宜之蒙初以“求我”。先有我而“后求”，乃为“志应”。不俟有我而遽求，是无交而求矣。《系辞传》于《益·上九》“立心勿恒”发明其义。盖革四求蒙初，必俟蒙二交于五。既求童蒙而成益，则益上求三，又必俟恒二交于五。恒二不交于五，而益上求三，即为“无交而求”，是心“未恒”而遽立也。

《传》既赞于《系辞传》，又赞于《恒·初六传》“浚恒贞凶”。二未之五，而以四求初，《传》云“始求深也”。用一“求”字，与“无交而求”相发明。彼言于益，明上之求三。此“言于恒”，明四之求初也。何以知？同人上之师三，为“匪我”也。师二不之五而同人上之师三，为坎二不之离五，而离上之坎三之比例。同人上之师三成升革，已“无交而求”。四不可更求于升初，必改而求童蒙。推之，离上之坎三成丰井，井必改而求噬嗑。离四之坎初成贲节，节必改而求旅。贲上更之节三，丰四更之井初成需明夷，则又必改而求晋。求噬嗑、求旅、求晋，皆求“小”也，求离不得，求晋乃得，由坎二未之离五，故《传》云“未出中也”。

“未出中”三字，《传》又用以赞未济。《未济·彖》云“小狐汔济，濡其尾，无攸利”，谓先成损又上之三成泰。犹坎成节，又成需也。若未济先成恒，恒四“求深”成泰。犹坎成井，又成需也井之“求”，《传》于井赞之。《井·九三》“王明并受其福”，《传》于“王明”上增一“求”字。“并受其福”即《晋·六二》“受兹介福”。“井渫不食”则成需，需通于晋而“受福”，即是“求小得”也。节之于旅，犹屯之于鼎。旅四之初，即鼎四之初。鼎四之初，犹随四之蛊初。故随屯两卦明之。

蛊上之随三，与同人上之师三同。蛊二先之五，而后上之随三，随成革而蛊不成。升则交而后求，在随已求得，不必改求于“童蒙乃得”也，故六三“随有求得”。惟蛊二不之五，而上之随三成升，乃为“匪我”，必改求于“童蒙”也。推之蛊二之五，而后随四之蛊初，亦是随“有求得”。蛊二不之五，而随四之蛊初。随成屯，蛊成大畜，则屯必改而求之鼎矣。《屯·六四》“乘马班如”，则鼎二不之五而四之初矣，且上之屯三成泰矣。即坎成节，贲上又之节三也。泰改而通否，否求泰犹需求晋。是为“求昏媾”，《传》云“求而往，明也”。“明”即“求王明”之“明”，谓鼎成泰之“求昏媾”，与井成需之“求王明”同，而皆为“求小得”也。随、蛊相错为颐大过。

《颐·象》云“颐贞吉。观颐，自求口实”。谓之“自求”，则非“无交而求”。观颐则成益，益而通恒。恒二之五为“实”，成咸。上兑为口，故“求口实”。“口实”而后益上求之，故“贞吉”在随求得而成革，又必通蒙为居贞。在颐已观颐而成益，又必通恒为自求，是求而又交，交而又求，互勘之可见。

与

观之为“求”指蒙，临之为“与”在咸，《咸·彖传》云“二气感应以相与”，是咸为“与”也。临初九、九二两爻，皆云“咸临”。《传》以“与”赞“临”，所以赞临之为“咸临”。《经》《传》中诸言“与”者，多谓咸也。中孚九二旁通小过六五，则小过成咸，故《中孚·九二》云“吾与尔靡之”。“与尔”谓咸也，大过九二旁通颐五，则大过成咸。

《九二·传》云“过以相与也”。“相与”即咸之“相与”也《艮·彖传》云“上下敌应，不相与也”。艮五之兑二，成渐随。上应之，成蹇革，蹇革相错为咸，则“相与”。若下又

应之，使革四之蹇初成两既济，则为“敌应”。不能相错为咸，故“不相与”。“不相与”则“获其身”。“获其身”由于“上下敌应”。《易》重“相与”而忌“不相与”。因“上下敌应”，则“不相与”，是以不可“获其身”也。《传》文明白可见。

《随·六三》“系小子失丈夫”。《传》云“不兼与也”。随、蛊相错即颐、大过，归妹、渐相错即中孚、小过。归妹与渐系，不能兼与蛊系，随与蛊系，不能兼与渐系。故以“不兼与”赞之。谓“错”为“过以相与”者，不能兼“错”为“与尔靡之”也。《贲·六二·传》云“贲其须，与上兴也”。须即需，谓困成需而通晋，晋成咸。

《旅·九三》“旅焚其次，丧其童仆，贞厉”，《传》云“旅焚其次，亦以伤矣。以旅天下，其义丧也。”伤即夷，谓旅成明夷。而通讼，讼成咸。自需言之，二上行于晋五，而晋成咸，故“与上”。自明夷言之，五下行于讼二，而讼成咸，故“与下”。盖旅成咸，由于节二上行于旅五。原为“与上”，一转移而为“与下”。困成咸。由于贲五下行于困二。原为“与下”，一转移而为“与上”。

《困·九四·传》云“虽不当位，有与也”。成需，故“不当位”。“有与”，即“与上兴”也。《剥·六二》“剥床以辨”，《传》云“未有与也”，夬二之剥五，而剥上应，之成蹇革。相错为咸，可“有与”矣！乃“剥床”成明夷，则“无与”。“无与”而不“辨”，则以“蔑”而“贞”凶。故“剥床”成明夷，即宜变通于讼以“辨”之。所以“辨”者，以其未“有与”也。明夷而通讼，则以“辨”而“有与”矣。

《井·九二·传》云“井谷，射鲋，无与也”，“无与”赞“井谷”二字。井二之噬嗑五，三上应之，成蹇革，可“有与”矣。乃噬嗑四先之井初成需，则“无与”。“无与”，遂不得不转而“射鲋”，以求有与也。

剥成明夷因“未有与”而“辨”，此此与困九四、贲六二两《传》互明也。井二之噬嗑五成无妄。若无妄成益，益通恒，恒“感应相与”，故《传》云“物与无妄”。“物”谓其有等而成益也，“与”谓其通恒而成咸也。《系辞传》云“无交而求，则民不与也。莫之与则，伤之者至矣”。此指恒二不之五，而益上之三。

恒不成咸，故“民不与”。恒四之初成泰，泰既济相错，为需明夷，故“伤之者至”。“伤之者至”则“莫之与”，“莫之与”即“未有与”。因“与有与”而成明夷，亦因“未有与”而明夷变通于讼。此所以“剥订以辨”也。

见

《杂卦传》云：屯见而不失其居。又云：兑见而巽伏也。凡《杂卦传》所云皆赞《经》文。《姤·初六》“见凶”，《蛊·六四》“往见吝”。两言“见”皆指屯，故《传》以“屯见”赞之。姤二之复五，复成屯。乃姤初先有所往，成小畜，而后二之复五，故“见凶”。

《系辞传》云“见乃谓之象”。《鼎·象传》云“鼎，象也”。“屯见”而通于鼎，鼎二之五，则“见”而“不失其居”，姤二之复五，复成屯，姤成遁。与屯通鼎，鼎成遁同，则“吉”。姤四先往，而二后之复五。复虽成屯，姤已成家人，是“见”而“失其居”，所以“凶”也。蛊二不之五而初先之随四，随成屯，是“见”也。蛊成大畜，则宜变通于萃。乃不知变通，而更以上往随三，是为“往见”。蛊成泰而后变通，所以“裕而吝”也。蛊二先之五成渐，即兑二之艮五。《艮·象》云“行其庭，不见其人，无咎”。“行其庭”，谓兑二之艮五。若兑四先之艮初成节，则二“行庭”，便已成屯，即“裕父之蛊，往见”之比例也。惟四不先行，而二行于艮五，则不成屯，故“不见其人。无咎”。往见则“吝”，不见则“无咎”，互相明也。

既兑四之艮初，兑成节，艮成贲。节二之贲五，则有咎矣。节变而通旅。节二之旅五，节成屯，旅成遁。与屯通鼎，鼎成遁同。乃《经》不明其义于节、旅，而明于睽、蹇。

《睽·初九》“见恶人”，谓睽二之五。睽、蹇相错为节、

旅。睽二之五，即节二之旅五之比例。睽成无妄，无妄、蹇相错为屯、遁，正为屯鼎相通之比例也。节通于旅，则贲通于困。困二之贲五，而初四应之，则困成屯矣！乃贲上之困三，据蒺藜而成大过，为“入于其宫”。初四从二五则见，今不从二五而从三，不成屯而成需，故“不见其妻凶”。当其成大过时，变通于颐。大过二之颐五，则得“女妻”。而后四之初应之，颐成益，大过成既济，相错为屯、家人，尚得“见其妻”。困既不能成屯，而成大过，又不能通颐“得其女妻”，故“不见其妻”也。“见”之义同于“显”。“显”，代也。“见”，亦代也。坤成屯而代更于鼎，故“利见”。此屯所以见，而见所以谓之象也。

九五“飞龙”，谓乾成家人，家人通解，亦“利见”。推之，坤成蹇通睽，乾成革通蒙，皆为“利见”。革上兑而下离，睽上离而下兑，故《杂卦传》赞云“兑见”，《说卦传》又赞云“相见乎离”。离兑互明，所以指睽、蹇、蒙、革也。革通蒙而蒙成泰，则“见金夫”。蹇通睽而睽成大壮，则“见豕见涂”。不成大壮而成无妄，则“见恶人无咎”。睽之“见”谓蹇代更于睽。蒙之“见”谓革代更于蒙，此兑离之“见”与屯之“见”互明者也。《丰·九三》“日中见沫”，六二、九四“日中见斗”。此“见”字谓丰更代于涣，即家人更代于解，丰通涣而成明夷、中孚，为“见斗”。即家人通解而临，犹蹇通睽成大壮也。丰通涣而成革蹇，为“见沫”，即家人通解，而成咸，犹蹇通睽成益也。

居

《杂卦传》云“互联网了而不失其居”。《序卦传》云“丰，大也。穷大者，必失其居。”“穷”者，不能变通也。不变通则“失居”，变通则“不失居”。屯变通于鼎，初九“利居贞”，“居”谓鼎二之五也。丰变通于涣，《涣·九五》“涣王居”，“居”谓涣二之丰五也。

《随·六三》“随有求得，利居贞”，谓随成革通蒙，“居”

谓蒙二之五也。革通蒙。蒙二之五，为涣二之丰五之比例”。《颐·六五》“拂经居贞吉”，“拂经”则大过成既济，颐成益。益通恒，犹屯通鼎。颐之“居”，谓恒二之五也。恒成咸而通损，又以损二之五为“居”。

《咸·六二》“居吉”，是也。《革·上六》“小人革面，征凶。居贞吉”。“革面”则蒙成益，益不通恒而上征三，则“凶”。益通恒，恒二之五为“居”，而后益上之三，乃“贞吉”。与《颐·六五》同，故《颐·传》云“顺以从上也”，《革·传》亦云“顺以从君也。”《系辞传》云“为道也屡迁，变动不居”。谓五已居，又变通而不居。屯五已居，变通于鼎。革五已居，变通于蒙是也。《传》又云“噫！亦要吉凶存亡，则居可知矣”。居则“存”而“吉”，不居则“亡”而“凶”。居而迁于不居，则“知存知亡”。执一于居，而不能变通，是“知存不知亡”，仍凶不免也。此谓居可知也。既济五已居，旁通于未济。未济二之五，故云“居方”。

《节·九五·传》“甘节之吉，居位中也”。节二之旅，五成遁，与鼎二之五同，特用一“居”字，以“位中”解之。即赞屯之“居贞”，为鼎二之五。《传》之赞《经》，每以一字之简，而融贯不移，以不求深解读之，圣人之意隐矣。

所

《易》之称“所”与“居”同义。涣二不之丰五，则“失其居”。节二不之旅五，则“斯其所”。

《涣·六四》“匪夷所思”，谓丰四之涣初成明夷，则为匪而伤，夷其所思。“夷其所”，即“夷其思”。“夷”则“斯”矣，“斯”即“澌”也。旅“斯其所”，亦成明夷。既“斯其所”，“夷其所”矣。即宜改变其所，何以改变其所？明夷通于讼是也。

《讼·初六》“不永所事”。“所事”，犹云有事于所。所而有事，则“不失其所”矣。《困·象传》云“困而不失其所”，谓二之贲五也。

《系辞传》云“井居其所而迁”。离成丰、坎成井。井五“居所”，丰五“失所”。丰迁而通涣，井迁而通噬嗑。交易而退，各得其“所”，一迁而“所”皆不失也。《艮·象》云“艮其背”，《传》云“艮其止”，止其所也。止于此则迁于彼。兑成革。艮成蹇。即“止而不行”也。

处

《经》之言“处”者二，《小畜·上九》“既雨既处”，《旅·九四》“旅于处”是也。《杂卦传》云“履不处也”。《咸·九三传》云“咸其股，亦不处也”

《系辞传》赞“同人先号咷而后笑”云“君子之道，或出或处。”“处”与“出”对举，则二之五为出。二不之五，为不出中。不出中，是为处也。同人旁通于师，师二之五，即乾二之坤五之比例。师二之五而后同人四之师初。是则“师出以律”，而不处矣。

若师二不之五而同人上之师三成升，犹乾上之坤三成谦夬。师二不之五而同人四之师初，犹乾四之坤初成复小畜，是则“不出而处”。乾上之坤三，与艮上之兑三同。乾四之坤初，与震四之巽初同，其巽上之震三，不为谦、夬而为井、丰，井、丰犹谦、夬也。其兑四之艮初，不为复、小畜而为节、贲，节、贲犹复、小畜也。小畜通豫，节通旅。节二之旅五，小畜二之豫五，则“不处”。乃豫四之初仍成复，旅四之初仍成贲。“旅于处”之“处”。明兑二不之艮五，而兑四之艮初之“处”也。“既雨既处”之“处”，明乾二不之乾五，而乾四之坤初之“处”也。《经》举此两“处”字，则夬、谦、丰、井之“处”，可举一而反三矣。

《传》则翼而赞之于履，乾上之坤三成谦，夬则“处”。谦舍夬而变通于履，则“不处”。以“不处”赞履，则小畜通豫，节通旅，亦“不处”可知。豫四之初，旅四之初，则仍“处”，履三之上亦“仍处”可知 。互推之，其义已见。而《传》又翼而赞之于咸。咸损相错为兑艮。“咸其股”，谓损二之五，即兑二之艮五。《传》于此云“亦不处也”，则兑二之艮五，为“不处”明矣。

允

《易》中一字不虚设，凡一字见于此，又见于彼者，必有精义。《晋·六三》“众允”。《传》以师、大有“为众”以赞之。盖乾成需，坤成明夷，不能“允”矣。惟需变通于晋，明夷变通于讼，乃“允”。“允”而称“众允”者，明夷、讼相错为师、同人，需、晋相错为比、大有。

讼之“允”明夷即师之“允”同人也。师“众也”，是“众允之”也。晋之“允”需，即大有之“允”比也。大有“众也”，是“众允之”也。允之义为信，信之义为孚，谓需旁通于晋，明夷旁通于讼。于晋言“众允”，不特明晋之孚需，即所以明讼之孚明夷，于是《升·初六》云“允升大吉”用一“允”字，以明明夷之通讼。何也？明夷、讼相错为同人、师。师二不之五，而同人上之师三成升。升与同人不孚，则升二之五。虽“升其高陵”，而“三岁不兴”。

升而不允，非允升也。惟升通于无妄，而乃以二升于五，则升为“允升”。师孚于同人，“众允之”也。师成升而改孚于无妄，不“众允”而为“允升”，则所为“允”者不殊也。“允升”之“允”，即“众允”之“允”。在同人、师则“众允”而不允升，在升无妄则“允升”而不“众允”，此引申触类之最神也。

辨

《剥·六二》“剥床以辨”，虞仲翔谓“指间”称“辨”。马融、郑康成谓“足上”称“辨”。《说文》“采象兽指爪分别，读若辨”。采之读辨，取于“分别”，则“剥床以辨”。即如虞、郑说，亦仍取于“分别”耳。《传》之称“辨”者七。《坤·初六·文言传》云“由辨之不早辨也”，一。

《系辞传》云“复小而辨于物”，二。《讼·初六·传》云“虽小有言，其辨明也”，三。《大有·九四·传》云“匪其彭无咎，明辨折也”，四。《同人·传》云“君子以类族辨物”，五。《未济·传》云“君子以慎辨物居方”，六。莫明于《履·传》云“君子以辨上下，定民志”，七。

凡三言“辨物”。“物”者，爻有等也。辨其等，则卑不逾尊，下不僭上，故云“辨上下”。“早辨”，谓乾二之坤五也。乾二不之坤五，四先之坤初，则成复。

上先之坤三则成谦。谦改而通履，仍可“辨上下，定民志”。复改而通姤，仍可“辨于物”。则“辨”犹未晚也，尚不知“辨”。而乾成需，坤成明夷，“小有言”矣。然明夷改而通讼，则讼二先之明夷五。虽“小有言”，其辨犹明。至此不知变通，直以需二之明夷五，成两既济，“蔑”而“贞凶”，不复更能辨矣，是“辨之不早辨”也。《传》所云“辨”，皆赞《剥·六二》“剥床以辨”之“辨”初六“剥床以足”，此“足”字与“鼎折足”之“足”相钩贯。何也？鼎四之初即大有四之比初。大有成大畜，比成屯。相错为需颐，即夬四之剥初之比例，所谓“匪”也。“匪”而能旁通，则“无咎”，《传》用“明辨析”三字赞之“辨”，则不成明夷，故云“明辨”。

方其成颐时，不能“明辨”，遂至“剥床”。“剥床”谓成明夷也。剥成明夷犹大有成泰。“匪其彭”，则不致成泰。又取“折”字，指大有四之比初。即鼎之“折足”。以明“折足”之“足”，即“剥床以足”之“足”。由“折”而“匪”，由“彭”而“明辨”。《传》之赞《经》，详矣，切矣。初六言“足”，又言“剥床”，则成明夷。然明夷尚能“辨”，是为“剥床以辨”。谓通于讼，讼二先之明夷五。

《讼·初六·传》用“其辨明”三字，是也。盖能“辨”，虽成明夷，不致“贞凶”。不能“辨”，则“蔑贞凶”。“辨”与“平”便通用。《说文》：“人有一便，更之，故从人更。”辨通于便，则有“更变”义。推之“祇既平”即“祇既辨”。“志未平”即“志未辨”矣。

待

《归妹·九四·传》云“愆期之志，有待而行也”，谓渐成蹇，初不可遽行，宜待变通于睽，故《蹇·初六·传》赞云“宜待也”。《杂卦传》云“渐。女归。待男行也”，与《归妹·九四·传》互明。

《系辞传》言“宫室”，取大壮。而云“上栋下宇，以待风雨”。谓大壮成革，观成蹇。革通蒙，蒙二之五为巽风；革四从之，有坎雨；故“待风雨”也。解二之五，而家人上之解三，成既济、咸，即革、蹇之相错。咸初之“待”同于蹇初，故《系辞传》赞《解·上六》云“待时而动”。

迟

《豫·六三》“盱豫悔。迟有悔”。《归妹·九四》“归妹愆期，迟归有时”，《归妹·九四·传》以“待”字赞之。“迟即待也。归妹二不之五，而渐上之归妹三，为小畜二不之豫五，而上之豫三之比例。蹇、大壮相错即需、小过也。

归妹二不能早之五，待蹇通睽，待大壮通观而后“归”，故云“迟归”。小畜二不能早之豫五，待需通晋，小过通中孚，故“迟有悔”，《易》止用两“迟”字，互明如此。

反

圣人制礼作乐，全本诸《易》，礼以地制，坤也，故主“灭”。乐由天作，乾也，故主“盈”。“灭”犹虚也，礼“灭”则进，即乾二进于坤五。乐“盈”则反即屯旁通于鼎，家人旁通于解。灭而不进则消，即临之“消不久也”。盈而不反则放，即“亢龙”，“盈不可久”也。礼有报而乐而反。“报”即复也。《乐记》之文与《易》实相表里。乐属乾，有反则孚于坤也。礼属坤，有报则乾二之坤五也。是坤为乾之反，坤成比则反而复。乾二不之坤五，而四之坤初，是“灭”而“不进”，即反而不复，故《杂卦传》云“复，反也”。

《复·象传》云“刚反动”，谓坤未复而下成震也。必孚于姤，而姤二之复五，乃反而复，是为“反复其道”。“复”之名“复”，以姤二之复五。《传》以复为反，指未孚于姤言之也。乾坤相错为否泰，坤为乾之反，犹泰为否之反，故《杂卦传》云“否泰，反其类也”。乾成家人，坤成屯。乾成革，坤成蹇，所谓“盈”也。“盈”则宜反，故家人反为解。

《家人·上九·传》云“威如之吉，反身之谓也”，谓反为解也。蹇反为睽。《蹇·传》云“君子以反身修德”，谓反为睽也。《乾·九三》“君子终日乾乾，夕惕若”，谓屯反为鼎。鼎二复于五，而后上之屯三为“终日”，《传》云“反复道也”。复之“反复其道”，主于复。

《乾·九三》“反复道”，主于反。互相明也。《蹇·九三》“往蹇来反”，谓升二之五，升、无妄相错为复、姤。用一“反”字，与“反复其道”相钩贯，明其为升、无妄。“未来”则“反”，“来”则“复”矣。“来反”，犹云“复此反”也。若不“来”，则姤上之复三成明夷。反而不复，是为“迷复”。

《传》云“反君道也”。屯反为鼎，鼎复成遁，犹姤二复于复五成遁。鼎不复而成泰，犹复不复而成明夷。《屯·六三·传》云“十年乃字，反常也”。谓鼎成泰也。震为巽之反。《说卦传》“震于稼为反生”。稼即家也。家人上巽，反为解上震。家人、萃相错为观、革。家人反为解，犹观反为大壮。“生”，即“观我生”之“生”。观上巽，大壮上震。大壮二这五则生，自“未生”言之故“反生”。

《归妹·六三》“归妹以须，反归以娣”。须即需。渐上之归妹三，归妹成大壮。渐成蹇，归妹本反乎渐。不成随而成大壮，亦灭而不进者矣。渐上之归妹三，所谓“夫征不复”也。归妹云“反”，渐云“不复”，互成“反”而“不复”甚明。大壮通观，而二之五，则“反而归”。“反而归”即“反而复”也，故云“反归以娣”。大壮、观相错为豫、小畜。

《小畜·九三》“舆说辐，夫妻反目”。“说辐”则小畜二之豫五，“夫妻”即渐之“夫妇”，“反目”即“反归”。渐三征而归妹五不复，故“反”。是“反”指大壮，大壮通观，“反”乃得归。小畜豫，则豫之上半，小畜之下半，合为大壮，即反之所属。小畜二之豫五，在豫五则“反归”，在小畜成家人。下离为目，故云“反目”。由反而“归”，亦由反而“目”。《经》以“舆说輹”，与大壮“大舆之輹”相贯。《传》云“不能正室也”。“室”即大壮“取宫室”之“室”。大壮成革，观成蹇，乃取“宫室”。豫成咸，小畜成既济，相错即蹇、革。不以咸四之初，即不以革四之蹇初，故不能“正室”。

《经》以“反目”明“反归”，《传》明用一“室”字，以指其为大壮之“取宫室”。《经》文《传》文，其脉络钩贯曲折相达如此。若如《九家》谓“妻乘夫，其道逆”。夫以闺房诟谇，而“正色”以“不能正室”规之，有何精义？乃烦韦编三绝而后得哉！渐上之归妹，三成蹇大壮，为“夫征不复”。渐初之归妹，四成家人临，为“妇孕不育”。渐初之归妹四，为同人四之师初之比例。《传》赞《同人·九四》云“乘其墉义弗克也。其吉则困而反则也”。自同人成家人言之，“反则”者，谓反身而有则也。

敌

《中孚·六三》“得敌”。《传》以“位不当”先之，谓二不之小过五而上之三也。中孚成需，《传》于《同人·九三》赞云“伏戎于莽，敌刚也”。

同人上之师三成升革，升三与革三，两刚相敌，故云“敌刚”。需三与小过三，亦两刚相敌。中孚“得敌”之“敌”，即“敌刚”也。此仅以九三一爻言之，六爻皆敌，则成两既济。艮“上下敌应”，则“获其身”是也。

方

方即旁也，卦以旁通为利。故卦之德方以知，乾旁通于

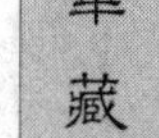

坤，故坤之德方。乾二之坤五，此神也。神则已成两阳，故“神无方”。“无方”则乾成家人，革、坤成屯、蹇。家、革、屯、蹇为内，又旁通于解、鼎、睽、蒙为外，是为“义以方外”。谓旁通于外，以为义之和也。家人上之屯三，成两既济，有分而无聚。惟旁通解鼎。则“方以类聚”。乾成革。坤成蹇。其旁通亦然。坤成比，比旁通大有。大有二之五，是为“不宁方来”。

《困·九二》“朱绂方来”，“绂”谓困二也，“朱绂”则困成需也。特用“方来”二字，与比之“方来”相贯。比、大有相错为需、晋。需二之晋五，即大有二之五也。屯通鼎，鼎成家人则“雉膏不食”。家人上不可之屯三，必旁通于解，而上乃可成坎雨，故云“方雨”。不方而雨，则“盈不可久”。方而后雨，则“亏悔终吉”也。姤二旁通于复五，成咸。又旁通于损，是为“施命诰于四方”。离五旁通于坎二，成家人。又旁通于解，是为“继明照于四方”。未济二之五成否，即“朱绂方来”。与既济旁通，而二先之五，是为“居方”。因而初四应之成益，“辨物”也，益旁通于恒，而恒又“居方”，是为“慎辨物”矣。益旁通于恒，恒二之五，则益上即可立于三，而不必更旁通于他卦，故恒称“立不易方”。《说文》“方，并船也”。并，并也。并亦读为旁。

《井·九三》“王明并受其福，井渫心恻”。井已成需，需旁通于晋，则“受兹介福”。并受其福者，因旁通而受其福也。并同于普，《乾·九二·传》云“德施普也”。上之三为“施”，二之五为“德”。“见龙”则坤成屯。鼎二之五，而后上可之屯三。德施普者，“德”而“施”，由于旁通也。

《文言传》云“德博而化”，博同于普，即申上“普世而不伐”之义。“世”犹代也，以善相更，代变通之也。“不伐”上不之三也。本卦之德已善，更代而旁通于彼卦。“博”，即旁也。“化”变化也。“化”，即通也。博而变化，即旁通也。

类

《系辞传》云：方以类聚。又云：引而申之，触类而长之。又云：其称名也小，其取类也大。类犹似也，似即象也。方为旁通，旁通则以柔配刚，如坤五柔配乾五，刚是也。柔之于刚为不类，惟以乾二之坤五，乾为同人，坤为比。比五亦刚，刚与刚刚相类矣。成两既济，则分而不聚。

必旁通乃能"类聚"，如乾成家人，坤成屯。屯三之家人上，则不"类"不"聚"。惟旁通，以家人通解，屯通鼎，家人屯成既济。而鼎解成咸，三阳仍相聚矣。触者，进之谓也。进而取类，而后"生生不已"。长即生也，旁通如夫之有妇，取类如父之有子。子所以似父也，《系辞传》"与天地相似"。乾二之坤五，则相似矣。"失道"则"称名也小"，能旁通故"取类也大"，大即元也，触类而长，所谓"元者善之长也"。

《坤·象传》云"牝马地类，行地无疆"，又云"西南得朋，乃与类行"。牝马，谓鼎睽也。坤成屯而似续于鼎，坤成蹇而似续于睽。坤成比，则乾有类。鼎成遁，睽成无妄。坤又朋类，故云"地类"。遁、无妄非"与"坤类，而"与"坤所成之屯。蹇为"类"，故申其义云"行地无疆"。"得朋"，谓乾二之坤五，"有类"矣。三上应之成蹇，是为"与类行"。乾二不之坤五，而上之坤三，不"与类行"。

《文言传》云"犹未离其类也，故称血焉"。离者，丽也。五未取类，而三遽行，无所附丽，故"未离其类"。乾、坤相错为否泰，否泰"反其类"。"反其类"，谓一刚一柔相反。泰二之五，乃"取类"也。反而复，则类矣。同人"君子以辨物类族"，"类族"犹"类聚"。师二先之五，"辨物"也。同人上之师三成革。三刚相聚，类族也。

《中孚·六四》"月几望，马匹亡。无咎"，《传》云"马匹亡，绝类上也"。小过五不与中孚类，而中孚上之三成需。三刚聚于下为马，变通于晋，晋五亡不成乾马。需二之"马"，之晋五以匹"其亡"，而晋上亦成马。绝，决也。需二之明夷

五，则绝而不类。绝而能类者。需二之“马”上行于晋复为“马”也。类由于旁通，旁通情也。伏羲作八卦以“通神明之德”，“以类万物之情”，不能旁通，致成两既济，绝而莫续则无类，故《颐·六二》“征凶”。《传》云“行失类也”，谓大过成既济，颐成益，而益不旁通于恒上，遽之三也。

群

群，以聚而名也，《系辞传》云“物以群分”，爻有等为物成两既济，则无可分。惟爻既有等，则二先之五，而上下次第应之。其以旁通者，既取类而有所聚，则分之不致成两既济，故云“物以群分”也。《涣·六四》“涣其群元吉”。丰四之涣初成明夷，上三阴为群。惟涣二先之丰五，而后丰四之涣初则丰不成明夷，而成既济。有以“涣散其群”，故“元吉”。

《乾·九四·文言传》云“进退无恒，非离群也”。乾成革而通蒙，“或跃在渊”，则革成既济“固离群矣”。乃蒙成益，则仍“非离群”。与丰成既济、涣成益正同。在丰成既济，固“涣其群”。而涣成益，则“非离群”也。《否·六二·传》云“大人否亨，不乱群也”。师成泰，同人成既济。泰二之五则“乱群”，乃变通于否。泰二之五，虽成既济，而否四之初成益，与蒙、涣成益同。“不乱群”，犹云“非离群”也。同人成既济，师成泰。即渐成既济，归妹成泰。是为“夫征不复，妇孕不育”。

《传》云“夫征不复，离君丑也。妇孕不充，失其道也”。此互赞“不复”“不育”，则“失其道”。致渐成既济，归妹成泰，为“离群丑”。惟泰能变通。虽“离群”，尚“不乱群”。“乱群”者，终止则乱也。

丑

凡言丑，皆以两卦相孚，旁通而言。“丑”之言俦也。《离·上九》“获匪，其丑无咎”。《传》中诸“丑”字，皆赞此。

"王用出征，有嘉折首"，谓离成革，蒙二不之五而上之三成升。革四之升初，革成既济也"获"，升成泰为"匪"，是为"获匪"。泰通否，否与泰"丑"，故得"无咎"。

《渐·六三·传》言"离群丑"。渐成既济，犹革成既济。归妹成泰，犹升成泰。成既济，"离群"也。成泰，"离丑"也。与"丑"相离，谓泰不与既济"丑"，又未尝"丑"于否此。"离群丑"三字，与"获匪"二字互明。《传》言"亦可丑"者三卦，皆与"离群丑"相发明。大过九五、观六二、解六三是也。渐之"离群丑"，谓归妹二不之五，而三之渐上，四之渐初。反是，则归妹二之五，而三不之渐上，四不之渐初。

归妹成随，渐随相错为咸、益。则大过二之颐五，正为归妹二之五之比例。归妹二不之五，而三之渐上，四之渐初，为"可丑"。以"可丑"二字，赞大过二之颐五。以"离群丑"三字，赞归妹二不之五。两《传》互明，已为微妙，而又于观、解两卦赞之。归妹二不之五，而三之渐上，为"夫征不复"。归妹成大壮，大壮旁通于观，故观六二赞云"亦可丑也"。归妹二不之五，而四之渐初，为"妇孕不育"。渐成家，家人旁通于解，故《解·六三》赞云"亦可丑也"。

《观·六二》之"可丑"，赞"窥观，利女贞"。"利女贞"三字，与《家人·彖》辞同。观"利女贞"，谓大壮二之五。

家人"利女贞"，谓解二之五。归妹成大壮，则"离群丑"。大壮通观而"利女贞"，则"亦可丑"。渐成家人，则"离群丑"。家人通解而"利女贞"，则"亦可丑"。"窥观"之"窥"，即《丰·上六》"窥其户"之"窥"。涣二不之丰五，而丰四之涣初，与大壮二不之五，而四之观初同。"窥观"则大壮成泰，"窥其户"则丰成明夷。明夷中孚相错为家人、临，即归妹四之渐初之比例也。"负且乘"，谓解成泰，家人成既济。家人通解而"不利女贞"。解四之初成临，仍归妹四之渐初成临。解成泰，即归妹成泰。而渐上之归妹三成大壮，即犹睽上之三成大壮。离成革，革通蒙，则坎成蹇。蹇通睽。睽成大壮，犹蒙成升。大壮不通观"利女贞"，而成泰，则蹇初之

大壮四为“获匪”。是睽成泰，犹蒙成泰，即犹解成泰也。睽、蒙成泰通否，则“其丑无咎”。

解、大壮成泰通否，则“亦可丑”。“亦可丑”，所以赞其丑“无咎”也。虞仲翔解“获匪其丑”之“丑”为“类”是也。乃于大过，则云“妇体遘淫，故可丑”。侯果解《观·六二》云“女正则吉，君子则丑”，是以丑为恶，不知《传》用四“丑”字，赞《经》一“丑”字，望文生意，遂失圣人赞《易》之妙耳。

愿

《传》之赞《经》，往往语极平泛，非骈而观之，未知其妙也。《履·初九》“素履之往，独行愿也”。《泰·六四》“不戒以孚，中心愿也”。六五“以祉元吉，中以行愿也”。“中”即中心，“行”即独行也。

《中孚·九二》亦云“其子和之，中心愿也”，与《泰·六四·传》同。《涣·九二》“涣奔其机，得愿也”。《渐·九五》“终莫之胜吉，得所愿也”。涣“奔其机”，谓涣成蹇，丰成革。革舍蹇而通蒙，“鸿渐于陵”。“妇三岁不孕”，亦谓渐成蹇，归妹成革。蹇而“终吉”，必通于睽。蹇通睽，犹革通蒙。一云“得愿”，一云“得所愿”，即《传》之“同”可知其《经》之“同”矣。

睽二之五成无妄，与履二之谦五同。“素履之往”，谓履二之谦五。而四往谦初，即睽二之五而四往蹇初之比例。固以“独行”二字，明谦之通履，同于夬之通剥。而又以“愿”字，明其同于渐、涣之“得愿”。错综钩贯已造于微。而中孚之“其子和之”谓二之小过五也。

中孚成益。小过成咸，即恒二之五之比例。以此推《泰·六四》之“中心愿”，知其为否成益而通于恒。承上“不富以其邻”而言，“邻”即“东邻”“西邻”之“邻”。“东邻”即恒，“西邻”即恒成咸。“戒”即“终日戒”之“戒”。否成益，益上之三，何以不戒？以其孚于恒，而成咸，为“中心愿也”。

《泰·六五》“以祉元吉”，“祉”即“畴离祉”之“祉”。承上“帝乙归妹”而言，“帝乙归妹”，则泰二之五。“以祉”，则否成咸以应之。有否成咸以应，乃得“元吉”。所为“中以行”也，“中以行”下用一“愿”字明恒成咸，而益成既济。与否成咸而泰成既济，其为“愿”同也。泰所以元吉，以其通否。未通否，则由归妹二不之五而成。

渐、归妹相错即中孚、小过。归妹二之五，为中孚二之小过五之比例。中孚二之小过五，则“中心愿”。知归妹二之五，亦“中心愿”。归妹二之五则“中心愿”，归妹成泰则“中以行愿”。“其子和之”之“中心愿”，又所以赞两称“帝乙归妹”之义也。于是《未济·九二·传》云“九二贞吉，中以行正也”。未济二不出中，“濡其尾”而成泰。泰孚否，则“曳其轮”。以“中以行正”赞之，明与《泰·六五·传》“中以行愿”相证。以“中以行正”与“中以行愿”相证，犹以“独行证”与“独行愿”相证。《晋·初六》“晋如摧，如贞吉”，谓需二之晋五。“罔孚”谓晋成否。否四之初与谦成既济、履成益同也。

试

《乾·九四·文言传》云：或跃在渊，自试也。《无妄·九五·传》云：无妄之疾，不可试也。两试字互明。“或跃在渊”，谓乾成革，而变通于蒙。蒙二之五，而后四之蒙初，如是则可试，以有所“自”而“试”也。

若无妄上之三成革，以应升二之五为“有喜”，革四则不可试，以其未通于蒙，而无所“自”也。两相比例，以一“试”字为之关键。分观之似泛，合观之乃切，多类此也。

第七章　易通释卷七

包容

《易》之言包者四卦：泰、否、蒙、姤。《否·六二》“包承”，六三“包羞”。《恒·九三》“不恒其德，或承之羞”，《传》云“不恒其德，无所容也”。明以“容”字赞“包”字。恒与益通，二先之五，而益上应之，有所“容”也，乃二不之五而四之初，益承之而上之三。恒成泰，益成既济，所为“或承之羞”也。所以“或承之羞”者，以“无所容”也。

既“承”“羞”而为泰，一量改移而变通于否，则向以“无所容”而“承之羞”者，今则有以“包”其“承”“包”其“羞”。是“无所容”之“容”，明为“包承”“包羞”，两“包”字之训。恒二不之五，则五虚而无实，是之谓“荒”。荒犹妄也，妄即亡也，所以“承之羞”者在此。既“包承”“包羞”，即所以包荒。恒本刚柔皆应，既无所容而成泰，遂上下无应，更无所容。既“包荒”，则二之五而否应之。“其亡，系于包桑”。“桑”指否四之初成益，非“包”则无此“桑”，非比“桑”无以为包，故云“包桑”。恒、益相错为震、巽。恒四之初，为震四之巽初之比例。震四之巽初，巽成小畜，震成复。恒成泰“无所容”，震成复亦“无所容”矣。泰变通于否，复则变通于姤。姤二之复五为“包有鱼”，亦为“以杞包瓜”。复之“不远复”，即泰之“不遐遗”。九四又反其辞以明之。姤二不之复五而四之初，仍巽二不之震五而震四之巽初。“包无鱼”即是“无所容”也。震四之巽初，与乾四之坤初同。

《传》于师赞云“容民”。师二之五，即乾二之坤五之比例。师二不之五而同从四之师初成临，即乾二不之坤五而四之坤初成复之比例，故于临赞云“容保民”。泰包于否，复包于姤，临包于遁，一也。

《传》既以“无所容”赞恒之成泰，又以“无所容”赞离之成明夷。离上之坎三成丰井，即家人上之解三成恒。丰变通于涣，则“有所容”。乃不变通而丰四之井初，即恒四之初也，即“或承之羞”矣，“无所容”矣。然恒成泰而通否，仍可“包承”“包羞”。丰成明夷，不通讼。而需二之明夷五，则“突如来如”而“终无所容”矣。离四之坎初则成节贲。贲上之节三，其不顺与丰四之井初同。贲、困相错为革、蒙。贲之包于困，即革之包于蒙。

《蒙·九二》“包蒙”，为离之成贲言之也，贲包于困，节则包于旅。《序卦传》云“旅而无所容”，谓旅四之初仍成贲也。旅四之初仍成贲，犹姤四之初，仍成小畜。旅之“无所容”，又为“包无鱼”而赞也。

系牵引茹

《易》称“系”者三，称“係”者三，“係”即“系”，亦即“世系”之“系”。《尔雅续》“係，继也”。凡称係即继善续终，故旁通不穷，乃谓之係。莫详于《随·六三》“係小子失丈夫”，六三“係丈夫失小子”。“係小子”谓渐与归妹係，则不与随係，故“失丈夫”。“係丈夫”谓蛊与随係，则不与归妹係，故“失小子”。“小子”即《渐·初六》。“小子厉”之“小子”也。与渐相系，则为归妹。与随相系，则为蛊。蛊成渐则不与随係，归妹成随则不与渐係，盖两卦旁通则相係，变则所係亦亦。《经》于随自示其例也。

随与蛊系，然必蛊二之五，乃为继续。故上六“拘係之”，谓蛊二之五成渐。下艮为拘，而后随三乃之蛊上以从之也。既成渐与归妹旁通，又必归，妹二之五以係之。归妹不成随而成临旁，通于遁，为係遁。

《姤·初六》“系于金柅”，谓四之初成小畜与豫相系也。柅犹泥。小畜成需，坎水在上，则为泥，未成需，方成小畜，

中国书店

巽木在上，则为柅。泥从水，柅从木也。与豫通则“贞吉”，《传》以“柔道牵”赞之。“牵”即小畜“牵复”之牵，谓与豫相牵成既济则“贞吉”，与“介于石贞吉”同。若不与豫牵，仍以二之复五成屯，则见凶矣。《说文》：“尿，籆柄也。或从木尼声”。又云：“柅络丝柅也，读若柅”。柅柅尿三字通。又竹部，籆，收丝者也。收丝者，丝之所旋。姤巽绳在下，小畜巽绳在上。乾为金，以巽绳之在乾下者，旋而在乾上，如丝之旋，其象为籆柄。坤为柄，巽绳与乾金相上下，而实为豫二坤柄所系。姤绳在下，则复柄在上。小畜绳在上，则豫柄在下。故云“系于金柅”。取象之精，未可以空言解也。以“牵”赞“系”，“系”即“牵”矣。

《小畜·九二》“牵复吉”，《传》云“牵复在中，亦不自失也”。坤成复，乾成小畜，失矣。复牵于姤，姤二之复五为复。小畜牵于豫，小畜二之豫五亦为复，故“牵复吉”。复、姤相错为升、无妄。升与无妄系，升成既济，无妄成益，则不相系。易辞多用到。系之牛，则升二之五，与无妄相继续也。系而成益，则“邑人灾”。其义一也。乾上之坤三成夬，与乾四之坤初成复，同一“失道”。夬通剥，而剥成蹇，夬成革，即随之“拘系”也。革“改”而“系”于蒙为“牵羊”，则“悔亡”矣。惟革上之羊，“牵”而通蒙，则四不行之蹇初，故“次且”。夬成革宜牵于蒙，姤成咸则宜牵于损。未牵于损，则四亦不可行。故《姤·九四·传》云“其行次且，行未牵也”。

否与泰系，泰五亡矣。系于否，于是泰成既济，否成益，故“系于包桑”。坎与离系，则坎二宜之离五而三之离上。离成丰，坎成井。虞仲翔云“徽纆，墨索也”。刘表云“三股为徽，两股为纆，皆索名。以系缚其罪人”。井下巽为“绳”，丰“用狱”而坎下成巽“绳”，是“徽纆”也。在泰系否而成既济益为“包桑”，则系之而当者也。在坎系离而成丰井为徽纆，则系之而失者也。可互明矣。

“牵”亦同于“引”。夬剥相牵，为“引兑”，萃大畜相牵为“引吉”。大畜萃相错为夬剥，故用两“引”字相贯。明兑

成夬，孚于剥，为“引兑”也。

《泰·初九》《否·初六》皆云“拔茅茹以其汇”。“茹”之训，郑康成以为“牵引”，虞仲翔以为“茅根”。“茹”为“茅根”，别无可证。《公羊传》“获莒挐”，《释文》“挐本作茹”。挐之训为牵引，见《说文》。郑以“茹”为“挐”之假借。否成益，泰成既济，不可相“系”。益当牵引于恒，所谓“茹以其汇”。“茹以其汇”犹云“系以其类”也。

维

《广雅》“维，隅也”。《大射仪》“中离，维纲”，注云“侯有上下纲，其邪制躬舌之用者为维”。二五为中，则初四三上为隅。三之上，环五而为之隅，三上所以维五也。

蛊二之五，有艮为拘，然后上之随三维之，故云“乃从维之”。坎二之离五为忙乱，然后三之离上维之，是为“维心”。离成同人，坎成比。比同人相错，为既济否，为需二之晋五之比例。《晋·上九》“晋其角维用伐邑”。“晋角”“伐邑”，皆谓上之三。而用一“维”字，则需二已先之晋五为中。而上之三以维之，非先有中心，不可谓之维也。

发

《蒙·初六》“发蒙”。《丰·六二》“有孚，发若”。涣二之丰五，丰成革，涣成观，与蒙二之五同。《丰·传》云“信以发志也”。《大有·六五·传》亦云“信以发志也”。大有“厥孚交如”，谓成家人也。家人解相错，即是丰涣。

大有之“信以发志”，谓解二之五。丰之“信以发志”，谓涣二之丰五。乃《传》又赞于《坤·六三》云“舍章可贞，以时发也”，谓成屯，旁通于鼎，“发”之义同于“开”，亦同于“见”。“见”犹著也，故《杂卦传》赞之云：屯见而不失其居，蒙杂而著。

颠窒慎

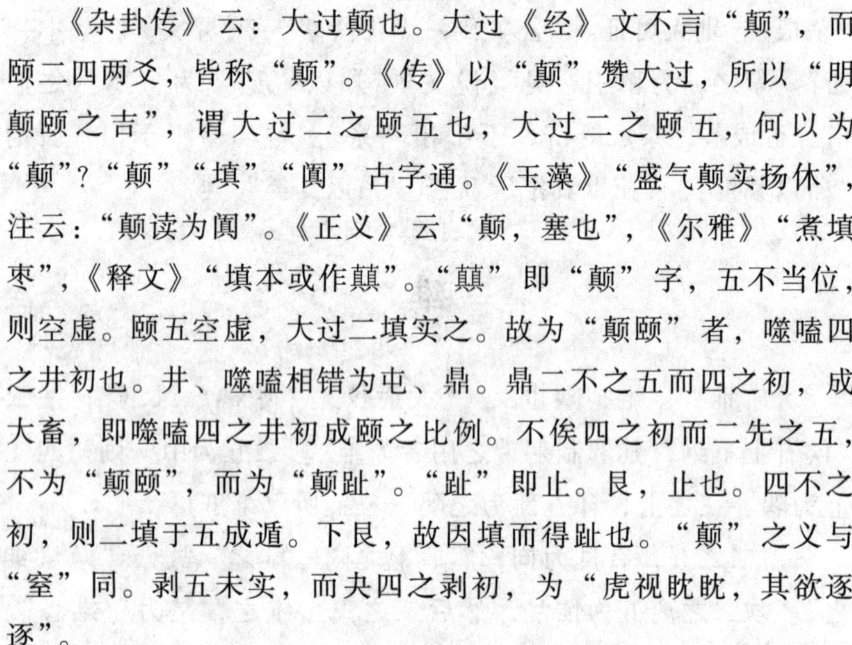

《杂卦传》云：大过颠也。大过《经》文不言“颠”，而颐二四两爻，皆称“颠”。《传》以“颠”赞大过，所以“明颠颐之吉”，谓大过二之颐五也，大过二之颐五，何以为“颠”？“颠”“填”“阗”古字通。《玉藻》“盛气颠实扬休”，注云：“颠读为阗”。《正义》云“颠，塞也”，《尔雅》“煮填枣”，《释文》“填本或作蒖”。“蒖”即“颠”字，五不当位，则空虚。颐五空虚，大过二填实之。故为“颠颐”者，噬嗑四之井初也。井、噬嗑相错为屯、鼎。鼎二不之五而四之初，成大畜，即噬嗑四之井初成颐之比例。不俟四之初而二先之五，不为“颠颐”，而为“颠趾”。“趾”即止。艮，止也。四不之初，则二填于五成遁。下艮，故因填而得趾也。“颠”之义与“窒”同。剥五未实，而夬四之剥初，为“虎视眈眈，其欲逐逐”。

“逐逐”，远也。谓不能填其欲于剥，致成颐，而填之于大过，故为“远”也。

损二之五，为大过二之颐五之比例。损之“窒欲”，即“窒”字，明以“窒”赞“颠”。“颠颐”即“窒欲”也。“窒”字，《讼·彖》言之，谓二之明夷五也。明夷者，颐上之三也。未成颐而“鼎颠趾”，“未悖”也。既成颐而不能“颠”，致成明夷，道大“悖”也。道大悖而“有孚窒惕”，犹化凶为吉。李鼎祚引虞氏义以“颠”为“殒”，马融以“窒”为“踬”，皆失之矣。

《经》言“颠”言“窒”言“实”，《传》则赞之以“慎”。《释文》“窒欲”之“窒”，陆作“昚”。“昚”，即古文慎字。“慎”从“真”声，与“颠”同。《尔雅》训“慎”成诚。诚，实也。填，亦实也。鼎二之五为“颠趾”，为“有实”。《六二·传》云“慎所之也”。“慎”字即赞“有实”之“实”，与“颠趾”之“颠”。鼎二之五，为节二之旅五之比例。《传》赞旅云“明慎”。《系辞传》赞《节·初九》云

"慎密"。慎谓旅成遁，即鼎成遁也。鼎四之初成大畜，大畜屯相错为需颐。颐通大过则"慎言语"，需通晋则"敬慎不败"。需二之晋五，为未济二之五之比例。《未济·传》云"君子以慎辨物居方"。《传》既以"慎饮食"赞"颐"，《系辞传》又赞《大过·初六》云"藉之用茅，何咎之有？慎之至也"。必大过二之颐五，乃为"颠"，即乃为"慎"。故于颐、大过两卦并言"慎"以明之。必讼二之明夷五乃为"窒"，必需二之晋五乃为"慎"，皆与未济二之五同。故以未济"慎"明需之"慎"，即以需之"慎"明讼之"窒"。大过不"颠"颐，则四之初成需。讼不"窒"明夷，则四之初成中孚。

《系辞传》赞《中孚·九二》云"可不慎乎？"与赞大过"慎之至"正相发明。鼎二之五，犹姤二之复五。《坤·六四》"括囊"，谓坤成复通姤，姤二之复五也。

《坤·传》云"括囊无咎，慎不害也"。"慎"通"顺"，"慎不害"即"顺不害"。不言"顺"言"慎"者，明咸之"顺不害"，即损之"窒欲"，而互以通之也。

塞

《易》之言"塞"与"窒"不同。《鼎·九三》"鼎耳革，其行塞"。"塞"者，不通也。鼎二之五，而上之屯三，通而不塞也。乃四先之初，而二之五成家人，不复可与屯通，故"其行工塞"。"行"谓四行之初也。节二之旅五。鼎二之五同，亦通而不塞也。若旅四之初成贲，亦"其行塞"矣。

旅四之初，是为"出户庭"，"出户庭"则塞而不通，"不出户庭"则通而不塞。故《节·初九·传》云"知通塞也"。"塞"字，即赞"其行塞"之"塞"。

遂

《大壮·上六》"不能退，不能遂。无攸利"。不言进而言遂者。《春秋谷梁传》云"遂，继事也"。又义同于"成"，

《广雅》训为“竟”。以“继事”而兼“成”，惟需二之晋五讼二之明夷五。及泰通否而二之五，泰明夷需成既济，则为“成”为“竟”。晋讼成否，上下应之，则“成”而“继事”者也。凡《易》言“遂”，指失道成泰而通否，失道成明夷需而通讼晋也。渐上之归妹三成大壮、蹇，渐初之归妹四成家人、临。在大壮成革，则退而通蒙。今二不之五，而四之观初，不成革而“触藩成泰”，故“不能退”。即宜以泰通否而为遂，若不通否，则是既“不能退”，“不能遂”，故“无攸利”。若大壮成革，则能退而无所用其遂矣。

家人通解，犹革通蒙也。家人上之临三，与大壮四之蹇初同。既成泰则宜遂。今家人通解，二之五为“中馈”，则无所用其“遂”，故云“无攸遂，在中馈”。谓所以“无攸遂”者，在解二之五“中馈”也。解不“中馈工”，而家人上之解三，则成恒。恒既济相错为丰井，即为巽上之震三之比例。丰四之井初，即恒四之初，亦犹家人上之临三。家人上先之解三成恒，恒四又之初。犹解四先之初成临，家人上又之临三成泰。大壮四又之蹇初成泰。大壮解成泰，犹井困成需，何也？困二之贲五成家人、萃，与家人通解而解二之五同，即与涣二之丰五同。涣成观，丰成革，即大壮通观而大壮成革。

观革相错即家人萃，皆“无攸遂者”也。惟困二不之贲五，而贲上之节三，则不成家人萃而成需。丰四之井初是为“井泥”，即是“需于泥”。惟需通晋而二之晋五，故“遂泥”。“遂泥”者，先有泥而后遂之也。《传》于困赞之云“君子以致命遂志”。困成需，犹井成需。需通晋而二之晋五，则“遂志”“遂泥”。需不通晋，二不之晋五，则“不能遂”。推之，大壮成泰通否而二之五，则亦“遂志”可知。巽上先之震三成丰井，相错为恒既济，即家人上之解三之比例。巽初先之震四成复小畜，相错为泰益，即大壮四之观初之比例。

《经》以“不能遂”无攸遂“震遂泥”三“遂”字互相发明，而《传》赞之以“遂志”。知“泥”为需，“遂”为需通晋，则知“无攸遂”者，以其未成需、泰也。“不能遂”者以其成需泰，而未能变通也。微矣哉！

养育字饰

《杂卦传》云“颐养，正也”。《蒙·彖传》云“蒙，以养正，圣功也。”《鼎·彖传》云“圣人，亨以享上帝，而大亨以养圣贤”。

《大畜·彖传》云“不家食言，养贤也”，又于《颐·彖传》详言之云：“颐贞吉，养正则吉也观颐，观其所养也。自求口实，观其自养也。天地养万物，圣人养贤以及万民。”养之义同于育。归妹二先之五，而后四之渐初，则妇“孕”而“育”。归妹二不之五而四之渐初，犹鼎二不之五而四之初。鼎二之五为“养贤”，四之初成大畜，则不能“养贤”。盖乾成家人坤成屯，已“盈不可久”。家人上之屯三成两既济，正则正矣，而绝而不续，终而无始，故必旁通于鼎，乃为“养正”。“养正”者，养而后正也。若鼎四之初成大畜，大畜二之五仍成家人。以家人上之屯三，仍是绝而不续，终而无始，不可为“养贤”。

《经》于大畜，明示其义云“不家食吉”。欲其鼎四不之初，不成大畜，则二之五不成家人，而《传》即明赞之云“养贤也”。不成家人乃为“养贤”，则鼎之为“养贤”，其义明矣。屯得鼎而“养”，革得蒙而“养”。蒙之“养正”，与鼎之“养贤”同。圣者通也。云圣人云“圣功”皆通也。惟变通而后能养。屯不通鼎，则穷于家人。革不通蒙，则穷于蹇。蹇通睽，犹井通噬嗑。井二之噬嗑五，与睽二之五同。井“养而不穷”，不养则穷可知矣。然井之“养”与蹇不同。蹇革屯家人，皆当位无失。第恐其太尽，故以“养正”。巽坎之成井，则有失者也。有失而养之使不穷，以归于善。蒙之“养正”“圣功”也，生知安行者也。

井之“养”，“改过迁善”，困在勉行者也。颐大过皆有失。大过得颐而养正，正在大过成既济。养在颐成益。以颐养大过之正，是大过为颐之所养，故云“观其所养”。颐成益，益上遽之三，则“无养”。旁通于恒，恒成咸为“口实”，而

求之而正者又在颐，是颐之“自养”也，故云“观其自养”。井、噬嗑为屯、鼎之错，故井“养”犹鼎“养”。鼎四之初，噬嗑四之井初则成颐，而颐通大过仍得所养。其互相钩贯如此。

蒙以养正即为“育德”，蛊亦为“育德”。随蛊相错为颐、大过。蛊二之五，即大过二之颐五之比例，亦即归妹二之五之比例。然则《传》中诸“养”字，皆所以赞《渐·九三》之“不育”耳。

《无妄·传》云“先王以茂对时育万物”。“育德”犹“养贤”，“育万民”犹“养万民”。升成既济，无妄成益。犹大过成既济，颐成益。此“养贤”也，“育德”也。益通于恒咸，益成既济。此“育万物”也，“养贤以及万民”也。“育”之义同于“字”。“字”之养同于养。《屯·六二》“女子贞不宁，十年乃字”。“女子贞”，即鼎成家人，而上之屯三成两既济也。“不字”即“不育”，不“养贤”也。“十年”，鼎成泰也。泰通否，则“十年乃字”也。《广雅》云“字，生也。字，饰也”。又云“养，饰也”。蒙革相错为贲、困。困二之贲五，为蒙二之五之比例。蒙之“养”，即贲之“饰”。

《杂卦传》云“蛊则饰也”。郑康成王肃作“饰”。蒙“育德”，蛊亦“育德”，故贲“饰”，蛊亦“饰”。贲上之困三成大过，犹蛊上之随三成升。升通无通育万物，仍蛊之“饰”也，大过通颐，“养正则吉”，仍贲之饰也，饰之为“养”为“字”，盖古师说《易》之遗也。

亲好爱

《杂卦传》云“同人，亲也。说，不亲也”。《乾·九五·文言传》云“本乎天者亲上，本乎地者亲下”。荀慈明谓乾九二本出于乾，故曰“本乎天”。居坤五，故曰“亲上”。坤六五本出乎坤，故曰“本乎地”。降居乾二，故曰“亲下”。其说是也。乾二之坤五成比，《传》赞之云“亲诸侯”，所谓“亲上”也。坤五之乾二成同人，《传》赞之云“亲诸侯”，所谓“亲下”也。

《传》于同人言“亲”，又于比言“亲”，明乾二之坤五，坤五之乾二乃“亲”。即师二之五，五之二也。惟比、同人相错为否、既济，即讼二之明夷五之比例。讼二未之明夷五，讼仍是讼，明夷仍是明夷，故讼不亲。然则师未成比。则同人不亲。比“亲”同人乃亲，讼不“亲”即师不“亲”，亦即乾二不之。坤五之不“亲”，其义互明。

《经》不言“亲”，而言“好”。好者，爱也。爱者，亲也，同人成家人，师成临，不“亲”即不“好”矣。临亲通于遁则亲。《遁·九四》“好遁”，“好”即言其可“亲”民。家人变通于解则亦亲。《传》即于《家人·九五》赞云“交相爱也”。“爱”，亦言其可亲也。惟家人、临相错为孚、明夷，故《中孚·九二》“我有好爵，吾与尔靡之”。“好爵”之好，与“好遁”之好相钩贯。临系于遁，则不“亲”。变而为“亲”，故“好”。中孚靡于小过，则亦不“亲”。变而为“亲”，故“好”。《经》以两“好”字贯之，《传》以诸“亲”字赞之。

《传》又赞云“亲寡，旅也”。“寡”，即小畜之寡。坎二不之离五而离四之坎初成贲节，即乾二不之坤五而四之坤初成复小畜，亦即师三不之五而同人四之师初成家人临。节、小畜“寡”，家人、临亦“寡”，明夷、中孚亦“寡”。节通旅，则有以亲其“寡”，“寡”则不亲。亲其寡，则变不亲而为亲。节通旅则“亲寡”小畜通豫，则亦“亲寡”可知。讼成中孚，则寡中孚，通小过，则亦亲寡可知。

故事

《杂卦传》云“随，无故也；革，去故也；丰，多故也”。《广雅》“蛊、故皆训事”。“故”在蛊则随“无故”，“无故”即无事也。盖故之有无，视乎五之得失。

《系辞传》云“通变之谓事”，又云“化而裁之谓之变；推而行之谓之通；举而措之天下之民，谓之事业”。又云“通

天下之志，以定天下之业”。业即事也。诸爻之动，听命于二五。视二五有事，以为事。蛊五未定，不能无事。二之五是为有事，随三四虽亦有事，而第随乎蛊则随无事也。革四未正不能无事，乃二五已定，则视蒙五之有事以为事，故云“去故”。去故者，去本卦而改通于蒙也。若革五未定而为丰，则丰宜有事。有事而云多，何也？丰本震也，巽二之震五。在巽为“申”事“行”事，在震为“无丧”有事，震已成随则无事，而事在蛊。若巽二不之震五而上之震三成丰，则不特有故，而且多故。何也？五未行而三上先行，不能仍与巽孚，必变通于涣。涣二之丰五成革，乃得“去故”，所以“多故”也。

《蛊·上九》“不事王侯，高尚其事”。“不事”即随之“无故”。“高尚其事”，即蛊之“有事”。“不事王侯”者，不以上之随三为事也。上不之随三而二之五，上巽为高，二进于五为尚，故云“高尚”。谓不以上之随三为事，二之五乃其事也。不“高尚”而“事王侯”，则成升。升通无妄，二之五而无妄四之升初，是为“顺事”。事在升五，而四顺之也。升二之五成蹇，旁通于睽。睽二之五，则“小事吉”矣。乃二不之五而上之三，成大壮。

以大壮系蹇，是为“匪躬”，则宜变通于观。通观则大壮二之五，是为“王臣”。所以有事于“王臣”者，因其“匪躬”而变通之也，故云“王臣蹇蹇，匪躬之故”。大壮通观而二之五，何以为“王臣”？大壮成革，革五互乾为“王”，亦即蛊“不事王侯”之“王”。王而系以“臣”，即小过“遇其臣”之“臣”。睽上之三，为小畜上之豫三之比例。豫成小过通中孚，犹睽成大壮通观。故以“遇其臣”之“臣”，合于“利用宾于王”之“王”以明之也。

《睽·彖》云“小事吉”，惟五小乃有事。《传》取“小事吉”三字，赞小过“可小事不可大事”。“小事”，谓五。“大”事，谓四。不可先以四行，当先以五行。小过五有事，即归妹五有事。以“小事吉”赞“可小事”，明睽之同于小过，即明睽之同于归妹也。何也？归妹三之渐上成蹇，归妹成大壮，即与睽之成大壮同。归妹四之渐初成临，渐成家人，即与遁之成

家人。

《遁·九三·传》云“不可大事”，谓遁四不可之初也。用小过“不可大事”四字赞遁，与用睽“小事吉”三字赞小过，同一奇妙。明归妹同于睽，亦同于遁。睽上之三，为归妹三之渐上之比例。遁四之初，为归妹四之渐初之比例。

《传》又以“不可大事”赞《丰·九三》，谓震已成丰，不可又成明夷。丰四之涣初，即小过四之初之比例也。睽上之三成大壮，睽四之蹇初成损。大壮通观，为“王臣之故”。损则通咸，初九“已事”，谓通于咸而有事也。损有事成益，益宜变通于恒。

《初九·传》云“下不厚事也”。“下不厚”，谓家人上之解三。鼎上之屯三，下不厚而成恒，乃通益而有事。“匪躬”而成大壮，乃通观而“有故”。“下不厚事”，犹云“匪躬之故”也。《坤·六三》“或从王事”。谓坤成屯。变通于鼎，鼎二之五而屯三从之。《讼·六三》“或从王事”，谓讼成益变通于恒。恒二之五而益上从之，鼎二之五“为王事”。二不之五而上之屯三，故“下不厚”。成恒而通益，仍以二之五为“王事”。《经》以讼、坤互明之也。

凡有事以二五为主，王已奇则变通于偶，而又以偶进为奇。偶，民也。奇，君也。自君而通于民，故《系辞传》云“寂然不动，感而遂通天下之故”，又云“是以明于天之道而察于民之故”。“故”属于民，是以随“无故”，革“去故”。随、革阳卦奇，丰、蛊阴卦偶也。丰多故，则“忧患”。

《传》云“又明于忧患为故”，其故何也？阳卦奇，阴卦偶。奇则明，偶则幽。“仰以观于天文，俯以察于地理，是故知幽明之故”。凡称“故”，皆事也。阳卦寂然不动，阴卦感而遂通“天下之故”。“天下之故”即“民之故”。明通于幽惟此“故”也。幽变于明，亦惟此“故”也。

施设

《说文》“设施陈也”，《论语》“愿毋施劳”。施之“养”

与“伐”同，谓上之三也。益上之三，则成既济，故长“裕”而“不设”。“不设”即不施，谓不以上之三也。“观神道设教”，谓成益通于恒。

益上之三，则成既济，为“形而下”之“器”。“器”则不能复“神”。通于恒，恒成咸，仍“形而上”之“道”也。以其能变，故云“神道”。“神道设教”，恒二之五，益上乃可之三也。乾二之坤五而后上之坤三，为“雨施”。乾二不之坤五而上之坤三成谦，则“施不平”。旁通于履，有以“称”之。“称”之以“物”，所以“平”其“施”。物者，爻有等也。坤成谦，则等衺而轻。“称”，所以权其轻重也。以物称之，则轻者不轻，而施得其平。小畜“密云不雨，自我西郊”，《传》云“施未行也”。“行”谓四之初，“施”谓三之上。小畜上从二五于豫三，故“施”。豫四未之初，故“未行”，谓成咸也。鼎二之五，上可施于屯三。乃鼎四之初，则二之五成家人。上更施于屯三，是“既行且施”。“既行且施”，则未能“光大”。故《传》云“屯其膏，施未光也”。鼎四之初成大畜，大畜屯相错为颐。

《颐·六四·传》云“颠颐之吉，上施光也”，鼎四之初，则上施不光。颐通大过，大过四不之初，则上施光。“施”字上加一“上”字，“施为上之三，《传》已赞明之。鼎四不之初，而二先之五为“德”，上之屯三则为“德施”。《乾·九二·传》云“德施普也”，《文言传》又云“见龙在田，时舍也”。“舍”即《屯·六三》“不如舍”之“舍”，谓不可以家人上施也。乾四之坤初，成小畜、复，无“云”而行者也。小畜旁通于豫，则“施”而“不雨”。复旁通于姤，姤四不行，则上可施。

《姤·传》云“后以施命”。命者，二之复五也。“施命”则二先之复五，而后上施于复三也。凡四之行上之施，皆必顺乎二五；而四行则上不可施。推之，“上施”则四不可行，《传》明示其例如此。《益·彖传》云“天施地生，其益无方”。益五刚，天也。恒也柔，地也。“天施”，益上之三也。“地生”恒二之五也。天之施必视乎地之生，则“神道设教”

矣，神无方也。

尸

《易》之言“施”言“矢”，余测之，皆知其为上之三之名。近者宫保阮公，以所著《释矢》一篇见示。谓开口，直发其声曰“施”，重读之曰“矢”，是“矢”、“施”二字同义。足与《易》义相发明。又谓“尸”与“施”同。《尔雅》“矢雉尸，陈也。平夷弟，易也。矢，弛也。弛，易也”。皆此音此义也。《晋语》“秦人杀冀芮而施之”，注“陈尸曰施”。是“施”义向“尸”，因悟师“或舆尸”之“尸”，即取例于“施”。师二先之五，而后同人上之师三，则师成蹇。上无坤舆而有坎雨，是为“雨施”。

今不成蹇而成升，上无坎雨而有坤舆，是为舆尸。舆指坤，雨指坎。有坎雨则上之三为当，则不称尸而称施。有坤舆则上之三为失，则不称施而称尸。“尸”“施”字同，而各有取义，以为比例。同人上之师三成升，同人成革。相错为大过明夷，即姤上之复三之比例。“尸”之为言夷也，故明夷以“夷”名，亦取义于上之三之“失道”。夷则转注为伤，由伤而死，故为“尸”。大过取棺椁，是尸所取义也。夷同于北，故上之三例为弟。

《尔雅释沽》多可考，见《周易》《经》文《传》文自相调沽之处。如轮之训“劳”，则知“曳其轮”即劳谦。“敕”之训“劳”，则知“敕法”即“劳民”。其“攻”之训“善”，鸿、昏、显之训“代”，神之训“治”，“庚”“扬”之训“续”，“齐”之训“壮”，“济”之训“成”训“益”，皆《易》义也。兹缘《释矢》之文，而推《尔雅》“矢”“尸”“夷”“弟”诸字，相转注其关合，于《易》义者如此。

克伐征

圣人以德为本，以兵为末。所以神武而不杀也。至于克

伐，其道终穷，凡卦之变通，以不伐为利，是以凡成屯，成家人成益，必变而通之，为"善世而不伐"。未济成益，益通于恒，而后上之三，是以"高宗伐鬼方，三年克之"。

《系辞传》云"劳谦，君子有终吉"，子曰"劳而不伐，有功而不德。厚之至也"。谦以"龙战于野"，三上先于二五，轻薄极矣。变通于履，履二之谦五成坎，"劳于坎"故为"劳谦"。谦成蹇，履成无妄。无妄上不之三，而以四之蹇初。谦成既济，故"有终"。向令无妄上之三，则谦不终。故谦之成"君子"而"有终"，由于"劳而不伐"。劳者，履二之谦五。不伐者，履上不遽之三。履成益，俟益通于恒。恒二之五，而后上之三为有功。功在履三，德在恒五，故有功而不德也。"劳而不伐"，"劳"字赞九三之"劳谦"，"不伐"则赞六五之"利侵伐"，上六之"利用行师邑国"。凡称"征"称"伐"称"克"，皆指上之三也。

《大有·九三》"公用亨于天子，小人弗克"。小人谓二未之五则上不可之比三，故"弗克"也。蒙二之五成观与革错为家人。而后上之三成蹇，是为"子克家"。晋成否而上之三，是为"维用伐邑"。坎二之离五为王，而后离上之坎三，为"王用出征"。《益·六二》、《损·六五》称"弗克违"。讼九二九四，称"不克讼"。《同人·九四》称"弗克攻"。《复·上六》，称"不克征"。

"弗克违"者，不以上之三，违而去之通于恒也。"弗克攻"者，不以家人上之临三，而反身以通于解也。"不克讼"者，不以上之三成大过，而以二讼于明夷五也。"变弗克"言"不克"者，与《复·上六》"不克征"相钩贯。复成明夷，以需二之明夷五，为"至于十年"。变通而以讼二之明夷五，亦为"至于十年"。需二之明夷五，则先克而后至。讼二之明夷五，则不克而先至也。先克而后至，则"有灾眚"而"大败凶"。故同是"至于十年"，而欲其"不克征"也。明夷通讼，讼上不之三而二先之明夷五，为"不克松"。即是姤上不之复三，而二之复五。姤上不之复三，而二之复五，所谓复也。故"不克讼"之下即申言"复即命"。明指出复字，以示"不克讼”与“不克征”相钩贯也。“不克”而叠言“征”者，明征即同于克。不克而先至，先至而后征，是不克而征也。同人上克于师三成升，则“恤”，所为“大师克”也。升通于无妄升二之五，“用见大人”。而后无妄上之三，则“勿恤”，而“南征吉”。“南”者，离也。

无妄不南也。归妹二不之五而渐上之归妹三，成大壮，故“征凶”。《渐·九三》发明其义云“夫征不复”。复而后征，则成革为“南征吉”。征而不复，则成大壮为“凶”。

《大壮·初九》之“征凶”，即此归妹之“征凶”。“征吉”“征凶”，见于《彖》者，升、归妹各一。爻一称“征吉”者三。称“征凶”者九。“南征吉”谓成革，故《革·六二》“征吉”。归妹“征凶”，谓成大壮，故《大壮·初九》“征凶”。《革·九三》“征凶”，与上六“征凶”同。贲上之困三，成大过、明夷。《困·九二》“征凶”，是也。“征凶”，是也。“征凶”何以无咎？困以“征凶”成大过。大过且不改而四之初成需。一经变通，则“朱绂方来，利用亨祀”，虽“征凶”而“无咎”也。

大过能改则通颐，二先之颐五，而颐上可之三矣。乃二之颐五，四亦之初，为“颠颐拂经于邱”。是时大过成既济，颐成益。上仍不可征三，于“征凶”上加一颐字，明其未通恒。则上之三仍是“颐征”，不是“益征”。犹师成泰未通否，仍是“用师”不是“用泰”也。革通蒙，蒙二之五而革四之蒙初。是为“小人革面”，与“拂经于邱”同，故“征凶”，与颐“征凶”同。

蒙二不之五而革四之蒙初成损。损二之五与大过二之颐五同。九二“利贞征凶”。“利贞”者，通于咸而二先之五，则上可征三也。“不利贞”而遽以上之三，则“征凶”矣。小畜上之豫三，为渐上之归妹三之比例，故“君子征凶”。震三之巽上，巽成井，震成丰相错为既济恒，与未济上这三同。《未济·六三》“征凶”，即《震·上六》“征凶”。而巽二不之震五，为归妹二不之五之比例。则其“征凶”，亦归妹之“征凶”也。困以“征凶”而成需，若二先之贲五而困四之初成

屯。屯通于鼎则"征吉"。

《困·上六》"有悔征吉"，与六二"征凶无咎"相发明也。损以征凶而成泰。泰既通否则泰二之五，否上可征三矣。惟初已"拔茅"成益，即颐之"拂经"也。斯时而征，则仍凶，故"茹以其汇征吉"。"茹以其汇"谓与恒通也，此与《颐·六二》之"征凶"相发明也。

亢

《乾·上九》"亢龙有悔"。《传》以"盈不可久"赞之，又以屯为盈。谓坤成屯，下震为龙；乾成家人，上巽为高。"亢"之言"高"也，既成"亢龙"，则宜"有悔"。谓家人旁通于解，解二之五而后上之三也。

《文言传》云"贵而无位，高而无民，""高"字正赞"亢"字。《小过·上六》"弗遇过之"，《传》云"已亢也"。凡四不之初为"已"。"已"指小过四不之初，不致成明夷。为"飞鸟离之凶"。"亢"指小过旁通中孚。中孚上巽，与家人上巽同。《经》言"弗遇过之"，骤读之不知其所谓。既讲明"已亢"二字，乃知"弗遇"。谓豫五不与小畜二遇，致小畜上之豫三成小过。既成小过，即宜通中孚，则是时小过仍宜为小过，不可以四之初为明夷。何也？不过之而夷之，则"飞鸟离之凶"，是谓"灾眚"也。弗过，则欲其遇之。豫未成小过，欲其先成萃也。已过而弗遇，则欲其过之，不遽成明夷，而先以小过旁通中孚也。以小过旁通中孚，小过四不之初，"已"也。成咸，亦"已"也。中孚上巽，"亢"也。成益上巽，亦"亢"也。"已亢"二字，明所以"弗遇过之"者。虽豫不与小畜遇，而小过与中孚遇，犹是"密云不雨自我西郊"也，《传》文简妙，思之自得。

"亢龙"所以"悔"者，以其不能"已"也。家人悔，而通解，解二之五成萃，萃四不之初，即大畜之"有厉利已"。"已"而"亢"，则"不犯灾"。萃四不"已"而成屯，屯与家人不"已"而"亢"，故为"穷之灾"也。小过不成明夷而成咸，中孚成益。“已”而“亢”，则“无灾眚”。若“飞鸟离之”，则不“已”而“亢”，故为“灾眚”矣。灾视乎“已”不“已”，不视乎“亢”不“亢”。

《传》以“已亢”赞弗遇过之，即赞“亢龙”也。《家人·九三》“家人嗃嗃”“嗃嗃”犹高也。“嗃嗃”之“有悔”即“亢龙”之“有悔”。“亢”而“龙”犹“亢”而“飞鸟”矣。

密

小畜小过皆云“密云不雨”。谓小过、豫成咸，中孚、小畜成既济。《系辞传》云“卦这德方以知，六爻之义易以贡。圣人以此洗心，退藏于密”。“心”，谓五。“洗”，京、虞、荀、董、张、蜀才、石经皆作“先”。“先心”，先五也。

卦以旁通为德，故“方以知”。其变通以尽利者，以交易而献功，故“易以贡”。其交易以二五为先，故“先心”。“先心”即“密”也。既“先心”而“密”矣，又退藏以变通于不已，故“退藏于密”。小畜二先之豫五。中孚二先之小过五。是“先心”也。“密”也。然后小畜上之豫三中孚上之三，成既济。有坎为云，由“密”而云也。小过豫成咸不以四之初，“不雨”也。咸四不行而通于损，所谓“退藏于密”，“吉凶”与民同好恶也。

《节·初六》“不出户庭无咎”，《系辞传》云“乱之所生也，则言语以为阶。君不密则失臣，臣不密则失身。几事不密则害成，是以君子慎密而不出也”。言语以为，谓先成节又成需也，即困之“尚口乃穷”。困四之初，即离四之坎初也。贲上又之困三即离上又之坎三也。坎二先之离五，离成同人，坎成比，坎成比。同人上有乾君，则“君密”。比下有坤臣，则“得臣”。乃坎二不之离五，而离上不成乾。五既虚而不实，离四之坎初成节。而坎下亦失坤臣，是“君不密则失臣”也。惟坎二之离五，而离上之坎三应之。

坎成蹇，离成革。与艮成蹇，兑成革同。“身”即“艮其

身”之“身”，是“有身”也。今坎二不之离五而离四之坎初，不能通变。而离上又之坎三，离成明夷。上有坤臣，而五虚不实。坎成需不成蹇，则“失其身”，故“臣不密则失身”也。既成贲则宜变通于困，既成节即宜变通于旅，此“几事”也。乃贲五不之困二，而困四之初仍成节。节二不之旅五，而旅四之初仍成贲。是为“几事不密”。始之“失臣”“失身”，尚可见“几”而通变。至是见“几”通变，而又不“密”，则“害之成也”决矣。

此三言“不密”，所以赞不畜、小过之两言“密”。何也？离四之坎初，犹乾四之坤初。坎离不密而成节，乾坤不密而成小畜。小畜之通豫，犹节之通旅。豫四不之初而小畜二先之豫五，是由“不密”“知几”改为“密”也，能“先心”也。节二不之旅五，而旅四之初为“出户庭”，是不“密”。“知几”而仍不“密”也，不能“先心”也。若节二先之旅一，即同小畜二先之豫五。后以旅上之节三，即同小畜上之豫三。旅四不之初，即同豫四不之初。节二先之旅五，“密”也。旅四不之初，则节二之旅五不之贲五，是“不出户庭”也。故云“慎密而不出”也。

讼四之初成中孚，为同人四之师初之比例。师二之五既为乾二之坤五之比例，则同人四之师，初自为乾四之坤初之比例。中孚不“密”，通不过而“密”。乾成小畜不“密”，通豫而“密”。正相吻合。《传》于兑之成节者，赞之可推，见其微矣。

杂文

《说卦传》云“坤为文”。《系辞传》云“物相杂，故曰文”。文不当，故吉凶生焉。《坤·六五·传》云“黄裳元吉，文在中也”，而《文言传》云“君子黄中通理，正位居体，美在其中。而畅于四支，发于事业，美之至也”。“美在其中”即文在中。云“正位”则是乾二之坤五，坤成比也。又于上六赞云“夫元黄者，天地之杂也。天元而地黄”。杂则为文，是乾上之坤三也。乾二之坤五，文杂于中则吉。乾上之坤三，文杂于三，则凶。所谓文不当而吉凶生者，此也。

《杂卦传》云“蒙杂而著”，蒙、革相错为困、贲。《贲彖传》云“柔来而文刚，故亨。分刚上而文柔，故小利有攸往，天文也。文明以止，人文也。观乎天文以察时变，观乎人文以化成天下”。“柔来”谓困通于贲，即革通于蒙也。“刚上”谓困二之贲五，即蒙二之五也。夫“经”之“纬”之而后成“文”，两卦旁通。一阴一阳，相纬于横，故“柔来而文刚”。六爻相交成既济，一阴一阳，相经于纵，故“刚上而文柔”。蹇革两五皆刚，故通蒙。以蒙五之柔，与革五之刚相杂而成文，是为“文刚”。困二不先之贲五，则贲成明夷。三柔相连，困二之刚。先上于贲五，则贲上之困三。贲成既济，不成明夷，故为“文柔”。贲之“文”困，即蒙之“文”革，亦即坤之文“乾”，故坤为“文”以文刚而文也。

《坤·六五》“文在中”。以文柔而言也。“文在中”，故“杂而著”。“著”犹“见”也。乾成同人则文在中，故同人称“文明”。“见龙在田”，则“天下文明”。文而明，即杂而著也。“龙战于野”，则“杂而不著”。明夷，文而不明。称文明，以讼二来文于五。蒙旁通于革，故革称“文明”。困二之贲五，与小畜二之豫五同。《小畜·传》云“君子以懿文德”。“文德”之“文”，正与“天文”“人文”互明。

《传》中凡称“文”，皆非泛设也。《系辞传》云：“若夫杂物撰德，辨是与非，则非其中爻不备”。“中爻”，谓五也。“杂物”，即物相杂。“是”“非”，即当与不当。“撰”，选也，于相杂之中而选择其为德者。德亦谓五也。杂于五则“懿文德”，杂于三则“其道穷”，“是”“非”由此而辨也。《系辞传》又云“恒杂而不厌”。恒何以杂？谓与益旁通，恒五之柔，文益五之刚也。恒二之五，而益上之三，益成既济。恒不成既济，而成咸，恒二之五，亦“刚上而文柔”也，与蒙“杂而著”互明。

惟其著，所以不厌，厌之养，为足，为止。杂而成两既济则厌，故杂而著。又杂而不厌，蒙二之五为“虎变其文炳”。

蒙成益通恒，为“豹变其文蔚”。

《传》以“杂而不厌”赞恒，与“豹变”、“文蔚”相发明。蒙成益通恒犹困成咸通损，故困通贲而成咸为“天文”，即“豹变”之“文蔚”也。“炳”即“著”，谓蒙二之五。“蔚”即“尉”，安也。谓蒙成既济。

定宁成安息

《杂卦传》云“既济定也”，《经》不言“定”，凡言“宁”言“成”言“安”言“息”，皆“定”也。何为“定”？六爻皆正，寂然不动也。乾为首，二之坤五，是为“首出庶物”。因而变通，鼎解成咸，乾坤乃成既济，是为“万国咸宁”。

有可宁者，有不可宁者。可宁者，终则有始，“咸宁”是也。不可宁者，终止则乱，“不宁”是也。家人上之屯三，成两既济。宁而不咸。宁而不咸，则不可宁，故屯“利建侯而不宁”。成两既济，则无应。

《坤·传》云“安贞之吉，应地无疆”。坤之“安贞”，所以“吉”者，以“丧朋”则变通，而有“应”也。《比·彖传》云“不宁方来，上下应也”。比一筮而通大有，下应成屯。再筮而通鼎，乃上应成既济。大有五既以旁通而来，鼎五又以旁通而来。若一筮而不再筮，则宁而无应矣。

《传》于屯指出“不宁”二字，所以赞《比·彖》之“不宁”，亦所以赞《兑·九·四》之“未宁”。《兑·九·四》“商兑未宁，介疾有喜”。商兑谓兑二之艮五成随。若四已之艮初，成屯，则三又之艮上，即屯三之家人上，成两既济矣。惟四未之艮初而“有疾”，则不成屯。

以三之艮上，第为随三之渐上。成蹇革不成两既济，故“未宁”。“未宁”由于“介疾”也，缘“介疾”不成屯，则三上之行“未宁”。若比不介疾而成顾，则三上行。即成两既济而宁，不能“有喜”。故必舍屯三不使之宁，而旁通于鼎。此《屯·传》所以云“宜建侯而不宁”也。节二之旅五，与鼎二之五同。旅成遁，上之节三，即鼎成遁。上之屯三，节成既济，旅则成咸，故六四“安节亨”。节旅相错为蹇睽。“安节”之“亨”，即“东北丧朋”之“安贞吉”矣。鼎四之初成大畜，则二之五成家人，上不可之屯三矣。

大畜通萃，则二之五，成家人。萃四未之初，家人上之萃三，“未宁”也。故《萃·上·六·传》云，“未安上也”。乃《萃·上六》“赍咨滋洟”，则谓大畜成泰。大畜二先之五，而后上之萃三，则大畜成既济而安矣，是安而上也。今大畜二未之五，而萃三之大畜上，虽“上”矣而“未安”也。所以“赍咨涕洟”，而“乃无咎”也。

《同人·九三》“升其高陵，三岁不兴”。《传》云“安行也”同人上之师三成升，何以为安行？以“丧朋安贞”之“安”通之，盖谓革通蒙也。是时师成升，同人则成革，以革系升。升二既不可兴，惟以革通蒙。蒙二之五，而革四从之，犹蹇通睽，睽二之五，而蹇初从之。睽二之五，而蹇初从之，“东北丧朋安贞吉”也。特取“安”字以赞同人，“安贞”“安节”之义明，“三岁不兴”不义亦明，此《传》之赞《经》最简最妙者也。

且定即成也，《坤·六三》“含章可贞。或从王事，无成有终”，《讼·六三》“食旧德，贞厉终吉，或从王事无成”。坤之“无成”，明屯通于鼎。讼之“无成”，明益通于恒。成两既济，则无所“含”。有所“含”而变通，虽成既济而终所旁通者，则“有始”，故为“无成”。

《井·上六·传》云“元吉在上，大成也”。井、噬嗑即屯、鼎之相错。井成既济，为“井收”。噬嗑成益，益上未之三为“勿幕”。“勿幕”则“无成”，《传》以“大成”赞之者，谓益通恒也。“大成”，犹云“以大终”。盖益不通恒而终，则“终凶”，故“讼不可成”也。“讼不可成”，以其不能渝也，故九四“渝安贞吉”。渝之言变也，《豫·上六》“冥豫成有渝”，《升·上六》“冥升利于不息之贞”。“宁”成“安”“定”，其义皆同于“息”，不“息”。即是“无成”。“成有渝”，则“不息”。“冥像”则成明夷，“冥升”则成泰。需二

之明夷五，泰二之五，则“成”而不能“渝”。“渝”者，明夷通讼也，泰通否也。

《传》于明夷九五赞云“明不可息也”。所以明升之“不息”，即豫之“成有渝”也。泰通否，即乾通坤之比例。《乾·传》云“君子以自强不息”。此“不息”，即用《升·上六》之“不息”。

《系辞传》群之云：乾坤其易之缊耶？乾坤毁则无以见易矣。易不可见则乾坤或几乎息矣。“缊”，读如“地”，“缊于晋”之“缊”。乾与坤交易，则乾爻缊于坤五，坤爻缊于乾二。乾坤毁谓成两既济。益通恒，咸通损，往来不忆。损益互坤，咸恒互乾，故“不毁”。惟咸不通损而四之初，则乾“毁”。益不通怛而上之三，则坤“毁”，成雨既济而息，由于不能变通。变通者，易也，故云“乾坤毁无以见易”也。

虞

《屯·六三》“即鹿无虞，惟入于林中，君子几不如舍”。《中孚·初九》“虞吉”。《传》于萃赞之云“君子以除戎器，戎也。”虞“之义为度。《易》忌终止，以舍养为功。乾二之坤五，四不之坤，初为屯，则上可之坤三也。若已成屯，则上不可更之坤三，此所以宜度之也。“鹿”同“麓”，山足也。家人上之屯三，为“即鹿”。屯三为艮震之间，故为“鹿”，“林”者，众也。“入”，巽也。“入于林中”，乾二先之坤五为“林中”，而乾四又“入”之，谓成家人上巽。惟其“入于林中”而有“鹿”，不能思度。“即”之成两既济矣。

屯通鼎，鼎四之初成大畜。大畜通萃犹屯通电码也。大畜成家人，萃四不之初。三无“鹿”，家人上可“即”也。若萃四之初成屯，犹乾四之“入于林中”，则不可“无虞”，故以“不虞”为“戒”。“戒”指离，器谓成既济。家人上之萃三，无离不成既济。无“戎器”，家人上之屯三。成既济不离，则有“戎器”。欲除去此“戎器”，所以虞度之也。中孚何以“虞吉”？《传》云“初九虞吉志未变也”。

《经》文《传》文关不易解，乃测诸《家人·初九·传》亦云"志未变也"。比例观之，乃测其义。《家人·初九》之"志不变"，为"困有家"赞之也。"闲"，即大畜"曰闲舆卫"之"闲"。"闲"者，止也。谓萃四不之初，下成艮止。而大畜二之五成，家人通解。解四不之初而二之五成萃，与萃四不之初同，故"闲有家"。

萃四不初，为"戒不虞"。"戒不虞"，则能"虞"矣。若解不能虞，而四之初成临，则不复可与家人系。解成系。解成萃，仍与家人系，家人上可之萃三也"志未变也"。解成临，则宜变而通遁，则志变矣。临家相错，为中孚明夷。中孚者，丰四之涣初也。涣成中孚。犹解成临。临通遁，则中之涣初也。涣成中孚，犹解成临。临通遁，则中孚通小过。故《中孚·初九》称"虞吉"，与屯之"无虞"相钩贯。"虞吉"者，小过四不之初，而中孚二之小过五也。即解四不之初而二之五也，亦萃四不之初而大畜二之五也。

若小过四之初成明夷，又宜变通于讼。小过四不之初，故亦"志未变也"。试研究，两称"志未变"，一称"戒不虞"，而《经》之"虞吉"与"无虞"乃成一贯。而家人、临相错为中孚，从两称"志未变"夹缝中自然指出。赞《经》之妙，有未可以笔墨尽者矣。

《传》犹恐其未明也，于《萃·六二》赞云"引吉无咎，中未变也"。"中未变"即"志未变"。解二之五成萃，萃四不之初，故"中未变"，与"闲有家"之"志未变"互发明矣。

戒

《经》称必戒者一。《小过·九四》"往厉必戒"是也。称"不戒"者二，《泰·六四》"不戒以孚"，《比·九五》"邑人不戒"，是也。《传》于萃称"戒不虞"以赞之。

《乾·九三》"终日乾乾"《文言传》云"知至至之，.可与几也。知终终之，可与存义也"。"有所至"而后"有所终"，屯通鼎，鼎二之五，则"知至"。鼎上之屯三则"知终"。"知终”者，“终日”也。“知至”者，“乾乾”也。“终日乾乾”，则“终日”不必“戒”。“终日”而成两既济，则必“戒”，《既济·六四》“终日戒”是也。比成既济，彼成益。而上之三，抑成咸而四之初皆“终”于“日”而成两既济，故宜“戒”。“戒”，则“不终日”。“不终日”者，豫四不之初，而小畜二之豫五成萃，即萃四不之初，而大畜二之五。家人上之萃三。萃“不终于日”，《系辞传》以“见几而作”赞之，明与《屯·六三》“君子几”相发明。“即鹿”则“不虞”，“君子几”则“戒不虞”。

《传》于萃用“戒不虞”三字。而屯之“即鹿无虞，君子几不如舍”，豫之“不终日”，既济之“终日戒”，皆一以贯之，不烦言而可解矣。《小过·九四》“弗过遇之”，谓小畜二之豫五，不成小过而成萃。“往”谓萃初往四成屯。豫成屯，则小畜成家人。即乾四之“入林中”，故必“戒”。即“戒”、其“不可终日”，即“戒”其“不虞”而“即鹿”也。《泰·六四》自发明“戒”、“不戒”之例。云“不戒以孚”，谓泰成既济。否成益之明，此终日宜戒之时。而不戒者，以益孚于恒。恒二之五而益上之三，终则有始。此“终日乾乾”而无容“戒”者也。泰之“不戒以孚”，与既济“终日戒”互明。“不戒以孚”，则终日戒以未孚也。

《比·九五》“邑人不戒”何也？以其“失前禽”也。从“禽”则宜“戒不虞”，失“禽”则“邑人”不必“戒”。邑人屯三也。禽屯五也。舍屯之禽而不从，故”失前禽“，谓变通乎于鼎也。“邑人不戒”犹“不戒以孚”也”。

第八章　易通释卷八

光

光之义为广，字通于横。两卦旁通，自此及彼，是横行以及于远。《传》于坤赞云“含宏光大”。惟“含”乃“宏”，惟“光”乃“大”。《文言传》云“含万物而化光”，化光犹云广生，不能含。则成两既济不能广生矣。《需·象》云“需，有孚。光享，贞吉”。乾成需，不可谓“享”，惟“有孚”于晋，以需二之晋五，则能变化广生。变通乃“有孚”，“有孚光”，即“化光”也。

《未济·六五》“君子之光，有孚吉”。既济已定孚于未济。未济二之晋五之比例。君子之光即需之光享也。失道至需，一光即享。终穷至既济，一光即吉。《象》示其义于需，爻发其义于未济，其义已了。乾未成需，先成小畜。或先成夬，小畜孚于豫。夬孚于剥，与需孚于晋同。故《经》于《观·六逻辑上》明之云“观国之光，利用宾于王”。小畜豫相错为大壮观。大壮二之五，为小畜二之豫五之比例。故以大壮二之五之“光”，明小畜二之豫五之“光”。

《传》即于夬赞云“基危乃光”。者成夬则坤成谦，《谦·传》云“天道下济而光明”，《履·传》云“则中正，履帝位而不疚，光明也”。谦之“光明”，即履之“光明”。谦孚履为“光”，则夬孚剥为“光”可知。夬孚剥为“光”则小畜孚豫为“光”可知。《经》以“观国之光”，明小畜之孚豫。《传》于谦、履、夬赞之，此赞之微妙者也。

《坤·六三·传》云“或从王事，知光大也”。“从王事”，谓屯旁通于鼎。“知”，即“方以知”之“知”。由旁通而鼎二之五为“知”，指出“光”字，明如是则为“光”。“光大”犹云“光明”，由旁通而“明”为“光明”，由旁通而“大”为“光大”。屯旁通鼎为“光”，家人则通解为“光”。

《传》于涣赞之《涣·六四》“涣其群”，《传》云“光大也”。以“光大”二字，与《坤·六三》相贯。明以丰涣所错之家人解，与坤所变通之屯鼎相发明也。屯之通鼎，犹益之通恒。《益·彖传》云“自上，下下其道大光”，承上“民说无疆”而言。“民说”者，恒二之五也。“大光”犹“光大”，到其文与“疆”字为音。谓其道所以大者，由于旁通也。惟其道大光，所以自上下下，所谓天施地生也若屯不通鼎，则家人上施于屯三。虽施而不光，所以“屯其膏”以通于鼎。鼎四之初成大畜。大畜二之五，即家人也。其施屯三，仍不光矣。大畜、屯相错则颐也。

《传》于《颐·六四》赞云“颠颐之吉，上施光也”。“颠颐”既同于鼎“颠趾”，则“颠颐”之光，即“颠趾”之光也。《传》于《屯·九五》云“施未光”，于《颐·六四云“上施光”。推之，大畜成家人则以通解为光，未成家人则以通萃为光，皆发明《坤·六三》之“光大”也。《传》称“未光”者八。《屯·九五“屯其膏”，“施未光也”，赞家人上不可之屯三矣。

《萃·九五》“萃有位无咎”，《传》云“未光也”，即指鼎四之初发大畜，与《颐·六四》“上施光”互明。大畜必通萃，其二之五乃得“有位无咎”者，以鼎二不之五而四之初发“未光”也。鼎成大畜“未光”，大畜通萃则“光”。犹夬四之剥初成颐“未光”，颐通大过则“光”也。夬四之剥初“未光”，夬二之剥五则“其危乃光”。《夬·九五“中行无咎”，“中未光也”，与《萃·九五》义同。夬二所以“苋陆”“中行”，乃“无咎”者，以艮上之兑三，成谦夬“未光”也。

《兑·上六》“引兑”之“引”，即《萃·六三》“引吉”之“引”，萃孚于大畜，为夬剥之相错。知”引兑“为成夬，而孚于剥。夬“未光”，孚于剥则“其危乃光”。《夬·九五》之”未光“，即《兑·六上》之“未光”，因“未光”而“引”，因“引”而“中行”，因“中行”而“有位”，夬、萃之"无咎"则"已光"矣。《传》本其"未光"而言之，且以"未光"二字为络也。鼎四之初发，同于夬四之剥初，亦同于噬嗑四之井初。在噬嗑剥成颐，在井夬成需，所以艰也。颐通大过则光。需通晋则光。《噬嗑·九四》"噬干胏得金矢。利艰贞吉"，《传》云"未光也"。噬胏得矢，需二之晋五也。井所以成需，由于噬嗑四之井初，故以"未光"一字赞之。

明井初之噬嗑四，犹鼎四之妆也。井成需则井泥，故《震·九四》"震遂泥"，《传》赞之云"未光也"。巽成需，即井成需也。但巽成需，则震成明夷，为丰四之进初。噬嗑四之井初，井成需。噬嗑未成明夷而成颐，犹乾未成需，先成小畜夬。亦犹震未成明夷，先成丰。故丰通涣之"光大"，同于夬通剥之"光"。而井之成需，无论其为噬嗑四之井初，为丰四井初，皆以通晋为"光享"也。

《未济·六五》"君子之光"，明丰四之井初，成需者也。《传》于"遂泥"赞之，其义易明也。《观·六四》"观园之光"，明噬嗑四之井初成需者也。小过四未之初，犹颐上未之三。义为隐奥。故于诸卦反覆赞明这。需通晋，光享矣。乃晋成咸，又以通损为光。《晋·上九》"维用代邑，道未光也"，言晋成咸合乎道 矣。未通损，仍"未光"也。咸通损，损成益，益又通恒，是为憧憧往来。

《传》云"憧憧往来，未光大也"。"未光"二字，与《晋·上九》相贯。而加一大字，则与《益·彖传》"其道大光"相贯。而"其道大光"之"道"，又与"道未光""道"字相贯。盖不必至成需明夷，乃为"未光"，当其成颐、大壮、大畜、夬，即"未光"矣。颐、大壮、夬能变通，固改"未光"为"光"。即至成需明夷，能变通，亦遂改"未光"为"光"。然未能"往来不已"。如益、恒、咸、损之回环相续，其道仍未"大光"。汇诸卦《经》《传》之言，"光"者研究之，一字增减皆有妙义，略观大义者，焉能探其微哉。

时

《杂卦传》云“大畜时也”，说者多不详，以全《经》《传》通之，乃可知其义。《传》文惟《归妹·九四》称“迟当有时”。

《传》中诸言“时”字，皆由比赞之。当妹所以迟者，以“征凶”也。“征凶”者，渐上之当妹三也。渐成蹇，当妹成大壮。大壮改而通观，蹇改而通睽，所谓“时”也。震巽艮兑交而成渐，乾坤坎离则交而成比。渐通当妹，犹比通大有。渐上之当妹三，成蹇大半。大有上之比三，亦成蹇大壮。“迟归有时”，在当妹成大壮有然，在大有成大壮亦有然。

推之渐初之当妹四，当妹成临渐成家人，则以家人通解临通遁为“时”。乃在渐初之当妹四成家人临，而在比初之大有四则比成屯，大有成大畜。临通遁，同于大壮，通观则大畜通萃。亦同于大壮通观，故《经》于当妹言“时”，谓其成大壮通观。而《传》则指大畜为“时”，明大有之成大畜同于当妹之成临，即同于当妹之成大壮也。震巽兑艮交，成渐亦成随。乾坤坎离交，成比亦成同人。同人通师犹渐通当妹。随通蛊，犹比通大有。故此八卦互相比例。渐上之当妹三，成蹇大壮，与大有上之比三同。当妹四之渐初成家人临，即与同人四之师初同。大有四之比初，成大畜屯，与随四之蛊初同。随三之蛊上成升革，即与同人上之师三同。于大壮通观为“时”知大畜通萃为“时”，而升通无妄临通遁为“时”可知矣。《经》于当妹指一“时”字举一隅也。《传》则以大畜为“时”，又举一隅也。犹恐学者未明，于随赞云“天下随时”，于升赞云“柔以时升”，于遁赞云“则当位而应，与时行也”，于无妄赞云“茂对时育万物”，于家人之通解则赞云“待时而动”，于革之通蒙则赞云“以享行时中”，于蹇之通睽则两卦皆支云“时用大矣哉”，可谓详矣。而大畜之所以时，以其通萃也。

《传》不赞于萃，而赞于《既济·九五》。既济者，益上之三者也。益三互为“牛”。上之三杀之，是为“杀牛”。益通于怛，恒上震，东也。恒成咸，上兑，西也。《传》云“东邻杀牛，不如西邻之时也”《经》称西邻“禴祭”，《传》以“时”字代之，以“时”字赞“禴”字。赞《既济·九五》之“禴”，即赞《萃·六二》《升·九二》之两言“禴”。萃言“无咎孚乃利用禴”，升方言“孚乃利用禴无咎”。萃本无咎，与大畜孚则为“利用禴”。升为蛊上之随三，本有咎。孚于无妄。则为“利用禴”。“无咎”二字，一先言，一后言。明以升例大畜，以萃例无妄。

《传》既以大畜为“时”，又以“时”字赞“禴”字。则萃之“孚乃利用禴”，即是孚大畜为“时”。大畜孚萃为时，则大壮“孚利用禴”，即是孚大畜为“时”大畜孚萃为时，则大壮孚观为“迟当有时”。例诸此矣，不特此也当妹之言“时”，谓大壮蹇也。《传》既于睽蹇称“时用”，于观云“观天之神道而四时不忒”，又于小过云“过以利贞，与时行也”。大壮蹇相错，即小过需也。《传》于睽蹇蒙解，俱指其时矣。于屯鼎未言也，则言之于乾坤也。当妹、渐为震、巽、兑、艮之比例。渐成蹇，当妹成大壮。以失道而变通，渐成蹇，当妹成革。以当位而变通，无论失道当位，蹇俱以通睽为“时”。益、渐成蹇，当妹成大壮。同于比成蹇，大有成大壮。而渐成蹇，当妹成革，即同于巽。艮成蹇、震。兑成革。

推之渐成家人，当妹成临，同于同人成家人，师成临。而渐成家人，当妹成屯，即同于巽、艮成家人。震、兑成屯，其震、巽、兑、艮之成屯、家人、蹇、革，原无异于乾、坤、坎、离之成屯、家人、蹇、革，故“迟当有时”。在大壮仅为“失道”，变通者之例，在蹇则兼为“当位”变通者之例，此亦举一隅也故《传》既以大畜赞大壮，而蹇之毛坑时，则畅发于艮。《艮·彖传》云“艮止也。时止则止，时行则行。动静不失其时，其道光明”。“时止”艮成蹇，兑成革，则止不行也。“时行”，蹇通睽，革通蒙，则以享行也。艮之成蹇，犹坎之成蹇，故《坎·传》称“时”与蹇同。《乾·九三·文言传》云“乾乾因其时而惕”。乾通坤成屯，屯又通于鼎，是为“时惕”，即为“与时偕行”。

《九四·文言传》云"君子进德修业，欲及时也"。"时"惕赞屯之通鼎，"用时"赞革之通蒙。《坤·六三》"含章可贞"。"含章"谓坤成屯，即含之而通于鼎，三乃可贞，《传》云"时发也"。"发"即"发蒙"之"发"。明屯通鼎，犹革通蒙也。屯之通鼎，犹益之通恒。故《坤·六三》之"可贞"，即《损·彖》之"可贞"。《传》于《损·彖》赞之云"二簋应在时。损刚益柔有时。损益盈虚，与时偕行"。二簋，一指损五，一指益二。"簋"在益二，则盈。盈则宜损之。"损刚"者，变通于恒也。"簋"在损五，则虚，虚则宜益之。"益柔"者，损二之五，成益也。益通恒，为"损刚"，咸通损，亦为"损刚"。先称"损刚"，指咸之于损也。损二之五成益，为"益柔"。恒二之五成咸，亦为"益柔"，指恒之为咸也。

《损·传》云"与时偕 行"。《益·传》亦云"与时偕行"，与《乾·九三》之"与时偕行"相发明。明咸通损犹益通恒。益通恒犹屯通鼎。乃知赞"禴祭"为时，固以既济之"禴"，例诸升、萃之"禴"。其不赞于升萃，必赞于"东 邻""西邻"者，正以益通恒之时，即屯通鼎之时，亦即大每辆通萃、升通无妄之时。不论失道当位，其"时行"皆如是也。于是豫姤言时义，明小畜复之变通也。旅亦言"时义"，节言"失时"，明葵花子之通旅，犹小畜通豫，复通姤。而旅四之初，仍兑四之艮初，即犹乾四之坤初。凡称"时"用"时义"，各有所钩贯，非泛言也。

《贲·传》云：观乎天时以察时变，明贲通困也。《丰·传》云"天地盈虚，与时消息"，明丰通涣也。《经》举一隅，《传》已不惮遍举诸隅，而于《系辞传》总揭其义云："变通配四时，去变通莫大乎四时。"云变通者趣时者也。时之为变通，不烦言而决矣。

实

《鼎·九二》"鼎有实"。《六五·传》云"鼎黄耳，中以为实也”。鼎五虚，二之五则实。二不之五，而四之初，则为“覆悚”“悚”，说文作“鬻”，训鼎实。“覆悚”则无实，与有实互见。“覆悚”则鼎成大畜，大畜孚于萃，则“笃实辉光”。“笃实”者，二先之五，而后上之萃三也，所以“笃实”。由发挥而旁通，故云“辉光”，颐犹大畜也。大过二颠于颐五，则颐五有实可知。颐成益，旁通于恒。恒二之五成咸，上兑为口，故为“口实”，益通恒，把谓“西邻禴祭”也，故云“实受其福”。

《归妹·上六》“女承筐无实”。谓二不之五，而渐初之归妹四。《传》云“承虚筐也“。“女承筐”，“士”又“刲羊”，则成泰。《传》于《泰·六四》赞云：翩翩不富，皆失实也。“失实”而云“皆”者，一以赞刲羊承筐之“无实”，一以赞西邻禴祭之“实受其福”。“不富以其邻”之“邻”即“东邻杀牛”之“邻”。在“西邻禴祭”则“实受其福”，在“东邻杀牛”则不实可知。

“福”犹富也，“不富”即“不受福”，《传》以“失实”与“实受其福”互明。归妹成泰，已“失实”。否也益不通恒，又“失实”。故云“皆失实”也。临成泰失实，升成泰亦失实。《升·九三》“升虚邑”，蒙上之三成升，五“失实”而“虚”。既通无妄，则二之五为“升虚邑”。“升虚邑”则不“失实”。故《蹇·六四》“往蹇来连”，《传》云“当位实也”。

升二先之五成蹇，则无妄四之升初不成泰。不成泰则当位，当位则不失实也。若蒙上之三，革四又之蒙初成泰，则失实。泰虽通否，改而有实，已远而不近，故《蒙·六四·传》云“困蒙之吝，独远实也”。“远实”者，近不能有实于蒙，待远而有实于泰也。

盈

《序卦传》云：“盈天地之间，唯万物。故受之以屯。屯者，盈也。”此与《乾·上九·传》“盈不可久”互明。乾成

家人，坤成屯，再行则穷，故“盈不可久”。谓“盈”者，谓其宜变通也。《比·初六》“有孚盈缶”。比孚大有大有成有人。比成屯。犹坤成屯，乾成家人也。

《传》于大有赞云：有大者不可以盈。大有何以盈？即比之盈也。《坎·九五》“坎不盈祗既平”。《传》云“坎不盈，中未大也”。“中未大”，谓坎二未之离五，而离四之坎初。坎成节不成屯，故“不盈”。节通于旅，为“祗既平”。“祗”即《复·初九》“无祗悔”之“祗”坎之成节，犹坤之成复，以两“祗”字为比例，知“不盈”谓成节。

《彖传》云“水流而盈，行险而不失其信”，此于“不盈”上用“水流”二字。“水流”则二已通于离五，与“中未大”之“不盈”异矣。亦云“不盈”者，谓二流于离五，成比、同人。尚未离四之坎初，未成屯，故“不盈”。

此赞“有孚”二字，故申云“行险而不失其信”。“行险”即是“水流”，“不失信”即“有孚”也。用“不盈”二字，为下“维心享行有尚”六字张三。若四已行成屯则三不得更维矣。惟但成比不成屯，乃可以三之离上。应五为有功，故维之不致成两既济。得为享也。坎不盈，是“中未大”之“不盈”。水流而不盈，是“中已大”之“不盈”。一成比，一成节皆不成屯，故“屯者盈也”。

《传》畅发其义于谦，《彖传》云“天道亏盈而益谦，地道变盈而流谦，鬼神害盈而福谦，人道恶盈而好谦”。谦指谦卦，盈指履成益。方其为谦，则履之二四益之。谦成既济，履成益，故云“益谦”。已成既济、益，相错即是屯、家人，故“盈”。益变通于恒，故为“亏盈”，即为变盈。益通恒，犹家人通解。“亏”，即“方雨亏悔”之“万”也。益不通恒则害，恒二不之五则恶。“盈”皆指“益”也。又赞于剥、丰、损三卦。《丰·传》支前“天地盈虚，与时消息”，《剥·传》云“君子尚消息盈虚，天行也”，《损·传》云“损益盈彪炳，与时偕行”。《传》以“屯”赞“盈”。凡家人之于屯，革之于蹇，既济之于咸益，皆“盈”也。《传》于咸赞云“君子以虚受人”，于归妹赞云“承虚筐也”。凡夬之于谦，丰之于井，既济之于恒损，皆虚也。盈宜损，虚宜益。“盈”者，当位而盛者也。“虚”者，失道而衰者也。其宜变而通也，则盈虚一也。“虚受人”之“虚”，指睽蒙成损，“虚筐”之“虚“，指归妹。成临又成泰。”升虚邑“之”虚“，指师蛊蒙成升。

寡孤

《杂卦传》支前：亲寡，旅也。虞仲翔谓：施无容，故亲寡，王弼谓“亲寡故旅寄”，望文生意。圣人赞《易》，不如是之浅。荀慈明以“丰多故亲绝”句，“寡旅也”别为句，尤为臆见。《杂卦传》支前“小畜寡也”，《谦·传》云“君子以裒多益寡。即此两“寡”字思之，可得其义。《孟子》云“得道者多助，失道者寡助。寡助之至，亲戚畔之，多助之至，天下顺之”，此数语与《易》相发明，亲则不寡，寡则不亲。乾二之坤五，有初四应之，又有三上应之，是“得道多助”也。乾二不之坤五而四之坤初，成复小畜。小畜二之揽五，仅有三上应之。一应而穷，是“失道寡助”也。

《传》以小畜为寡，以同人为亲。两相推勘，明折可见。《传》又赞之于谦。乾上之坤三成谦夬，犹乾四之朝上初成小畜复也。成同人，成比，则“亲”，成谦，成小畜，则“寡”。寡者尚有助，更失而成明夷需。直上下俱无应，非仅寡而已矣。谦寡矣，乃裒多即可以“益寡”。何以“裒多”？变通于履是也。“益寡”即是“亲寡”。谦已寡，履有以亲其寡。节已寡旅，有以亲其寡，离四之坎初为节、贲，犹乾四之坤初为复、小畜也。

然《经》不言“寡”。《传》言“寡”，何也？寡即孤也。睽九四、上九皆云“睽孤”者，“睽”则“孤”也。九四言之，谓二不之五而四之蹇初也。蹇成既济，睽成损。损既济相错为节、贲，与离四之坎初同。睽之“孤”即节之“寡”，旅之“亲寡”指节，正所以赞“睽孤”之“孤”也。上九“睽孤”，谓上之三成大壮，为大有上之比三之比例。大有成同人则“亲”，成大壮则“寡”。

睽成大壮则“孤”，成无妄则“亲”。睽、蹇、节、旅之相错，而睽二之五成无妄，又为履二之谦五之比例。则履、益、谦之寡，即是同人之“亲”，即是旅之“亲寡”亦即是睽之“敬义立而德不孤”。而睽之成大壮何异于于履之成夬，即何异于乾上之坤三，是睽之“孤”，又谦之“寡”也。《传》用三“寡”字赞《经》两“孤”字，造于微者也。

众

《传》以“坤”为“众”，又以“师”为“众”，《杂卦传》云“大有，从也”。明乎孤之为寡助，则知众之有多助也。乾二之坤五，坤之初三应之，故“坤”为“众”。师二之五，则同人四上应之，故“蚰”为“众”。大有二之五，则比初三应之，故大有为“众”。

乾成需，坤成明夷，上下 俱无应。而需通晋，则需二之晋五，晋 之初四，三上皆应之。攷《晋·六三》“众允悔亡”。需、晋相错即比、大有。大有成同人，犹师成比，为乾二之坤五之比例，即为需二之晋五之比例。是坤、师、大有之“众”所以赞《经》“众充”之“众”也。大有“众”，故成同人为亲。师‘众“，故成比为亲。若师二不之五，而同人四之师初，成临则不“众”。

师成临，则同人成家人，临二之五，而家人上往之临三，则其“往”也，不能“得众”矣。惟家人能解，而解四不之初。先以二之五成萃，是时家人上 往萃三，则“往得众”。故《传》于解赞云“解利西南，往得众也”，谦“裒多”之“多”，与比“众”同。

独

《易》之称“独”，与“孤”“寡”不同，见于《经》者，《复·六四》“中行，独复”，《传》云“以从道也”，“从道”则非“睽孤”。盖“孤”谓辅助之无其人，“独”谓“中行”

之“无所绥”。独者，特也，乾四之坤初成复，而后以二之坤五。是以二五从初四，非“特行”矣。复旁通于姤 。姤二之坤五。而初四从之。坤成复，虽非“道”，而姤二之复五，“有以复归于道”，仍是特行，故云“独复”。乾成夬，犹坤成复。夬通剥，犹复通姤 。故“独行遇雨”，谓二抚之剥五，剥上之三以从之也。办通剥为“独行”，则谦通履为“独行”。《传》于《履·初九》赞云“素履之往，独行愿也”。

若夬二不之剥五。而夬四先之剥初，剥成颐，夬成需。需二之颐五，则非“独行”。惟需变通于晋，则需二之晋五仍为“独行”。《晋·初六·传》云“晋如摧如，独行正也”，于是又赞于大过 云“独立不惧夫”。履二之谦五，为升通 无妄之比例。升二之五，那姤二之复五之比例也。是“素履”之“独行”，即“中行”之“独复”。颐、大过为随、蛊之相错。大过二之颐五，则“不素饱”，与“素履”互明。

随四这蛊初则“裕父之蛊”，与“裕无咎”互明。随四之蛊初，即夬四之剥初也。以两“独”字赞晋大过，则知需、颐之不独，即知夬四之剥初之不独，而夬之“独行”为夬二之剥五，明矣。思至此，惟有叹其神奇，非笔所能尽矣。

久永长

《序卦传》、《杂卦传》、《彖传》皆赞“恒”为“久”，《经》之“尺”，即《传》之“久”也。《系辞传》云“变则通，通则久”。诸卦之当位者，下应成家人屯，上应成蹇革。变通于解、鼎、睽、蒙，屯、家人成既济。鼎、解成咸，蹇、革成既济，睽、蒙成益。咸通损，损成益。益通恒，恒又成咸，咸、损、恒、益四卦，反复不衰，终而又始，恒咸两卦，实为变化之枢纽，故发明其义于恒。云“天地之道，恒久而不已”，云“终则有始”，云“圣人久于其道而天下化成”，与“变则 通通则 久”之义互相发明。其“不可久”之例有二：一为“盈不可久”。《传》于《乾·上九》赞之；一为“消不久”。

《传》于临赞之，“盈不可久”者，乾成家人，坤成屯。家人上之屯三，成两既济，为“亢龙穷之灾”。是也。“消不久”者，家人通解。解二不先之五，而四之初发，成临。临二之五，亦成屯。家人上之屯三，亦成两既济。“至于八月有凶”是也。《经》不言“久”而言“永”。凡称“永贞”者七。成两既济，“贞”而不可为“永”。亦惟“永而贞”乃“利”，于坤之用六，特标“利永贞”。六十卦皆不外此一言。艮成蹇，兑成革。蹇下艮为“趾”，初六“艮其趾无咎利永贞”。止其趾而变通之，乃得“永贞”。

贞而永则元，故比、萃两卦称“元永贞”。比之“元永贞”，谓比成屯而通于鼎。萃之“元永贞”，谓大有成大畜而通于萃。“永贞”则元，元则吉，《益·六二》《贲·九三》称“永贞吉”是也。成益，益上之三“贞”而不“永”，故“弗克”而“违”。赠“永贞吉”，谓违而变通于恒。《贲·九三》“贲如濡如永贞吉。“濡”即需，谓困成需，而通晋。《小过·九四》“往厉必戒，勿用永贞”，承上“弗过遇之”。“弗过遇之”者，为不以小畜上之豫三，而以小畜二之豫五。亦为不以晋上之三，而以需二之晋五。亚成否，需成既济，在需为“永贞吉”矣，而晋之成否者，若初往四成益，则上不可之三，故“危厉”而必“戒”。“戒”则“勿用”，“勿用”而变通于恒，故得“永贞”。《传》云“终不可长也”。不戒而用上之三，则“终”而不可“儿长”。以“长”字赞“永”字，与“讼不可长”同。

《讼·初六》“不永所事，小有言，终吉”，《传》云“不永所事，讼不可长也。虽小有言，其辨明也”。易辞多用到装。“所”，谓明夷五。斯其所致，成明夷。为“小有言”。“所”而有事，则变通于讼。在初方言初是讼二之明夷五，而初四应之成益。更能通恒，则“永所事”矣。此时讼方成益，未通于恒，是未尝“永”其“所事”。在讼则不永，而在明夷则所已有事，虽“小有方言”而“终吉”矣。讼成益，通恒，乃可长。未通恒，仍是讼，故讼之终，不可久长也。

《传》称“何可久”者三，称“何可长”者四，《既济·

九五》“西邻禴祭”，谓益通恒则可久。若不为“西邻之禴祭”而成泰，为“濡其首”。故“何可久”，谓恒二不之五而四之初也。未济上之成怛，犹鼎上之屯三成恒，即犹离上之坎三成丰。离上之坎三，为“日昃之离”。鼎上之屯三，为“泣血”。《屯·上六·传》云“何可长也”。

《离·九三·传》云“何可久也”，盖屯之通鼎，犹益这通恒，鼎二之五，而后上之屯三即为恒二之五而后益上之三之比例。今鼎成恒而屯成既济，则是“东邻杀牛”。而由“泣血”以至于“乘马”，即未济上之三又初之四矣。坎成屯而通鼎，为“鼓缶而歌”。“歌”之为“言”也长言之也。《说文训“歌”为“咏”。“咏”即永也。不成屯通鼎，至于“日昃”而“嗟大耋”，则不能歌以永之。且离成丰，坎成井，井丰相错，即既济、恒也。小畜二不之豫五，而上之豫三。豫成小过，小畜成需。小过通中孚，中孚二之小过五，犹恒二之五成咸，故“恒不死”。乃不通中孚，而成明夷，为“冥豫”，则不能“恒”，不能“恒”则“死”。故《豫·上六》传云“冥豫在上，何可长也。”中孚二之小过五，“可长”矣。乃小过逻辑上之初成既济，而中孚成益。益又宜通恒，乃为“可儿”。益不通恒，而上之三，成两既济，则“贞凶”。《传》云“翰音登于天，何可长也”，与豫之“何可长”线明者也。《否·上九》“倾否”，《传》云“否终则倾，何可长也”。用一“终”字，明其成既济，先成益未通于恒也。

《大过·九五》“枯杨生华”，《传》云“何可久也”。“生华”则大过，成既济。颐成益。益未通恒，故以“何可久”赞之。与讼成益之“不可攻”，同一义。凡《传》方言“久”言“长”，多指恒，而精微变化，各极其妙。“冥豫”之何可攻“，赞上”恒不死”之“恒”。“日昃”之“何可久”，与“翰音登天”之“何可长”，并赞上“歌”字，尤造于微矣。《恒·九二·传》云“九二悔亡，能久中也”。恒之所以能久，以其二之五得中，此鼎成恒，所以“泣血”而“不可长”也。

速疾遄

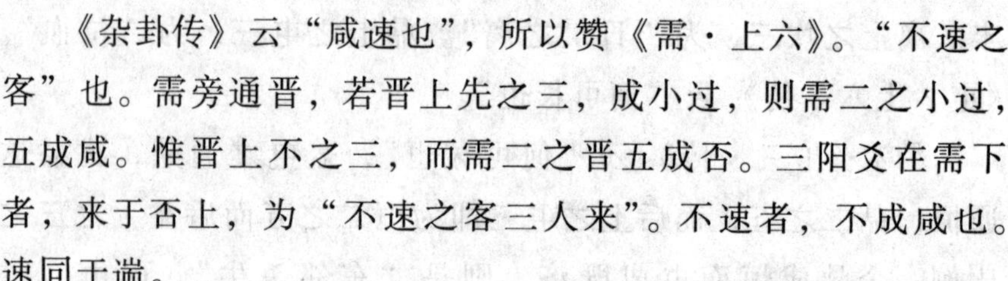

《杂卦传》云“咸速也”，所以赞《需·上六》。“不速之客”也。需旁通晋，若晋上先之三，成小过，则需二之小过，五成咸。惟晋上不之三，而需二之晋五成否。三阳爻在需下者，来于否上，为“不速之客三人来”。不速者，不成咸也。速同于遄。

《损·初九》“已事遄往”，六四“损其疾，使遄有喜”。凡初四未行。皆谓之“疾”。未济不成咸而成损，则四先这初，是为“损其疾”。“损其疾”，不速也。初四不行成咸，则为“速”为“疾”。初四先行成损则不速不疾。乃损变通于咸，在损则不“疾”，在咸则“遄”。“疾”、“速”、“遄”三字同。《系辞传》云”易无思也，无为也，寂然不动，感而遂通天下这故。非天下之至神，其孰能与于此“，又云”唯神也，故不疾而速，不行而至“此正指咸而遂通”。损不疾，通于咸仍疾，故“不疾而速”。若咸四动而之初，则无以容损之不疾。惟咸自存其疾以容损，而损之不疾，乃感到遗憾而有为，故“无思也”，则“无为”也。

《无妄·九五》“无妄之疾，勿药有喜”。四不之升初，升二之五也。《遁·九三》“系遁有疾”。临初四先二五，与损之不疾同。系于遁，遁初四不行同于咸，故临二之五仍有疾也。《鼎·九二》“鼎有实，我仇有疾。不我能即吉”。“有实”，二之五也。“我仇”，上之屯三也。若四这初则不疾，上遂水可之屯三。惟“有疾”，四不我从，上乃得而仇也。

《丰·六二》”往得疑疾”。噬嗑三往上，与井不孚，故“疑”。四未行，虽“疑”而“有疾”也。《兑·九四》“商兑未宁，介疾有喜”。四不之艮初，而二先之艮五，故三上从之“不宁”而“有喜”也。《复·彖》云“出入无疾，朋来无咎”。乾四之坤初成复，不“疾”者也。变通于姤，姤四不之初则“有疾”。若姤四之初，仍乾四之坤初，故为“起凶”，为“见凶”。《象》则言“无疾无咎”者，以其出而后入也，

以其"朋来"也。出谓二之复五，入谓姤四之初。先入后出，则"包无鱼"。先出后入成家人，则虽"无疾"，而以"朋来"故"无咎"。《经》特示比例，明初四非不可无疾。惟三从在先，则初四以"有疾"，"不我能从"为吉。若三未从而四从之，则"无疾"固"无咎"也。

《明夷·九三》"不可疾贞"，与《豫·六五》"贞疾，恒不死"互发明。姤二不之复五，止之复三，复成明夷，姤成大过。明夷宜通讼，五之讼二，则得其"大首"。若不通讼，而以五之大过二，大过成咸，明夷成既济，是"疾贞"也"不可"者也。

小畜二不之豫五，而上豫三，小畜成需，豫成小过。大过二之明夷五，为"疾贞"。自明夷言这疾在大过，故先言"疾"也。需二之小过五，为"贞疾"。自小过言之，贞在需，故先言"贞"也。与《升·九二》先言"用禴"后言"无咎"，《萃·六二》先言"无咎"后言"用禴"后言"用禴，同一妙义。

《易》辞凡颠到增损一字，俱未容以大略观之。《履·彖传》云"履帝位而不疚"，"疚"亦疾也。谦、履为临、遁之相错，"不疚"与系互明。"不疚"而"光明"，犹"无疾"而"朋来无咎"也。《解·彖》云"有攸往，夙吉"，王弼云"以速为吉"，褚氏亦以"速"字解"夙"字。解二之五，而家人上往解，三成咸，为吉。若四从成屯，则三不可往矣。

怠缓除慢裕

《杂卦传》云"谦轻而豫怠也"。又云"解也"。《经》不言"怠"、"缓"，而言"裕"言"徐"，"怠"、"缓"即"裕"、"徐"也。《蛊·六四》"裕父之蛊，往见吝"。随四之蛊初，成大畜、屯。大畜通萃，为"干父之蛊"。不通于萃，而以上之屯三，为"往见"而大畜成泰，是为"裕之蛊"。谓不急于变通，致成泰。始通于否，故"吝"。大畜、屯相错为需、颐。随四蛊初，犹办四之剥初，所谓"摧如"也。

《晋·初六》“晋如摧如，贞吉罔孚。裕无咎”，裕“即蛊之”裕“。需能变能于晋，虽“裕父之蛊”，亦得“无咎”。在二五不可“裕”，在初四三上则不妨于“裕”。《系辞传》云“益长裕而不没”，设上之三也。不“设”，益上不之三也。恒二未之五，则益上不可急于之三。益上巽，巽为长，故曰“长裕”，又曰“德之裕也”。

《困·九四》“来徐徐困于金车。吝，终吉”，九五“困于赤绂，乃徐有说”。“徐”犹“裕”也。困二不之责五，而贲上之困三，成大过，已“徐”千难万险。大过又不通于颐，而四之初，成需，然后通晋而来，故“来徐徐”。自九四言之，则晋四应之，故《传》云“志在下”也。九五“乃徐有说”，则晋成否，而上应成咸也。

推之，蛊二不之五，而成大畜，已“裕”矣。惟大畜二又不之五而成泰，则“裕”而又“裕”，即“徐”而又“徐”。大畜、屯为需、颐之错，泰、既济为需、明夷之错。故同一需，或“裕”或“裕裕”，或“徐”或“徐徐”，而皆以变通为“无咎”。《传》以解之“缓”，豫之“怠”赞之，有妙义焉。

《中孚·传》云“君子以议狱缓死”，“缓”指解“死”指豫。何以言之？小畜上之豫三成小过，小过通中孚，则“恒不死”。“缓死”即“不死”也。解四之初成临，临家人相错为中孚，是中孚之“缓”由于解。既通小过，遂为“缓死”。夫小过之于中孚，犹颐之于大过也。小畜上之豫三成需小过与贲上之困三成明夷大过同也。解四之初成临，临、家人错为明夷、中孚。与随四之蛊初成大畜，大畜、屯错为需、颐同也。故豫之“怠”，赞困之“徐”。解之“缓”，赞蛊之“裕”。惟中孚与小过通，则“缓死”。中孚不致成需，小过致成明夷。亦惟大过不与颐通，乃往见而成泰，困于“赤绂”而成需，于是《系辞传》赞解“负且乘”云“上慢下暴”。“负且乘”，则解成临。不能变通，又成泰也。“缓”而且“慢”，即“徐”而又“徐”也。小畜上先之豫三成小过，豫四称之初成复。复、小畜相错即泰、益。是益上之三，犹小过四之初。

益上之三为“设”，小过四之初成明夷则“死”。小过通中孚，则不成明夷为“缓死”，此“缓”之用于初四者也。益通恒则上不遽之三，为“长裕而不设”。此裕之用于三上者也。“缓死”则长，“长裕”则“恒不死”。此一以贯之者。

乐 笑 喜 庆

《杂卦传》云“比乐师忧”，《经》不言“乐”。凡言“喜”言“笑”，皆“乐”也。乾二之坤五，为比。比“乐”，即乾二先之坤五为“乐”也。《需·传》云“君子以饮食宴乐”。需、晋有错即大有、比，故以比为“乐”，又以需为“乐”。比之“乐”在大有二之五，需之“乐”在二之晋五也，泰二之五即乾二之坤五。

《否·上九》“倾否，先否后喜”。“先否”谓初四三，先于泰之二五，则“否”。“后喜”谓初四三上后于泰之二五，则“喜”。然则泰二先之五则喜。泰之“喜”，即比之“乐”矣。《同人·九五》“同人先号咷而后笑”。先“号咷”，先否也。“后笑”，后喜也。在否“先否后喜”，在泰则“先喜后否”。在同人“先号咷后笑”，在师则“先笑后号”。

《旅·上九》“旅焚其巢”，谓成明夷。明夷、讼相错，即同人、师。在明夷“先笑后号咷”。在讼则“先号咷，后笑”。讼二之明夷五，犹需二之晋五。需之“乐”，赞旅人之“先笑”也。师二之五为比，犹乾二之坤五为比。比之“乐”赞同人之“后笑”也。《序卦传》云“以喜随人”。“随人”者，蛊二先之五，而随之三四随之也。于“随人”上加一“喜”字者，师二之五，即乾二之坤五，亦坎二之离五。蛊二之五，即巽二之震五，亦兑二之艮五。于比赞以“乐”，明乾二之坤五，坎二之离五，皆“乐”也。于随赞以“喜”，明巽二之震五，兑二之艮五，皆“喜”也。

《经》于同人称“笑”，《传》于比以“乐”赞之。坤、坎成比，则乾、离成同人也。《经》于渐称“衎”，《传》于随以“喜”赞之。震、兑成随，则巽、艮成渐也。“饮食衎衎”，犹

云“饮食宴乐”。《经》《传》之文，散观之未见其义。贯而通之，精妙乃出矣。兑二之艮五成随，而四从之，则“以喜随人”。四不人而三从，是“介疾”也。九四“介疾有喜”，谓三随之成革。亦以“喜”，随人也。震五之巽二成渐，固“饮食衎衎”矣。四从之成屯，是“震来虩虩”也。初九“震来虩虩，后笑言哑哑”，谓屯通鼎。鼎二之五则“笑”，成遁而上之屯三，则“笑”而“言”也。若鼎二不之五，而四之初成大畜，不“笑”而“号”矣。大畜孚于萃，则仍“不号而笑”。

《萃·初六》“若号一握为笑”。鼎初四先于二五，故“号”。萃初四后于大畜二五，故“笑”也。于是《传》于大畜赞云“六四元吉，有喜也”，赞萃之“笑”也。《贲·六五》“贲于邱园”，《传》云“六五之吉，有喜也”。贲上之困三，成大过。大过通颐，“拂经于邱。是困二不能贲于贲五，而贲于颐五也。《传》以“有喜”赞之，即《大畜·六四》之“有喜”。何也？鼎成大畜，大畜、屯相错为需、颐。大畜通萃有喜，则颐通大过有喜。故以大畜之“有喜”，赞贲之“有喜”，明其为上之困三成大过而通于颐。

《传》之赞《经》，可谓简且妙矣。而《升·九二》“孚乃利用禴”，亦赞云“九二之孚，有喜也”。与《贲·六五》《大畜·六四·传》同。盖同人上之师三，蛊上随三，皆成升、革。升、革相错为明夷、大过，正为贲上之困三之比例. 升孚无妄“有喜”，即大过孚颐之“有喜”。故升之“利用禴”，即贲上之困三之“贲于邱园”也。

《蹇·九三·传》云“往蹇来反，内喜之也”，“内”指无妄，升与无妄相孚则二之五“有喜”，与《升·九二》之“有喜”，相发明也。《传》所以屈曲，赞之如是者。则以《经》于《无妄·九五》云“无妄之疾，勿药有喜”，又以《损·六四》云“损其疾，使遄有喜“。损为兑四之艮初之比例，在兑成节，在艮成贲。贲、节相错为既洗涤剂 、损，则是睽四之蹇初也。睽四之蹇初，犹无妄四之升初。无妄四不之升初，而升二之五，则“有喜”矣，故“无妄之疾，勿艾绒有培”。睽四既之蹇初成损，则“疾”同“药”而损，不可“有喜”。惟乎于咸，则损二之五，仍得“有喜”。此无妄，损一代代卦称“喜”之义也。睽成损，既犹艮，成贲。损通咸，即犹贲通困。贲上之困三，既犹损上之三。困成大过以通颐为“有喜”，则损成泰，以通否“为喜”。

《传》以“有喜”赞贲，而《经》言损之“有喜”，与否之“后喜”，皆贯矣。且损之通咸，犹贲通困，亦犹节通旅。贲成明夷，犹旅成明夷，旅成明夷，犹损成泰。《传》以困成大过通颐为“有喜”，而旅之“先笑”，与同之“后笑”，否之“后喜”，又皆贯矣。睽成损，既同于兑成节。兑成节，即同于蛊成大畜。以升之“有喜”，赞无妄之通升，即为大过之通颐。而大畜之于萃，犹颐之于大过，则是赞升、贲两卦之“有喜”。而《经》于否、同人、兑、震、旅、损、无妄、萃，凡言“喜”言“笑”，无不贯于是，《传》赞《经》之神，非言所能罄矣。

《经》言喜，又言“庆”。《丰·六五》“来章有庆誉”是也。《传》云“六五之吉，有庆也”。“有庆”则“誉”。“誉”者，四先之初也。四不之初而三上乃可从二五，而“有庆”，是“庆”谓三上从二五也。《坤·彖传》云“东北丧朋，乃终有庆”。“东北”，坤成蹇也。“丧朋”，蹇通睽也睽二之五，而后蹇初之睽四。蹇成既济而终，是为“有庆”，此则以初四从二五，为“有庆”也，故《睽·六五·传》云“厥宗噬肤，往有庆也”。井二之噬嗑五为“噬肤”，明睽成无妄，与噬嗑成无妄同。睽二先之五，而后四往蹇初为“有庆”。《坤·传》于“有庆”上加“终”字，此于“有庆”上加“往”字，其义可明。

《晋·六五·传》云“失得勿恤，往有庆也”。需二未之晋五，晋上之三则恤。“勿恤”则五先得，而三上从之，故“往有庆”也。“往有庆”三字，与《睽·传》同者，渐上之归妹，三成蹇大壮，则“恤”矣。蹇、大壮为需、小过之错，故需通晋，即蹇通睽。《经》以“勿恤”明其前之‘恤“，而《传》以两”往有庆“贯之。《升·象传》云”勿恤有庆也“，

《兑·九四·传》云“九四之喜”，有庆也“。《大畜·六四·传》云“六四元吉，有喜也”，《六五·传》云“六五吉，有庆也”。

“喜’属元，指二五，大畜二之五，为“童”为“告”为“豮”。“童”而“牛”，上未之萃三。萃下犹坤也。“豮”而“豕”，上从二五，上有坎也。“豮”则“有喜”。“豮”而“豕”，则“有庆”。“庆”指初四三上之应二五，则元而享者也。“庆”之言“赏”也，“三年有赏”之也。

《颐·上九》“大有庆”与《履·上九》“大有庆”同。皆谓成益而通于恒。恒二之五则“大”，益上之三“庆”之，非“大”不可为“庆”也。《困·九二·传》云“困于酒食，中有庆也”，谓困成需通于晋。“中”字指“困于酒食”，谓需二之晋五。“有庆”赞“利用享祀”，谓四不从而三上从之。犹“来章”之“有庆”。

忧恤号

《易》两言“忧”，一见《丰·象》云“王假之，勿忧，宜日中”，一《临·六三》，云“甘临，无攸利，既忧之，无咎”。而《传》则一告负全《杂卦》云“比乐师忧”，一赞于《乾·初九·文言传》云“乐则行之，忧则违之”，比之“乐”，互见于需。需、晋相错，即比、大有也。以是推之，师通于同人，同人、师相错为明夷、讼。比“乐”即需“乐”，师“忧”即明夷“忧”也。《传》于讼赞云“天与水违行”，“违”即“忧”则“违之”之“违”，谓明夷“忧”，则“违”而通于讼。

乾二之坤五则“乐”。初四从之而行。可也乾二，不之坤五，而上之坤三则“忧”。初四从之而行，不可也，故“违”而变通之也。此自初九“潜”龙勿用“而言。在复、小畜宜“违”，在央、谦亦宜“违”，在明夷、而更宜“违”可知。离上之坎三犹乾上之坤三也。离成丰，则“忧”矣。离不成丰先成同人则“勿忧宜日中”矣。临、遁相错为谦、履。遁上之临三，为履上之三之比例，即乾止之坤三之比例，故“忧”。既“忧”之，则“违”而变通，故无咎也。必于临方言之者，临即同人四之师初也。临成泰即师成泰，师成泰即坤成明夷，故《传》云师“忧”，因临言“既忧之”而赞也。乾上之坤三，“忧”矣。乾四又之坤初，则乾成需，坤成明夷。需上坎，故《说卦传》“坎为加忧”。临成泰，遁成咸。咸四又之初，成既济。同人四之师初成临，同人成家人。家人上又之临三，成泰既济。既济上有坎，与需同，亦“忧”而又加以“忧”也。明夷违而通讼，泰违而通否。《泰·九三》“勿恤其孚”，“勿恤”即“勿忧”也。“其孚“，谓违既济而而否。临成泰则“忧”，泰孚否则“勿忧”也。同人四之师初成临，上之师三则成升。

《升·象》云“勿恤南征吉”。升违革而通无妄，故“勿恤L”也。于是《同人·九五》明示其例云“同人先号咷而后笑”。“号咷”即“忧”也。同人四上，当‘后“师之二五者也。不能“后”，而四先之师初则成临，上先之师三则成升。四上俱先之师初三，则加忧而成泰，所谓“先号咷”也。然则《传》以师为“忧”，所以告负曲临之“既忧”，升之“勿恤”，同人之“先号”，泰之“勿恤其孚”也。《夬·象》云“扬于王庭，孚号在厉”。九二云“惕号，莫夜有戎，勿恤”。乾上之坤三成谦、夬虽未“加忧”，而已不免于“号”。违而变通于剥，是为“孚号”，亦为“惕号”。若不能“孚”，不能“惕”，更以夬四之谦初，成明夷，则“夜有戎”矣。“夜有戎”则“号”而又“号”，“恤”而又“恤”矣。故“孚”之“惕”之，不使“夜有戎”，是以“勿恤”。“勿恤”即“无号”矣。乃上六“无号终有凶”，何也？以其“终”也。夬二剥五，而四从之，固“无号”矣。而剥成益，又必变通于恒。不变通于恒而遽终，所以“有凶”也。夬、剥相错为萃、大畜。夬孚姤则“孚号”，大畜孚芦荟则“若号一握为笑”。大畜，鼎四之初也。

鼎四之初、亦噬嗑四之井初，噬嗑四之井初成需、颐，犹遁上之临三成泰、咸。泰通否，“勿恤其孚”。需通晋，“知得

勿恤”，此《经》之自相发明者也。《涣·九五》“涣汗其大号”。丰，大也。“大号”谓丰之“号”。“号”而“汗”之，则不“号汗”者，郁极而通焉者也，“汗”其“号”。则“勿忧”矣。

第九章　易通释卷九

疑或

《乾·九四》“或跃在渊”。《文言传》云“或之者，疑之也”，是“疑”与“或”为一义。“疑”者，未信也。未信者，未孚也。旁通则孚，不旁通则“疑”矣。“疑”之见于，《经》者 二。其一《豫·九四》“勿疑朋盍簪”。其一《丰·六二》，“往得疑疾”。豫之“疑”，《传》于小畜上九赞之，云“君子征凶，有所疑也”，谓小畜上之豫三，则“勿疑朋盍簪”。小畜上之豫三，即中孚上之三，是为“得敌。或鼓或罢，或泣或歌”。四“或”字，即是有所疑。

《小过·九三》“弗过防之，从或壮之“。小畜上不之豫三，则不成小过，是为“弗过”。小畜畜上豫三成小过，则有所疑，是为“从或”也。《既济·六四》“需有衣袽，终日戒”。《传》云“终日戒，有所疑也”。“需有衣袽”，谓未济成否。在四言四，则否四之初成益。益通恒，恒二之五，而益上之三，即巽二不之震五而巽上之震三之比例。巽上之震三成丰井，即“往得疑疾”也。

《损·六五》《益·六一》皆云“或益之十朋之龟，弗克违”，《益·上九》“莫益之，或击之，立心勿恒，凶”。“勿恒”则“或”，“或”而“击之“，是为“从或”。“从”则“击之”，“违”则“莫益之”。“违”则“无所疑”，从则“有所疑”矣。《无妄·六三》或击之牛”，“牛”即益三之“牛”，升成既济，无妄成益。犹既济通未济，未济成益也。恒二未之五而益上之三，故为“邑人灾”。此一“或”字，与损、益三“或”字同，而即《丰·六二》之“疑”也。

恒二不之五，而益上之三，即未济二不之五而上之二，未

济二之五，既为需二之晋五之比例，则二不之五而上之三，即为需二不之晋五而晋上之三之比例。需二不之晋五而晋上之三，即小畜二不之豫五而上之豫三也。《经》用“或”字，《传》两用“有所疑”，极引申触类之妙矣。益通恒，损通咸。恒二不之五而益上之三，“有所疑”。推之，损二不这五而咸四之初，亦“有所疑”。又推之，恒二不之五而四之初，与损二不之五而上之三，皆“有所疑”。恒二不之五而四之初，其“有所疑”，《经》言之。

《恒·九三》“不恒其德，或承之羞”，谓二不之五而四之初成泰也，《传》于《损·六三》赞之。《损·六三》“三人行，则损一人。一人行，则得其友”，《传》云“一人行，三则疑也”。“三人”谓上之三成泰，三阳爻在下为“三人”。五虚无人，故“损一人”。先以二之五则“一人行”，而此一人不损矣，《传》云“三则疑”，谓二不之五而上之三，则“有所疑”，此与《兑·初九·传》互明。《兑·初九·传》云“和兑之吉，行未疑也”。损为艮、兑相错之卦。损二之五，为兑二之艮五之比例。损上之三，为艮上之兑三之比例。兑二之艮五为“和兑”，损二之五，为“得其友”，即兑之“朋友讲习”。“行未疑”之“行”，即“一人行”之“行”。“三人行”则疑，“一人行”，则未疑。故在损云“三则疑”，在兑云“行未疑”。“和兑”之“和”，即中孚“其子和之”之“和”。中孚二之小过五，即损二之五之比例。损二不之五而上之三，犹中孚二不之小过五而上之三。中孚上之三，既同于小畜上之豫三，则损上之三之三则“疑”，即小畜上之豫三之“有所疑”矣。

《传》又赞云“履和而至”。履何以和，谓二之谦五也。兑二不之艮五而艮上之兑三，兑成夬，艮成谦，即损之三则“疑”矣。“疑”则不“和”。夬孚于剥，谦孚于履。履二之谦五，夬二之剥五，仍得为“和”故《夬·传》云“决而和”，而《系辞传》云“履和而至”。夬得剥而和，谦得履而和，兑得艮而和。艮上之兑三，即乾上之坤三。不和则战，故《坤·上六》“龙战于野”。《文言传》云“阴疑于阳必战”，即所谓

“三则疑”也。乾上之坤三，同于履上之三。履二不之谦五，而上之三，为临二不之五而遁上之临三之比例。临二不之五，而遁上之临三，则“疑”。临二之五，而后遁上之临三，则“不疑”。

《遁·上九》“肥遁无不利”，谓临二之五而后遁上之临三也。故《传》云“无所疑也”。此“疑”字，与损之“三则疑”、兑之“行未疑”、坤之“阴疑于阳必战”诸“疑”字一贯，而与小畜、既济两《传》之“有所疑”相引申者也。遁上之临三，同于损上之三。无妄四之升初，同于恒四之初。临二先之五，则“肥遁无不利”。升二先之五，则“升虚邑”。《传》赞《遁·上九》云“无所疑”，赞《升·九二》亦云“无所疑”。明升之通无妄，同于临之通遁。同人上之师三，为“师或舆尸”，谓师成升。则升通无妄之“无所疑”，又所以赞“师或舆尸”之“或”也。

咸通损，而损上之三，为乾上之坤三之比例，与艮上之兑三同。益通恒，而恒四之初，为乾四之坤初之比例，与震四之巽初同《巽·初六》传云“进退，志疑也”，谓震四之巽初成小畜复，与《兑·初九·传》”行未疑“线明。《经》但于《恒·九三》言“或”，而《传》赞明之如此。

《坤·六二·文言传》云“敬以直内，义以方外，敬义立而德不孤”，则“不疑其所行也”。“直内”，则不成复、小畜、谦、夬，而成屯、家人、蹇、革。“方外”，则屯家人通鼎、解。蹇、革通睽、蒙。睽。外也。睽二之五，则“不疑”，“不疑”则“不孤”。若蹇虽通睽，而睽二不这五，逻辑上先之蹇 初成损、既济，则“孤”，“孤”则“疑”。睽二不之五，上先之三，成大壮。大壮、蹇相错，即需、小过，为小畜上之豫三之比例《传》云“遇害雨之吉，群疑亡也”。“遇雨”，则大壮通观。大壮二之五而后观上之三，为小畜二之豫五，而后上之豫三之比例。“群疑亡”。即是“勿疑朋盍簪”。《乾·九四》“或跃在渊”，《文言传》云“或跃在渊，乾道乃革”。明指出“革”字，谓乾成革，革与蹇则有所疑，故必通于蒙。而蒙二之五，乃“无所疑”。革与蹇“有所疑”，则蹇与革亦

"有所疑"。革"疑"则通蒙，蹇"疑"则通睽。《传》以"群疑亡"赞睽，而革之通蒙可类推矣。

《贲·六四》"贲如皤如，白马翰如，匪寇昏媾"。《传》云"六四当位疑也"。"贲如皤如，白马翰如"，则需通晋而晋成益，是"当位"也，与"需有衣袽终日戒"同。益又通恒，是"当位"而又"有所疑。益、既济相错为家人、屯。《经》于益言"或"，《传》于既济方言"疑"。《经》于革言"或"，《传》于睽言"疑"，而家人、屯之"当位"而"疑"可类推矣。贲、困即革、蒙之错。困成需即蒙成泰，蒙成泰犹睽成泰。"见豕负涂"，谓睽成大壮也。"载鬼一车"，谓大壮成泰也。皆"疑"也。"匪寇昏媾"则"疑"亡，"遇雨"则"疑"亦亡。

《传》云"群疑亡"，兼指泰大壮而言，而贲之"匪寇昏媾"，即睽之"匪寇昏媾"。其为"疑"之"亡"也又可知也。《传》于《中孚·六三》赞云"位不当也"，以"位不当"赞四"或"字。因位不当而"疑"。"疑亡"则"当位"。"当位"而又"有所疑"，此"先甲"所以又有"后甲"，而"初筮"又必"原筮"也。

害

"害"与"利"相反，不利则害，可无烦言而解。《经》惟《大有·初九》称"无交害"，谓二五相交，二五不交则"害"，其义甚明。在初九则以大有成大畜，比成屯为"害"。在九三则以大有成大壮，比成蹇为"害"。

《传》于九三赞云"公用享于天子，小人害也"。"享于天子"谓二五先交而上应之。二不交，则五为小人，而上克比三，则不为享而为"害"矣。"小人"，民也。"小人害"即是"害民"。《节·彖传》云"节以制度，不伤财，不害民"。兑四之艮，初成节，困四之初亦成节。困、贲相错为革、蒙四之蒙初之比例。革四之蒙初成损，故损之"害"同于节之"害"。"节以制度"，谓为通于旅。节通于旅，则"不害民"，损通于咸，则“远害”。不通于咸，则“害”。咸者，感到遗憾也。《咸·九四·传》云：“贞吉悔亡未感害也。”“未感”则“害”，“感”峭不“害”也。艮初之兑四成节，为“艮其腓”。革四之蒙初成损，其为“腓”同。感而通咸，则“咸其腓”。

《传》云：“虽凶居吉，顺不害也。”“顺不害”与“未感害”互明。节二之旅五，与姤二之复五同。乾四之坤初成复，即离四坎初成节也。复通姤，则“括囊无咎”。《传》云：“慎不害也。”“慎不害”即“顺不害”，明“括囊”之“无咎”，同于损二之“居吉”。则坤之“不害”、损之“不害”与节之“不害”，三者吻合。《涣·上六·传》云：“涣其血，远害也。”《经》文“血去惕出”，与《小畜·六四》同。

《传》用“远害”二字与损“以远害”同。坤成复，则乾成小畜。小畜舍复通豫，犹复“括囊”通姤。《传》以“远害”赞涣，正是赞小畜。即以明丰之通涣同于小畜通豫。小畜为乾逻辑上之坤初，即大有四之比初之比例。丰为离上之坎三，即大有上之比三之比例。由大有“无交害”一语，引而申之。此赞之所以为赞也。

匪

“腓”即“匪”也。“匪”之言“非”也。六十逻辑上卦终以“有孚失是”一语，“失是”则“匪”也。《萃·九五》：“匪孚，元永贞。”“匪”即“匪其彭”之“匪”，而与否之“匪人”，比之“匪人”互明才也。比孚于大有，大有成泰。比成既济，与泰二不之五，而否成既济同。此“匪”之所以为“匪”也。大有四之比初，未成泰，先成大畜，与鼎四之初同。“折足覆悚”，是谓之“匪”。“匪”则有咎，故《大有·初九》云“无交害，匪咎”，谓二五不交，而成大畜。“害”则为“匪”，故有咎，乃大有成大畜。虽以匪而咎，苟能变通于萃，则 仍无咎。

《大有·九四》“匪其彭无咎”。“彭”，子夏作“旁”。姚

信云"彭"，旁也"。旁即谓旁通，旁通则孚。故《萃·九五》互发明之云""匪孚元水贞"，谓萃与大畜孚，即是与匪孚也。"元永贞"与比互明。比孚大有，大有成家人，比成屯。屯孚于鼎，则"元永贞"。既大有成大畜，比成屯，在屯之孚鼎，仍为元永贞。而大畜孚萃，亦得元永贞。盖大畜孚萃，与家人孚解同。但自家人孚解，为"君子有孚于小人"。自大畜孚，为"匪人"孚于君子。两"元永贞"互相发明，非泛言也。大有未成泰，先成大畜。在师则未成泰，先成临。大有四之比初，犹同人四之师初也。大有未成泰，先成大壮。大师则未成泰，先成升。大有上之比三，犹同人上之师三也。

《经》不言于同人师，而言于无妄。无妄，升所孚也。升二不之五而无妄四之升初。升成泰，无妄成益。益上又往三，则成既济，与否之匪人同，故《无妄·彖》云"其匪正有眚，不利有攸往"。"其匪"谓升成泰，"正"谓无妄成既济，如是则"有眚"，故益上不可往。升成泰，即师成泰。升成泰，无妄成益。犹师成临，同人成家人。"其匪"二字，既明师成临之为"匪"，亦明师成升之为"匪"。师成临，既同乎大有成大壮。故成大畜，为"无交害，艰则无咎"。成大壮，亦"艰则吉"，而《传》于九三赞云"小人害也"，指其成大壮也。凡《经》言"匪"与言"害"言"艰'，互勘之，其义自明。于是言"匪寇昏媾"可知矣。"匪"谓其成泰也，成需、明夷也"寇"谓不变通。而泰二之五也，需二之明夷五也。以"匪寇"而"昏媾"，则以泰通于否，泰二之五而否应之也。泰通于否则"匪寇"变为"昏媾"。大畜通萃，则"匪孚"而其"澎无咎"。孚则旁通，"昏媾"则交。始以无交而匪继，以匪孚而昏媾，其义可推也。

《离·上九》"获匪其丑无咎"，与"匪其彭无咎"义同，而互相发明。"王用出征，有嘉折首"，则离成革，坎成蹇。蹇通睽，而睽上之三成大壮，即大有上之比三也。革通蒙，而蒙上之三成升，即同人上之师三也。匪而获，则革四之升初。大壮逻辑上之蹇初，"其丑无咎"则泰取类于否。犹"其彭无咎"，则大畜旁通于萃也。蒙、睽成泰，革、蹇成既济，为获

"匪"。蒙未成泰，而先成损，即与大有未成泰而先成大畜同。

《咸·六二》"咸其腓"，"腓"指损。"腓"即"匪"也。蒙上之三，与同人上之师三同，皆"匪"也。同人成革，师成升。革四不可之升初，则必改而求诸蒙为"匪我求童蒙"。自否视泰，自比视大有，则称"匪人"。自蒙言蒙，则称"匪我"。"匪人"者，失其为人也。"匪我"者，失其为我也。同人上之师三，即是蒙上之三。蒙二这五成观，乃为"有我"。蒙成升而"匪我"，革仍求于蒙。此《经》自示其例也。《蹇·六二》"王臣蹇蹇，匪躬之故"，谓睽成大壮也。蹇初不可之革四，已蹇矣。既孚于睽，睽又成大壮也。蹇初不可之革四，已蹇矣。既孚于睽，睽又成大壮，则蹇初又不可之大壮四，故蹇而又害虫。大壮四既不可之蹇初，乃变通于观，是"王臣蹇蹇，匪躬之故"。"匪"指大壮，"躬"指蹇。"故"者。事也，通变也。"王"即"利用宾于王"，"臣"即"遇其臣"也。若大壮不能变通，直以四之蹇初，则为"获匪"矣。

匪之言非也。非者，是之反也。"失是"则非。虽"失是"，仍宜求其是，故"匪我"。仍求"童蒙"，则"匪其彭""匪其丑"矣。丰四之涣初，成中孚明夷，相错即家人临。为同人四之师初之比例，故"匪夷所思"。"匪"而"夷"其"所思"，犹匪而害矣。

艰 难

《经》言"艰"。《传》言"难"，艰即难也。明夷"利艰贞"《传》云"内文明而外柔顺，以宽带大难，文王以之。利艰贞，晦其明也，内难而能正其志，箕子以之"。一云"内难"，一云"大难"，从来未明其义。思之既久，乃得之。乾坤坎离，震巽艮兑，二五不先行，而初四三上逾越之致成明夷需，是为"难"矣。

未成明夷需之先，方成复小畜，夬谦丰井贲节，级变通，尚可不致于难。惟复通于姤，贲通于困，可不"难"矣。而二五仍不先行，使姤上之复三，贲上之困三。招困成大过，复贲

成明夷，是为“大难”。“大谓大过，”难“谓明夷也。谦通于履，丰通于涣，可不难矣。而二五仍不先行，使履四之谦初，丰四涣初，履涣成中孚，谦丰成明夷，是为“内难”。中孚明夷相错，为家人。家人内也，明夷难也，明夷难也。所以必如是赞者，所以明大壮、大有噬嗑、大畜之称“艰”也。

《大壮·六上》“不能退，不能遂，无攸利，艰则吉”，此谓大有二不之一而之比三，大有成在碰坏，比成蹇。蹇大壮相错为小过需，为小畜上之豫三、旅上之节三之比例。与复姤贲困成明夷大过，互相发明。《大有·初九》“无交害，匪咎。艰则无咎”，此谓大有四之比初，大有成大畜，比成屯，为随四之蛊，初之比例。屯大畜相错为需颐，又噬嗑四之井初之比例。故《噬嗑·九四》“利艰贞吉”，即《大畜·九三》“利艰贞”。噬嗑井成颐需，与丰涣谦履成中孚明夷，互相发明。然则不特需明夷为“难”，而需颐亦“难”也。以相错之“内难”推之，其屯大畜，蹇大壮，革升，家人临，亦“难”也。

明夷通讼，则“利艰贞”，需通晋，亦“利艰贞”，“噬干胏，得金矢“，谓井成需通晋也。大畜通萃，犹需通晋，故亦“利艰贞”。上承“良马逐”，谓随四之蛊初也。下申言曰“闲舆卫”，谓萃四不之初，而大畜二之五也。是需与颐为“难”，而需颐所错之屯、大畜亦“难”。明夷与中孚为“难”而中孚明夷所错之家人、临亦“难”。，传》既以“内难”明其为家人，又于屯以“难”赞之，比一以贯之者也。需小过相错之大壮蹇，既同于需小过之为难。明夷大过相 错之升革，即同于明夷大过之为难。

《经》于大壮称“艰”，而《传》则以大过明夷为“大难”。又以“难”赞蹇，直云“蹇难也”，此又一以贯之者也。盖屯与家人则“盈”，屯与大畜、家人与临则“难’。革与蹇则”盈，革与升、蹇与大壮则“难”。屯通鼎，在“盈”则“悔亡”，在“难”则“贞吉”。乃屯通鼎，而鼎成大畜，又成泰。屯成既济，相错即需明夷，是为“乘马”。《传》云“六二之难乘刚也”，故泰“利艰贞无咎”，同于明夷之“利艰贞”。明夷“艰”，通讼则“利”。泰“艰”，通否则“无咎”。

《传》于否赞云：“君子以俭德辟难。”泰与否孚，则泰之“难”辟矣。

鼎成泰则到难。睽成泰则蹇难。鼎未成泰，先成大畜。睽未成泰，先成大壮，则大壮在太细之“艰”，《经》已明言可会而通之。而鼎成恒，睽成损，《经》未言其难，《传》则赞之云“损先难而后易”。何为“先难”？睽四先二五则难也。何为“后易”？损通咸，咸四仍后于损五，所谓“易则旬报知”也。咸损相错，为兑艮，《传》于兑赞云“则中而柔外，说以利贞”，是以“顺乎天而应乎人”，比谓当位成革蹇也。成革蹇而变通于蒙睽，困旅，则“说以犯难，民忘其死”。兑四先之艮初，是初先于五，故“犯难”。惟节舍贲而通旅，是因“犯难”而“解说”。不能“解说”，以贲上之节三，成需明夷，则“焚如死如”。节二之旅五，不致成明夷，故“忘其死”。此“犯难”指兑成节，即损之为难也。

《需·初九》“需于郊，利用恒”，《传》云“不犯难行也”。需通晋，晋上之三成小过，即大有成大壮之艰，是“犯难”。不“犯难”者，需二先之晋五，而后晋上之三成咸，为“利用恒”。“用恒”则成咸，犹鼎成咸也。鼎成咸“不犯难”，成恒则“犯难”可知。此“犯难”，即恒之“为难”也。凡《经》言“艰”“难”，必云“吉”云“利”云“无咎”。何也？其未成需明夷也，自知失道，则小畜上之豫三成小过者，即不更以小过四之初。南上之困三成大过者，即不更以大过四之初。夬四之剥初成颐，即不更以颐上之三。丰四之涣初成中孚，即不更以中孚上之三，其已成需明夷也。自知失道。即不更以需二之明夷五，行之艰难则能变通。所以利而吉，吉而无咎也。

穷

《杂卦传》云“未济。男之穷也”。《序卦传》云“物不可穷也，故受之以未济终焉”。“穷”指既济，既济五刚故为男。因既济穷，故变而通之为未济。《序》《杂》两《传》，互相发

明。《系辞传》云："易穷则变，变则通。"知变何以变，通何以通，即知穷何穷。变通有二，则穷亦有二。一为"盈不可久"之穷，一为"消不久"之穷。"盈"之"穷，《乾·上九·传》云"亢龙有悔，穷之灾也"是也。"消"之穷，《坤·上六·传》云"龙战于野，其道 穷也"是也。凡初四从二五成屯家人，三上从二五成蹇革，则盈，不可不变。故《序卦传》云"家道穷"，《蹇·象》云"不利东北，其道穷也"。随成革，蛊成蹇。

《传》云"拘系之，上穷也"，皆"盈不可久"之穷也。乾坤巽震成复小畜，乾坤兑艮成夬谦。坎离兑艮成贲节，坎离巽震成丰井。失道 不可不变。故《坤·上六》"龙战于野，其血元蔄"为谦夬之穷。丰之"穷"见于《序卦传》云"穷大而失所居"。涣二之丰五，则刚来而不穷。

《井·传》云"井养而不穷"，认罪服罪 变通于噬嗑，夬不变通，而以四之谦初成明夷，是为"不利即戎"，《传》云"所尚乃穷也"。小畜虽通于豫，乃二不之豫五。而豫四之初，仍成复，是为"鸣豫"，《传》云"志穷凶也"。"姤 其角"，《传》云"上穷吝也"。姤成咸何以吝？以其先为小畜复之穷也。穷而能变为吝，变而又穷则凶。故豫而"鸣"为凶，姤其"角"为吝。节不变通，而系以贲，故"苦节不可贞"。苦亦穷也，《象传》及《上六·传》两称"其道穷"以赞之。困成需，则"尚口乃穷"。

需孚于晋，则"其养不困穷"，故困穷而通。节通于旅，旅四之初，仍成贲，则"旅琐琐斯其所"，《传》云"志穷灾也"。旅以"志穷"而灾，"犹豫"以志，"穷"而凶。困之"尚口乃穷"，犹夬之"所尚用穷"。凡此，皆"消不久"之穷也。屯家人穷矣。屯变通于鼎，乃不俟鼎二之五，而三之鼎上为吝，《传》云"往吝穷也"。屯三之家人上为"快马加鞭"之穷，屯三之鼎上为"消"之穷。大有成大壮，犹渐上之当妹三，是为"征凶"。《大壮·初九·传》云："壮于趾，其孚穷也。""壮于趾"，则穷矣。"壮于趾"所以变通而有孚者，正因其穷也。大有成大壮，不能孚于观。又以四之蹇初，此成既济，大有成泰，是为“后夫”。

《传》云“后夫凶。其道穷也”。与既济“终止则乱，其道穷”同；此所以为“男之穷”也。渐上之归妹三成大壮，渐初之归妹逻辑上则成临。临之穷，与大壮同《临·传》云“君子以教思无穷”，谓变通于遁也。归妹成大壮，渐成蹇，大垃孚于观矣。蹇则孚于睽，睽二之五成无妄，下震为动，故《渐·象传》既以“可以正邦”与《蹇·象传》“以正邦”丰贯，又云“止而巽，动不穷也”。

《传》既以“拘系”为止穷，又于《巽·上九》云“巽在订下，上穷也”。《序卦传》云“剥穷上反下，故受之以复”，“穷上”即“上穷”。“上穷”则下不可又穷，“反下”则下不穷。推之，下穷则上不可又穷，反上则上不穷。蹇革“盈而上穷”，夬谦“消而上穷”，变通于睽蒙剥履，则反乎“上之穷’矣。家人屯盈而下空，小畜复消而下穷。变通于解鼎豫姤，则反乎“下之穷”矣。

《序卦传》又云“困乎上者，必反下，故受之以井”，“困乎上“即”穷上“也。以困例剥，以井例复，则不得以一阳在上为穷上，一阳在初为反下矣。上下之例，或指下应下应，则三上为上，初四为下。或指上卦下卦，，是上四为上，初三为下。或指上行下行，则三之上为上，初之四亦为上。四之初为下，上之三亦为下。言固非一端可尽。剥之穷上，承“致饰然后亨”则尽，是谓成蹇，与随三之蛊上同。随三之蛊上，可据上应，为上穷。亦可据随三上行之蛊上，为上穷。若复之上穷则明赞于巽“在床下”，在巽则由震四下行之，巽初为“床下“在震则由巽初上行之震四为“穷上”。推之坎三之离上，困乎上也是“上行之穷”也。巽上之震三，亦‘困乎上“也，是上不应之穷也。上应穷于盈，上不应穷于消，皆为上穷。而“困乎上”，则专指消而言。

蛊成蹇，上穷于盈，蛊成升，上穷于消，复通姤，所反在初，为“反下”。蹇通睽，所反在三，亦为“反下”。震成复“下穷”，巽成小畜即是“上穷”。困成大过是“困乎上”，大过通颐即是“反下”三可为上，亦可为下也。井通噬嗑是“反下”，坎成井即是“困乎上”。三可为下，亦可为上也。总之，圣人赞《易》，特以辞之同者为引申。既于随姤 巽三称“上穷”，又于《序卦传》一称“穷上，一称“困乎上”，两称“反下”。彼比互相钩贯，俾学者触类而知其指。上下之辞，各依文以为义，未容以一端泥也。乾二不之坤五，而上之坤三，成谦，为“龙战于野”。

《传》云“其道穷”。乾二之坤五，而后上之坤三，成蹇，为“利西南不利东北”。《传》亦云“其道穷”。乾成家人，坤成屯，为“亢龙有悔”。《传》云“穷之灾”。家人屯相错，既济益也。《无妄·上九》“无妄行有眚”，即《象》“其匪。正有眚”。谓升成泰，无妄成益。益泰相错，即复小畜也。《传》亦云“穷之灾”，明盈与消，不能变通，其穷一也。

终

《经》之称“终”者，有“终吉”、“终凶”、“终无咎”、“终有凶”、“终有大败”、“君子有终”、“无成有终”、“无初有终”、“初吉终乱”、“终以誉命”、“有孚不终”、“终日戒”、“不终日”、“终日乾乾”、“终朝三褫之”。《传》之赞《经》者，有“终无咎”，“终无尤”，“终不可用”，“终不可长”，“终无功”，“无所终”，“终有庆”，“终则有始”，“永终”，“以厚终”，“以大终”，“终莫之陵”，“终莫之闻”，“刚长乃终”。合观，《经》《传》，而”终“之养明，即全《易》之大旨明。

《乾·九三》首言“终日乾乾”。《坤·六三》即言“无成有终”。《乾·象传》云“大明终始，六位时成”，《坤·象传》云“东北丧朋，乃终有庆”，《乾·文言传》云“知至至亡，可与几也。知终终之，可与存义也，”《坤·文言传》云“地道无成，而代有终也”。“代”者，更也。以更变而有终，谓乾成家人坤成屯。再以乾上之坤三成两既济，则弱而无 始。惟屯通鼎，鼎成咸，而屯乃成既济而终。咸又通于损，损成益，而咸乃成既济而终。更番相全，故为“代有终”。“代有终”则终日而以乾乾。所谓“君子几不如舍”，故“可与几”。彼有所至，而此有所终，故“可与存义”。存者生也。义者利也，是为生生，是为变而通之以尽利。

终而有始，乃为“时成”。“时成”，故“无成而有终”。坤成屯，通于鼎。坤成蹇，则通于睽。“东北丧朋”，蹇通于睽也。睽成益，蹇乃成既济而终，亦“代有终”也。如是而终，是为“以大终”，“以厚终”，是为“有终”，“为永终”，是为“终无尤”，“终无咎”而“终吉”矣。既济“初吉终乱”，《传》云“初吉柔，得中也”。终止则乱，其道穷也。初即初筮，既济已终，通于未济则不终。然未济必二先之五成否，既济之终乃吉。若不先成否而成泰，泰二之五，即为“再三渎”，未济亦成既济。两卦一成咸益，一成既济则“续终”。两卦皆成既济，则“终乱”。

《传》于终乱，用一“止”字赞之。“止”则无所续“。如是而终，则不可长：不可长则不可用，用则“无功”，用则“三褫”，用则用“大败而终有凶矣”。

《杂卦传》云“归妹。女之终也”。与《彖传》归妹人之终始也”互相发明。女指渐，归妹成泰。渐成既济。“终”在渐，故云“女之终”。归妹虽失道成泰，固未终也。泰孚于否“利艰贞”，故云“人之终始”。泰成既济则终，以否上下应之，则“正是始”。既济上坎为男。言“男之穷”，则未注“固不穷”。渐上巽为女，言“女之终”。则归妹“固未终”也。

乱

《尔雅·释水》：“正绝流，曰乱。”水以流，为连续，绝之，即止之。《乐记》“复乱以饬归”，《正义》云“复谓舞曲终，舞者复其行位而整治，象武王伐纣既毕，整饬师旅而旋归”。凡物始以聚，终以分。分之而无可分则定，定则止矣。

既济“初吉终乱”，《传》云“终止则乱。其道穷也”。以“止”字赞乱字，谓泰二之五，分之无可分也。《萃·初六》

"有孚不终，乃乱乃萃"。随四之蛊初，成屯大畜。大畜二之五，成家人，家人上之屯三，成两既济，为"终乱"。乃大畜不与屯通，变而有孚于萃，则大畜二之五成家人。家人上之萃三，大畜成既济则"乱"，萃成咸则"萃"。一乱一萃，由于有孚。一乱一萃，则不终乱，故云"有孚不终，乃乱乃萃"。《传》云"其志乱也"。二之五为"志"，志在大畜，明大畜"乱"。萃则不"乱"也，泰二之五终"乱"矣。泰孚否，犹大畜孚萃。《泰·上六·传》云"城复于隍，其命乱也"。"命"谓泰二之五而否应之，"其命乱"犹云"其志乱"，明否"不乱"也。故《传》于《否·六二》赞云"大人否亨，不乱群也"。

泰成既济，虽"乱"，否成益，则"不终"，犹萃之"乃乱乃萃"也。《系辞传》云："言天下之赜，而不可恶也。言天下之至动，而不乱也。疑之而后言，议之而后动，疑议以成其变化。"动谓感应不可乱，谓动。而一感一应，不可至于终止也。"议之"，陆绩、姚信、桓元、荀柔之并作"仪之"。"仪"同于"宜"犹利也。利而动，则不至于乱矣。《渐·上九》"其羽可用为仪"。《传》云"不可乱也"。"可用为仪"，所谓仪之而后动也。

恶

恶之在形者，与美对，恶之在心者，与善对。于是因其形之恶，而恶之，因其心之恶，而恶之，谓之恶，与好对。乾二之坤五在乾为"始以美利，利天下"，在坤为"美在其中"。反是，则不美可知。不美，则恶也。"积善之家，必有余庆"，谓乾二先之坤五。"积不善之家，必有余殃"，谓乾二，不先之坤五。不善则恶也。相亲则善，不相亲则恶。家人旁通于解，解二之五，则交相爱。相爱则不恶矣。

《经》于《睽·初九》言"见恶人"。蹇之通睽犹家人能解。睽之"见恶人"，与《家人·传》之"交相爱"互明。何也？渐上之归妹三，成蹇、大壮。渐初之归妹四，成家人、临。皆恶也。家人变通于解，临则变通于遁。

《传》于遁赞见云："君子以不恶而严。""严"即家人"有严君之严"。以家人系临，则不严而恶。变而通遁，仍不异家人之于解，故不恶而严。蹇系大壮，则恶。变而通睽，则见恶人无咎，见则不恶矣。睽二之五成无妄，与井二之噬嗑五同。《系辞传》赞之云："善不积不足以成名，恶不积不足以灭身。小人以不善为无益而弗为也，以小恶为无伤而弗去也。故恶积而不可掩，罪大而不可解。《易》曰："何校灭耳凶。"巽上之震丰井，犹渐上之归妹，三成蹇大壮。恶未积，尚为小恶也。井通于噬嗑，犹蹇通于睽。见恶人，可以无咎矣。乃井二不之噬嗑五，而噬嗑上之三，为"灭耳"。仍不改悔，而噬嗑四又之进初为"何校"。于是井成需，噬嗑成明夷，恶积而罪大矣。推之乾成革，坤成蹇，小善也。蹇通睽，睽成益，蹇成既济，则善积。故云"以小善为无益"。未通睽成益，为小善也。归妹成大壮，渐成蹇，小恶也。蹇通睽，睽成泰，蹇成既济，则恶积。故云"以小恶为无伤"。睽未成泰，泰未与既济错为需、明夷，为小恶也。"伤"，即夷也。"无伤无益"四字，实有所指，《传》无泛文如此。

渐上之归妹三，为大有上之比三，之比例。《传》于大有赞云："君子以遏恶扬善。"大有二先之五，而后上之比三，则成革与蹇。不成大壮与蹇，则有善而无恶，故云："遏恶"。大有二之五，乾二之坤五，之比例乾二先之坤五，美在其中矣。而四应之成屯家人，异乎家人临之恶也。上应之成蹇、革，异乎蹇大壮之恶也。蹇又通睽成益既济，"乃终有庆"，是积善而有余庆矣乾二不坤五，而四之坤初，成小畜、复，即渐归妹之成家人临也。上之坤三成夬、谦，即渐、归妹之成蹇、大壮也，恶不能遏矣。夬四又之谦初，小畜上又之复三，成明夷、而，是亦恶积而罪大矣，有余殃矣。

《文言传》言比于《坤·上六》与《系辞传》赞《噬嗑·上九》之文，显相钩贯。而明指出"渐"字，明为渐上之归妹三而言。渐上之归妹，三有"恶人"，而后通睽"见恶人"。然则《传》中诸"恶"字，俱所以赞《睽·初九》"见恶人"

之“恶”也。于是，又赞于《谦·彖传》云“人道恶盈，而好谦”。乾上之坤三成谦夬，既同于渐、归妹、比、大有之成蹇大壮，则蹇通睽犹谦通履。履二之谦五成无妄，正为睽二之五之比例，故用“恶”“好”二字。“好”字与“好遁”相发明“恶”字与“见恶人”相发明。谦夬将成两既济，则“恶盈”。谦通履，犹临通遁，故“好谦”也。此尤《传》赞《经》之造微者矣。

《系辞传》云：“言天下之至赜，而不可恶也。”赜之言积也，积善积恶，皆积也。但宜积善而不可恶，与诸《传》文相证，本自明了。“赜”京房作“啧”，解作精。“恶”，郑康成、荀爽作“亚”，解作次，转不知所谓。

灾 眚

《宣公直五年·左传》：伯宗云：天反时为灾。《杂卦传》以大畜为“时”，以无妄为“灾”，两相反矣。乃无妄为灾，而《传》称其“茂对时”。大畜为时而《传》称其“不犯灾”。则灾与时亦视其所行何如耳。变通既为趣时，则反时为灾者，以其不能变通也。灾之类灾，《经》已互自明之。《无妄·彖》云“其匪正有眚”。匪谓四之升初，升成泰，无妄成益。是时变通，尚不为灾，乃益上又之三，成既济而正，是以有眚。眚，即灾也。

上九“无妄行有眚，无攸利”，明《彖》之“有眚”，由益上之三也。六三又推广其例云：“无妄之灾，或系之牛。行人之得，邑人之灾。”无妄成益，三互坤，则有“牛”矣。升二不之五而无妄四之升初，成泰益，固为“或”。升二之五，而无妄四之升初，成既济益，亦为“或”。云“系之牛”，云“行人之得”，系之且得，则升先已之五。而四之行，非失道为匪矣。然为泰益，益止之三固邑人之灾”，为既济益。益上之三，亦是邑人之灾，故《传》赞上九“有眚”云“穷之灾也”。先见《乾·上九》“亢龙有悔”，亦云穷之灾也。“亢龙”谓乾成家人，坤成屯。屯家人相错，为既济益，与“或系之

牛，行人之得”同。

《传》以“亢龙”为“穷之灾”，是即以“行人之得，邑人之灾”为“穷之灾”。盖成泰益，为消之穷，成既济益为盈之穷。穷而不 能变通，皆反时而为灾。其匪正有眚，穷而不能变通之灾也。“行人之得，邑人之灾”，亦穷而不能变通之灾也。《传》于《乾·上九》赞之“微乎妙矣”。无妄升相错，为复姤 无妄四之升初，为姤四之初之比例，即乾四之坤初也。升成泰，无妄成益。益上之三，即是小畜上之复三。故《复·上六》“迷复，凶，有灾眚“，谓复成明夷，小畜成需也。《小过·上六》，“弗遇害进之”，谓小畜二不之豫五而上之豫三，亦犹乾上之坤三也。其道已穷，不能变通。而小过四又之初，成明夷。比即乾上之坤三，又四之坤初也，即小畜上之豫三，又豫四这初也。亦即姤 四之初，又上之复三也。《经》明示其例云“飞鸟离之凶，是谓灾眚”，与复之“灾眚”又同凡先三上而后嫌四，与先初四后上三同，故为比例。犹算术先乘后除，与先除后乘同数也。

《需·九三·传》云：“需于泥，灾在外也。”“泥”，即“井泥”之泥。离上之坎三，民工上之震三，皆成丰井，犹乾坤成复小畜矣。不能变而丰四之去哪里初，成需明夷。犹小畜上之复三，成需明夷也。《传》于“需于泥”，言“灾在外”。明丰井成明夷需，即复小成明一给之“灾篮球”也。井成需为“井泥”，则丰成明夷为“灾在外”。《丰·初九》赞云：“过旬灾也。”离震成丰，已为有过。不能通变，又成明夷。是“过”而“旬”，以致成灾。

丰四之井初，为小过四之，初之比例也。然小畜井成需，复丰成明夷，为“灾眚”矣。苟能变通，则向之“灾眚”，亦化为“无眚”。《讼·九二》“归而逋其邑，人三百户，无眚”，谓明夷通讼也。此“无眚”，不独与复小过之“灾眚”互明，并与《无妄·六三》“邑人之灾”互明，明夷变通于讼，讼二之明夷五，而初四应之，则已能化去其“灾眚”，不待言矣。乃亦“系之牛”而“行人得”也。使不变通而益上之三，仍“邑人灾”也。而讼成益，又通于恒，“归而逋”也。归而不逋，则为邑人之灾，归而能逋，是为邑人三百户无眚，同一邑人，而灾不灾，惟视乎逋不逋。逋之言迁也，迁之言改也，能迁则变通趣时矣。无妄“行有眚”，《震·六三》“震行无眚”。何也？震四上之巽初成复，复通姤，既同于升通无妄，则升二不之五，而无妄四之升初。即姤二不之复五，而四之初也。

无妄成益，益上又之二，则姤成小畜，小畜上又之复三也。如是，则无妄“行有眚”，震行“亦有眚”。若震成复通姤，复成屯又通鼎；即师成升通无妄，无妄成益又通恒也。如是则震“行无眚”，无妄“行”亦“无眚”。《经》一称“和有眚”，一称“行无眚”，明以两辞相同而异者，互相发明。虞仲翔谓“死而复生”曰“苏”，“苏苏”犹“生生”。复通姤，姤二之复五，一苏。屯通鼎，鼎二之五，苏而又苏。震“行”所以“无眚”者，苏而又苏也。无妄“行”所以“有眚”者，其匪正也。明夷通讼，讼成益，益又通恒，与升成既济，无妄成益，益又通恒同。是讼之“无眚”，又与震行之“无眚”，无妄行之“有眚”互明者也。

《遁·初六》“遁尾厉，勿用，有攸往”。遁临相错，为谦履。遁上之临三，临成泰，遁成咸，即乾上之坤三之比例。泰咸而咸四之初，与泰益而益上之三同。即乾上之坤三，又四之坤初也。《经》虽不明言灾眚，而“勿用有攸往”，与“匪正有眚”之“不利有攸往”，原为互明。故《传》赞之云“遁尾之厉，在往何灾也”。屯鼎旁通，鼎二不之五，犹升二不之五。鼎二不之五，而四之初成大畜。犹升二不之五，而无妄四之升初成泰。屯三又之大畜上，即是无妄成益，益上之三矣。惟大畜孚萃，则能变通，不致匪而又眚，故《传》云“有厉利已，不犯灾也”。遁、大畜，《经》不言“灾”。而《传》一言“不犯灾”，一言“不往何灾”，明旅以往而犯灾也。节二之旅五，旅成遁，节成屯，与鼎二之五同，亦与临二之五同，亦与升二之五同初六“旅琐琐，斯其所取灾”。“琐琐”，小小也。“斯其所”，节二不之旅五也。节二不之旅五，而四之初成贲，已小矣。

贲上又之节三，成明夷需，是小而又小。即离四之坎初，又离上之坎三也。犹乾四之坤初又乾上之坤三。《传》云：志穷灾也。“旅成贲，志已穷。不能变通而成空，故志穷而又灾。使旅四之初，即能变通。亦犹鼎大畜，而”不犯灾“。遁成咸，“临而不往何灾”，而反时为灾。以不能变通而取，于是无疑。大畜萃相错，为夬剥。《剥·六四》“剥床以肤”，谓夬四之剥初也。剥先成谦，而夬四之剥，初成明夷也。剥上之三，为遁上之临三之比例。夬四又往剥初，故云“切近灾也”。

潜伏隐藏

《杂卦传》云：兑见而巽伏也。《说卦传》云：坎为隐伏。《系辞传》云：巽称而隐。隐伏何以为巽坎，所其有自，巽上之震三，成丰井，则民工而坎矣。自坎三之离，成丰井则坎而巽矣。然则坎巽之隐伏，皆指其成井也。坎民之成井，犹坤艮之成谦。而坤艮之成谦，犹同人上之师三成升。《同人·九三》“伏戎于莽，升其高陵”，谓同人上之师三也。

《经》明指出“升”字，则“伏戎”之义在此。师二之五，为乾二之坤五之比例。则师二不之五，而同人上之师三，即为乾二不之坤五，而上之坤三之比例。“伏戎于莽”之“伏”，即“潜龙勿用”之“潜”，其义《文言传》详之。“初九曰：‘潜龙勿用。’何谓也？子曰：“‘龙德而隐者也。不易乎世，不成乎名，遁世无闷。不见，是而无闷。乐则行之，忧则违之。确乎其不可拔，潜龙也’” 乾二之坤五，成比为东。初可从之而行也，是则成屯为见。乾二不之坤五，而上之坤三成谦，则为忧。初不可更从之，是宜违而变通，所以易乎世也，谓谦通于履也。能易则名履，不能易而乾四又之坤初，则名明夷。故“不易乎世，不成乎名”。

谦履相错为临遁，谦通履即临通遁也。通则中无所失，故“遁世无闷”。明指出“遁”字，知“潜”指坤之成谦。成谦而不成屯，故“不见”。因“不见”而谦成明夷，是匪矣。不见而谦通于履，则“不失是”。故“是而无闷，忧而违”，故“易世成名，遁世无闷”。“不失是”以至于匪，则潜而不潜，

故“无闷”。“闷”亦伏也。不能违而“易世”，则“拔”矣。“拔”而成明夷，故“不可拔”也。

《传》又赞云“潜龙勿用，阳气潜藏”，于“潜”字下增一“藏”字，所以关合同人之“伏戎于莽”也。何也？同人上之师三成升，伏矣。升宜违而变通于无妄，犹谦宜违而变通于履。不通变通而以师初之同人四，即是升初之革四。与谦初之夬四同，是为“否藏凶”。古“藏”字皆作“臧”。

《文言传》以“藏”字复“潜”字下，正是指此“臧”字。“潜藏”，则“不可拔”。藏而拔，是“否藏”也。“否藏”，则凶矣。升革相错，为大过明夷。大过通颐犹升通无妄，既同于谦通履，故《乾·初九·传》赞以“遁世无闷”，指谦通履也。又赞于大过云“遁世无闷”指大过通颐，即指升通无妄也。谦通履，则潜勿用矣。升通无妄，则藏不否矣。此同人之“伏”，即师之“臧”。师之“臧”，即乾之“潜”也。惟“否臧”之“臧”，指同人四之师初。

于是《丰·上六》“窥其户，阒其无人。三岁不觌”。“窥其户”谓四之涣初。“阒其无人”，谓涣二未之丰五，在丰成明夷，在涣成中孚，相错即家人临。《传》赞云“自藏也”，此“藏”字即“否藏”之“藏”也。惟“伏戎之伏”，指同人上之师三。师成升通无妄，犹坤成复通姤，是于《文言传》又于《坤·六四》赞云：“天地变化，草木蕃，天地闭，贤人隐。”坤成屯，则变化而蕃。坤成复，则闭而隐。隐即伏也，闭亦闷也。

总之，阳在二，为隐藏，为潜伏。乾之潜，指坤成谦，谦变而通履，为称物平施，是隐而称也。《系辞传》言巽“称而隐”，何也？隐即退也，藏亦丧也。巽通震成革蹇，为“先甲”，即为“先心”。过早退而逊于睽，睽“丧马”，即是“隐藏”。而蹇通之，即是“退藏不密”。不当潜而隐，则称而改之。为行权，当隐而退，则称而巽之。为行权，皆变通以趋时也。

轻蔑诛灭

《杂卦传》以轻赞谦，以诛赞明夷，郑康成训《剥·初六》云“蔑”，轻慢也“。剥上之三犹乾上之坤三。谦之轻即剥之蔑也。荀慈明训“诛”为灭。灭与蔑通。《剥·初六·传》以“灭”赞“蔑”，是“蔑”即“灭”也。“剥床”则上之三，“以足”则夬四之剥初。剥成明夷。之诛，即剥之灭也《释名》“诛，株也。如株木根，枝叶尽落也。贲上之困三，困成大过。下巽为木，贲成朋夷为诛木。

《传》以明夷为诛，而于大过称泽灭木。灭木即诛木，诛木即株木矣。乾上之坤三成谦夬，犹巽上之震三成丰井。谦轻则井亦轻谦蔑则井亦蔑。《噬嗑·初九》“灭趾无咎”，六二“灭鼻，无咎”。“灭趾”“灭鼻”，认罪服罪 离上之坎三，巽上之震三也。坎二先之离五，则离上之坎，三成蹇。下艮为鼻，亦为趾。成井则无艮，故“灭鼻”“灭患上”矣。变通于噬嗑，向虽“灭趾”，在噬嗑则无咎矣。向虽“灭算”，在噬嗑则无咎矣。或噬嗑上之三，则仍成丰。在离上之坎三为“灭趾”“灭算”，在噬嗑成丰为“灭耳”。噬嗑四本互坎，上之三而灭之也。大过灭木，即是“灭顶”。“灭木”者，贲上之困三。“灭顶”者，姤 上之复三。大过变通于颐犹井变通于噬嗑。故向之“灭顶”，虽凶亦无咎也。

汔斯隍索沙干

《说文》：“汔，水涸也”《广雅》：“索、涸、澌、汔，并训尽。水涸即水尽也。”未济“小狐汔济”，《传》云“未出中也”。“未出中”谓二未之五。而四上之初三为泰，上坎不见，无水故涸。《井·象》云“汔至”，犹云“汔济”。离上之坎三，成丰井，丰四又之井初，成需明夷。犹未济四之初成损，损上又之三成泰也。在井称汔，在泰称隍，隍犹汔也。《说文》“有水曰池，无水曰隍“。泰上本隍，通于否。而以二之五，

则“城复于隍”。

《说文》“城，以盛 民也”。民之盛于城，犹物之盛 于筐。五“无实”为“虚筐”，即为虚隍。池无水，称卫，地不毛称荒。泰上坤，以其未盛坎水，则隍也。以其空有坤土，则荒也。九二所包之荒，即上六所复之隍。地不毛为荒，缣无色为素。《履·初九》“素履”，为谦上坤。素与索通。《震·上六》“震索索，视矍矍”，《传》云“中未得也”，明巽二未之震五，而上遽之震三成丰。《说文》“矍，视遽貌”。五空无实，而离目遂张，故“征凶”。索与澌一音之转。澌与斯同。《诗》“王赫斯怒，无独斯畏”，笺皆训斯为尽。

《旅·初六》“旅琐琐，斯其所取灾”。“斯其所”犹云其所。节二不之旅五，而旅四之初。犹未济二不之五，而四之初。“斯其所”则夷其所思。“匪夷所思”，谓丰四之涣初，成中孚明夷。相错迷彩人临，为解四之初之比例。临通遁而临二之五，则“朋至斯孚”，临二之五，与姤 二之复五同。故“朋至”即是“朋来”。“朋至”，则向之斯其所者，今则孚矣。故云“斯孚”。辗转钩贯，不啻马迹蛛丝，寻之其绪不绝。《周礼·内饔》“鸟皫色，而鸣狸”，注“沙，澌也”。

定公七年秋，齐侯卫侯盟于沙，《左传》作“乃盟于琐”；成十二，“琐泽”，《公羊传》作“沙泽”。然则琐、澌、沙三字音相转而义通。旅“斯其所”，则先成贲。琐而又琐，则又之节三。与困四先之初，而贲上又之困三同。在旅为“旅琐琐斯其所”，在困则为“有言不信”，故《需·九二》“需于沙小有言”。“沙”即“琐”，亦即“斯”。“小有言”，即“有言不信”。琐之义本为小，故经“小”字加“有言”之上。明此需为节所成，亦为困所成也。

《渐·初六》“鸿渐，于干”。归妹逻辑上之渐初，为解四之初之比例，即犹丰四之涣初也。《礼记大传》注“干犹空也。水畔空虚，故有干之名”。干亦名涧，涧从间，间亦空也。

素

《序卦传》云：贲者，饰也。《杂卦传》云：贲，无色也。无色与饰适相反，无色谓素也。兑四之艮初成贲，犹兑三之艮止成谦，故《履·初九》“素履”指谦。谦通履，则素而履矣。贲“无色”，指艮成贲。贲“饰”，指贲通困。无色而饰则不素，素而履则有饰，互明者也。艮上之兑三，犹巽上之震三。谦之“素”，即震之“索索”矣。而兑二之艮五，巽二之震五，皆归妹二之五之比例。故《渐·六二》赞云“不素，饱也”。

五有实则饱，饱则不素，空则素矣。巽为白，困二已之贲五，成家人，上巽故“白贲”。白正是饰，白亦色也。虞仲翔以白为无色，失之。

第十章　易通释卷十

握渥

《萃·初六》“若号 。一握为笑”。虞仲翔谓：艮为手初，称一，故“一握”。初动成震，震为“笑”。王弼谓：“一握”者，小之貌也。“为笑”者，懦劣之之貌也。求之于《经》，皆不能达，蓄疑者数十年张。今乃得之，盖申上“有孚不终，乃乱乃萃”之义也。何以言之?《释文》“握，傅氏作渥”，然则即《鼎·九四》“其形渥”之“渥”也。鼎二不之五，而四之初，成大畜，为“折足覆公悚其形渥”。“渥”，即满足之意。屯“雷雨之动满形”，故旁通于鼎。俾屯成既济，鼎成咸。屯虽盈而鼎则未盈。鼎之不盈，以四不之初也。今“折足覆悚，而四先之初，成大畜。则二之五，仍为家人。

上之屯三，仍是家人上之屯三。“其形渥”犹云“满形”，谓成两既济而终也。成两既济，是屯渥鼎亦渥，屯 终鼎亦终。终而不始，是以凶也。惟鼎成大畜，不与屯系而有孚于萃。《大畜·初四》虽先定，而《萃·初四》则未行。大畜二之五，成家人，家人上之萃三，家人成既济，而萃成咸，故“不终”。所以不终者，以大畜成家人，成既济为“乃乱”。而萃则成咸，不成既济，为“乃萃”。一乱一萃即一终一不终。一终一不终，即一渥一不渥，于是申言之。

鼎四先之初，所谓“号”也。“若”字指鼎，谓鼎成大畜也。鼎成大畜，所以“号”，以其与屯系，而未孚于萃。既有有萃而不终，而乃乱乃萃。若这成大畜虽号，今则不两渥而上一渥号即变为笑矣。“若号一握为笑”六字，从“有孚“二字，一气贯下。“有孚”则“不终，乃乱乃萃。若号一握为笑”也。“渥”“握”两字互相假借，而一以贯之。《经》文钩贯，多用声音假借。执“渥”“握”各自为说，望文生意，《经》乃晦矣。《释文·序录》不 列傅氏为何人。《隋书·经籍志》“《周易》十三卷”，傅氏注列于晋魏之间。握之为渥，赖之以明，异乎亡其名矣。

获 穫

循按“获”“穫”二字古通，于田猎为获，于田稼为穫，故无妄作’不耕穫“，解作“田获三狐”，巽作“田获三品”，其义一也。巽成家人，通解而成既济，是为“田获三品”。何以知其通于解也？即于解“田获三狐”知之。上六云“于主墉之上获之”，明指解三之家人上矣。凡称“获”，谓成既济也。《艮·象》云“艮其背，不获其身”，自谓成蹇。艮成蹇，兑成革即上，而不以革四之蹇初成既济，则为“不获其身”。获其身，则不能艮其背。艮其背，自不获其身。革四之蹇初，犹屯三之家人上。家人上不这屯三，而之萃三，则获面利。然则不获于萃三，而获于屯三，其不利可知矣。

《随·九四》“随有获，贞凶”。随即巽二之震五也，亦艮五之兑成随，则巽艮成渐。渐上之随三，渐成蹇，随成革。渐初又这随四，即是蹇初之革四，“获其身”矣。渐初之随四，随成屯，渐成家人，渐上又这随三，即是家人上之屯三。由获不能“三品”，获之不待“射隼”矣“不获其身”则无咎，“随有获”则贞凶，其义互明。革四不可获于蹇初，则宜获于蒙初。蹇初不可获于革四则宜获于睽四。蹇初不获于睽四，而获于大壮四。革四不获于蒙初，而获于升初。则为离上九这“获匪”，亦为《无妄·六二》之“不耕穫”。何也？坎二之离五成同人。

上乾，王也。离上之坎三应之，则离成革，为“有嘉折首”。离成革，则坎成蹇。蹇通睽，革通蒙，是亦“艮其背不获其身”矣。故《传》赞云“以正邦”也，与赞《蹇·象》“当位贞吉”同。蹇通睽，睽二之五则当位。然后蹇初之睽四，蹇成既济，为贞吉。《传》增“当位”二字于“贞占”上，而

赞之云“以正邦也”。于王用出征“，亦以此赞之。知离成革，宜通蒙；坎成蹇，宜通睽也。乃睽二不之五，而上之三成大壮。蒙二不之五，而上之三成升。以革四之升初，以蹇初之大壮四，在蹇革成既济，在睽蒙成泰。与升成泰。无妄成既济同，成既济是“获”，升二不之五而成泰是“不耕”。“不耕”而“获”，虽“不获其身”而“获匪”矣。一成既济，一成泰，所谓否之匪人也。然与其“获身”，不如宁“获匪”。“获身”，则革四之过早初，成两既济，无可改悔。‘获匪”，则革四之升初，革成既济，升成泰。泰尚可变通于否，而为之丑，故云“获匪其丑无咎”。明“有嘉折首”之时，必宜变通。变通而获匪，犹可“丑”，不变通而 获身，则无复转移也。

泰既济相错，为明夷需。泰丑于否，犹明夷丑于讼。《明夷六四》“获明夷之心”，谓讼二之明夷五，成既济也。家人之获在上，革之获在四，明夷之获在五。五，故称心也。《传》既于离蹇两卦并称“以正邦”，又赞于《渐·象》云“可以正邦也”，渐上之妇妹三，渐成蹇，归妹成大壮。大壮蹇相错为需，需通晋犹泰通否。进以正，可以正邦。为蹇通睽，亦为需通晋。

蹇通睽，固“以正邦”，即需通晋，亦可“以正邦”，是“获匪”而“其丑无咎”，仍不异蹇之通睽。则《离·上九》之“以正邦”，为蹇通睽言之，即为睽成大壮言之，且为大壮成泰而通否言之。《传》三言“以正邦”，似极平淡泛语。一比例之，而《经》文脉络融贯如绘。思而得之惟叹其神妙而已矣。

蕃 藩 皤

“蕃”“藩”二字古通。《说卦传》：震为蕃鲜。《晋·象》：用锡马蕃庶。谓成否。上乾为马，以四锡初成益。下震，故云“蕃庶”。《贲·六四》“贲如皤如”，承上“载如濡如”而言。困成需，需二之晋五，晋成益。自下震言之为蕃，自上巽言之为白。上本乾马，因四下锡皤如，则乾化为巽，故白其马。

“皤”，即“蕃”之借也。

需之通晋，犹泰之通否，故又申之云“匪寇昏媾”也。大壮二行之五，而后四之观初，则亦需二先之晋五，而后晋四之初之比例，是为“藩决”。若大壮二水之五，而四先之观初，观成益，其下亦为震，为“蕃”，而大壮则成泰，是为“羝羊触藩”，而异乎“锡马”之“蕃庶”矣。蹇大壮，相错为需小过，故以大壮之通观，与需之通晋为比例也。

祥 详 羊 翔

《履·上九》“视履考祥”，吉“祥”字能作“羊”。“考祥”即“考羊”也，履二之谦五，成无妄。能视能履，故云“视履”。上之三成革，革上兑羊也，故云“考祥”。大壮“羝羊触藩”，则四之观初成泰，故“不能退不能遂”。

《传》云“不详也”。“不祥”，即“不祥”。盖用壮则成革，上有兑羊为祥。三不用壮于五，而四“触藩”且“羸其角”。不成革，故“不祥”也。《困·六三·传》云：“入于其宫，不见其妻。凶。不祥也。”已成大过，上原有兑羊，“入于其宫”。而四又之初成需，上无羊，故“不祥”。

困贲相错为革。失道成需，与大壮成泰同矣。大壮二之五，与涣二之丰五同。大壮不成革为“不祥”，丰成革则“祥”，故《上六·传》云“丰其屋，天际翔也”。际，接也。革五互乾为天，上接兑羊。乾天与兑羊相接，故云“天际翔”。

孟喜、郑康成、王肃，皆“详”“翔”作“祥”，不可云“考羊”，故借作“祥”。不可云“天际羊”，故借作“翔”。《易经》、《传》以声音假借为钩贯，其例如此。祥有吉义，兑在五当位吉，则变羊而称祥。大壮成泰，四虽亦互兑，乃失道不吉。第为“羝羊“，而不可为祥。此假借中取义之妙也。

祇 羝

《复·初九》“无祇悔”，《坎·九五》“祇既平”。《释文》

引郑康成云："祇当作坻，小邱也。"祇、坻皆从氏之义一底同物之有底，皆在下《坤·六四》"括囊。坤主受，乾二未之坤五，而四之坤初。成复。象物之有底者，故为囊也。坤成复有底，复通于姤 姤 四不之初则无底，故云"无祇悔"。"祇"即底也。坎二不之离五，而离四之坎初，成节，犹坤成复也。坤成复，失在底。坎成节，亦失在底。

成节成复，皆不成屯，故坎不盈。不盈则不平。节通于旅，则底平矣。故云"祇既平"。车之有輹。坤成复，则乾成小畜。复通姤 ，"无祇悔"矣。而小畜通豫，则"舆说輹"。复有底，豫无底也。两"祇"字与"囊"字"輹"字相发明，至奇至曲，徙训为安为病，或作禔，或以为辞，于《易》义殊汶汶矣。

《大壮·九三》"羝羊触藩"。羝与底亦同声假借，谓大壮二不之五，而四之观初。在大壮逻辑上之观初成益为底，在观初之大壮四成泰，互兑为羊。因有兑羊。因有兑羊，乃借底为羝耳。《说文》"下，底也"。《文言传》"潜龙，勿用下也"。比"下"字，正指乾四之坤初。乾四之坤初为"底"，即为"下"。底借为祇。祇犹抵也。《谘文》训"抵"为"挤"，亦训"摧"为"挤"，是"摧"与"抵"同义《晋·初六》"晋如，摧如"。"摧"谓夬四之谦初，即潜龙而用下也。摧即抵也。《论衡·气寿篇》"儿生号啼之声，嘶喝湿下者"。《说文》"堚，下入也"。湿与堚同《文言传》"水流湿"，谓乾二先之坤五有坎水，乾四之坤 初应之，为"湿"。"湿"之为下，犹"羝"之为下也，抵亦触也。大壮四之观初成益，益下震为蕃，故触藩。触之于抵为转注，羝之于底为假借也。

约 酌 豹 禴

《革·上六》"君子豹来"，"豹"从勺声，与"纳约自牖"之"约"，"酌损之"之"酌"，同声假借也。《广雅》"酌，益也"。承上"已事遄往"。"已事"者，咸四止而不行，损二有事于五也。"遄往"者，咸四水之初，而损三往上以应五也。

损二之五成益，益三之上，即益所以为益。不益而言酌，谓将因上之三，为约于三也。《坎·六四》“樽酒簋贰”，谓成屯。“纳约”，谓鼎上之屯三，而屯三纳之，必鼎二先之五，有以牖之使明，而后纳约，是为“纳约自牖”。

家人屯相错，为益既济。屯必通鼎而后纳约，则益必通恒而后酌。惟咸四不之初。不成既济。损二虽这五，尚与咸系，是损不是益，故“酌损”而非“酌益”。“酌损”则不俟变通，“酌益”则必须“自牖”。坎损一代代卦互明，“酌”即约“也。古今字耳。《既济·九五》“东邻杀牛，不如本邻之禴祭”。《传》以“时”字赞“禴祭”二字。禴，《礼官》、《王制》、《祭统》俱作礿。《说文》“礿，夏祭也”，从示勺声。《王制疏》引皇氏云“礿，薄也”。《尔雅》“夏祭曰礿“。孙炎注亦云”夏时百谷未登，可荐者薄，即取义于约。“东邻”指恒，“杀牛”指益。益上之三，杀所互之坤“牛”。恒二之五成咸，“乐邻”变为“西邻”，“杀牛”亦化为“礿祭”。恒二之五，祭也。先祭后酌，故为“礿标”，即为“时行”。

《传》以“时”字赞之，固以为时祭所取义，而即以先祭后酌为时行。不 祭而酌，第为杀牛而已，此义之隐奥而实显著者也。“君子豹变”，与下“小人革面，征凶”相贯。“小人革面”，谓革四之蒙初成益，成益而不变通于恒。上即征三则凶。若益变通于恒，恒二之五而后益上之三 即是“西邻礿祭”，而为“君子豹变”也。“豹”即礿也。祭而后礿为“礿祭”，变而后豹为“豹变”。变通而后约，是“纳约自牖”也。“豹”、“礿”、“酌”、“约”，四字，同声假借也。《易》之辞，多用六书假借转注以为贯通，当于声音训诂间求之。益三互艮，固可指艮为豹。而既为“约”“礿”之通借，则不必专指奶矣。陆绩注“豹变”云“豹为虎类而小者也”。

以“小”字发明“豹”字，在陆氏指上六阴爻为小。虽未得《易》义，而豹之取义于“小”，则有精义焉。凡字之从“勺”者，多有小义，盖勺之受小，故《中庸》言“水一勺之多”。《广雅》“约，俭也”，又云“约，少也”。《释名》“要，约也。在体之中约结面小也”。小则薄，故礿祭即为薄祭。豹

小于虎，故名豹。犹瓜绍小于称岁之瓜，故瓞一名瓟。莲，房中之实。视莲为中，故名的《文选 ·七发·注》引字书云“约亦的字也”。“的”又名蔈。蔈俱从敫。《老子》“常无欲以观其妙，常有欲以观其徼”。《释文》云“徼，小道也”。徼之小，犹蔈之小，蔈，音同要。

蔈之为的犹要之为约也，龠之小者名箹，斗之柄小于魁，名杓。《广雅》“杓，末也”。未与少义同每卦以上爻为未。此上之三，所以为约，即所以为豹也。要者，限也。艮上之兑三，为艮其限，为损上这三之比例。要约即券契。剥成益而通恒，犹蒙成佃而通恒，《传》所谓“书契盖取诸夬”者，比也。

狗 拘

《说卦传》前云“艮为狗”，后于艮又云“为狗”。虞仲翔云：“指屈伸制物，故为拘。”拘旧作狗，上已为狗，字之误。《经》文不言狗，而言拘。《随·上六》“拘系之”，谓蛊成蹇。下艮，艮为拘是也。其“艮为狗”者，狗即拘也。拘之义为止，狗啊气以守，亦取于止。

《经》无狗，而《传》言狗者，明《经》文假借之例，与马牛豕羊并方言则为狗。不可云“狗系之”，则为拘。“拘”之为狗，犹“祥”之为羊也。

发 拔

《说卦传》所以赞辞之所，指为何卦也，乃金玉寒冰之类，《经》文所有，若釜柄之属，则《经》文所无。以类求之，均有意指，惟巽之为寡，发则不易解说。久之以小畜“寡也”一语，会通其义而求之六书假借，乃知“发”即赞“拔茅”之“拔”也》《释名》“发，拔也，拔擢而也”。拔茅谓否初之四。否初之四，即坤初之乾四之比例。

《文言传》赞“潜龙勿用”云“确乎其不可拔，潜龙也”。

“不可拔”三字赞“勿用”二字。“勿用”者，二尚潜藏未之坤五，则不可用坤初之乾四也。乾上先之坤三，成谦夬，谦初固不可拔。乾上虽未之坤三，而乾二未之坤五，坤初亦不可拔乾二未之坤五，而坤初即拔之乾四。在坤成复，在乾成小畜。小畜上巽，故巽为“寡发”，谓坤初拔于乾四，成小畜之寡，寡发犹云寡拔。“寡发”者，不可拔而拔也。若“拔茅茹以其类”，则不寡矣。

膏　高

《屯·九五》“屯其膏”。《鼎·九三》“雉膏不食”，两“膏”字相呼应。膏，即高之借。《素问》“高梁”即“膏梁”。“膏”从高声，得相通也。民工为高，离为雉。鼎与屯相错为噬嗑，可食也。鼎成家人，上巽为膏。以上之屯三，两既济，下离为雉。则膏而雉，即“雉其膏”，由于不食。

家人屯不错噬嗑，故“不食”也。因不食而有膏，有膏则不可“雉其膏”。不可雉其膏，故“屯其膏”。“屯其膏”，犹云“止其膏”。家人上之高，宜获于解。解成咸无雉，则不为雉膏，而为射隼于高墉之上，故“雉膏”之“膏”，即“高墉”之高也。

弟　娣　稊　涕

《师·六五》“弟子舆尸”之“弟”即“归妹以娣”之“娣”也。师同人为乾坤，坎离之比例渐归妹为震巽艮兑之比例。以初四从二五，成家人屯，家人上巽，屯下震，震巽于坎离为兄。以三上从二五，成蹇革，蹇下艮，革上兑，艮兑于坎离为弟。在艮为弟，在兑则娣。归妹成革，渐成蹇娣也。亦弟也。同人成革，师成蹇，弟也，亦娣也。

惟归妹四之渐初成临，临下兑而上坤，不可为娣。临通遁，临二之五，而遁上之临三从之，为“归妹以娣”。归妹三之渐上成蹇，而归妹成大壮。过早有艮，而大壮无兑，不可为

娣。大壮通观，大坛二之五，而观上之三从之，为“反归以娣”。明先不娣，以变通而娣也。同人上先之师三成升，然后升二之五成蹇。虽亦为弟，而不为顺承之弟，实为陵越逾僭之弟，故“舆尸”也。大过枯声生稊”，虞仲翔云“稊，稚也”。在男为弟，在女为娣，在草木则为稊。大过二之颐上之三从之。

颐成既济，大过成咸。咸既济相错即蹇革，故枯杨之“生稊”，犹归妹之“以娣”也。由是以声音求之，离之“出涕”，萃之“涕洟”。两“涕”字即“弟”之借也。坎二不出中，而三之离，成丰井。先后之序失，无所为弟矣。丰通涣。涣二之丰五而上从之仍成蹇革，故“出涕”。丰涣为家人解之相错。

《传》于家人称“弟弟”。上“弟”字指大畜二之五，而上之萃三。下“弟”字，指解二之五而家人上之解三，即涣二之丰五而涣上之三也。若大畜二不之五而上之萃三，成咸泰。先后之序失，亦无所为弟矣。泰通否，泰二之五而否上从之，仍成既济咸。故涕洟，犹大过之生稊也。涕上加“出”字，明涣二先出而之丰五，补救坎二之不出中也。“涕”下增“洟”字，萃成咸。下本有鼻，而大畜成泰。上无坎不，有鼻而无洟，泰二之五，而后否上之三，则咸下之鼻，乃非枯涸耳。不出中则汔至，鼻有洟则不汔。脉络之贯，微这微者也。涕属目，而弟则指艮。以“洟”字申明之，知涕即弟之借矣。

华 尃

《大过·九五》：枯杨生华。《说卦传》：震为尃。《尔雅》“华，荂也”，注云“今江东呼华为荂，音敷”。华，《说文》作𠌶。荂人𠌶之重文，荂音敷，则尃即华也。大过二之颐五，而颐上从之。颐成既济，大过成咸，为生稊。

《传》云“过以相与”，明其成咸也。大过二之颐五，而大过四从之。大过成既济，颐成益，为生华。《传》云“可可久”，明其成益未通于恒也。稊既指大过成咸，华则指颐之成益。《传》以震为长子，明师成屯。以弟子对长子，犹以稊对华，故以“震为専”赞之。《吴都赋》“异荂苬蘛“。刘润林注“苬，华也。敷蘛，华开貌”。蘛与渝同，苬与敷同，草木先生者，已敷蘛而华。

后生者，方稚弱而稊，以华视乘，则华长而稊幼，比専所以同长子之为震也。“敷布”之敷，《说文》作尃。尃形近専，故一本讷作専。虞仲翔依讷本，以乾静也专解这，转讥延叔坚说为専之非。盖孔子赞《易》之微言，久不明矣。

轮 纶

《既济·初九》“曳其轮，濡其履，无咎”。《未济·初六》“濡其履吝”，九二“曳其轮，贞吉”。《说卦传》赞云“坎为弓轮”。轮与弓并举，有精义焉。弓即弧也，弧之见于《经》者，《睽·上九》“先张之弧，后说之弧”。谓睽以“孤”而成泰，泰通于否，而泰二之一上坎为“张之弧”也。轮既与弓并举，则坎之为轮，亦犹张弧，为泰通否，而二之五，特以弓轮并举者，示比义也。“濡其尾”，谓遁上之临三成咸泰。惟泰孚于否，而二之五，为“曳其轮”。泰二之五，为贞吉。九二“贞吉，中以行正也”，与《泰·六五·传》“中以行愿”相贯。

“曳轮”指泰二之五，比可证矣。轮之言轮之言轮也。“坎为弓轮”，姚信作论。伦之训，为等为类。泰二之五成两既济，则无等无类。泰孚于否，而二之五。有否以应之，则有等有类。有等有类则有伦，“曳其轮”即“曳其伦”也。“曳”、“轮”，《谘卦传》俱属坎。“曳”但谓泰二之五，曳其轮乃谓孚于否而泰二之五。曳与拕同义成两既济，则“终朝三拕之”。“终朝三拕”，则曳而不伦。《释名》“轮，纶也。言弥纶也，周市之言也。”纶，伦也，作之有伦理也。《传》于屯赞云“君子发经纶”。经即“拂经”之经，纶即“曳其轮”之轮。大畜屯相错为需颐。屯通鼎，犹颐通大过，皆为经。若不能经而而大畜上之屯三，成泰既济，与“小狐汔济”同，是为反常。则泰通否，为“曳其轮”。

《传》以“经纶”二字赞之，经指鼎成大畜而变通，纶指鼎成泰而变通，非泛言也。《释文》作“经论”。“论”亦“伦”也。《王制》“必即天论”，注云“论或为论”。论、论、纶义同，通用。郑康成以为论撰书礼乐施政事，非《易》之义也。《尔雅·释诂》“伦，敕，劳也”。《说卦传》“劳于坎”。劳、伦皆属坎，是“劳谦”之劳，即同于“曳其轮”之轮也。《传》于井称“劳民劝相”，于噬嗑称“明罚敕法”。敕即是劳，明井旁通噬嗑也。《尔雅·释诂》多有关于《易》。自《易》义不明，而《尔雅》“伦”“敕”“劳”之相转注遂不可通矣。

宠龙

《剥·六五》“贯鱼，以宫人宠，无不利”，谓不独夬，通剥为利，而剥成蹇，又通睽为利也。“以宫人宠”，“宫”字指蹇革，“宠”字指益。何也？宠即龙，益下震为龙，即为宠。以飞潜言之则作“龙”，以宫人言之，则作“宠”，各随其所属之辞，以成义。而皆指震，则无异也。

《传》于《师·九二》赞云“在师中吉，承天宠也”。同人逻辑上属乾，故为天。四之师初，师二先已之五，则师成屯。下震在同人成空人，为“承家”。在师成屯，则为“承宠”。“承宠”即“承龙”也。乾上之坤三，乾成夬，坤成谦，为“龙战于野，其道穷”矣。夬变通于剥，夬成革，剥成蹇。皆无震龙，惟自蹇革旁通，而蒙睽成益，则“以宫人宠”，乃改从前，战野之穷，宠之为龙，龙之为震，震之类屯为益，固彰明较著者也。

石硕鼫

虞仲翔有深得《易》义者，如《说卦传》“艮为小石”，仲翔则云“艮为硕”，艮为硕，即艮为石也。《晋·九四》“晋如鼫鼠”，《释文》引《子夏传》作“硕鼠”。郑康成引《诗》

"硕鼠硕鼠"，而鼫亦即硕也。

《豫·六二》"介于石，不终日，贞吉"，《传》云"不终日贞吉，以中正也"。何以中正？小畜二先之豫五，成萃为中，而后小畜上之柔肠三，小畜上之豫三，小畜成既济，为"贞"。豫成咸，不艮为"石"，故"介于石"，若四之初，则终于日，无所为石。惟"不终日"，而乃"介于石"。《困·六三》"困于石"，与豫互明，即与"硕果""来硕"互明。困二之贲五，困成萃。犹小畜二之豫五，豫成萃。困成萃，贰上又之困三成咸，与豫成咸同，则亦"介于石，不终日"矣。乃困二不之贲五，而贲上之困三，与"介于石不终日"适相戾。故不为"介于石"，而为"困于石"。"困于石"者，困不成咸。因成大过，而大过二之颐五，大过乃成咸，有艮石也。贲上之思想界，为蒙上之三之比例。

蒙上之三成升。升，不来者也。升而来，则二之五成蹇，而石仍见。《蹇·上六》"往蹇来硕"，谓升二之五，则三成艮石。犹大过二之颐五，则三亦成艮石。由困而后有石，故为"困于石"。"来硕"，即来石也。升通无妄 。升二之五，为井二之噬嗑五之比例。"来硕"则为噬嗑之食。若夬二之剥五，而剥止之三，虽亦成"硕果"，而"不 食"。"硕果"，谓剥 成蹇，与升成蹇同也。乃剥成蹇，夬成革，不成无妄，故不食，谓不与噬嗑 同。其互相发明，至隐而微矣。

夫夬二之剥 五，犹蒙二之五。蒙二之五，犹困二之贲五。困二贲，犹小畜二之豫五。然则硕果之硕，即"困于石""介于石"之"石"明矣。贲上之困三成大过无石，大过通颐则仍有石。大过不通颐，而"入于其宫不见其妻"。则四之初成需，又无石。需通晋。

需二之晋五，而后晋上之三成咸，仍有石。"晋如"，需二之晋五也。"鼫鼠"，晋上之三成咸下艮也。鼫即石。豫先成萃，而后成咸，则先有为之主者，石为之介，即晋先成否，而后成咸之比例。《说卦传》"艮为小石"，为蹇为咸，则大矣。所以变石言，硕硕则兼治夫大之义也。

角桷

姤、晋两卦上九皆称角，虞仲翔谓乾为首，位在首上称角，以晋先成否，是也。然角指上九，不必乾为首也。晋姤之角，即渐之桷，何也？渐上之归妹三成大壮蹇，相错为需小过。大壮通观，蹇通睽，合之为需通晋之比例。需二之晋五而后晋止之三，为晋其角。在大壮则二先之五而观止之三，在蹇则睽二 之五而后上之三。

《经》于大壮自明之云：羝羊角藩，羸其角“。谓大壮二不之五，而四之观初，而观上又之三也。在壮四之观初成泰益，相 错为小畜复，为姤 国寰宇初之比例，是为“羝羊触藩”。益上又之三，即是小畜上又之复三，在大壮为“羸其角”，在姤 为“羸豕”。“角”指《观・上九》，即指《姤 ・上九》。《姤 ・上九》“姤 其角”，谓二先之复五，而后上之复三，与“晋其角”同“晋 其角”，“姤 其角”，则不“羸其角”矣。“羸豕”即“羸其角”。惟小畜上之复三成需，上有坎乃有豕。自坎豕言之，为“羸豕”。自小畜上之复三言之，则“羸其角”也。

《睽・六三》“其牛抈”。《说文》云“抈，一角仰也”。《易》曰“其牛抈”，《子夏传》作“契”，一角仰也。契本通掣。“掣”字《说文》所无，盖即挈。睽二之五，为姤二之复五之比例。今睽四之蹇初成益，互坤为牛。而益上不之三，角不俯而仰，故云“其牛掣”。惟有牛故“角仰”，亦惟“掣”则“不羸”，即为大壮二之五而四之观初之比例。《渐・六四》“鸿渐于木，或得其桷”。

《传》以“顺以巽”赞之，与《家人・六二・传》同。盖归妹四之渐初成家人临，不相孚，故或之。家人通解，解二之五成萃，即大壮通观，而二之五成革。《家人・上九》，即《观・上九》，在壮国之观初。而观上之三，则“羸其角”。犹解四之初，而家人又上之解三也。在牛羊为“角”，在木为“桷”，家人成既济，解成咸，“得其桷”，又即“晋其角”“姤 其角”也。

頄仇九

《说文》不载“頄”字。而有“馗”“鼽”二字。《广雅》“顴，頄，頔也”。《素问·气府论》“鼽骨”，王冰注云“鼽，頄也。頄，面顴也”。《尔雅·释草》“中馗菌”。《释文》，郭音仇。《说文》“馗，九达道也。似龟背，故谓之馗”。馗，高也。菌中高近似龟背，故名中馗。馗从首，与从页义同，页亦首也。“仇”》《吕临》淮南高诱注“皆读鼽，为怨仇之仇”。然则“頄”、“鼽”、“馗”、“仇”四字皆通。仇者犹敌也。顴在面之两畔，其高出相敌名頄，原有仇义。

《易》取义于“頄，仇”者，即中孚得敌之谓也。鼎与屯通，一代代三爻不相敌。鼎上之屯三，则相敌而为仇。惟二之五先有实，而后上之屯三，为“我仇”。四不之初“有疾”，如是则吉。若夬与剥，两三爻亦不敌。乃剥上先之三为頄，然后夬二之剥五，则是“壮于頄”，如是则凶。两卦互明，而“我仇有疾”之“仇”，与“跻于九陵”之“九”相钩贯。何也？“亿丧贝”谓震成复，复通姤姤二之复五，为屯通鼎。鼎二之五之比例，又为升通于妄之比例。“跻于九陵”即是“升其高陵”。九陵即馗陵，谓陵之高似龟背，犹云高陵。

龟之言久也，鼽亦久也。入与九通。馗之取义于龟，即限义于九。九达为馗，则馗即九也。乃既为姤卦非升卦，故变升而言“跻”。其姤二之复五，而上之复三从之，犹鼎二之五而上这屯三从之。因取于“我仇”之义，而变高为九。“跻”则二之五而有实，“陵”则四不之初而有疾。九借于“頄”，则义取乎高。九借于“仇”，则义又取于敌，谓两卦之三爻皆则，为仇敌也。犹三爻之敌称九者。九犹究也。六爻始于二五，终于三上，故以三之敌为究。究，穷也。九为三六之合数，上之数六，上之三而为敌。此又借“仇”为“九之义也。

宫 躬

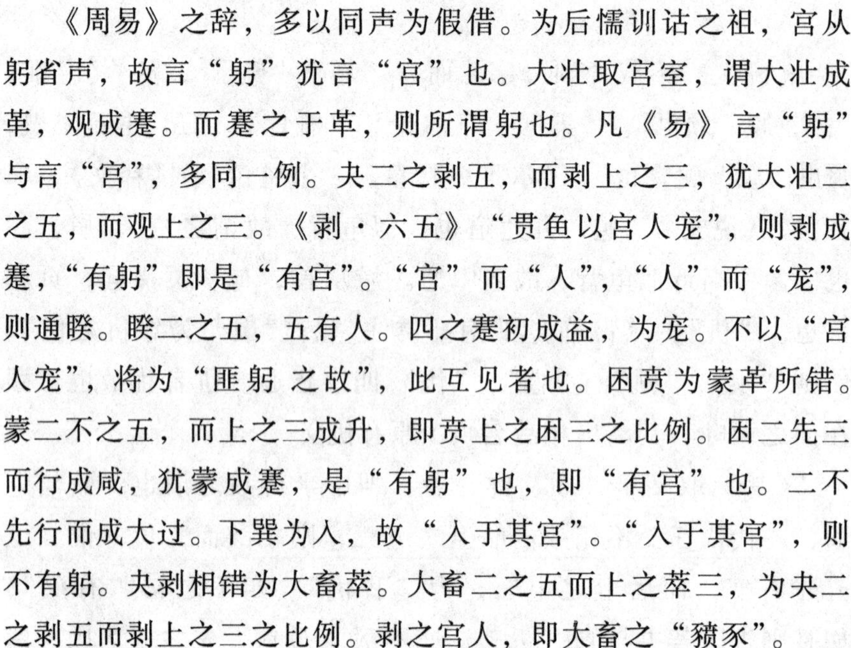

《周易》之辞，多以同声为假借。为后儒训诂之祖，宫从躬省声，故言“躬”犹言“宫”也。大壮取宫室，谓大壮成革，观成蹇。而蹇之于革，则所谓躬也。凡《易》言“躬”与言“宫”，多同一例。夬二之剥五，而剥上之三，犹大壮二之五，而观上之三。《剥·六五》“贯鱼以宫人宠”，则剥成蹇，“有躬”即是“有宫”。“宫”而“人”，“人”而“宠”，则通睽。睽二之五，五有人。四之蹇初成益，为宠。不以“宫人宠”，将为“匪躬 之故”，此互见者也。困贲为蒙革所错。蒙二不之五，而上之三成升，即贲上之困三之比例。困二先三而行成咸，犹蒙成蹇，是“有躬”也，即“有宫”也。二不先行而成大过。下巽为入，故“入于其宫”。“入于其宫”，则不有躬。夬剥相错为大畜萃。大畜二之五而上之萃三，为夬二之剥五而剥上之三之比例。剥之宫人，即大畜之“豶豕”。

《说卦传》云“艮为阍寺”，《淮南·人间训》“宫人得战，用以刘葵”，高诱注“宫人，宦侍也”。“宦侍”即“宦寺”。人宫割则为寺，豕宫割则为豶，艮为“阍寺”，故蹇下艮为“宫”。因而为“躬”，又转注为“身”也。

绂 沛

“绂”，《说文》作“市”，韠也。上古衣蔽前而已，市以象之。天子朱市，诸侯赤市。《玉藻》作“赤韨”，《诗·小雅》作“赤芾”，皆与绂同。“绂”取义于“蔽”，困为刚掩，掩即蔽也。蔽犹藏也，谓困二不这贲五，而四之初，贲上又之困三成需，下乾为君，绂而乾，则君之朱韠，故云“朱绂”。

《说卦传》。“乾为大赤”。“大赤”即朱也。困已成需，变通于晋，则“朱绂方来”。九五“困于赤绂”。困二为坎，坎为赤。以困下之赤绂成需，为“朱绂”，所以困也。“丰其沛”之“沛”，郑康成解作“蔽膝”，则以“沛”为“市”。涣二之丰五，丰成革，涣成观。观革相错为家人萃，正为困二之贲五之比例。盖困二不之贲五，则“困于赤绂”。涣二之丰五，则“丰其市”。在二则困，在五则丰。俟成需而后之晋五，则为“朱绂方来”，固互发明矣。《风俗通·山泽篇》云“沛者，草木之所蔽茂，禽兽之所蔽匿也”。虞仲翔谓“日在云下称沛”。《九家》谓“大暗谓之沛”，亦取蔽义。则“沛”之义本同于“市”。

《子夏传》作“芾”，乃训“芾”为“小”。《释文》谓郑康成、干宝作“韦”。“韦”当是“韨”之残字，或即芾之讹，玩蔽膝之训可见。王弼作“旆”，解为幡。旆能蔽日光，尚与蔽义相近。姚信以为“滂沛”，则以字作沛，而不知其通作“市”。盖困之“绂”，取于掩蔽，丰之“沛”即取于绂。泽有草木，为禽兽所蔽，乃谓之沛。蔽于二为绂，丰于五成革，上兑为泽，是蔽于泽者也，故变“绂”而言沛也。

起杞

《杂卦传》云“震，起也”，所以赞《姤·九四》：起凶也。乾成小畜，坤成复。复下震，所谓起也。即变通于姤，则姤 二之复五，“包有鱼”。以姤 之妆四，补救复之初四，“不远复”而“元吉”矣。乃姤 二不之复五，而四之初，则“包无鱼”。仍不异乾四之坤初，则复下之震，无所包容，故“凶”。此起所以凶也。

《传》云“无鱼之凶，远民也”。“远民”，即与“不远复”互明，不远则吉，远则凶矣。乃《姤·九五》即接云“以杞包瓜”。“杞”为杞柳，性柔韧可屈挠以包物，固矣。而虞氏第以巽为杞。巽为木，木之类多矣，何独取于杞？盖杞即起。《说文》：“起从辰巳之巳，杞从戊者，茂也。已者，抑屈起。郑康成本 以注《月令》云“已之言起也。其含秀者，抑屈而起”。杞从已，则亦取义于直民但有起而无所包则凶，有所包则吉，故云“以杞包瓜”。杞柳可屈挠以包物，犹萑苇可包物也。

《说卦传》“震为萑苇”，正可通其例于杞，用“杞”字承

上文“起”字，以呼应。不可云以起包瓜，故变其文为杞，杞即起也。《汗简》载《古尚书》“起”字作“迡”，又《费泛碑》“起”字作“岂”，皆从“戊已”。附记于此，与《说文》参之。

弗拂

《颐·六二》“拂经于邱”。《子夏传》作“弗”，云“辅弼也”。《诗·六雅》“茀厥丰草”。《释文》“《韩诗》作拂”。《既济·六二》“妇丧其茀”，即与“拂经”之“拂”同，大过二先之颐五而后大守四之初，则“拂经”。未济二不之五，而初先之四，则“丧茀”。“丧茀”，犹言“丧拂”。五无所主，四虽行而无所辅弼比首者，义亦同也。

未济成损，犹晋成颐。颐通大过，犹损通咸。损二之五。正是大过二之颐五之比例。“妇丧其茀”，遂成“老妇”。“勿逐七日得”，得茀则“拂经于邱”，而“老妇得士夫”矣。古从“弗”之字，与从“友”通，故“茀”字作绂“黻”。“拂”亦作“袚”，见《周语》。韦昭注《易》，以初之四为“拂”，亦以初之四为“拔”，其义同也。“拂”之义为“辅”，“拔”之义料为“辅”，’拔“与”拂”通也。“拔”亦与“跋”通《礼记·曲礼》“烛不见跋”，注云“跋，本与”。

《易》以初爻为本，本犹根也，根即氐也。故《说文》训“茇”为草根。《吕览·慎行篇》“园朱方拔之”，高诱注云“覆取之曰拔”，鼎四之初成大畜，为‘覆公悚”。“覆”犹拔也。凡“拂、拔、祇、覆”等字，俱以四之初言。此以训诂之转注为比例者。

攻工

《系辞传》云“爱恶相攻，而吉凶生”。“爱恶”指五，“相攻”即“交易”。虞仲翔以“相摩”解之，是也。同人四之师，初成家人。家人上不可克于临三，宜通解。与解相摩，故"不克而攻吉"也。

《说卦传》"巽为工"，此"工"即"攻"。古"工、攻、功"三字通，能攻玉者为工，攻玉用磨，正亦相摩之义。而以属巽者，家人上不克则有巽。《传》指巽为工，正赞此"攻吉"之"攻"。凡上先五而行则"无功"，上从五而行则"有攻"。上不先行，则五多成巽矣。

已止礼

大畜、损、革三卦，皆用"已"字。《大畜·初九》：有厉利已。《释文》：夷止反，或音纪。姚同《损·初九》：已事遄往。《释文》：音以，本亦作吕。虞作祀。《革·彖》：已日乃孚。《释文》无音义。干宝解为"天命已至之日"，宋衷解为"即日不孚，已日乃孚"。六二"已日乃革之"。荀慈明解为五已居位，则皆作"已然"解。读纪则是戊己之己，作祀则是巳午之巳。同一字而音读各异。已日、已事。利已之义，遂莫能二五之兑三亦成革。革之已，即艮之上也。大壮二之五成革，故《杂卦传》称"大壮则止"。革止则通蒙，蹇止则通睽。睽蹇相错为节旅，故《传》云"节，止也"。

《艮·传》云"艮，止也"。时止则止，时行则行。兑二之艮五，宜行者也。兑三从之，亦宜行才也。兑先成随，无离日。成革，下有离矣。即宜止而不行，是为"已日"。"已日"者，止于下有离日也。止则舍而孚于蒙。《彖》云"已日乃孚"，谓孚于蒙也。六二云"已日乃革之"，谓舍蹇不以革四之蹇初也。革止而孚蒙，蹇亦止而孚睽，是为"时止"，是为"止其所"。革四不知止，而之蒙初，而成损。犹随四之蛊初成大畜，故以大畜之"利已"与损之"已事"互明。革四"不已"乃成损，损初"有咎"矣。然蒙成损不"已"，损孚咸则仍已。咸四不之初，犹革四不之蒙初。咸四不 之初而损二之五，是已于咸四，而有事于损五，故云"已事"。随四不知已，而之蛊初成大畜，为"有厉"。大畜孚于萃为"利已"。"利已"者，以萃四不之初为利也。已为止，闲亦为止。萃四不之

初而大畜二之五，所谓“闲有家”也。随四之蛊初，与鼎四之初同。鼎四不之初而二之五成遁，与节二之旅五同。兑四不能已而成节，节通旅而能已。节之“止”，仍艮之“止”。凡称“止”称“已”，皆指四不之初。于是可明。

《传》既以“止”赞“已”，又于《小过·六五》赞云“密云不雨，已上也”，于上六赞云“弗遇过之，已亢也”。小畜二之豫五，上之豫三，所谓“密云不雨”也。小过成咸而四不之初。小过四不之初，而中孚三可之上，是“已而上”也。上六“弗遇过之”。“弗过”，谓小畜二不之豫五而上之豫三成小过。若小过不能通中孚，而以四之初，则成明夷，为“飞鸟离之凶”。已则不成明夷。已而亢，则旁通中孚。中孚上巽为高，高即亢也。虞仲翔以损之“已事”为“祀事”，祀从巳午之巳，本与“已止”之义相通。乃虞氏读损卦之已为祀，愚则以困卦之祀通于已。何也？

《困·九二》“困于酒食，朱绂方来。利用亨祀”，谓困成需，旁通于晋也。困何以成需？四不能止面成节，仍兑之成节也。节通旅，仍止矣。不通旅，而贲上又之困三，此需之成，所以责重于征凶也。既通晋上从五之三成咸，则足以救前此所征之凶，而得无咎，所谓“利用亨”也。“亨”下用一“祀”字，明晋成咸，四不之初。即明未征凶之前，逻辑上先之初成节。困四之初则“不已”。咸四不之初，则救前此之“不已”而为“已”。祀即已也。九五“利用祭祀”，承“用徐有说”之下。说，兑也。困成咸，四不之初有兑，既成需通晋，晋成咸，四不之初。故“徐有兑”。以“有说”与“祀”字相贯，惟四止而不行，乃得“有说”。祀通已，可困“已事”作“祀事”而悟得之。

颡桑

《说卦传》“震于马，为的颡”，“巽为广颡”。此两“颡”字，赞《否·九五》“系于包桑”之“桑”也。否上乾为马，四之初成益，下震上巽。的，白也。颡而明之以白，指巽无疑。在震而言乾马，言的颡，其赞否之成益，已为精切，又于巽以广颡赞之。直言颡，则巽为颡，即巽为桑矣。加一“广”字，明否孚于泰。广犹光也。泰旁通于否，而益，即需通晋之光亨

由光面颡，即由包而桑 。盖颡居首之上半，乾成巽，存上半，如首之有颡。以其巽要，则为桑。《经》文“桑”字，原兼“颡”字义，故《传》赞明之。

立 泣

《益·上九》“立心勿恒，凶”，“立”之义，为成。益上之三，成既济，六爻皆定，而为立。“立”字一句，“心勿恒”一句。谓益上之三，恧理二未之五，益成既济，则立矣。恒二未之五不成咸，则心未恒也。泣从立声。

《屯·上六》 “泣血”之“泣”，即《益·上九》之“立”。何也？益通恒，恒二不之五，而益上之三。屯通鼎，鼎二不之五，而上之屯三。其为“心勿恒”同，故《传》赞“泣血”云“何可长也”。长即久，久即恒。 “何可长”，即“心勿恒”也。《中孚·六三》“得敌。或鼓或罢，或泣或歌”。“得敌”，则上之三成需。需二进于晋五而晋成益，则“鼓”。需成既济，则“罢”。成益变通于恒，则“歌”。歌者，永也，即恒也。益上之三，“泣”也。《素问·调经论》云“寒则泣不能流”。王冰注云“泣则凝，住而不行去也”。《五藏生成篇》云“血凝于脉者为泣”。

不行而住为立，不行而凝为泣。“泣”“立”两字，声义俱同。“血”与“歌”相反。“歌”取于“永”，“血”取于“恤”。鼎二不之五，而上之屯三，则“泣血”。恒二之五而益上之三，则“或泣或歌”。“泣”而“歌”，立而恒也。“泣”而“血”，立心勿恒也。

《传》既以何可长赞“泣血”，隐示以“勿恒”之义，于恒赞“君子以立不易方”，此“立”即指益上之三。益即旁通于恒，恒即旁通于益，不烦改易，而心恒。益，即可立也。又

于大过赞云“君子以独立不惧”，比“立”亦指益上之三。大过二之颐五成益，益上即可之三，是为“独立”。所以“独立”，以其“不惧”。若大过四之初，则“惧”矣。

干翰

《贲·六四》“贲如皤如，白马翰如”。郑康成注云“翰，犹干也”。《尔雅》以“干”释“翰”，“干”“翰”二字本通。《成公二年·左传》“棺有翰桧”，注云“翰，旁饰”。《弗誓》“峙乃桢干”，马融注云“桢干皆筑具，桢在前，榦在两旁”。榦即干。棺之有翰，筑之有干，皆以旁得名，故两卦帝通。是谓之干，亦谓之翰。

《文言传》云“贞者，事之干也。贞固足以干事”。通变之谓事，干事犹云旁通耳。“干父之蛊”，谓蛊成大畜而旁通于萃。“干母之蛊”，谓蛊成升，而旁通于无妄。贲通困，而困成需。贲成明夷，两不旁通矣。于是以需旁通于晋，所以得“皤如白马”者，以其“翰如”也。“翰如”者，需旁通于晋也。

《曲礼》“鸡曰翰音”。中孚上巽。《说卦传》“巽为鸡”，固赞比矣。乃不言鸡，而言“翰音”。《小过·象》明言“飞鸟遣之音”，谓中孚二之小过五，而小过四之初，成既济。音在小过，而旁通既济者，未济也未济旁通小过之音，是为“翰音”，而中孚之成益，益上不之三，而上巽为鸡，观又“翰音”也。“翰音”二字，以其为鸡，则指中孚成益之上巽。以其为旁通“飞鸟遣之音”，则指未济旁通既济。凡《经》文以一辞兼明两义，最为神妙。此尤其神妙之至者，干亦为胁。梓人注云“个读为齐人拉干之干，胁为两膀，个在明堂两旁，皆取义于旁”。干为旁通，可例之能。

禄鹿

《否·传》云“君子以俭德辟难，不可荣以禄”。说者但谓生此否时，以节俭为德。不可荣华其 身，以居禄位。虞仲翔

“荣”作“营”，谓避难远遁人山。大抵皆望文生意而已。《夬·传》云“君子以施禄能下，居德则忌”。

《传》明以两“禄”字互见，可由比窥测其义，夬通剥，而剥上之三，为泰通否，而否上之三之比例。咸泰相错，即夬谦也。然则“营以禄”，谓否上之三。“施禄”，谓剥上之三，故于“禄”上加一“施”字。“施”即上之三之谓也。升临损恒成泰，皆为“难”，泰通于否，则“辟难”，然必“俭德”，难乃可辟。何为“俭德”？泰二先之五也。俭与俭通。泰二之五，上成坎，故为“俭德”。若泰二不先之五，则德不俭。而遽以否上之三为禄，是为“荣以禄”。

荣与营通，《释名》“荣犹荧也”。“荧”、“营”，皆义为惑。泰二不之五而否上之三，是“惑”也，故以“不可”戒之。“荣以禄”，即是夬二不之剥五，而剥上之三，所谓“不利有攸往”者，此也。“施禄”，剥上之三也。下云居德，则夬二已先之剥五。而后剥上之三殊于“营以禄”矣。是时剥成蹇，夬成革。及下，由三上以及初四也。在革宜通蒙，在蹇宜通睽，乃为“变动不居”。若居德而不变通，则革不通蒙。蹇不通睽，即以革四之蹇初如是而及下，则在所禁忌，故云“居德则忌”。“荣，云不可，知其不能“俭德”者也。施禄及下而云居德，知施禄之先已能有德也。而“营禄”“施禄”，俱指上之三，固无疑矣。古从“录”之字，与从“鹿”同，故“禄”通“录”，“录”通“鹿”，“鹿”“禄”二字同。

《屯·六三》“即鹿无虞”，谓家人上之屯三。上之三为“禄”，即上之三为鹿。剥从录，故剥之义为尽，而禄之义，亦为消。剥犹刻也。刻即克顾惜。《经》之言克，固以上之三取之。

烂兰连涟

《杂卦传》云：剥，烂也。虞仲翔谓：阳得阴熟故烂。韩伯谓“物熟则剥落”，皆望文生意。《广雅》“彰，文也”。彰即烂。彰与彪并举，又“彰，明也”。与晒并举，晒即炳夬二

之剥二之剥五，为蒙二这五之比例。

《蒙·九二》“包蒙，吉”。郑康成谓包当作彪。蒙二之五为“彪”，与夬二之剥五为“烂”，可以相证。蒙二之五，即《革·九五》“大人虎变”。《传》云“其文炳也”。炳之于烂，犹烂之于彪。《释名》“丙，炳也。物生炳然，皆著见也”。《史记·律书》云’丙者言阳道著明”。《杂卦传》云“蒙杂而著”。“杂而著”，即“其文炳”也。蒙二不之五，而上之三成升则不炳不烂，与同人上之师三同。升旁通于无妄，升二之五而无妄上之三，为“二人同心，其利断金”。无妄成革，革上兑为言，故云“同心之言”。升下巽为臭，升二之五，则“其臭如兰”。兰即烂也。烂之字与连通。

《淮南·天文训》“日至于连石”。高诱注云“连读腐之烂”。《释名》云“风行水波，成文曰澜。澜，连也。波体转汉相及连也。《诗》“河水清且涟猗”，《尔雅·释不》作“河水清且澜漪”。《说文》“澜或从连”。郭璞云，“言涣澜。涣澜犹涣烂也”。《蹇·六四》“往蹇来连”，谓升二之五成蹇，即所以谓“其臭如兰”。边即兰也。升成蹇，蹇无妄相错为屯遁，即鼎二之五之比例。鼎二不之五而上之屯三成既济恒，为“泣血”。恒变通于益，则“泣血”而“涟如”矣。“涟如”，“连如”犹言“如兰”。

夬二之剥五，即蒙二之五，烂矣。蒙成升不烂，升通于妄，则仍烂，故“如兰”。升二之五，即鼎二之五，来连矣。鼎成恒不连，恒通益则仍连，故“涟如”，既济恒相错为丰井。恒通益，犹丰通涣，涣二之丰五，即夬二之剥五之比例。故涣之义亦同于烂，即亦同于涟。

㧑　靡

《谦·六四》：无不利㧑谦。《释文》云：㧑指㧑也，义与麾同。《书》曰：右秉白旄以麾是也。马云“㧑犹离也”，郑读曰“宣”。“麾”，《说文》作摩。旌所以指摩也，从物靡声《中孚·九二》“吾与尔靡之”。王弼、干宝皆训靡为散。

分、离之义为散，节、宣之亦为散。马训离，郑读宣，则㧑靡之义同也。《说文》手部并存“㧑”字，云“裂也”。从手为声，一曰手指㧑也。裂即靡散之义，手指㧑即手指摩。《后汉书·皇甫嵩传》“指㧑足以振风云”。李贤注云“㧑”即“靡”字，古通用“㧑”是也。履二不之谦五而四之阆初，即中孚二不之小过五而小过四之初之比例，亦明夷五不之讼二而讼四之初之比例。讼四之初成中孚，犹履成中孚。小过四之初成明夷，犹谦成明夷。成明夷中孚，则”天与水违行，后入于地失则“。此《传》云“无不利㧑谦，不违则也”。“不违则”，则履二先之谦五，即是中孚二先之小过五。在中孚为吾与尔靡”，在谦则为“摩谦”。

自变摩为麾，又通麾为㧑，而摩与靡之钩贯，遂不明矣。王逸《离骚章句》云“举手曰麾”，又云“以手教曰麾”。荀爽谓㧑犹举，即此手之义。《说文》“旋，周旋。旌旗之指摩也”，则摩有旋义。履四先之谦初，则谦下无艮手艮指，自《中孚·九二》言之。第据中孚二之小过五，而言靡，自《谦·六四》言之。故并据履四不之谦初而言摩，在谦为“摩”，在履则为“旋”。“无不利摩谦”，即“其旋元吉”也。

晖　挥

《未济·六五·传》云“君子之光，其晖吉也”，《释文》“晖，本又作辉”。《文言传》“六爻发挥”，《释文》亦云“挥，本作辉”。然则“晖吉”之“晖”，即是“发挥”之“挥”。发挥即是旁通，以晖赞光，谓既济旁通未济，所以“有孚吉”。若以辉光相训，犹浅视乎《传》矣。

形　刑

《说文》从“井”之“刑”，训罚罪，从“开”之“刑”，训到。二字不同，而形体之形则从开。《说文》开，平也。象二干封形，上平也“《尔雅·释诂》“平，成也”。《毛诗·召

南》“何彼秾矣”，《传》云“平，正也”。

《易》以成既济，为成为正。《系辞传》云：“见乃谓之象，形乃谓之器。形而上者谓之道，形而者谓之器。”形器以成而不变言。《王制》云”刑者，侀也，侀者，成也“。一成而不可变，刑之为成，即形之为成，故“利用刑人”之“刑”，为正。侀之作刑，亦如《高彪碑》刑作形。从开，故义得为成《易》之“刑”、“形”，皆取乎开之为平，平之为成与井之义为法，不相属也。

第十一章　易通释卷十一

初筮　原筮

《蒙·彖》云"初筮告。再三渎"。《既济·彖》云"初吉，终乱"。此"初"字，最易与初九、初六之"初"相溷。《蒙·传》云"初筮告，以刚中也"。《既济·传》云"初吉柔得中也"。此"初"在中，则指二五之先行而言。

《睽·六三》"无初有终"，《传》云"遇刚也"，《巽·九五》"无初有终"，《传》云"位正中也"，皆指五言甚明。筮以变言。"初筮"者，二五先初四三止而变也，故"初吉"。初四先行，二五后于初四，则不为初而为再。初四先行，三上又先行，二五后于初四，又后于三上，则不为初而为三。至于三，则成泰而后二之五，故"终乱"。此初对再三言之，与初九初六，对二三四五上言之者不同也。

《比·彖》云"原筮"，"原"即《周礼》"原蚕"之"原"，"原"之言再也。比通大有，大有二之五，是为"初筮"，及其成屯也。通于鼎。鼎二之五，则为"再筮"。初筮而下应之成屯，为"元亨"。再筮而上应之成既济，为"元永贞"。凡一卦，必经初筮再筮而后终，则"元亨利贞"，四德俱全，而终则有始。"原筮"即《系辞传》所云"原始"。一始再始，乃为"乾乾不已"。一始而终，则"盈不可久"。入"原始要终"，以为质也。乾二之坤五，初筮也。下应成家人、屯，屯三之家人上而终，一始而终也。家人反为解，解二之五原筮，而后家人上要于解三而终。屯反为鼎，鼎二之五原筮，而后屯三要于鼎上而终。故"原始要终"，又为"原始反终"。在鼎解视乾坤，则乾坤为"初筮"，鼎解为"原筮"。而鼎解成咸，咸反为损。又以鼎成遁、解成萃为初筮。损二之五为原

筮，损二之五而后咸四之初而终，亦“原始反终”也。

《经》于蒙比两卦，明示其例如此。原筮之为再筮，与“再三渎”之“再”不同。再三之再，失道之再也。原筮之再，趣时之再也。失道之再，不能体元趣时之再，元而又元。《系辞传》云“其初难知，其上易知”，初上并举。下云“二与四同功，三与五同功”，则初指初九初六之初。语各有当，虽散见各条，复明于此。

丈人　丈夫

《师·象》称“丈人吉”。《随·六二》称“失丈夫”，六三称“系丈夫”。随之“丈夫”，谓归妹二之五成随。师之“丈人”，谓师二之五成比，师二之五，为者二之坤五之比例，亦为离五之坎二之比例。

归妹二之五，为巽二之震五之比例，亦为艮五之兑二之比例。丈者，长也。于此两卦称“丈”，明“体仁”“长人”，谓八卦之二五也。崔憬引《子夏传》作“大人”，李鼎祚用以斥作“丈”之非。未知《易》义矣。

牝马　牝牛

坤“利牝马之贞”，离“畜牝牛吉”。用两“牝”字为脉络。牝，阴也，柔也。坤成屯，通于鼎。鼎五柔，牝也。成遁上乾，马也。牝马，犹云牝而马。离成家人，通于解。解五柔，牝也。成萃下坤，牛也。牝牛，犹云牝而牛。一明屯之通鼎，坤成屯如是，坎成屯亦如是。一明家人之通解，离成家人如是，乾成家人亦如是。

《易》每以一字之同互明之，此其例也。推之乾离成革，革通蒙。蒙五柔，牝也，成观下坤，亦牛也。革之黄牛，即此牛矣。坤坎成蹇，蹇通睽。睽五柔，牝也，成无妄上乾，亦马也。睽之“丧马自复”，即此马矣。

虎变　虎视　虎尾

虎之象，不见《说卦传》。京房谓：坤为虎刑。马融谓：兑为虎。虞仲翔斥马为俗儒，而本京氏说。宋衷、侯果用马说。《九家》又谓“艮为虎”，言人人殊矣。凡取象之义，《说卦传》备之。其有《说卦传》所不言，或可比例而得，或已见《彖》《象》《文言》等《传》，则一隅之反，圣人固不必尽其言。学者参考之，跃如也。《说卦传》不言虎，而言震为龙，不言云，而言巽为风。用于屯称“云雷屯”，于需称“云上于天”。坎之为云，必更详于《说卦传》矣。

《文言传》云“同声相应，同气相求。水流湿，火就燥。云从龙，风从虎”。“同声相应”谓乾成家人，坤成屯“同气相求”，谓乾成革，坤成蹇。“水流湿”谓乾二四之坤成屯，承“同声”而言。水，坎也。泾，下也。泥涂，沮洳之地。震为大涂，是也。乾二流于坤五三之乾成革，承同气而言。火，离也。燥为秋金之气，兑是也。坤五就于乾二，而三求之成革，是为“火就燥”。此言乾坤之当位行也。若不当位，有湿而无水，则乾四之坤初成复。有燥而无火，则坤三之乾上成夬。复变通于姤，姤二之复五成屯。复下震，先有龙。成屯，则上有坎云以从之，故“从从龙”。夬变通于剥，夬二之剥五成观。剥下先有坤，为虎。成观，则上为巽风以从之，故“风从虎”。以《传》文通之，坤之为虎，是也。《淮南·天文训》“虎啸而谷风至”。高诱注云“虎，土物也”。坤，土也。高氏亦本《易》之遗训扃？夬二之剥五，为蒙二之五之比例。《革·九五》“大人变”。“大人”即“利见大人”之“大人”。乾成家人，“飞龙天”，则通解为“利见大人”。坤成屯，“见龙在田”，则通鼎为“利见大人”。乾成革通蒙，亦为“利见大人”可知。此大人即谓乾成革，通于蒙。惟变通于蒙，蒙二之五，故为“虎变”。剥下先有坤，而后巽从之。蒙下无坤，因变为坤虎巽风。

《传》云“风从虎”，所以赞“大人虎变”。见成革成夬，

其能变同也。知其为夬二之剥五者，则颐、履两卦明言之。《颐·六四》“虎视眈眈，其欲逐逐”。夬二不之剥五，而夬四之剥初，剥成颐。剥下坤，虎也。上不以风从，而夬成需。四互离为目，故为“虎视”。“眈眈”为下视，需四之目，下视颐初，故为“眈眈”。夬四之剥初，为晋四之初之比例。在晋则需二之晋五，即“窒其欲”，故“逐逐”。“逐逐”犹“悠悠”，言其远也。溯其所以远，则由“虎视眈眈”，而未“风从虎”也。夬二不之剥五，而剥上之三成谦。剥下坤，虎也。上不以风从，而以上之三为尾，故为“虎尾”。坤虎在上而五无人，是“咥人”也。惟舍夬而变通于履，虽为“虎尾”，得履以制之，故“履虎尾”。“虎尾”指谦。“履虎尾”，谓以履孚谦也。以履二之谦五，五有人，故不咥人亨。六三“履虎尾咥人”。何也？谓履二不之谦五而上之三也。谦虽孚于履，而履仍成夬。则“虎尾”仍是虎尾，“咥人”仍是咥人，所以凶也。

九四“履虎尾，愬愬终吉”，何也？此即发明《彖》之“履虎尾”也。履二之谦五，国从之。四多惧，故“愬愬”。谦“君子有终”，故“终吉”也。履谦相错为临遁，遁之尾，隐君子谦之“虎尾”。

遁上之临三，为履上之三之比例，即乾上坤三之比例。遁成咸，临成泰。泰咸相错，正是夬谦，故初六“遁尾厉，勿用有攸往”。遁无坤，故但称“尾”而不称“虎”。“勿用有攸往者”，临成泰，遁成咸，即宜变通。不知变通于损以“窒其欲”，而以四之初则灾矣。咸四之初成既济与泰相错为需。犹夬四之谦初，已尾而又需之，是“濡其尾”。既济未济初爻皆言“濡其尾”，是也。于是《夬·九三》“独行遇雨，若濡有愠无咎”。夬二之剥五，“风从虎”矣。夬二不之剥五，而四之谦初，不为“风从虎”，而为“濡其尾”。用一“濡”字，与“遁尾”、“虎尾”相贯，知“濡其尾”，即此“濡”，即“尾”矣。

射雉　射隼　射鲋

《说卦传》云“水火不相射”，“水火”指既济。既济六爻皆定，不相往来，故“不相射”。“射”者，由此及彼之谓，以矢准之，亦指三上也。《旅六五》“射雉”，离为雉。节二先之旅，五成屯，而后旅上之节三，则节成既济。既济下离为“雉”，是为“射雉”。若节二不之旅五，则旅上射节三。节成需，下无离，即不成“射雉”矣。知“雉”指节，成既济下离者，以鼎“雉膏”准之也。鼎二之五而后上之屯三，为节二之旅五，而后旅上之节三之比例。互勘之甚明。《解·上六》“公用射隼于高墉之上”。《井·九二》“井谷射鲋”，可由是推得之。虞仲翔谓“离为隼，巽为鲋”，徒心“隼为鸟，鲋为鱼”耳。乃不言鱼而言鲋，不言鸟而言隼，则有精义焉。

《系辞传》云“隼者，禽也。弓矢者，器也。射之者，人也”。以禽赞隼，则与《恒·九四》“田无禽”相贯。解成恒，则“无禽”。解二先为五，则“有禽”。《说卦传》言“雷风相薄”，又云“雷风不相悖”，明以“相薄”为“不相悖”矣。而赞解之上六，即云“会用射隼，以解悖也”。“解悖”则“不相悖”，是“射雉”即“犹雷风相薄”。

解二之五，而后家人上之解三，为恒二之五，而后益上之三之比例也。《春官·司常》“鸟隼曰旟”《尔雅》“错革鸟，曰旟”，是隼为革鸟。革，急疾也。故《毛诗笺》以隼隼为急疾之鸟。解成咸，四不之初则疾。咸既济。然后三射于家人上，是为射隼于高墉之上也。巽为鲋无明文，即巽为鱼亦无明文。盖为东方其虫鳞，鱼为木精，故傅会于巽，非《易》义也。

姤二之复五，生于坎水之中，故“包有鱼”。姤二不之复五，则“包无鱼”。惟有水乃有鱼。剥之“贯鱼”，亦以其成蹇而有也。井九二，承初六“井泥不食，旧井无禽”。井泥则井成需，无禽则丰成明夷。井成需则穷，故云“井谷”。谷之言穷也。既成需，则宜通晋。“射鲋”，谓需二之晋五而后晋上

射三也。其称“鲋”者，“鲋”为附之假借。兑为附决。需二之晋五，而晋上三应之，成咸。上成兑，取义于附，故云“射鲋”。若需二不之晋五，则晋上射三。不成咸，上无兑，即无鲋，则不得为“射鲋”也。试以《传》云“无与也”核之。“与”指咸，井成蹇，噬嗑成革。相错为咸，则“有与”。因下漏，以致穷而“无与”。因“无与”改而射鲋，则晋成咸仍为“有与”，即为兑之“附决”。核《传》中“与”字，而“鲋”字之假借始明。

古人制器命名，每假借以为之义，如枣取于早起，栗取于战栗。髽笄用桑，虞主用桑，皆取于丧。少皞以鸟名官，“五鸠”取其鸠民，“五雉”取其夷民，“九扈”取其扈民无淫。扈即户，户，止也。鸠之言聚也，勼之借也。雉之为夷，即雉之为矢也。彼实有所指，尚以假借为义，况《易辞》之引申乎？吾以鹤为确，鲋为附，豹为约，或以穿凿疑之，略举此数端以为证。

由豫　由颐

“由”之训为“自”，“由颐”犹云“自养”也。玩下云“厉吉利，涉大川”，可知其义。大过成既济，颐成益，是大过已得所养。而颐上之“涉大川”。“由颐”之由，即“自求口实”之自。

《豫·九四》“由豫”，谓小畜二之豫五也。豫料成咸，所谓“自我西郊”。由豫之由即“自我西郊”之自。两“由”字释《象》中两“自”字。一言于九四，一言于上九。明初国三上之行，必由于二五。恒二不之五，则益之“涉大川”无所由，则不可求矣。小畜二不之豫五，则不能“大有得”，而“簪之盍”无所由矣。“朋盍簪”，即“密云不雨”。“大有得”之所由，即“不雨”之所自也。“涉大川”，即“求口实”。“大有庆”之所由，即口实之所自也。凡《经》称“自”者十，皆与由同义。“需于血，出自穴”。晋国之初，由于需二先之晋五也。“比之自内”，大有成家人。由家人变通而贞吉，故

“自内”也。

睽二先之五，为“勿逐自复”。大有二之五，上乾为天。而后上之比三，是为“自天佑之”。姤二之复五，而后上之复三，所“自”在复五。而云“自天”者，谓姤四不之初而二之复五也。若姤二之复五，而四亦之初成家人。则上之之复也。为无所自矣。惟姤成遁，遁上有天，而上乃得而“自”之。上之陨，虽自复五成屯，实由姤不成家人也。成家人，则二五已为初四所自，不得又为三上所自也。夬二先之剥五，为“千自邑”。泰孚否而二先之五，为“自邑告命”。小畜二先之豫五，为“复自道”。大有二先之五，而比初从之成家人，故“比之自内”，《传》云“不自失也”。

若大有二不之五而四之比初，则不成家人，为失其所自。大有二不之五而四之比初。为乾不之坤五，而四之坤初之比例。在大有成大畜，在乾成小畜，小畜“复自道”，仍成家人，与“比之自内”同。故《小畜·九二·传》云“牵复在中，亦不自失也”。承比之自内言，故“亦”之。

甘节　甘临

《节·九五》“甘节吉。往有尚”。《传》云“甘节之吉，居位中也”，谓二之旅五节成屯，旅成遁。即成遁，则旁通于临。《临·六二》“甘临，无攸利”。《传》云“甘临，位来当也”。“甘节”则吉，“甘临”则“无攸利”者，《传》已告赞明之，苦之义为穷为毒。兑成节，艮成贲，不能趣时，致贲上之节三，成需明夷，是为苦也。

甘者，苦之反。节能变通于旅，则化苦为甘，故“甘节吉”。乃节二之旅五成遁，遁上宜之节三。若不之节三，而之临三，则不为“甘节”，而为“甘临”。盖遁通临，不得以节二之旅五之“甘”，用为遁上之临三之“应”。遁上宜应临五，临三不得，应旅五故“无攸利”。用一“甘”字，为遁之枢纽。“甘施”于节则“不当施”于临也。

频复 频巽

《复·六三》“频复，厉，无咎”，《巽·九三》“频巽吝”，以两“频”字相钩贯。《传》以“志穷”，赞赞“频巽”。殿何以空？以二不之震五，而初之震四。震成复，巽成小畜也。复小畜不能“无咎”，惟复通于姤。姤二之复五，因而她看到上之复三，是为“频复”。“频复”，则“厉”而“无咎”。乃溯其由巽之“志穷”。而变化转移，以至于“频复”。始以“穷”而“有咎”，终以“厉”而“无咎”。自复通姤为“无咎”。

自巽二不之震五言之。则为“吝”。故《巽·九三》“频巽吝”，“频”字即指频复。“频复”之“吝”在巽，“频巽”之“无咎”在复。于“频复”称“无咎”。于“频巽”称“吝”。以互相发明，而以一“频”字为枢纽。此《经》文之造微也。

冥豫 冥升

冥之义同于幽，变同于迷，坤先迷失道，谓三四先于二五也。乾二不之坤五，而四之坤初。乾成小畜，坤成复。小畜上又之复三成明夷，则“迷复”。故小畜必通于豫，复必通于姤。若小畜二不之豫五，而豫四之初，则仍是复。

小畜上又之豫三，仍是小畜上之复三，成明夷，故为“冥豫”。“冥豫”犹“迷复”也。复姤相错为升无妄，故于《升·上六》称“冥升”，与“冥豫”互明。升二之五，为姤二之复五之比例。升二不之五，而无妄四之升初。即为姤二不之复五，而姤四之初之比例。升之冥，犹姤之冥也。

休复 休否

休之义同于嘉，嘉会合礼，谓亨也。乾二先之坤五，乾四次之坤初，先五次初，其序不乱。《传》于大有赞云：顺天休命。大有二之五成同人，为乾二之坤五之比例。四之比初应之，即乾四之坤初之比例。乃乾二汪之坤五，而四之坤初成复。不可为仁，不可为礼。惟变通一姤。姤四未之初，而复五先之姤二，为“姤吉”，则仍不失为“休命”也，故云“休复”。

《否·九五》“休否”，与“休复”同。泰乎否，泰二之五，为“无吉”，而不四之初应之，故“大人吉”。“大人”，谓泰二之五也。下文“系于包桑”，承“休否”成功了益言之。

介福　介疾

《晋·六二》“受兹介福，于其王母”。《兑·九四》“介疾有喜”。马融皆训“介”为“大”。而《豫·六二》“介于石”，马作“扴”，解为“触小石声”。郑康成作“砎”，为“磨砎”。虞仲翔作“介”，为“纤介”。

《系辞传》赞“介于石”，为“介如石”。崔憬解为“如石之耿介”。通测之，“介福”“介疾”之“介”，即“介于石”之“介”。介之义为画，变为副。豫先成萃，次成咸，则取义于副。成咸，则止而四不之初。又取义于画。三副五而有艮石，亦即画止于石，故云“介于石”。“艮为石”，石有止义，介亦有止义，故云“介如石”。晋上之三成小过，与小畜上之豫三同。故需二先之晋五，而后晋上之三，为“介福”。不可云“受兹介石”，而以“福”字与“实受其福”“并受其福”诸“福”字，明其为需二之晋五，同于未济二之五。而用“介”字与“介于石”相贯，明其为成咸四不之初。于是九四即以“鼫鼠”与“石”字贯。晋成咸。仍是“介于石”也。兑成革，艮成蹇，相错即既济咸。革国不之蹇初，故云“介疾”。凡成蹇革，则宜以变通为“悔亡”，故“悔”存乎“介”。

乾二不之坤五而四之坤初，成小畜复。小畜二，又不之豫五，而上之豫三成小过需。成需乃通于晋，而“受兹介福”。

艰难困蹇而后得，帮“吝”存于“介”。“吝”之“介”，指“介福”“介石”，而“悔”之“介”，则通“介石”“介福”“介疾”言之。

敦复 敦临 敦艮

“敦”之训“厚”也，《系辞传》云“安土敦乎仁，帮能爱”。乾二不之坤五，而上先之坤，三成谦。三先于五则为轻，轻之方薄也。反而观之，则先五后三，不轻薄而敦厚矣。兑二汪之艮五，而艮上先之兑三。艮成谦，与坤成谦同。艮成谦，则艮不敦。艮不成谦，先成家人，家人又通于解。

解二之五而后上乃之解三。解成咸，家人成既济。艮于是乎终，是以“厚终”也。故上九“敦艮吉”。解二汪之五而四之初成临，不能“无咎”，即不能敦临通于遁。昨成既济，遁成咸，与家人成既浊，解成咸同。临之敦，即家人之敦。家人之敦，即艮之敦。《传》云“敦临之吉，志在内也”。家人为内，此指遁为内。明以遁临之敦，为家人解之比例。《经》《传》皆隐奥而造于微也。

更明之以复。《复·六五》“敦复无悔”。姤二先之复五，上后之复三。亦复成既济，姤成咸。《经》以“无悔”二字，隐于家人这“有悔”相发明。艮成家人，兑成屯。家人悔而通解，则屯悔而通鼎。今复成屯，姤成遁，未为家人，则不必悔而通解。即以上之复三为敦复，所以明兑成屯，艮已成家人，必通于解鼎乃为敦也。

《传》云“敦复无悔。中以自考也”。特用一“考”字，与“视履考祥”相贯。艮成谦，轻蔑极矣，不可以“考祥”变通于履。“轻薄”改为“敦厚”故得“考祥元吉”。“敦复”之“敦”既同于“敦临”之“敦”，而临遁相错，即为谦履。取“视覆考祥”之“考”，以赞“敦复”。则履之“考祥”，本于敦厚可知。谦得履而敦，艮成谦不敦，又可知矣。于是双赞于剥云“上以厚下安宅”。艮成谦，通于履。兑成夬，则通于剥。夬于谦轻，夬于剥则厚。谓夬二通剥五，而剥初应之成

益。益又通恒。恒二之五，而后自上之三，是为“上以厚下”。成既济，故“安宅”也。何以“上以厚下”指恒益？

《传》于《益·初九》赞云“元吉，无咎。下不厚事也”。解二不之五，而家人上之解三，成恒。则上不以厚下，是为“下不百”。因下不厚而有事于益，乃得“元吉无咎”。犹艮成谦而旋于履，乃得“元吉”而“考祥”也。艮成谦则艮不敦，坤成谦则坤不敦。艮敦则以家从通解，坤敦则以屯通鼎。“安土”坤成既济也。“放仁”变通而体元不已也。仁即元谓鼎二之五“元吉”，“安土”即“安贞吉”，此坤“厚”所以“载物”也。爻有等谓之物，惟“载物”乃为“厚德”。若不先二五，遽以三上为施，转谓之轻薄，不可为厚。故《中庸》“敦厚以崇礼”，而复礼乃所以为仁。墨子兼爱则无等礼，则为薄而已矣。何以知谦之轻？对乎坤之厚。《系辞传》赞《大过·初六》云“夫茅之为物薄，而用可重也”。重与轻对者也，薄与厚对者也。以薄对重，犹以轻对厚，此非泛言也，由敦复而引申焉者也。复成既济，姤成咸。先五后三，其敦厚固矣。

若姤二不之复五，而上先之复三，复成明夷，姤成大过。则不敦厚而轻薄，与谦同矣。大过下巽为“白茅”，不成咸而成大过，所以为物薄也。用而通于颐，则薄可变而为重，犹谦通于履，而“其旋元吉”。亦犹解成恒为下不厚，用而有事于益，则为“大作元吉无咎”。故大过这“灭顶”，同于剥之“灭下”，即不以“厚下”也

鸣谦 鸣豫 鸣鹤

《说卦传》“震于马，为善鸣”，马指乾。“鸣”上加一“善”字，谓乾二先五为善。然后乾四之坤，初为屯，下震，其鸣乃善。若乾二不之坤五，而四之坤初，虽鸣而不善矣。豫四之初，与乾四之坤初同，鸣之不善者也。故“鸣善凶”。

《谦·六二》“鸣谦贞吉”。履二之谦五，乾二之坤五也。履四之谦初，乾四之坤初也。谦五积善，履下震鸣，此鸣之善者也，故“贞吉”。《传》云“中心得也”，与“鸣豫志穷”互

明。五未善则志穷，五已善则心得。非谦五得中，是履下何心震？履二不之谦五，而四之谦初，则履不成益，而成中孚。中孚元震不鸣。中孚通小过，而二之小过五，则成益而又鸣。故《中孚·六二》"鸣鹤在阴，其子和之"。其取于鹤者，虞仲翔以离为鹤，与离为隼同一望文生意。即傅会于鹤为阳鸟，声闻于泽。以为小过成咸上兑张本，亦示切也。《易》之取义在声音假借。鹤从"隺"声，字与"隺"为通借。《系辞传》云"夫乾，确然示人易矣"。《说文·门部》引《易》"夫乾隺然"。隺、鹤、确二字同。隺然示人易，则"鸣鹤"之鹤取于变易。履失道成中孚，不可鸣于谦矣。欲其鸣，必易于小过，所谓"鸣鹤在阴"也。谓其鸣也，必隺然在小过之五也。《文言传》又赞云"乐则行之，忧则违之。确乎其不可拔"。"忧"谓乾上之坤三成谦夬。"违"，谓谦通于履。凡初这四为"拔"。乾二未之坤五，，拔则成小畜复，与"鸣豫"同。履二未之谦五，"拔"则成中孚明夷。"确"即坚也。

履二之谦五，为坚冰至。履二不之谦五，而谦初拔之，履四成中孚。不坚即不确。中孚易而通小过，小过初不之四，而中孚二之小过五，则仍确然而不拔，仍是履二之谦五之"坚冰至"，亦即仍是履二之谦五之"鸣谦"。故云"鸣鹤"。"鸣"即"鸣谦"之鸣，"鹤"即"坚确"之确，而《传》以"胡乎不可拔"赞之。"明鹤"即确，确即坚，思而贯之，了然无疑。

童蒙 童观 童年 童仆

童之义，与子同，始生之象也，蒙二之五成观。在蒙称"童蒙"，谓蒙二之五，自未童而期之也。在观称"童观"谓蒙二已之五成观，由既童而溯之也。夬剥相错为在畜萃。夬二之剥五成观，国蒙二之五之比例，亦即为大畜二之五之比例。故大畜"童牛"之童，即"童观""童蒙"之童。

大畜，为鼎国之初之卦，鼎本与屯通。鼎二不之五，而四之初成大畜，失其为"元亨"，故必改而通于萃。通于萃，而二之五家从。乃相错为观，而为童蒙童观之比例。犹恐不明，指出一“告”字，显与“初筮告”之“告”互明，所以明其不与屯通而与萃通之义也。与屯通则不错为观革。无所为童，无所为告矣。此《经》文之造于微也。旅称“童仆”何也？节二之旅五，节成屯，旅成遁。鼎二之五同。则旅之初为贲，即鼎四初为大畜之比例。旅既成贲而通于困，犹鼎成为大畜而通于萃，贲困相错为蒙。困二之贲五，为蒙二之五之比例，是为“得童仆”。“童”而兼“仆”者，仆为仕于家者之称。

明此得童即成家人，所以明旅成贲，与困通也。若旅成贲，不能变通于困，仍以上之节三节成需，旅成明夷。不能相错，为蒙观，则“丧童”。不能成家人，则“丧童”而兼“丧仆”。得“童仆”，则贲成家人，困成萃，与大畜“童牛之告”同矣。《经》以一“童”字，国众卦之枢纽，皆造乎微之微者也。

天行　志行

《传》称“天行”者四。称“志行”者八。“天行健”，谓乾二之坤五，乾成同人，同人通师。师二之五犹乾二之坤五，故《同人·传》去“乾，行民”。谓同人之行，仍乾之“行健”也。“乾行”即是“天行”。乾二之坤五，成同人比。坎二之离五，亦成同人比。同人为乾行，坎行亦乾行也。巽二之震五，兑二之艮五。不成同人比，而成渐随。随之通于蛊，犹同人通于师。

《传》于蛊赞去“天行”，明震巽艮竟之行，皆乾行也。乾二不行，而上行于坤，三成夬，“行”不“健”矣。乃夬通于剥而“行”仍“健”，故于剥赞之云“君子尚消息盈虚，天行也”。乾二不行，而四行于坤初成复，行不健矣。乃复通于姤，而行仍健，故于复赞之云“七昌来复，天行也”。明姤二之复五，夬二之剥五，无非乾二之坤五也。

然则一言“乾行”，四言“天行”，其义已括。“天行”者，谓六十四卦之行，无论由穷而通，由反而复，凡合乎道即

合乎天。"志行"者，志谓五也。二五先行而后初国三上应之而行。《巽·传》云"刚巽乎中正而志行"。二之震五为中，上应之成蹇。蹇双变通而正，如是即为志行。举一巽而乾坤六子，皆可知也《小畜·传》云"刚中而志行，乃亨"，《豫·传》云"刚应而志行"，两《传》互明。小畜二之豫五为"刚中"。止之豫三应之，为刚应。"刚应"即"刚中而应"，如是为"志行"，如是为"亨"。《豫·九四·传》云"由豫大有得，志大行也"。"志大行"，谓志大而后行。"志大"者，豫五大中也。"行"者，三从之而行也。三从五而行也。三从五而行，是行由五始，故云"由豫"。凡称"志行"者，谓由志而行也。

《屯·初九》《履·九四》《临·初九》，皆云"志行正"。临二之五，而遁上之临三应之。遁成咸，是为"咸临"。临成既济，故"贞吉"。与鼎二之五，而屯三之鼎上应之同。履二之谦五，为"履虎尾"，履四之谦初应之。"愬愬"谓履成益。上不之三，益上不之三，而谦成既济，故"终吉"。屯临之"志行"，三上之"行"，由志而始也。履之"志行"，初四之"行"，由志而始也。"志行正"者，正贞也，谓由志行而既济而贞也。

《否·九四》由泰二之五，而行成益，则"有命无咎"。否之"志行"犹履之"志行"也。升二之五，而后无妄止之三，升成蹇，无妄成革，故"南征吉"。升之"志行"犹屯临之志行也。初四三上，必由志而行。志不行，则初四三上即不可行。二五者，志也。初四三上，四支也。"美在其中而畅于四支"，则"非礼勿言，非礼勿动，非礼勿视，非礼勿听"矣。

《归妹·九四·传》云"愆期之志，有行而行也"。谓三之渐上成蹇，蹇初待睽二之五而后行，乃为"志行"也。《睽·传》云"二女同居，其志不同行"。乾二之坤五而三上应之，此蹇之志也。瞪二之五而四之蹇初应之，此睽之"志行"也。"二女"指五与三三从五而行，则为"志行"，为"同行"。四既从五成益，则三不得，双从五同行，益必旁通于恒。恒二之五，而睽三乃从行。睽三与恒五同行，不与睽五同行，故云

“不同行”。推之，睽成革而通蒙，蒙二之五而初之革四应之，亦“不同行”。“志行”于三上，则不行于初四。“志行”于初四，则不行于三上。临成屯而志行于遁，鼎成遁而志行于屯，亦志之不行也。“志行”于三上，则为“志上行”。《晋·六三·传》云“众允之志，上行也”，谓需二之晋三，而晋三之上以应之也。若乾成革，坤成蹇，乾四双之刊初，则志行于三上，又行于初四，为“同行”。抑乾成家人，坤成屯。乾上又之坤三，则“志行”于初四，又行于三上，为“同行”。“同行”则成两既济，故志不可“不行”，亦不可“同行”。志不行则志穷，志同行亦空也。

《传》于蒙赞云“匪我求童蒙，童蒙求我。志应也”。“志应”即“志行”。惟二五行，而初四三上有应，乃为“志行”。志而不应，志不行矣。“志行”在天“承天”，在于“趣时”。故“志行”即是“天行”，亦即是“时行”。大有“应乎天而时行”，即所以“志行”。《传》两称“与时行”，三称“与时偕行”，可得而明矣。

曰闲　曰动

《大畜释文》：曰音越。刘云：曰，犹言也。郑人实反，云“曰习车徒”。《困释文》：曰动悔，音越。向云“言其无不然”。郑作“曰闲”与虞同。然“曰动”之“曰”，无有民辞。“曰闲”“曰动”两“曰”字，正相呼应。《说卦传》“震，动也。艮，止也”。闲即止也。萃上之兑言不动，而大畜上之萃，三成咸，下艮，故为“曰闲”。“曰”字指上兑，“闲”了指下艮也。困二之贲五。贲成家人，困亦成萃。贲上不之困三，面困四之初，则不成咸而成屯。屯下震故云“曰动”。屯家人“亢龙有悔”，故云“悔”。困二之贲五，正为大畜二之五之比例，故以两“曰”字贯之。

三就 三锡 三驱 三接 三褫

卦有六爻，两卦之旁通者，其十二爻，动者六，不动者六。其所动之六爻，两两相往来，实为三焉，故《易》每以三明其义。盖动而至于三，则终止。欲其终则有始，故于三详言之。乾二之坤五为一，乾四之坤初为二。乾上再之坤三，则终止。必以坤之成屯者，旁通于鼎。鼎二之五，而后上之屯三，以乾之成家从者，通于解。解二之五，而后家人上之解三，所谓" 田获三品：是也。其义“师之三锡”“比之三驱”明之。师二之五，一“锡”。同人国之师初，二“锡”。师成屯。待鼎成遁，上之屯三，为三“锡”。比通大有，在有二之五，一“驱”。比初之在有四，二“驱”。比亦成屯，待鼎成遁，上之屯三，为三“驱”。

鼎五正们为五。五而后用“三驱”，故云“王用三驱”。五而后“三锡命”，故云“王三锡命”。师二之五成比，为乾二之坤五之比例。师之三“锡”，明乾坤之“三锡”也。在有二之五成同人，为坎二之离五比例。比之“三驱”，明坎离之“三驱”也。其云“三驱”，依下“前禽”而言也。其云“三锡”，依“大君有命”而言也。取事之相属而已。比大有相错为需晋，师同人相错为讼明夷。《晋·象》云“用锡马蕃庶。昼日三接”。需二之晋五成否，上乾为马，一“接”也。否四之初，“锡马蕃庶”，二“接”也。

益通于恒而后上之三，为“昼日三接”也。晋之锡承于侯，为“锡马”。师之锡承于五，为“锡命”。若不承侯王而锡，则为“或锡”。《讼·上九》“或锡之鞶带，终朝三褫之”是也。讼二不先之明夷五，而上之三，成大过，一褫也。大过国之初成需，二“褫”也。需二之明夷五，成两既济，为“终朝三褫”也。“褫”，荀爽、翟元皆训“夺”。讼成需，需二之明夷五，次以四之初成益，益通恒。恒二之五，而后益上之三，则为“邑人三百户，无眚”。益三互坤，“邑”也。否四之极，“户”也。上之三，“人”也。百，亦数之终也。不先克三，则“锡例子”而不锡“鞶带”。锡“鞶带”，则“终朝三褫”而“有眚”矣。“三百户无眚”，则不“致寇至”以夺之矣。

《革·九三》“征凶”，谓蒙成益而上之三也。“征凶”故“贞厉”，由成益而通恒。则为“革言三就有孚”。“革言三就有孚”，犹云“邑人三百户无眚”。革本与蒙孚，贞厉则革言矣。蒙二之五，一“就”也。革四之蒙初，革成既济，蒙成益，故蒙二之五，一“就”也。革四之蒙初，革成既济，蒙成益，故“贞厉”，二“就”也。

革上兑为言，国从蒙五，故革去其言。革言而益，双孚于恒。待恒二之五，而后益上之三，三“就”也。欲“革言”，必有孚于蒙。欲“三就”，必有孚于恒。故“革言三，就有孚”。不孚则为“终朝三褫”，“有孚”则为“三百户无眚”。需晋为比大有之相错。《晋·象》言“三接”，故比言“三驱”，以发明之，而又推广于师之“三锡”，革之“三就”，且反明之以讼之“三褫”。《经》之自示其例，详矣。

金矢　金铉　金车　金夫　金柅

《说卦专》“乾为金”，凡《经》称“金”，皆乾也。井二之噬嗑五，成无妄，上乾为金，则“得黄金”。井成需，需二变通于晋五，成否，上乾，则“得金矢”。《鼎·六五》“黄耳金铉”。“黄”谓二之五成遁，“耳”谓止之屯三互坎。屯成既济，鼎成咸，故“利贞”。

井二之噬嗑五，即鼎二之五之比例。井二之噬嗑五，则“得黄金”。井不之噬嗑 五，而噬嗑上之三，则“灭耳”。“灭耳”则不“得黄金”，“得黄金”则不致“灭耳”，本是互明。鼎二之五既同于井二之之噬嗑五，则“得黄金”矣。然后以鼎上之屯三，则不“灭耳”而“黄耳”矣。“何校”则噬嗑已成颐，上又之三成明夷。明夷三亦互坎为“耳”。但由诛灭而有此“耳”，则为“灭耳”。“黄“则鼎上成乾为金。”“铉”即扃，所以贯鼎耳者也。上之屯三，贯于坎，耳之中。耳在此，

铉即在此。“金铉”二字，是申是“黄耳”二字。金由于黄，耳由于铉也。盖鼎不之五而上之屯三，则为“灭耳”。鼎二不五，而四之初成家人，耳在鼎则为鼎耳。鼎耳无铉以贯之，但塞而已。惟鼎上先有乾金，即以此金之上九，贯于屯三，乃为“黄耳”，即为“金铉”。

姤上乾为金，四之初成小畜，小畜下乾为金。小畜与豫系，姤怀复系。姤之巽绳在乾下，则复之坤柄在上。小畜之巽绳在乾上，则豫之坤柄在下，象丝与籰柄相转旋。柅，籰柄也，故云“系于金柅”。困成需，旁通于晋，与井成需，旁通于同。晋成否，上乾为金，下坤为车。上之三为矢，噬嗑称“得金矢”。困称“困于金车”，亦互明也。困贲相错为蒙革。困成需，即蒙成泰。蒙成泰，则见金夫不有躬。金谓泰下乾。泰不孚否，则为“无攸利”之“金夫”。需孚于晋，则为“利艰贞”之“金矢”，亦互明也。

《系辞传》赞《同人·九五》云“二人同心，其利断金”，此指“大师克相遇”而言。同人上之师三，成升。升通无妄，升二之五为同心。无妄上之三，为“断鑫”。“断金”与“断木”互明，小畜上之豫三，成小过，则断木为杵。无妄上之三成革，则“其得断金”。小畜上巽为木，无妄上乾为金也。

盈缶 鼓缶 用缶

缶所以节歌，鼓之义为动，亦为鸣。坎成屯，而通鼎。鼎四不之初，而成咸下艮则有所节止，是为缶。《离·九三》称“鼓缶”，与《比·初六》称“盈缶”同。“盈”谓屯也，“缶”谓鼎成咸也。

《坎·六四》“樽酒，簋二，用缶”。“樽酒”者，坎二之离五也。“簋二”者，坎初之离四也。离成家人，坎成屯矣。所谓鼓也，即所谓盈也。中孚“得敌”成需。需二之晋五而晋四之初，即坎二之离五而离四之坎初之比例。

成益成屯，下皆有震，故称“鼓”。鼓兼二进于五，而初四应之之称也。“纳约处牖”者，鼎二之五，而后上之屯三也。

鼎上之屯三为约，而屯三纳之，为“纳约”。“牖者”，明也，鼎二之五则明。谓屯三之纳约，非遽纳也，自鼎二之五而后纳之也，是所以用缶也。

簋二　二簋

《说文》“簋，黍稷方器也”，坤主受而德方，簋指坤而言也。坎二之离五为樽酒，“樽”与“尊”同。天尊地卑，离成同人，上乾故为尊。坎二之离五邓需二之晋五比例。需于酒食，故“樽酒”也。贰，副也。以坎二之离五为主，而离四之坎初从之，成屯。屯三互坤为簋，故云“簋二”，加紧于离上之坎三从之也。离上之坎三从之，坎成蹇，则无簋矣。惟其成屯，且不欲遽成既济也，故“簋”也。损二之五，忆用一簋，尚存一簋，不可更用此一簋。

盖损二之五，而咸初四应之，则此一簋，宜止而“用缶”。俟益通恒，恒二之五，而后益上之三，此一簋乃可用。故云“二簋可用”也。《周礼·小史》注云“故书簋或为几”。郑司农云“几读为轨，古文也。惠定宇谓”涣奔其机“之机，亦古文簋。涣宗庙中，故设簋。涣二之丰五成革。若丰四之涣初则涣成益，有簋矣。乃丰四不之涣初，而涣上之三成蹇，上二阳爻涣散矣，涣则无所为簋，故必心革通蒙，使蒙成益，而乃有簋。革蒙相错为贲，故奔其机也。

致一　一致

《损·六三》“三人行则损一人。一人行则得其友”。《传》云“一人行，三则疑也”。二则疑，一则不疑。《系辞传》云：“《易》曰：憧憧往来，朋从尔思”。子曰‘天下何思何虑》天下同归而殊途，一致而百虑’。又云‘天地絪缊，万物化醇。男女构精，万物化生’。《易》曰‘三人行，则损一人。一人行，则得其友，言致一也’。”此承上一君二民、二君一民而言。咸损两卦旁通，到长一，即所谓一阴一阳也。曰天地，曰

男女，曰君民，皆即阴阳也。二君一民，则二阳一阴。一君二民，则一阳二阴不全乎一阴一阳之道，故必变通。使二阳一阴者。舍阳而通阴，则“小人道长，君子道消”，为“小从之道”。使一阳二阴者，化阴而为阳，则“君了道长，小人道消”，为“君子之道”。于是阴阳两和，仍合乎“一阴一阳之道”也。凡以为“致一”也。咸一阳，反为损一阴。损一阴，复成益一阳。益一阳，反为恒一阴。恒一阴，复成咸，又为一阳。

损不成益而成泰，则损一服。泰又一阴，是为二阴，即二民也。咸一君，损泰二民，阴多阳少，故云“损一人”。“损一人”者，不能致一，失乎一阴一阳这道 也。此宜以阴进阳，为“君子之道”也。恒成咸，一阳益成即济，又一阳，是为二阳，即二君也。恒一民，咸、即济二君，阳多阴少，不可又民三四之初，宜通损，为“朋从尔思”。“朋”指咸五之阳，“思”指损五之阴。阳退阴，为“小人之道”也。“君子道长，小人道消”，其义易知。“君了道消，小人道长”，人或不知，故《传》详言以发明之。“日月相推，寒暑相推，屈信相感”，皆以阳不可无阴。尺蠖屈所以求信，龙蛇不可有贵而无贱，有尊而无卑。故“贵而无位，高而无民”，则“亢”而为“穷之灾”，与“匪正有眚”等。

自冬至至于夏至，若干算，自夏至至于冬至，亦若干算。盈缩相补，长短互平。一寒一暑即是一君子一小人。同归者一阴而一阳也。恒成咸，损成益，是也。殊途者，一阳而一阴也。咸通损，益通恒，是也。一阴一阳，故“百虑”。“一致”，即“天地絪缊”也，“男女构精”也。“百虑”即“万物化醇”也，“万物化生”也。惟殊途所以百虑，惟同归所以一致。致者，至也。致一而后一致。至而一，则“独行”。上下应，为“至临”，为“坚冰至”。至而不一，则“至于八月”，“至于十年”，而“致寇至”矣。君子小人，迭为消长，皆圣人辅相裁成之权所寄。君子道 长，小人道消，固圣人制之。小人道长，君子道消，亦圣人制之。

《传》明以“民”指小人，“君”指君子。王公侯卿大夫令长，皆君也。士商农工，皆民也。君为民之心，民国君之本。“消长”犹云损益，民气盛则损之，民气弱则益之。小人道长，则君子不亢。君子道长，则小人不害。有报有反，而轻重不畸。一张一弛，而天下和平。自王弼、何晏不明“致一”之义，以老氏“抱一”之说入之，《易》义遂不明，至以“小人道长”君子道消，为君子在野，小人在位。于是执扶阳抑阴之说者，互相倾轧，莫不自居君子，以所攻击者为小从。不知圣人裁成辅相之权，固不知是矣。

《传》于咸言“一致”，明小人之道，而详之以寒暑日月。于损言“致一”，明君子之道，而详之以天地男女。阳必通阴，阴又必化阳。《恒·九五·传》赞云“妇人贞吉，从一而终也”。夫子制义，从妇凶也。恒一阴，成咸一阳。益上之三从之，成既济，为“从一而终”，“致一”乃“从一”也。损一阴，成益一阳。咸四之初从之成既济，亦为“从一而终”，“致一”乃“从一也”。咸虽通损，必损成益，咸乃可终，为“制义”。咸虽通损，损不成益。咸遂成既济而终，则不为制义而为从妇。然则阳虽必通阴，从阴必仍化为阳，乃可从。从阳则吉，从阳则从一也。从阴则凶，从阴则从妇也。乃从阳必从自阴而化之阳，故不云从阳，而云从一，有一阴而后有一阳也。“从妇凶”，妇未生子也。妇人即女，夫子即男。“男女构精，万物化生”，则夫纳妇而妇有了。是阳通阴，阴仍化阳，即为致一。致一者，损二至五也。从一者，损二至五，而咸四之初从之也。“从一而终”，即从一而贞，故云“天地之道，贞夫一者也”。“天地”即“絪缊”之天地。

天地之道，即一阴一阳之道，亦即君子之道，小人之道。惟君子小人，以消长为往来，乃能致一。致一在阴，从一在阳，是仍阳贵而阴贱，阳尊而阴卑也。时行而后休征，恒寒恒雨固为咎，恒燠恒旸亦为咎。阴阳有尊卑，而不可有多寡。宜和平，而不可有偏胜。《洪范》与《易》正相表里。余于此思之有年，不惮详著之，以质诸识者。

第十二章　易通释卷十二

成有渝　官有渝

渝之言变也，《易》以变为义。变者，恐其成两既济也。故《豫·上六》“冥豫。成有渝”。“冥豫”者，豫成明夷，小畜成需。需二之明夷五成两既济矣，故明夷变通于讼。明夷成既济，“成”矣；而变通于讼，则“有渝”，是为“成有渝”也。变通于讼，讼二之明夷五，而四从之为益。益上之三双成两既济，故讼不可成，而“渝安贞吉”。一渝再渝即“初筮”又“原筮”也。

《随·初九》“官有渝。贞吉”。何也?《管子·宙合》云：“天不一时，地不一利，人不一事。是以著业不得不多，人之名位不得不殊。方明者察于事，故不官于物，而旁通于道。”注训“官”库主。《说文》“官吏事君也。官承君令，以司主其职事。不官于物，而旁通于道。谓不专主一物，而视道为通。此正合乎“官有渝”之义。《传》云“记有渝，从正吉也”。“从正”，即旁通于道也。乾二之坤五为始，初四从之成屯。蛊二之五为始，初四从之亦成屯。屯通于鼎，而后三之鼎上，此其常也。是随四之所主，视乎蛊之二五。

所谓官也乃蛊二之五，而随三从之成革，则随四不得，又从之矣。则宜改而变通于蒙，以蒙之二五为主，是为“官有渝”也。“官有渝”，渝在初四。“成有渝”，渝在二五。“渝安贞吉”，渝在三上。三“渝”字，互相发明，而义备矣。

无首吉　无首凶

《说卦传》“乾为首”，《乾·用九》“见群龙，无首吉”，

《比·上六》“比之。无首凶”。同一“无首”，或吉或凶。荀慈明云：“阳欲无首，阴以大终。阴而无首，不以大终，故凶。”其说近是，而未能详。“见群龙”，即是“见龙”。坤成屯，乾成家人。屯三柔相群，而震龙在下，故云“群龙”。

两卦皆无乾首，故吉。乾之二四上，之坤五初三，是为“用九”。而其序以二五为“元”，初四从之为“亨”，故以成家人、屯为吉。若二五不先而四上逾越而行，坤成明夷，则不“见群龙”。乾成需，下乾为首。而后上之屯三，则“以大终”。若不变通于鼎，直以家人上之屯三，成两既济而终。则不“以大终”，故“无首凶”。

比即乾二之坤五也。成比而初比之，则屯也。未成屯之先，欲共“无首”，故“无首吉”。既成屯之后，欲其有首，故“无首凶”。乾二之坤五，而初四从之，成家人则“无首”。乾二之坤五，而三上从之，成革则“折首”。坎二之离五犹乾二之坤五也。亦比通大有，大有二之五也。《离·止九》“王用出征，有嘉折首”。离成同人，五为“王”。同人上征于比三，乾“首”变为兑“折”。家人“无首”为吉，革有首而折，亦“有嘉无咎”。惟需“首”，在下则凶。乾成需则坤成明夷。明夷“无首”，旁通于讼。讼二之明夷五，讼成否。否乾在上，则“得其大首”。首在上则“得其大首”。首在下则“濡其首”。濡即需。

既济有孚于未济。未济二先之五，成否，则首在上，否成益，益孚恒。恒二不先五而成泰，则首在下，百货商店既济相错，即需明夷，故“濡其首，有孚失是”与用九“见群龙无首吉”，为全《易》大关键。需首在下，由于潜而不出。乾二之刊五，则“首出庶物”。庶，众也。众物，谓坤应之也。

离已成革，则通于蒙。在离成革为“折首”，在革通蒙即为“革面”。古从面南背北，背象坎，则而象离。圣人南面而听天下，盖取诸离。此之谓也。革上兑为折，下离则为南。上折则首互于三。三居首之下，合于离南，是为而。蒙二之五而革四之蒙初应之。则革去其面，故云“革面”。首之向南者为面，首之向上者为顶。明夷通于讼，讼上乾为“大首”矣。若

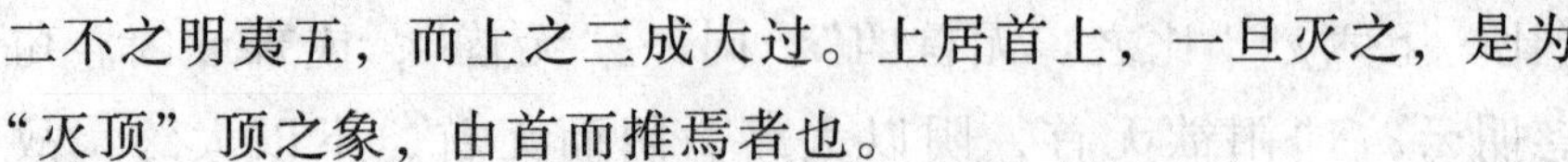

二不之明夷五，而上之三成大过。上居首上，一旦灭之，是为“灭顶”顶之象，由首而推焉者也。

咸其腓　艮其腓

《释方》，荀作肥，肥与腓通。《说文》“腓，胫腨也。腨，肥肠也”。《广雅》“腓，膺腨也”。郭璞注《海外弱经·无膂之国》云“膂肥肠也”。盖足上胫后多肉之处，谓之肥肠，即谓之腓。腓在足后，犹背在身后，故腓又训避。艮咸两卦屯象于“腓”，下取其违背，即“匪”之假借也。

兑二之艮五成随。随下震为足。令二不之艮五，而四之艮初，不成屯而成节。有掩于足之者，故“艮其腓”。下申言之云“不拯其随”。因“不拯其随”而腓，则腓为兑二不之艮五，勔上之艮初，无疑矣。艮兑相错为损咸。损者蒙二不之五，而革四之蒙初也。亦睽二不之五，而四之蹇初也。二不之五而四之初，故凶。变通于咸，则吉。故《传》云“虽凶居吉，顺不害也”。艮咸两卦互明。

损二之五为兑二之艮五之比例，亦蒙二之五睽二之五之比例。兑四之艮初，为咸四之初之比例，亦革四之蒙初、睽四之蹇初之比例。兑四之艮初，为咸四之初之比例，亦革四之蒙初、睽四之蹇初之比例。节贲相错，即既济损。在艮兑成节贲则匪，为“艮其腓”。即革蒙蹇睽这成既济损，亦为匪，凶矣。在损变通于咸，咸四不之初而损二之五，为“咸其腓”。腓而能咸，则不匪矣。即艮孚于兑。兑四不之艮初，而二先之艮五，亦革四不之蒙初，而蒙二之五。睽四不之蹇初，而二之五，不致于匪矣。兑二之艮五成随，犹归妹二之五成随。在兑不成随而成节，在归妹则不成随而成临。成节则腓，成临则亦腓。临通遁，犹损通咸，即犹节通旅

《遁·上九》“肥遁无不利”。“肥”即腓，谓临也。临舍家人而通遁，也“肥遁”。犹损舍即济而通咸，为“咸其腓”。肥虽凶，肥而遁则“无不利”。腓虽凶，“咸其腓”则“居吉”。《艮·六二·传》云“不拯其随，未退听也”。艮其腓，

则节二未之旅五，故未退。遁则退也。且一“退”字，已明节之通旅，同于临之通遁矣。

解而拇　咸其拇

《说文》“拇，将指也”。马融、郑康成、陆绩、虞翻皆云“足大指”。《释文》“咸其拇”，荀皆作“母”，去阴位之尊。虞氏虽作拇，而以艮为指，坤为母，相兼取义此，虞氏说《易》之精也。今因其说，以推《经》之义，而《经》之义明矣。《解·九四》“解而拇”，《传》云“未当位也”。“未当”者，二汪之五而四初成临也。本当以二之五为解，乃四之初成临。使上有坤母，故云“解而拇”。用一“而”字作转，文义了然。然则云“解而母”可矣。不言“母”，假借于“拇”者，为与“咸其拇”为比例也。

《咸·初六》“咸其拇”，谓与损旁通也。损者，未济四之初也。未济四之初成损，犹解四之初成临。临上为坤母，损上为艮指在损可称“咸其指”，而不能通于临上之坤。在临可称“解而母”，而不能通于损上之艮。故兼其义为“拇”，其训则“指”，可通于损。其声则“母”，可通于临。《经》文自有此一例，实为灵妙无穷。试更推而通之。损既济相错库节贲，即兑四之艮初之比例，亦即旅四之初之比例。旅四之初成贲，则“斯其所”。斯犹汔也。旅成贲则“斯”未济成损则“汔”。以损通咸，犹以临通遁。临通遁，则“朋至斯孚”。

斯孚之斯即斯其所之斯。“斯其所”而贲，即“斯其所”而成损。“斯其所”而成损，亦“斯其所”而成临，解成临则斯，临孚于遁，为“斯孚”。未济成损则斯，损服于咸，为“斯孚”。两“斯”字，两“拇”字，屈曲相通。“斯”即“澌”，详见前。

羸其角　羸其瓶

《广雅》“羸，瘠也”。王弼注“羸豕”云：“羸豕，牝豕

也。群豕之中，豭强而牝弱。故谓之羸豕。”以羸为弱，与瘠同“羸其瓶”不可云瘠弱。即云几至而覆，乃羸无覆义也。王肃作“缧”，郑、虞作“累”，蜀才作“累”。“累”“缧”“累”三字同缧为索名，故宋衷、马融以为“大索”。虞仲翔以为“钩罗”。钩罗即拘系也。读羸为缧，于羊、豕、瓶皆可达矣。乃《井·象》明言“未繘”，则不得为拘系其瓶，是当以声音假借求之。

《说卦传》云“离为蠃”，蠃羸皆从蠃声，离为蠃，即为羸也。大壮二之五，为“用壮”。二不之五而四之观初，为“羝羊触藩”。谓大壮成泰，观成益。益上又之三成既济，下离，故“羸其角”，九四即发明其义云：“贞吉悔亡，藩决不羸。”二先之五成革为“决”。决而后四之观初，则有以藩其决。观成益，上不之三，故不羸。井二先之噬嗑五，而后噬嗑四之井初，则噬嗑成益。上有巽绳，可以“繘井”井二不之噬嗑五，而噬嗑四之井初，井成需，噬嗑成颐。上无巽绳，故去“亦未繘井”。而颐上又之三成明夷。明夷下离，故“羸其瓶”。复五不之姤二而姤四之初，承上“有攸往，见凶”。“有攸往”，谓初往四成小畜也。斯时二之复五，成屯见，已为“见凶”。若二仍不之复五而姤上之复三，复成明夷，姤成需，与“羸其瓶”同，而小畜复相错，即泰益，同于“羝羊触藩”。小畜上之昨三，即益上又之三之比例。姤成需，上坎为豕。复成明夷，下离为羸。所以羸豕者，以复虽孚姤，而二五“蹢躅不得”也。

《经》中三“羸”字，皆指上之三成离，与“离为蠃”正合。凡《说卦传》所云，皆赞《经》文，“龟”指咸成既济，与“化邦”同。故“邦”之为蚌，“敝”之为鳖，“蠃”之为羸，“解”之为蟹，假借以类相集。在复噬嗑成明夷，在姤井则成需。大壮成泰，与观成既济错。变需明夷也。

来兑凶　业复吉

《易》凡称“来”，指二之五。前已详之，惟“来兑凶”，与“来复吉”，同一“来”，而吉凶何以判然？《解·象》所谓“无所往，其来复吉”，正与《兑·六三》“来兑凶”相发明也。“无所往”谓解四不先往初，亦谓解三不先往家人上。

“无所往”则不先成临，亦不先成恒。而二先之五成萃，故其“来”也，为由反而复，斯为吉也。设使四先往初成临，或三先往家人上成恒，则“有所往”。有所往而后二来之五，则不吉可知。不吉则凶矣，此“来兑”所以凶也。“来兑”所以凶，以兑三先之艮上，成夬谦也。九四“商兑”则“有喜”。商兑则二先之艮上，成夬谦也。九四“商兑”则“有喜”。商兑则二先之艮五，下成震，而后三往艮上，则二之艮五，无所为商矣。因而九五即明言之云“孚于剥”。“孚于剥”，非先成夬而何？此《经》处相发明。而《传》则赞之云“来况之凶，位不当也。”孚于剥，位正当也。谓夬二之剥五则当，夬二之谦五则不当也。夬二这剥五，即涣二之丰五之比例，亦即解二之五之比例，为“来复吉”，即为“来章，有庆誉吉”。

《兑·九四·传》云“九四之喜，有庆也”。“有庆”即“有庆誉”之“有庆”。兑二先之艮五，而后三往艮上，则“有庆”为“来章吉”。兑三先往艮上，而后二之艮五，则“大来吉”，与既济通未济而未济二之五同。需二之明夷五，则“空如其来如，无所容”。需二之明夷五，即泰不否而二之五也。解先成临，而后以临二之五，即“至于八月有凶”。先有所往而后来，犹先有八月而后至，至亦来也。“来复”则吉，“来见”则凶。犹“至临”则吉，“至于八月”则凶也。解先有所往而成恒，恒既济相错即丰井，与离上之坎三同。丰四之井初，即恒四之初，故“突如来如之无所容”，即“或承之羞之无所容”。“无所容”而“来”，则凶。有所容而“来”，在丰为“来章”，即在泰为“大来”矣。

解成临，犹蒙成升，临通遁，而二之五为“至临”，升通无妄而二之五为“来誉”“来反”“来连”“来硕”。“来誉”，犹“来章”，故“有庆誉”。《经》以“誉”字明“来章”即“来誉”，《传》则以“有庆”赞“商兑”，明“来兑”之不同

于“来章”。推而求之，固无通者也。

终无尤　终无咎

《易》言“终无咎”者一。《传》言“终无咎”者二。“终无尤”者五。细测之，乃知赞翼之妙。《坎·六四》“纳约处牖，终无咎”，谓成屯通鼎而终。引“终无咎”之常。《经》示其列，《传》乃引而申之。

“干父之蛊”，谓蛊成大畜而孚于萃。随四之蛊初成大畜，与鼎四之初同，不能“纳约处牖”矣。孕于萃，仍得“终无咎”。大畜相错为夬剥。“君子夬夬，独行遇雨”，则夬二先之剥五，而后剥上之三。剥成蹇，夬成革，为大畜成既济、萃成咸之比例。但大畜成既济为终，剥成蹇不可为终。而云“终无咎”。者，指“若濡有愠无咎”民。“若濡”谓夬成需，“有愠”谓需孚晋。在需成既济，在晋成咸，犹大畜成既济而萃成咸也。

《夬·九三》与《蛊·九三》两《传》，同云“终无咎”者，夬四之剥初，剥成颐。夬成需。需颐相错，为屯大畜，即随四之蛊初之比例。“终无咎”三字，似极平淡，而互相比例。既知“干父之蛊”，为蛊成大畜，随成屯，而大畜孚于萃。又知“若濡有愠无咎”，为夬成需，剥成颐，而需孚于晋。《传》之赞《经》，可谓极神奇致矣。

《蹇·六二》“王臣蹇蹇”，《传》云“终无尤也”。蹇通睽，而睽成大壮，故蹇而又蹇。大壮孚于观，犹大畜之于萃，夬之于剥也。睽成大壮，通观则仍“终无尤”。睽不成大壮，成无妄，即以无妄四之蹇初，其“终无尤”可知。剥、贲、鼎、旅四《传》之“终无尤”，皆与蹇互相发明。《剥·六五》“贯鱼以宫人宠”，《传》云“以宫人宠”，《传》云“以宫人宠，终无尤也”。“宠”字，《传》于《师·九二》“王三锡命”赞之。“王三锡命”，谓师成屯变通于鼎。鼎二之五成遁，遁屯相错为无妄蹇。即蹇通睽，睽二之五之比例。知“贯鱼”谓谓剥成蹇，“以宫人宠”谓蹇通睽。而睽二之五，所比无不利。睽二之五而后四之蹇初，故"终无尤"。引蹇而不匪之"终无尤"，与蹇蹇而匪之"终无尤"。相发明者也。蹇之通睽，既同于屯之通鼎。

《鼎·九二·传》云"我仇有疾，终无尤也"。"我仇有疾"，鼎上不之初也。鼎四之初，即为随四之蛊初、夬四之剥初之比例。鼎四不之初，而二之五，上之屯三，即"纳约自牖"之"终无咎"。于"我仇有疾"，赞之以"终无尤"，则无产即成大畜。因于蛊夬、两卦以"终无咎"赞之，以为比例。鼎二之五，犹节二之旅五。鼎四之初，犹旅四之初。旅成贲而通困，犹鼎成大畜而通萃。《旅·六二·传》云"得童仆贞终无尤也"，谓贲成既济困成咸也。若困二不之贲五而成需，则贲成明夷。犹睽成泰，蹇成既济。《传》云"匪寇昏媾终无尤也"。"匪寇昏媾"，与《睽·上九》"匪寇错媾"同。睽成大壮通观，则"终无尤"。睽成泰通否，即困成需通晋。需通晋"终无尤"，则泰通否亦"终无尤"。《传》两言"终无咎"，五言"终无尤"，皆由《坎·六四》"终无咎"引申以推之也。总而言之，蹇不可终于革，屯不可终于家人。故屯终于鼎同"无咎"，蹇终于睽则"我尤"。睽成大壮，鼎成大畜，不能"无尤"矣。而在壮成革终于观，大畜成家人终于萃，则仍"无尤""无咎"。大壮大畜不成革家人而成泰，又不能"无尤"矣。而泰通于否而"终"，仍"无尤"。

《经》在坎指屯。《传》直于鼎赞之。而鼎之成大畜，则赞于蛊。夬蹇之终于睽，赞在剥。大壮终于观，赞在蹇。在旅赞贲，在贲赞泰。《传》之赞《经》，可谓神奇之致矣。

得黄金　得金矢　得黄矢

《噬嗑·九上》"得金矢"，六五"得黄金"。《解·九二》"得黄矢"，三者互相发明。乾为金，黄谓得中。坎二之离五，为黄离。坎二不之离，五而三之离上，成井丰则不黄。井通噬嗑。井二之噬嗑五，仍黄中而成乾金，故"得黄金"。九四"得金矢"，用一"矢"字，与《晋·六五》"矢得勿恤"互明。上承“噬干胏”，下申言“利艰贞吉”。明以噬嗑四之井初为艰，以井成需通晋为“胏”。

《传》赞云“未光也”。光好“有孚光亨”之光。成需示光，通晋则光。晋成否，上乾为金。上往三为矢，晋于矢得下。申言“往吉无不利”，则矢指上而言。故《解·九二》不言“金”而言“黄矢”。解二之五，黄也。家人上之解三，矢也。先不成乾，故不言金。《旅·六五》“射雉一矢亡，终以誉命”。离为雉，射一矢亡，谓节二之旅五，而旅上之节三，节成既济，故终。知黄金专指五之成乾。黄矢金矢，则由五及上，故《旅·六五·传》云“上逮也”。先成否后成咸，为“金矢”。先成萃后成咸，为“黄矢”。互勘之可见。由是，推睽之“取弧矢”可知矣。睽二之五，犹井二之噬嗑五，亦犹节二之旅五，则睽以孤疑而成泰。

负涂载鬼，非有以威之不可，于是泰孚于否泰二之五，“先张之弧”也，否上之三，“后说之弧”也。弧说则矢亡。有此矢，寇乃不至。否成咸，即晋成咸，亦与旅成咸同。盖矢为征伐所用。上之三为征伐，故即为矢也。

艮其趾　贲其趾　壮于趾　壮于前趾

“趾”之见于《经》《传》者，多训为足，故虞仲翔以震足为趾，向亦谓然，乃求之《经》《传》，则不合。盖“趾”即“止”字止谓艮也。艮其止，“止”其止也。谓在蹇，下艮为止。初即上而不行，与《彖》“艮其背”同义。故《彖·传》以“艮其止”赞“艮其背”。“艮其止”，即初六“艮其趾”也。“艮其趾”者，兑二先之艮五，而上应之。初止而待睽之成无妄。若兑二不之艮五，先以兑四之艮初，艮成贲，则“艮其腓”而不“艮其趾”。艮成蹇，革四不之蹇初，为“艮其趾”。艮不成蹇而成贲，“趾”不艮而贲，故“贲其趾”。趾宜在下不可在上。在下成蹇成咸，在上成贲成大畜。

《鼎·初六》“鼎颠趾”。二之五为“颠”，鼎二颠于五成遁，则艮在下为趾，故“颠趾”，因颠而有趾也。亦成遁，初

即止而不行。初四不行，而上行于屯三，所谓“得妾以其子”也。兑成革，艮成蹇，“艮其趾”为无咎。若以渐上之归妹三，在有上之比三，比渐成蹇，归妹在有成大壮，是为“壮于趾”。此“壮”所以系蹇而有“趾”者，渐上“征凶”故也。故欲其有孚于观，则下无艮趾矣。夬二之剥五，犹大壮二之五。大壮不孚于观而系于蹇，犹夬不孚于剥而系于谦。艮上之兑三成谦夬，趾虽在下亦凶，故云“前趾”。前者，不能变通，仍是前此“失道”之趾也。“日新其德”，则不复从前。若夬二之剥五，而后剥上之三成蹇，则为“新趾”，非“前趾”矣。艮上之兑三成谦夬，巽上之震三成丰井。井不成蹇，下无艮，为“灭趾”。

《噬嗑·初九》“屦校，灭趾无咎”，缘巽二不之震五，而上之震三，致“灭其趾”。趾虽灭，而旁通噬嗑。井二先之噬嗑五，而后噬嗑上之三成革，是为“屦校”。“屦校”虽来趾无咎。井噬嗑相错为鼎，井成蹇，噬嗑成无妄，即“鼎颠趾”之比例。

需于郊　同人于郊

“郊”见《小畜·象》，“密云不雨，处我西郊”。谓小畜二之豫五，因而上会于豫三。于是《小过·六五》发明之，亦云“密云不雨，处我西郊”。谓中孚二之小过五，小过成咸也。《需·初九》“需于郊”。《同人·上九》“同人于郊”，即此“郊”也。何为郊？郊之言交也。晋上之三成小过，与小畜上之豫三同。则需二之晋五，而后晋上之三成咸，而有交，即小畜之“自我西郊”。于“郊”上加一“西”字，明其上有兑也。豫不交而成小过，小畜不交而成需。小过通中孚，仍“自我西郊”。需通晋，仍“需于郊”。“需于郊”之下，即申云“利用恒”。“用恒”非成咸而何？需晋相错为大有比。

《大有·初九》“无交害”。大有二汪交于五，即需二汪交于晋五。大有无交，则不能需于郊。无交则害，害即犯难矣。大有二不之五，而上之比三，即师二不之五而同人上之师三。

大有二不之五，而四之比初，即师二不之五而同人四之师初。于《大有·初九》言“无交害”，于《同人·上奶》言“同人于郊”，互相发明。同人四这师初，师成临，同人成家人。家人变通于解，解二之五成萃，即小畜二之豫五之比例，故云“同人于郊”。何以知其为成临成家人？

《同人·上九·传》云“同人于郊，志未得也”，与《谦·上六·传》同。《谦·上六·传》用“志未得”三字，赞“利用行师”。谦何以行师？谦通于履，为临通于遁之比例也。以“志未得”赞谦之“行师”，好赞师成临、同人成家人。家人通解，为“同人于郊”。临通遁，即为“利用行师”，故《传》以“志未得”三字通之。知“同人于郊”，谓家人通解。于是解二之五，而后家人上之解三。与需二之晋五，而后晋上之三；小畜二之豫五，而后小畜上之豫三，同一比例也。

《传》又于《家人·九五》赞云：“交相爱也”。此“交”字，指解二之五。正是赞“同于于郊”之郊。惟同人四之师初成临，成家人，故“志未得”。《经》于临遁相错这谦面引申之，明露一“师”字《传》以”志未得“三字为钩贯。这脸通解，以同人四之师初成家人临为“志未得”。谦通履，即临通遁之比例，而临通遁亦以同从四之师初成家人临为“志未得”，故“同人于郊”之志“未得”，即“利用行师”之“志未得”也。《传》犹以为未明，又于《困·九五》赞云“劓刖，志未得也”。

同人四之师，初成家人，“志未得”。因志未得故“同人于郊”。“同人于郊”，则志得矣。“同人于郱”，谓家人通解而解二之五。家人通解而解二之五，即贲通困而困二之贲五之比例。是困二之贲五则志得，乃困二不之贲五而成大过成需，是为“劓刖”。“劓刖”犹云“灭鼻灭趾”。

“灭鼻灭趾”则“志未得”，“屦校”则“志得”，校与郊为假借也。井二之噬嗑五，为履二之谦五之比例，即临二之五之比例。《经》以“校”贯“校”，以“劓刖”贯“灭趾”“灭鼻”，《传》三称“志未得”以赞之，精奥而神奇矣。

同人于野　龙战于野

乾二之坤五。坤成比。乾成同人。乾上从这坤三，是为“同人于野”。以同人言之，则师之五而同人上之师三也。若乾二不之坤五，而乾上之坤三，则为“龙战于野”，何也？坤先成比。而后乾上之刊三成蹇，地震，则无龙，亦无所为“元黄”。故不为龙战，而为同人。

“同人于野”则亨，“龙战于野”则穷，以两“野”字相贯。龙占于野，无人之野也。师二之五，则野有人。而同人上往同之。同亦合也。以上合五，是为“合礼”故亨。

否之匪人　比之匪人

泰二不之五，而否成既济，为“否之匪人”，否五已为君子，故虽贞不利。大有二不之五，而比初之大有四，即泰二不之五，而否四之初之比例也。大有二不之五，而比三之大有上，即泰二不之五而否上之三之比例。此成既济，即否成既济。大有成泰，即泰二不之五。比之匪人，即否之匪人也。

《同人·彖》云“同人于野，利君子贞”。大有成同人，则比之不为匪人，而君子之贞利矣，否独主君子，致泰为匪人，此所以不利其贞，而名为否也。

困于酒食　需于酒食

困成需则穷，故“困于酒食”。与“需于酒食”同。“需于酒食”，谓需二之晋五也。“困于酒食”，谓困成需，而后需二之晋五也。“酒食”二字为之枢纽。惟困成需，其下乾，乃为“朱绂”。至于“朱绂”，而后二乃之晋五，为“方来”，所以困也。

田获三品　田获三狐

《巽·六四》“悔亡，田获三吕”。“品”即“品物，咸亨”之“品”。始于二五，次初四，终三上，所谓“品”也。巽二之震五，初四从之。震成屯，巽成屯，巽成家人，与乾“见龙在田”同，故以“田”字贯之，成家人屯，则“亢龙有悔”。以家人变通于解，故“悔亡”。解二之五而后家人上之解三，解成咸，是为“品物咸亨”，所以“获三品”也。

《解·九二》“田获三狐”，即承此言之。非变通于解，则不成三品。三狐即三品也。巽成家人，家人通解而“悔亡”。“悔亡”则“贞吉”，故巽称“悔亡”，解称“贞吉”，而以“田获三品”“田获三狐”为钩贯。其取象于孤者，何也？狐即弧也。虞仲翔以坎为弧，以艮为狐。《荀九家》、干宝皆以坎为狐。狐弧一声相通，兼坎艮而有之者也。

《说卦传》“坎为弓轮”，“弧”即弓也。艮为黔喙之属，狐即黔喙者也。孤狐皆从瓜声，瓜为蓏，果蓏亦艮象。姤二之复五，而上从之，姤成咸，下艮。复成既济，上坎。故云“田获三狐”。《睽·上九》“载鬼一车”，谓成泰，泰通否。泰二之五，上坎，则“先张之弧”。否上之三，下艮，则“后说之弧”。称弧称弧。称弧称弧，兼坎艮二象，比例之明白无疑。惟未济二不之五而四之初，成损。损上艮而无坎。五柔不刚，则小。损通于咸，咸下艮为狐，故云“小狐”。虞氏以艮为小狐，是也。品紊而弧以小见，汔则小而张则大。

《传》于坎，但言“弓”而不言“弧”，以弧兼艮，而弓专坎也。于艮但言果蓏不言瓜，但言黔喙不言弧。从狐瓜兼坎，而果蓏黔喙专艮也。弧兼坎艮，犹拇兼坤艮。《经》中取象，有此一例“后说之弧”，《释文》言就、马、郑、王肃、翟子元作“壶”。壶古通狐，“壶”“狐”“弧”三字通借。惟作“壶”，益知其即是狐也。

丧牛于易　丧羊于易

《说卦传》“坤为牛。兑为羊”，《大壮·六五》“丧羊于易，无悔”。《旅·上九》“丧牛与易，凶。”大壮之“丧羊”，本于归妹之“刲羊”。渐上之归妹三成革，兑羊在上而中未亡。今归妹二不之五而渐上来征于三。征伐者。克杀之事也。故“刲羊”，谓不成革而成壮也。

归妹之五已亡，大壮二未能遽进于五，故“丧羊”。惟易而旁通于观，则大壮二之五，仍不民归妹二之五，此“丧羊于易”，所以“无悔”也。夬二之剥五，与大壮二之五同。夬成革兑羊在上，而羊不丧，则宜牵而通于蒙。丧羊而易则“无悔”，羊不丧而牵则“悔亡”，其义甚明。乃大壮二不之五，而四之观初。大壮成泰，观成益，是为“羝羊触藩”。羊而触藩，羊之不顺者也，故“羸其角”而“不能退不能遂”。壮则不羸，遂则不丧，牵则不刲。羊在五则能遂而壮，羊在一则不能退而羸。刲羊，羊丧。羸其角，羊亦丧。凡称“刲羊”“丧羊”“牵羊”“羝羊”，一贯如此。渐上之归妹三，与睽上之三同。睽二之五，上有乾马，睽成大壮，大壮二之五，上有兑羊。丧羊者，据“易”而得羊，豫探言之也。节二之旅五，与睽二之五同，探其所得，宜亦云“丧马”。

旅上之节三，旅成小过，节成需，需小过相错即大壮蹇，与渐上之归妹三相比例。若豫以中孚二之小过五探之，则亦宜云“丧羊”。乃小过五不成兑，而四之初，成明夷，无马无羊，而但有坤牛，故“丧牛于易”。大抵羊宜在上，不宜在下。牛宜在下，不宜在上。旅成明夷，牛在上则凶。解成萃，蒙成观。牛在下则吉，离成家人而通解。解二之五成萃，为“畜牝牛”。萃通大畜。大畜二之五，为“童牛之告”，皆指萃下坤也。萃家人相错，为革观。

《革·初九》“鞏用黄牛之革”，胃通于蒙。蒙二之五成观。观下坤，即萃下坤也。二先之五，使牛不在上而在下，故不丧。不丧则童，用牛而不黄，则蒙大畜将成泰，同于旅之

"丧牛"。用"黄牛"则蒙成蚰，用"黄牛之革"则先成观后成益。故遁亦"用黄牛之革"。谓遁成咸通损，而损成益也。革通蒙则蹇通睽，睽成益为"其牛掣"。睽二之五成无妄。无妄成益，犹睽成益。《无妄·六三》"或系之牛"，即"其牛掣"之"牛"也。益之牛在三，既济"东邻"之"杀牛"，即益上之三也。《说卦传》即言"坤为牛"，又言坤"为子母牛"，年兼子母，正指萃观之牛。蛊成大畜通于萃，则"有子"。革通蒙，蒙二之五，则"子克家"。牛兼子母，则为"黄牛"，为"童牛"。彼"东邻杀牛"，终而无续，则年而不子者也。牛而不子，缘不能"畜牝牛"，则亦"或系之年"也。

《易释文》引陆作"场"，解为"疆场"。古"场"字本作"易"，《汉书·食货志》"瓜瓠果蓏，殖于疆易"。张晏曰"至此易主，故曰易"。《桓公十七年·左传》"疆场之事，慎守其一"。《正义》云"至此易主，故名曰场"。疆场之场，本取义于交易之易，取易为场，犹取羊为祥。丧羊于易，自其辞而言之，为羊亡于疆场，自其本义而言之。则羊指革上之兑，易指大壮通观。羊与易皆借焉者也。

得其资斧　丧其资斧

《子夏传》及众家并作"齐斧"。"资"与"齐"，古字通。应劭云"齐，利也"。资之训为货财，货财亦利也，然则"齐斧"，"资斧"，"利斧"，一也。资斧之资，即怀其资之资。旅四之初成贲，而变通于困，为放旅即次。旅而即次则利，故云"怀其资"。不言利而言资者，据旅人而言。《聘礼记》"既受得问数月之资"，注云"资，行用也"。

旅人所用货财称资，旅人得货财财利，故以"怀其资"，当一"利"字。"怀其资"，则困二之贲五成家人，故"得童仆"贲由家人成既济，困由萃成咸，故"得童仆贞"而"终无尤"。九四"得其资斧"。"得其资"即"怀其资"。而云"资斧"者，即谓其成家人也。旅于处成贲，变通于困则利。

困二之贲五，贲成家人，困成萃，家人五互离，萃下坤。离为“戈兵”，坤为“釜”。斧为兵，而声通于釜。因利面临是斧，故云“资斧”。在“怀其资”，则为旅人之行用。在“得其资斧”，则为利斧。各随文以为义，而“资”字皆取义于利。用一“斧”字，则明其所以利也。成家人萃，则“得其资斧”，不成家人萃，则“丧其资斧”。

《巽·上九》“巽在床下。丧其资斧。贞凶”。床即“剥床”之床。震成复，巽成小畜。犹兑成节，艮成贲。贲通于困成家人萃，为“得其资斧”，同小畜通于豫，亦成家人萃，为“得其资斧”。今巽成小畜，不通于豫，亦成家人萃，为“得其资斧”。今巽成小畜，不通于豫，而以上之复三，不成家人萃，而成需明夷。明夷下亦有离，上亦有坤，而斧非利斧，故不为“得其资斧”，而为“丧其资斧”也。

我心不快　其心不快

《艮·六二》“艮其腓。不拯其随，其心不快”。兑二之艮五，兑成随。兑二不之艮五而四之艮初，为艮其腓，谓成节也。节变通于旅，《旅·九上》“旅于处，得其资斧，我心不快”。节二不之旅五，而旅四之初，与兑四之艮初同。故一云“其心不快”，一云“我心不快”，比例之，两卦皆明。“其心不快”，“其”字指旅，别乎艮成贲而言也。

至节既通于旅而二不之旅五，则“旅于处”。旅四之初成贲，即变通于困而“得其资斧”，心忆不快矣。贲之心即旅之心，自节变通于旅言之，则云“其心”。自旅成贲言之，则云“我心”，称“我”称“其”，皆指旅也。快之义也急，不先以兑二之艮五，以致成节而后通于旅。又不先以节二之旅五，以致成贲而后通于困。其不急而缓，不早而迟，故为“不快”。快从夬，不快亦即不决，详见后。

处我致戎　自我致寇

今本《解·六三·传》云“自我致戎，又谁咎也”，《需·九三·传》云“自我致寇，敬慎不败也”。《释文》于《需·九三》“致寇”云“郑、王肃本作戎”。虞仲翔注《需·九三》，有“离为戎”之解，则亦作“自我致戎”矣。以《经》《传》通考之，作“戎”是也。解成泰，家人成既济，既济泰相错，为需明夷。故泰二之五为“致寇至”，需二之明夷五亦为“致寇至”。“致寇”则我已失其为我，岂尚能“敬慎不败”乎？惟需变通于晋。需二之晋五，五得主为有我。需二乃成离为戎，即上六“有不速之客，敬之终吉”。故取“敬之”“敬”字，赞其“不败”之故。明“致寇”则败，“致戎”则不败。

《需·九三》《解·六三》两《传》皆作“自我致戎”。以“致戎”赞“致寇”，乃《传》之妙，为《经》作转语也。岂有“致寇至”而不败，而谁咎乎？同人师相错为明夷，同人下离，即明夷下离。若师二先之五，则戎不伏，乃师二不先之五，而同人上之师三成升。在同人成革，下有离戎。在师成升，下有巽伏而巽在坤下，是为众草，故“伏戎于莽”。同人四更之师，初成泰，则为解之“负且乘”矣。《夬·九二》“莫夜有戎”，夜谓明夷。夬四之谦初而非成明夷，夬成需。需二之明夷五，其“有戎”为“夜有戎”而非“自我致戎”。故戒之云“莫夜有戎”。莫之言无也。四之谦初成明夷，明夷下离戎也。明夷下有戎，而后需二之明夷五。需下以戎从之，是为“即戎”。“不利即戎”，故“莫夜有戎”。惟需二不之明夷五，变而通于晋五，则既无明夷之夜，非“即戎”而为“自我致戎”，矣。“自我”者，不从人之谓也。

《需·传》“自我致戎”，明其非“夜有戎”而“即”之也。“戎”，兵也。离为甲胄。戈兵，是为离象。《传》赞夬于需，赞同人于解，已为微妙。王弼不知其义，而改《需·传》为“自我致寇”，不特与“敬慎不败”方圆矛盾，而于解之“自我致戎”一以贯之者，遂晦而不明。讵知需解两《传》言

"致戎"，原非专赞致寇，乃是赞夬同人两卦《经》文所谓戎也。解"负且乘"已成泰，乃以变通为"自我致戎"。解二之五成萃，则不致成泰。萃四不之初，而家人上之萃三，萃成咸，下亦无离。

《传》于萃赞去"除戎器"，形乃谓之器，谓成既济，成既济则下有离戎。"除戎器"，者，萃大畜相错为夬剥。"除戎器"，则不致"夜有戎"而"即戎"也。特用一"戎"字与解之"致戎"互明，而并为"即戎""伏戎"赞。赞《易》之妙，岂容以大略观之也。

三岁不兴　三岁不得
三岁不觌　三岁不觌　三岁不孕

《乾凿度》总释二十九卦数。例云："何不言二的五年六年？何以三岁解者，或谓指第三爻，或谓三者阳数，或谓三至五。"揆诸卦义，不可贯通，就诸卦推之。《坎·上六》"三岁不得凶"，《传》以"失道"赞之，谓离上之坎三成丰井。《丰·上六》"三岁不觌"，承"窥其户阒其无人"之下，谓涣二不之丰五，而丰四之涣初。

《困·初六》亦云"三岁不觌"。承"臀困于株木"之下，谓困二不之贲五，而贲上之困三。贲上之困三，犹同人上之师三。师成升，同人成革。革升相错，为明夷大过。九三"三岁不兴，适与困"三岁不觌"相发明矣。此四者皆，惟《渐·九五》"妇三岁不孕，终莫之胜，吉"。加一"妇"字，谓归妹成大壮，渐成蹇。大壮变通于观，则其二之五成革而为"三岁"。四不之蹇初，而之观初，故"不孕"。"不孕"故吉，谓其能变通也。"不孕"，谓渐下不成离。"三岁"，谓归妹下成离。以此通之诸卦。丰"三岁不觌"。"三岁"谓丰下离，"不觌"成坤为明夷。困"三岁不觌"。"三岁"谓贲下离，"不觌"谓贲成明夷。坎"三岁不得"。"三岁"谓离下离，"不得"谓离成丰。同人"三岁不兴"。"三岁"谓同人成革下离，"不兴"谓师二汪之五而同人上之师三。

《传》于《贲·六二》赞云“与上兴也”。此“兴”字即与“三岁不兴”互明，师同人相错，为明夷讼。师二之五，即讼二之明夷五，亦即需二之晋五。困成需通于晋，而晋成咸则与上兴。师二之五，而后同人上之师三，成革成蹇。相错为既济咸既济咸，即是困二之贲五，而后贲上之困三，亦即需二之晋五，而后晋上之三。惟师二不之五，而同人上之师三。在同人成革有“三岁”，而师成升则“不兴”。推之贲成明夷，困成大过，则亦“三岁不兴”。大过明夷相错即升革。“不兴”犹“不觌”也。师二不之五犹归妹二不之五。《归妹·传》云“天地不交而万物不兴”。不交二不之五也。以归妹二不之五，明师二不之五也。乾坤交成同人比，犹震巽交成随渐。渐通归妹，犹同人通师。故《经》以渐之“三岁”，明同人之“三岁”。

《传》即以归妹之“不兴”，赞同人之“不兴”。盖以离上之坎三为“不得”，同人上之师三，为“不兴”，贲上之困三，为“不觌”。皆二五未行，三上先行，而丰四之涣初。不觌与困同，则初四先二五，与三上先二五同。其渐上之归妹三，犹同人上之师三也。能变通则“不孕”面吉。然则彼“不得”“不兴”“不觌”者，能变通，则亦化凶为吉。以“三岁”二字贯之，其比例甚明。思之自见。革“治历明时”，以九四当闰。三岁一闰，故以下三爻之成离者为“三岁”。三岁之名，不言于革而言于丰。丰不成革，故“不觌”。丰成革，则由三岁而有“章蔀”矣。章蔀由岁面积，故称为岁。甲庚为日之神，故称“先甲三日”。“先庚三日”，以离为日也。《白虎通》云“岁以纪气物，据日为岁”。年以纪事，据月为年。本下离三爻为日，称“三岁”，据日之义也。颐复屯称“十年”，以其五得中则成坎。坎为月据月之义也。“伐鬼方，有赏于大国”，是纪事。“章蔀治历时”，是纪气。称“三日”。称“三岁”。称“三年”。各有义可寻也。

并受其福　实受其福
于食有福　受兹介福

《经》文四“福”字一贯，泰二之五，为需二之晋五之比例，亦为未济二之五之比例。未济二之五则“实受其福”，即泰之“大来”。《传》即赞云“吉大来也”。泰之福称食，即需“饮食”之食也。

《井·九三》“王明并受其福”，承上“井渫不食，为我心恻”而言。恻，忧也。民上之震三，震成丰，巽成井。井不通于噬嗑，故“不食”，而丰四渫于井初，井成需，丰成明夷，故“井渠”。以需通晋，晋成否，“初登于天，照四国”。需既舍明夷，晋又不成明夷。否上乾为五，故“五明”。于是“受兹介福，于其王母”，故“并受其福”。，以晋泰贯之，知井成需也。《困·九五》“乃徐有说，利用亨祀”，《传》云“乃徐有说，以中直也。得用亨祀，受福也”。即亦赞于晋云“受兹介福，以中正也”。“以中正”犹云“以中直”，则知“利用亨祀”亦谓困成需而通晋也。“困于酒食”，与“需于酒食”同。“朱绂方来”与“不宁方来”同。“赤绂”而“徐有说”，即晋成否而否上之三也。乃既济之“受福”，承“杀牛”“禴祭”。皆指益上之三，则“受福”而成益。又必通于恒。恒二不之五，则益上之三为“杀牛”，虽受福而仍虚。惟恒二之五成咸，则僧上之三，乃为“禴祭”。而受福而仍虚。惟恒二之五成咸，则益上之三，乃为“禴祭”。而轻受福乃实，此义《传》于谦震赞之。

谦成既济，笔成益。益通于恒，则为“福谦”。恒益即震巽之相错。巽二之震五，而初四从之，犹履二之谦五，而初四从之。震之“虩虩”，即履之“愬愬”。因恐致，福即鬼神之“福谦”矣。

日中见斗　日中见沫
日中见昃　日中为市

《丰·彖》云“勿忧，宜日中”。六二、九四皆云“日中见斗”，九三云“日中见沫”。而《传》于丰赞云“日中则昃”。《系辞传》云“日中为市”。“日中”者，离在上也。坎二先之离五，离日照于乾天，为“照于四方”即为“照于天下”。乃坎二不之离五而离上之坎三。坎成井，离成丰，是不能照天下，而为“日昃之离”。昃者，倾也。上之三，为倾，为陨，为昃。其义一也。

先五后上则“有陨自天”。未照于天，而即倾昃，故云“日中则昃”。“则”之云者，急遽之辞也。离成丰，上无离日，日不中矣。井变通于噬嗑，离仍在上，故“日中为市”。致天下之民，聚天下之货，交易而退，各得其所。市者，以其所有易其所无也。互相交易莫如市。井舍丰而通噬嗑，是交易也。井二之噬嗑五，成无妄。井成蹇，相错为遁。遁则退，故“交易而退”。井得所，噬嗑亦得所，故“各得其所”。丰五，民也。噬嗑五，亦民也。井通噬嗑而噬嗑之民得所。丰亦通涣，而丰之民得所，是“致天下之，民聚天下之货”，而“各得其所”也。

离成丰则忧。井舍丰通噬嗑，而噬嗑成无妄，则勿忧而照天下。则井之通噬嗑也为“宜”，故云“勿忧宜日中”。若噬嗑不照天下，而上之三仍成丰，依然离上之坎三，为日中则昃矣。“宜日中”，犹云“利日中”。变而通之以尽利。知此日中，指井变通于噬嗑，故《传》于噬嗑以“日中为市”赞之。市者，利之所在也。言市，言交易，言得所，皆发明“宜日中”三字。日中而交易，得其所宜。日中而昃，则不宜。日中而昃，噬嗑不成无妄而成丰矣。丰六二、九二、九四，皆本噬嗑言“日中”，即本离言“日中”。“日中见斗”，《传》云“幽不明也”。

明夷故不明，谓离成丰即宜通涣。乃不以涣二之丰五，而

以丰四之涣初。丰成明夷，涣成中孚。中孚下兑为口，明夷上坤为柄。相错为临明夷。夜而有口有柄下临者，其象为斗。谓离成丰，丰又成明夷也。方成丰，未成明夷，则宜通涣，“往得疑疾，有孚发若”是也。既由丰而成明夷，则宜通于讼，“遇其夷主无咎”是也。而皆承“日中见斗”之下，一由其成明夷而反言之也，一由其成明夷而申言之也。惟“有孚发若”，故九三接言之云“丰其沛，日中见沫”。

《传》云“丰其沛，不可大事也。折其右肱，终不可用也”。“不可大事”，即小过之“不可大事”。“终不可用”，即剥之“终不可用”。谓涣二之丰五，丰四不之涣初。而涣上之三，涣成蹇。丰成革与大壮成革，观成蹇同。亦与革通蒙，蒙成蹇同。沛即绂也，沫犹盥也。观上之三为盥。涣成观，观上之三为沫。《说文》“盥，澡手也。沫，洒面也”。手面虽分，义不相远。故以“沫”钩贯“盥”字。而观上之三，上有坎水，下有艮手，以水盥手也。涣二先之丰五成革，互乾为面，即“小人革面”之面。而涣之成观者，乃以上之三而成“盥后”之象。兼革五之面言之，遂变盥而言沫。且于文辞，不可言日中见盥也。变盥言沫，沫即通于昧，故郑康成作昧。服虔以为日中而昏，五弼以为微昧之光，于“日中”之文乃贯矣。

昧通于蒙，涣二之丰五，为蒙二之五之比例，亦困二之贲五之比例。沬取于蒙，沛取于绂，惟丰沛故见沬，辞义亦明畅而无郁涩矣。然则“丰其蔀”者，丰四之涣初也。“日中见斗”者，由日昃而成明夷也。“丰其沛”者，涣二之丰五也。“日中见沫”者，丰通于涣也，见斗不宜，见沫则宜耳。

同人先号咷而后笑　旅人先笑后号咷

同人五已定不动，所动者，四与上也。宜俟师二先之五，而后上之师三，则“笑”，若不俟师二之五，而上先之师三，则“号咷”。“同人先号咷而后笑”，辞系九五。谓上先五则号，后五则笑。下文申之云“大师克相遇”，明先者，先乎师也；后者，后乎师也。“旅人先笑后号咷”，上承“鸟焚其

巢”，下云“丧牛于易凶”。明既四先五成贲，上又先五成明夷也。明夷讼相错即同人师，故与同人互明。明夷初四三上俱不动，所动者五也。即通于讼，则五宜先动。而无所俟，故先笑。若俟讼初三先之四上，而后五乃之讼二，则“号咷”。

“旅人”谓明夷之主未归而旅寄于外也。本卦五已定，旁通之卦五未定，同时代宜先而我宜后，“同人”是也。本卦五未定旁通之卦五已定，则人宜后而我宜先，“旅人”是也。《经》示其例于此两卦，不直示于明夷，而示于旅之成明夷者，《经》《传》错综之常也。“笑”“号”前已详，以两爻辞颠到互明，表而出之。

王用亨于西山　王用亨于岐山

《随·上六》“王用亨，于西山”，《升·六四》“王用亨，于岐山”，两卦比例。蛊二之五，而后上之随三，与升二之五而后无妄上之三同。蹇下艮为山，革上兑为西，故为西山。升称岐山者，与蛊互明。山之岐犹水之沱。蛊与随系而亨于西山。蛊二不之五，而上之随三，则成升，不能亨于西山矣。

升旁通于无妄，此升成蹇之山，异于蛊成渐之山，故为岐山。余既释如右，抑又推《传》所谓“上穷”，亦可谓蛊上之随三成升。而升通无妄，故以“王用亨于西山”与“王用亨于岐山”相钩贯。升无妄相错为复姤，故巽初之震四成复。“巽在床下”及复通姤“姤其角”，《传》皆云“上穷”，震成复所以为“上穷”，由蛊成升之为“上穷”而例之也，并存以质诸贤者。

第十三章　易通释卷十三

帝乙归妹　帝乙归妹

归妹之“帝乙”与蛊之“先甲后甲”，相发明者也。蛊随渐归妹四卦，相为消息。在蛊二之五为“甲”，则在归妹二之五亦为“甲”。归妹二先之五为“甲”，归妹二不之五，而成泰则为“乙”，“甲”刚而“乙”柔也。帝出乎震，归隶上卦震也。由震而坤成泰，则不为“先甲”而为“帝乙”，故《归妹·六五》称“帝乙”。

《泰·六五》亦称“帝乙”，明帝之为乙谓归妹不成随而成泰也。《九家》谓“震象为乙”，为归妹上震言之也。虞仲翔谓坤为乙，为泰上坤言之也。不知归妹之“帝乙”，即指其成泰而言。与泰之“帝乙”，一以贯之。然仲翔以仲为乙，胜于《九家》以震为乙。彼鳃鳃于“成汤嫁女”及“微子之父”者，于《易》义为滞矣。

高宗伐鬼方　震用伐鬼方

《既济·九三》“高宗伐鬼方”。干宝、虞翻皆谓殷五武丁。鬼方为国名，固也，而易之取象，则有微义焉。未济于睽，公殊初说一爻。未济二之五，而初四应之。与睽二之五，而初四应之同。故未济先成否，犹睽先成无妄。睽二之五称厥宗，谓上三爻成乾。乾为天，天尊，尊与宗通。上成乾为宗，犹上成乾为尊也。未济先以二之五为宗，次以四初成益。益上巽为高，先宗次高，故云“高宗”。既成益，旁通于恒。

恒二之五，而后益上之三，是为“伐鬼方”。“方”即“义以方外”之方，“鬼”即“载鬼一车”之鬼。鬼属阴，阴

在五称鬼，犹阴在五称小人，谓恒五也。益旁通于恒，为“义以方外”，故云“鬼方”。睽成大壮，大壮五犹恒五。大壮通观，鬼变为神，则“以神道设教”，不能神而成泰。二之五，则得旁通之义矣。于是《未济·九四》不云“高宗伐鬼方”，而云“震用伐鬼方”。

震即指恒上之震。自既济旁通未济，以未济二之五，而初四应之为主，故先称“高宗”，以明既济变通未未 济之“元亨”。而“伐鬼方”三字，则既济之“利贞”，而未济之“元亨”也。故未济不云“高宗”。专云“伐鬼方”。而增“震用”二字，以明所以“伐鬼方”者，在于用震。“震用”即用震也。何为“用震”？谓用恒而二之五也。恒二之五而后益上之三，是时恒成咸，无复有鬼。不啻征伐以服之者，故云“伐鬼方”。“鬼方”指恒五，“代”指益上，“震用”指恒二之五。震用而后伐，义以方外也。“高宗”二字，同人分见之。六二“同人于宗吝”，九三“升其高陵”，两爻互明。师二不之五而同人上之师三师，成升。升变通于无亡。无妄者，睽二之五，“厥宗噬肤”者也。师成升，仍不能变，以致于成泰。

泰变通于否，否者，未济二之五为宗者也。同人不能俟师二之五而同之，致师成升面通无妄，且令升成泰而通否。不“同人于师”而“同人于宗”，故其道为吝。宗即“厥宗”之宗，“高宗”之宗也。同人上之师三成升，巽在升下成高。同人上师初成家人，巽在家人上为高。九四“乘其墉”。《解·上六》“射隼于高墉之上”。以家人上之高，能通于解则“获之无不利”。以升下之高，不能变通于无妄，则“三岁不兴”，升通无妄，则“同人于宗”。家人通解，亦“震用伐鬼方”。皆互相钩贯以发明之。

用拯马壮吉　用拯马壮吉

《涣·初六》、《明夷·六二》皆云“用拯马壮吉”，义极隐奥，非深明乎引申触类之妙，未易达也。“拯”即《艮·六二》“不拯其随”之拯。拯谓兑二之艮五，拯则兑成随，不拯则兑不成随。以随明拯，其义了然。不拯者，不“用拯”也。艮兑相错为咸损。损二之五，犹兑二之艮五也。则损二之五成益，亦“用拯”也。中孚小过相错为渐归妹。

归妹二之五成随，与兑二之艮五同。则中孚二这小过五，即同于归妹二之五。而中孚成益，小过成咸，正与损二之五同，则亦用拯也。《明夷 ·六二》“明夷夷于左股，用拯马壮吉”。乾为马，巽为股。明夷无巽无乾，何以有股有马？“用拯马壮”，是马由“用拯”而壮。所以“用拯”，则又由明夷于股也。于是《涣·初六》亦云“用拯马壮”，所以明“明夷于股”之义也。丰上之涣初，丰成明夷，涣成中孚，即履四这谦初之比例。中孚上巽为股。明夷所以成明夷者，由于谦初之履四。廉主明夷，履四成巽为股。故“明夷于股”。既“明夷于股”而成中孚，中孚变通于小过。中孚成益，小过成咸，即是损二之五。

损二之五，即是兑二这艮五。兑二不之艮五为“不拯”，则中孚二之小过五为“用拯”矣。以中孚二加于小过五，互乾为马，故云“马壮”。以谦初之履四为左股，不于履谦明之，而以涣初之丰四。同于谦初这履四。而明于涣初，此《经》文之奥也。于涣初知“明夷于股”，指履成中孚。以“用拯”二字，与“不拯其随”相贯，知“马壮”指中孚二之小过五，辞系于明夷，而义指中孚之通小过。执一卦一爻以求其义，欲占之达也难矣。

密云不雨，自我西郊　密云不雨，自我西郊

“密云不雨，自我西郊”，小畜彖辞也。而爻辞又用其文于《小过·六五》。自旁通之义不明，解者遂左支右诎，而莫得其故。小畜与豫旁通。小畜二之豫五，而后上之豫三，小畜成既济，豫成咸，是为“密云不雨，自我西郊”。“不雨自我西郊”六字指豫成咸。“密云”二字，指小畜成既济。

《屯·传》云“云雷屯”，又云“雷雨之动，满盈”。雨指上坎，云亦指上坎。荀慈明谓上坎为云，下坎为雨，非也。小

畜二之复五成屯，则有云有雨。惟变通于豫，豫四不之初，而小畜二之豫五成萃，故“不雨”。然后以小畜上之豫三，豫成咸，为“西郊”。所以“不雨”而“西郊”者，由于小畜二先之豫五，故云“自我西郊”。小畜上亦无雨无云也。上之豫三，上有坎乃有云。既先以二之豫五成家人，为密。而后上这豫三成既济，上坎为云，故云“刻云”。

《需·传》云“云上于天，需”，需二未先行，有云而不密者也。六十四卦以坎为云，惟此屯、需二《传》屯之“云雷”与“雷雨”互明。明云即是雨，所以赞豫成咸之“不雨”。需之云上于天，所以赞小畜成既济之为“密云”。密云即是密雨，不雨即是不云。以密云见既济，以不雨见咸。明二五先而三上从之，四不之初也。

小畜二不之豫五。而上之豫三，则不成咸而成小过，无所为“密云不雨，自我西郊”矣。乃变通于中孚，则中孚二之小过五，犹小畜二之豫五也。然后中孚上之三，犹小畜上之豫三也。中孚亦成既济，小过亦成咸。与小畜成既济，豫成咸同。故亦云“密云不，雨自我西郊”。豫成小过，虽为“失道”，一用改移，仍与“不失道”同。圣人教人改过如此。惟豫四不之初，始而成萃，继而成咸。皆无坎，为不雨。若豫四之初则成屯，固雨；成明夷，三亦互雨。上九“既雨既处”，谓豫成明夷也。于是夬二之剥五而剥上之三，为“独行遇雨”，谓剥成蹇也。夬剥相错为萃大畜。大畜者，鼎四之初也。鼎成大畜，即宜旁通于萃。鼎成家人，即宜旁通于解。大畜二之五而后上之萃三为夬二之剥五而后剥上之三比例，是为“遇雨”，“遇”而后“雨”也。解二之五而后家人上之解三，是为“方雨”，“方”而后“雨”也。

《睽·上九》“睽孤”，谓上之三成大壮，是为“见豕负涂”。大壮不能变通，而又失道成泰，则“载鬼一车”。至是，必以泰变通于否，“张弧”“说弧”，乃“匪寇昏媾”而“吉”。若大壮不成泰，即能变通于观，则不异夬之通于剥。大壮二之五而观上之三，为夬二之剥五而剥上之三之比例，故以“遇雨”二字与夬之“遇雨”相钩贯。云“往遇雨则吉”。往者，睽三往上成大壮也。是进即变通于观，而“遇雨则吉”。“则”之云者，谓不致“载鬼”“张弧”而后“吉”也。

《易》之辞，全以彼此钩贯为发明，以夬之“遇雨”，测睽之“遇雨”。知“往遇雨”则吉，指往成大壮即通于观也。大壮观相错即小畜豫，蹇通睽而睽上之三，即小畜上之豫三之比例。豫成小过犹睽成大壮。大壮通观为“遇雨”，犹小过通中孚为“不雨”，而以两“不雨”两“遇雨”互明，一“方雨”为之枢纽。在睽而指大壮，在鼎而指家人，非比例通之，未易也。

先甲三日，后甲三日　先庚三日，后庚三日

《蛊·彖》“先甲三日，后甲三日”。《巽·九五》“先庚三日，后庚三日”。说者聚讼，言人人殊。今以《经》文推之，“先甲三日，后甲三日”，系于“利涉大川”之下。《传》云：“利涉大川，往有事也。先甲三日，后甲三日，终则有始，天行也。”《巽·九五》“贞吉悔亡无不利，无初有终。先庚三日，后庚三日。吉”。

《传》云“九五之吉，位正中也”。蛊言于《彖》，巽于九五发之，所以示每卦有再筮之例。《月令》注云“庚之言更也，万物皆肃然改更，甲取义于始，庚取义于更。”更即更代之义，所谓代有终也。巽二之震五，震成随，巽成渐，与蛊二之五同。巽二之震五而后上之震二，与蛊二之五，而后上之随三同。蛊二之五而后上之随三，所谓“利涉大川”也。蛊二之五为“先甲”，上之随三随成革。革下三爻成离，离为日，是为“先甲三日”。蛊成蹇，而变通于睽，睽二之五为“后甲”。睽四之蹇初，蹇成既济。既济下三爻亦成离，离为日，是为“后甲三日”。蹇成既济则终，变通于睽则有始，故《传》云“终则有始，天行也”。巽二之震五，犹蛊二之五也。在蛊为“先甲”，在巽为“先庚”。

巽二之震五而后上之震三，震成革。革下三爻成离也，在随为“先甲三日”，在震为“先庚三日”。巽成蹇变能于睽，

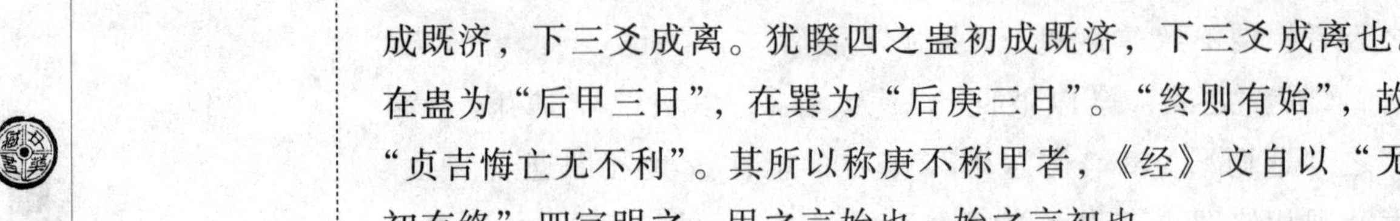

犹蛊成蹇变通于睽也。在蛊国后甲，在巽为后庚。睽四之巽初成既济，下三爻成离。犹睽四之蛊初成既济，下三爻成离也。在蛊为“后甲三日”，在巽为“后庚三日”。“终则有始”，故“贞吉悔亡无不利”。其所以称庚不称甲者，《经》文自以“无初有终”四字明之。甲之言始也，始之言初也。

蛊成蹇有初，故称甲。巽成蹇无初，故称庚。巽成蹇何以无初？以其庚也。庚之言更也。蛊二之五，五以柔进为刚，是始在蛊，故蛊成蹇有初。巽二之震五，巽五本刚不动，是始在震，不在巽，故巽成蹇无初。蛊二之五不更之他卦，而始即在蛊，故不庚而甲。巽二不能自交于五，必更而之震。而始以更而亦在震，故不言甲面言庚。以“无初有终”。无初有终，指巽成蹇，蹇成既济。

《经》于《睽·六三》用“无初有终”四字，所以明《巽·九五》之“无初有终”，指蹇之通睽也。睽二之五成无妄，上乾为天，蹇下艮为鼻。以无妄蹇初，蹇下艮鼻毁，为“劓”，是即后庚三日。而下申以“无初有终”，则“后庚三日”，指睽之“其人天且劓”。《经》固自明之，而不必烦言者也。《传》以“终则有始”赞蛊，又以“终则有始”赞恒。蛊终则成既济，有妈则睽成益。益变通于恒，恒又有始，而后益终。恒成咸，亦先甲也。咸通于损，亦后甲也。举一巽蛊之成蹇者以为之例，则震成革之通蒙视此矣，而乾坤坎离艮兑之成蹇革者视此矣。成蹇革以变通而为益，则成屯家人以变通而为咸皆视此矣。

《彖》于蛊言“先甲后甲”。爻于《巽·九五》言“先庚后庚”，而系之以“无初有终”。又以“无初有终”复言于睽，而系之以“其人天且劓”。不言蹇，蹇在其中。此《经》之微妙也。《传》因“先庚后庚”为“无初有终”，而以“终则有始”赞“先甲后甲”，又以“终则有始”赞恒。不言益，益在其中。此《传》赞《经》之微妙也。以睽明蛊巽之成蹇，以恒赞睽之成益。蛊成蹇，随必成革。巽成蹇，震必成革。而“先甲三日”“先庚三日”之义明矣。睽成益，则蹇必成既济，而“后甲三日”“后庚三日”之义明矣。

臀无肤其得次且　臀无肤其得次且

《夬·九四》《姤·九三》皆云“臀无肤，其行次且”。臀殿后，谓三也，夬通剥，臀谓剥三。姤通复，臀谓复三。夬二之剥五，剥上之三。夬成革，剥成蹇，此夬之“臀无肤”也。姤二之复五，上之复三，复成既济，姤成咸，此姤之“臀无肤”也。革四不可之蹇初，咸四不可之初，故“其行次且”。次且即趑趄，行不前也。行所以不前者，未牵也，牵则悔亡矣。示牵则不行，所以“厉无咎”两卦这辞，互相发明、明白无惑。姤辞系于九三，则“臀无肤”为主。自三及四，故云“厉无咎”。夬辞系于九四，则“其行次且”为主。溯所以“次且”，为“臀无肤”之故，故直云“牵羊悔亡”。其辞同而意各有在也。夬于牵羊悔亡之下，转一语云“闻言不信”。

《传》云“闻言不信，聪不明也”。于是《困·象》云“有言不信”，既与“闻言不信”相贯。而初六“臀困于株木，入于幽谷”，《传》云“幽不明也”，“幽不明”亦与“聪不明”相贯。而此“困于株木”之臀，即“臀无肤”之臀。困二不之贲五而贲上之困三，为姤二不之复五而上之复三之比例。姤二先之复五而后上之复三，则“臀无肤”。困二不之贲五而贲上先之困三，则“臀困于株木”。“困于株木”，则臀有肤也。困成大过，与姤成大过同。困成萃，则与夬成革、剥成观相错为萃同，故三“臀”字相贯。

《剥·六四》“剥床以肤凶”。“剥床”上之三为臀也。以肤者，夬二不之剥五，剥五之肤未变也。剥床以肤则臀有肤。臀有肤，则“臀困于株木”。“臀困于株木”，困成大过，贲成明夷，故“幽不明”。“剥床以臀”，剥成明夷也。然则困“有言不信”，亦以大过四之初矣。既成需，又成明夷，则“灾在外”，故《剥·六四·传》以“近灾”赞之。

何以知肤指五？《经》自明于噬嗑睽两卦。《噬嗑·六二》“噬肤”，《睽·六五》“厥宗噬肤”。睽二之五成无妄，与井二之噬嗑五同。肤指五，噬肤指二之五。肤，柔者也，噬肤则无

肤。若井二不这噬嗑五，而噬嗑上之三。犹姤二不之复五，而上之复三也。噬嗑成丰，丰四又之井初，即姤成大过，大过四又之初。何也？井二之噬嗑五成无妄蹇，相错为屯遁，即姤二之复五之比例。故其成需明夷，同于复姤成需明夷。而《传》则云“何校灭耳，聪不明也”，与夬“闻言不信”《传》同。则是“闻言不信”，犹夫“何校灭耳”。盖井初之噬嗑四，为夬四之剥初之比例。则先成丰而丰四之井初，亦与先成谦而夬四之谦初同也。《困·初六》“臀困于株木之下”，申之云“三岁不觌”。《传》以“幽不明”赞之。而《丰·上六》亦去“三岁不觌”，而《传》于九四“日中见斗”赞云“幽不明也”，显与困初六相发明。

盖离上之坎，三成井成丰，犹乾上之坤，三成谦成夬。井不通噬嗑，丰不通涣，而以丰四之井初，与夬四之谦初同。剥上之三仍为谦，噬嗑上之三仍为丰。乾四之刊初，成复成小畜。犹兑四之艮初，成节成贲。贲通困，犹复通姤。故以姤之“臀无肤”。同于夬之“臀无肤”。与困之臀困于株木”，噬嗑之“噬肤”相贯。惟夬之“闻言不信”贯于困之“有言不信”，以困之“三岁不觌”，贯与丰之“三岁不觌”。《传》即以“聪不明”赞夬赞噬嗑，愉“幽不明”赞丰赞困，而诸卦之义皆一以贯之。

拔茅茹以其汇征吉　拔茅茹以其汇贞吉亨

虞促翔谓巽为茅，又云巽柔白为茅。此依大过下巽为义也。盖白指巽，茅指巽下之柔爻“茅”“柔”二字，皆从矛。茅在初，故柔在下也。《大过·初六》“藉用白茅”犹《士虞礼》称“藉用苇席”。藉，荐也，荐于物之下。大过初先之四，则下无巽，即无白茅。惟初不之四，而二先之颐五，在颐成益，在大过成咸，初六仍是柔爻，故《传》云“柔在下也”。

《系辞传》云“苟错诸地，而可矣”。垢上之复三，贲上之困三，成大过明夷，是以卑蔑尊，轻薄已极，故茅之为物薄。舍明夷而变通于颐，，为“错诸地”。“错诸地”，所为用也，故用可重。《传》云“藉之用茅，何咎之有？慎之至也”。又云“慎斯术也以往，其无所失矣”。“慎”，即《坤·六四》“慎不害”之慎。“慎斯术”，犹云顺斯道。顺则不失道，谓二先而初后也。“藉用”则大过成既济，颐成益。益上不可遽之三。益上遽之三，则成两既济，颐成益。益上不可遽之三。益上遽之三，则成两既济。《颐 ·六二》“征凶”，《传》云“行失类也”。明大过藉用白茅，则颐上不可征也。何也？乾二不之坤五，而四之坤初成复，“天地闭贤人隐 ”矣。复通于姤，可以“括囊”矣。乃姤二又不之复五，而复三之姤上成大过，其为闭与隐更甚矣。乃一变通而藉用白茅，仍归于无咎。“藉用白茅”之“慎”，无异于“括囊”之“慎”。

《传》以两“慎”字赞之，可知其义。《经》于大过称“无咎无誉”，亦与《坤·六四》同。然则大过二之颐五，不异姤二这复五，即不异乾二之坤五。一能改过，即归无过。大过之“用茅”明，则泰否之“拔茅”明。泰否者，乾坤这相错者也。泰二之五，犹乾二之坤五。否四之初，犹乾四之坤初。“拔茅”二字，《泰·初九》《否·初六》，皆指否初之上成益。《传》于《乾·初九》赞云“确乎其不可拔，潜龙了”。乾二未之坤五而上之坤三，犹姤二未之复五而上之复三，亦犹临二未之五而遁上之临三。乾成夬，坤成谦，谦初不可拔也。复成屯，姤成大过，大过初不可拔可。临成泰，遁成咸，咸初不可拔也。不可拔，必易而后乃可拔，故云“确乎”。确然示人易，易则错诸地矣，易则茹以其汇矣。故大过易而通颐，则二先之颐五，而初可拔。夬易而通剥，则夬二先之剥五，而剥初可拔。泰易而通否，则泰二先之五，而否初可拔。在大过为藉用白茅，在泰为拔茅茹以其汇。茹为牵系之义，谓与泰相牵系。汇，犹类也。泵与否相茹，乃不失类，故贞吉亨。否茹于泰，乃可“拔茅”，《传》云“志在君也”。乾为君，泰之志系于否上之乾，此《否·实六》之“拔茅”也。

《泰·初九》“拔茅”，即《否·初六》之“拔茅“。泰成既济，否成益，与大过成即济颐成益同。益上之三，在颐为“征凶”，在否亦“征凶”矣。在颐失类，在否亦失类矣，故

又必茹以其汇。《否·初六》之“茹”，谓否与泰茹，以茅未拔言也。《泰·初九》之“茹”，谓益与恒茹，以茅既拔言也。“征吉”二字，与《颐·六二》“征凶”互明。《颐·传》“行失类”三字，即与“茹以其汇”互明。“失类”则征凶，“茹以其汇”则征吉也。“藉用白茅”之藉，即“盥而不荐”之“荐”。荐谓初之四盥谓一之三。上从二五之三，则初不得又之四，是为“盥而不荐”。初从二五之四，则上不得又之三，是为荐而不盥。

《观·彖》示之以例，可推而知者。大过“藉用白茅”则初从二五之四矣。颐上又征三，则是荐而又盥，故“失类征凶”。观为夬二之剥五之卦，夬二之剥五，而剥上之三，犹大壮二之五，而观上之三。《传》以“不可拔”赞乾之成夬，所以与观之不荐相发明。三上先二五而行，初固不可拔。三上从二五而行，初亦不可荐。荐、藉、拔，其义同也。

或益之十朋之龟弗克违元吉
或益之十朋之龟弗克违永贞吉

《说卦传》“离为龟”。损益皆无离，而互坤，坤为地。地之数十，故云“十”。损二之五则“得其友”，友即朋也。十而朋，则损成益。咸四之初下成离，故为“十朋之龟”。

《易》每一字为一义，此其常也，损成益，咸成既济。益不与既济孚，故云“或益”。盖咸未成既济，损成益，因而上之三可也。咸成既济，损成益，因而上之三不可也。用一“或”字加“益”字之止，明此损所成之益，已与咸之成既济者相系。不相孚而实相或，十朋而克之可也，十月之龟而克之不可也，故欲其“弗克”而“违”。

《损·六五》《益·六二》皆云“或益之，十朋之龟，弗克违”，其义同。惟“永贞”则“元吉”，亦惟“元吉”乃“永贞”。永者，恒也。谓十而朋，朋而龟矣。必变通于恒，恒二之五而后益上乃可以之三。弗克而违，亦永而后克也。颐亦无离。虞仲翔以为晋四之初，谓晋上离为龟也。然晋上这离何不可舍？《周礼》“龟人掌六龟之属，天龟曰灵属”。“灵龟”，天龟也。以“观我”二字推之，谓夬二之剥五也。

夬二之剥五成观，为观我，夬下本乾，决而为离，故为天龟。灵之义亦为善，夬二之剥五继之者善，则夬下成离，亦是善龟，所心灵也。“舍尔灵龟”者，不以夬二之剥五也。“观我朵颐”者，夬四之剥初也。夬四之剥初，犹革四之蒙初。革四之蒙初成损，损通咸，仍得“十朋之龟”。夫损二先之五，而咸四应之。

犹夬二先之剥五，而后四之剥初应之。然则剥舍灵龟而成颐，亦蒙舍灵龟而成损。损通咸而得“十朋之龟”，亦颐通大过，而得“十朋之龟”。损益用两“龟”字，颐用一“龟”字。“舍”则凶，“违”则吉。“违”“舍”同而吉凶各判者，一则舍二五而先初四，一则违三上，而先二五也。比例之可得，其互相发明之义。

西南得朋　东弱丧朋
蹇利西南不利东北　解利本南

西南东北之说，言人人殊。乃求之《经》、求之《传》，明白可见也。《说卦传》云“艮东北之卦也，物之所成终，而所成始也，故曰成言乎艮”。艮之为东北，《传》明言之。因推震为东方，巽为东南，离为南方，坎为北方，乾为西北。兑正秋为正本，坤不言而知为本南矣。

《坤·象》云“本南得朋，东北丧朋”。《传》云“本南得朋，乃与类行。东北丧胆，乃终有庆”。其义隐奥，原不易明。乃《经》则自明于蹇。《蹇·象》云“利西南，不利东北”。方其为坤，乾二之坤五，为“得朋”。二行而上亦行，是为“乃与类行”。于是坤成蹇，蹇下艮为东北。若令乾四又之坤初，则是革四之蹇初，成两既济，故坤成蹇。其道已穷，急宜变通于睽。睽五丧而未得，故“丧朋”。“丧朋”。则“终有庆”，不“丧朋”而终则“不利”，故“不利东北”。因“不利东北”，所以“丧朋”。“丧朋”而后乃“终有庆”也。《蹇·

传》云"蹇利本南，往得中也。不利东北，其道穷也"。其义甚明。于蹇言西南东北，知坤之东北谓蹇。于坤言西南东北，知蹇之西南谓坤。坤蹇两卦，彼此互明，明白如绘。

解何以"利西南"？因蹇之"不利东北"，而连类及之也。《经》自明之云"无所往，其来复吉"。"无所往"者，三未之家人上，四亦未之初也。"来复"者，二之五也解无坤，解成萃则有坤。犹坤无艮，坤成蹇则有艮。坤成蹇，不利东北，以革四不可之蹇也。解成萃，利西南，以家人上可之萃三也。

《传》云"解利西南，往得众也"。二之五先得众，而后三往家人上，故"住得众"。若初先往四，则不异乾四之坤初，而小畜寡矣。何以得众也？至《说卦传》言"南方之卦"，"西北之卦"，"东北之卦"，"正北方之卦"。而巽言东南，震言东方，不必称之卦而自为卦无疑。坎既北，离既南，震既东，则兑为西方之卦无疑。巽既东南，艮既东北，乾既西北，则坤为西南之卦无疑。已举三隅，不难以一隅反也。虞仲翔迁谬其说，谓震初不见东，故不称东方卦。巽阳隐初，又不风东南，亦不称东南卦。兑三失位不正，故言正秋。兑象不见西，故不言西方之卦，与坤同义。顾正秋即是正西，以四时互见四方。圣文简妙，无不该也。若震则明称东方，巽明称东南，何不见之有？盖言卦不言卦，乃属文之或省或不省耳。据以牵合其纳甲之说何哉？乾纳甲在东，不见西北。离纳已，不见南。

《经》则明言南方之卦，西北之卦，彼谓"震不见东，故不言东方卦"者，不可通矣。虞言"乾晨，见西北"。既言"艮见丙"又以为在甲癸之间，方位果何定乎？虞解《坤·象》云："月三日成震出庚，至月八日成兑见丁。庚西兑南，故西南得朋"。谓二阳为朋，二十九日消乙入坤，灭藏于癸，乙东癸北故"东北丧朋"。谓之以坤灭乾。其解蹇云："坤西南卦。五在坤中，坎为月。月生西南，故利西南。往得中，谓西南得朋也。艮东北之卦。月消于艮，丧乙灭癸，故不利东北。"此与《坤·象》之注，已自相矛盾。既云庚西丁南，则西南已属震兑。兑二阳既得朋，则与坤之灭阳者不可同日而语。乃又牵于坤，为西南卦。盖蹇无非得兑，不得不以西南为坤，震兑以“得朋”为西南，坤又以“丧朋”为西南。凿枘相牾，究何所从？《传》赞“丧朋”，明云“有庆”。“丧朋”乃“有庆”，则朋之宜丧，不待智者而后知也。

老夫得其女妻　老妇得其士夫
夫征不复，妇孕不育
女承筐无实士刲羊无血

荀慈明谓“初阴失正当变，数六。为女妻，二阳失正数九，为老夫。以五阳得正，位不变数七，为士夫。上阴得正数八，为老妇”。虞仲翔以为俗说，谓“二体乾老，故称老夫。兑为少女，故曰女妻。初巽为妇，乾为老，故称老妇。大壮震为夫，兑为少，故称士夫”。其解老夫得女妻。则谓“二与上应，为乾得兑”，因傅会过心相与，为初与五应，二与上应。又谓“体姤淫女，故过以相与”。试为揆之。

合有常匹，乃为相得。若初舍四之常匹而应五，二舍五之常匹而应上，岂尚云得乎？九二九五，皆言“生”言“得”。二言“无不利”，五言“无咎”，岂淫女之占乎？荀固俗说，虞亦望文生意。然则夫妇为何？老夫谓需下乾也，老妇谓明夷上坤也。夬二之剥五，井二之噬嗑五，原可相得而后。乃夬四之剥初，噬嗑四之井初，井夬成需，噬嗑剥成颐。需二不能交于颐五，遂成老夫。乃变通于大过，颐五之大过二，则“得其女妻”。女妻谓巽成艮也。姤二之复五，困二之贲五，原可相得而生。乃姤上之星复三，贲上之困三，贲复成明夷，困姤成大过。明夷五汪能交于大过二，遂成老妇。乃变通于颐大过二之颐五，则“得其士夫”。士夫谓艮成巽也，其义互见于渐归妹。渐上之归妹三为“夫征”，在归妹为“士刲羊”。夫谓渐五，士谓渐上，渐上巽犹颐成益上巽也。渐初之归妹四，为“妇孕”，在归妹为“女承筐”。妇谓渐二，女谓渐初。渐下艮，犹大过成咸下艮也。

《传》以“离群丑”三字，与“亦可丑”互明。同知渐称“夫”，归妹称“士”，即大过之“士夫”。渐称“妇”，归妹称

“女”，即大过之“女妻”。《经》文明白如此。归妹渐本是士夫女妻，可生可育。乃归妹二不交五。而渐上之归妹三，成大壮蹇。相错为需濾过，犹夬剥井噬嗑成需颐也。需二汪能交于颐五，亦不能交于小过五，是“士夫”而为“老夫”，故“夫征不复”，“士刲羊无血”矣。归妹二不交于五，而渐初之归妹四，成家人临，相错为明夷中孚，犹复姤困贲成明夷大过也。明夷五不能交于大过二，亦不能交于中孚二，是“女妻”而为“老妇”，故“妇孕不育”，“女承筐无实”矣。以士夫女妻，一失道面成老夫老妇，则“不复”“不育”。以老夫老妇，一变通而成士夫女妻，则“生稊”“生华”。老夫得女妻，老妇得士夫，犹云老夫老妇不能生育者。以变通而为士夫女妻，能生能育矣。《经》文故奥其辞耳。知夬四之剥初，噬嗑四之并初，为老夫者，噬嗑井相错即屯鼎，鼎二之五，为井二之噬嗑五之比例。

《鼎·初六》“得妾以其子”，是士夫女妻交而有子也。鼎四之初，则为噬嗑四之井初之比例。“女子贞不字”。“不字”，不育也。“女子贞”，则士夫为老夫矣。大畜下之乾，犹需下乾也。知姤上之复三，贲上之困三，为老妇者，贲困相错为革蒙，蒙二之五，为困二之贲五之比例。九二“纳妇吉，子克家”，是士夫女妻交而有子也。在蒙成观，在贲成家人。明以“子克家”指其困二之贲五矣。若上之三成升，则亦贲上之困三成大过矣，故“见金夫不有躬”。“见金夫”，亦女妻为老妇矣。

升上之坤犹明夷上坤也。然升为老妇，而《经》云“金夫”。“金夫”则老夫也。大畜为老夫，而《经》云“女子贞”。“女子贞”，则老妇也。此又互明之也。渐上之归妹三，成大壮蹇。大壮变通于观，即小畜变通于豫。夫征不复者，至是仍为夫妻。小畜二之豫五而三上从之。即大壮二之五，而观上从之。变即大过二之颐五，而颐上从之。在大过主“枯杨生稊”，在归妹为“反归以稊”，在小畜则为“夫妻反目”。“反目”即是“反归”，“以娣”即是“生稊”。“夫妻反目”即“老夫得其女妻”也。上九“既雨既处”，谓小畜成需，豫成明夷，是老夫而兼老妇。明夷通讼，则“妇贞厉”，而妇非老妇矣。蒙上之三，为贲上之困三之比例。上不之三而初之革四，则成损。鼎四之初，为噬嗑四之井初之比例。四不之初而上之屯三，则成恒。成恒，亦“夫征不复”也。成损，亦“妇孕不育”也。

《睽·九四》“睽孤，遇元夫”。交孚，睽成损犹蒙成损。损既济不能孚，损变通于咸。犹颐变通于大过，则损二之五为“遇元夫”。交面能孚，“元夫”犹云士夫也。《恒·六五》“恒其德贞。妇人吉，夫子凶”。恒孚益而交，女妻从士夫者也，故其“贞吉”。恒二之五而益上从之。恒已成咸，已纳妇有子，为夫子矣。宜变通于损，乃为制义。若损二不之五，而咸四这初。即同于鼎二不之五，而四之初。在鼎为“女子贞不字”，在颐则为“老夫”。在咸则为“从妇”，故其“贞凶”。

《序卦传》云“有男女，然后有夫妇”，为咸通损，而言也。“夫妇之道，不可不久”，为恒孚益而言也。恒不孕益则不可久。咸不通损则有男女而无夫妇。均非道也。伏羲作八卦，所心定人道。制嫁娶，使人各有偶。故以旁通为有孚。有孚而男女乃有别，夫妇乃有定，孚而交则有子，子又旁通而纳妇交孕，所以生生不息。恒成咸，虽交孚而有夫子。子不约妇而从妇，则仍不久矣。从妇者，不交孚也。大有上之比三犹渐上之归妹三。大有四之比初，犹归妹四之 渐初。无交而害，是为“后夫”。后夫者，老夫也。亦金夫也。

箕子之明夷　其子和之　得妾以其子

“箕子之明夷”，《释文》云“蜀才本作其”，《说文》“其，丌也，籀文箕”，然则“其”为“箕”之籀文，“其子”即“箕子”，“箕子”即“其子”也。《中孚·九二》“鸣鹤在阴，其子各之”。《易》以刚在五称“我”，柔在五称“其”。则与柔孚，柔以交而为刚，称“子”。小过五柔，中孚二之小过五，变柔为刚，故云“其子和之”。乃中孚二汪之小过五，而小过四之初成明夷，故云“其子之明夷”，谓小过所成之明

夷也。

小过所成之明夷，仍与中孚系。中孚明夷，相错为家人。家人内也，故《传》云“内难”。内难则志不正，其子之明既伤夷，则不能和“鸣鹤”而有“好爵”。惟是既成明夷，改而变通于讼。五之讼二，主利贞，利贞则能“正其志”。能“正其志”则仍为其子，故云“内难而能正其志，其子以之”。以小过之“其子”，证明夷之“箕子”，其脉络贯通如此。

《经》又于《鼎·初六》互明之云“得妾以其子”。兑为妾，鼎二先之五成遁，而后以上之屯三。屯成既济，鼎成咸与中孚成既济，小过成咸同，则鼎之“其子”，即中孚所称之“其子”也。于鼎言之者，有微义焉。鼎二之五为遁，遁通于临，临遁相错为履谦。履四之谦初，履成中孚，谦成明夷，为小过四之初这比例。遁四之初为家人，家人临正中孚明夷相错之“内难”。小过四之初，则“其子之明夷”，冥晦迷失，其明伤，其子亦亡。临不成屯，百遁四这初，即小过其子之明夷也。故六三“纱遁有疾厉，畜臣妾吉”。“系”者，与临“系”也。“有疾”者，四不初也。“畜臣”指临二之五。“畜妾”，指上之临三。臣即小过“遇其臣”之臣，妾即鼎“得妾”之妾。

《传》以“不可大事”四字赞之，即《小过·象》中之辞。小过“不可大事”，谓不可以四之初，则遁之“不可大事”，亦谓不可以四这初。是《传》明以遁四之初，为小过四这初之比例也。中孚二之小过五，在小过为“其子和之”，在中孕为“遇其臣”。子以象交，谓刚也。臣以事君，谓柔也。二之五为其子，五之二为遇臣。臣犹子也，子犹臣也。鼎言“得妾以其子”，发明中孚之“其子和之”遁方“畜臣妾吉”，发明小畜之“遇其臣”，而以一“妾”字为枢纽。有“妾”则上有兑，上有兑则四不之初，四不之初，则鼎成遁。遁不成家人而成咸，即小过不成明夷而成咸，不成明夷而成咸，则“其子和之”，而“其子之明不夷”。不成家人而成咸，则“得妾以其子“，而”畜臣妾吉“。

既明于鼎又明于遁者，必遁四之初成家人，乃与临相错为中孚明夷，而为箕子之明夷这比例。若鼎四之初成大畜，不可以发明箕子之明夷，故必发之于遁，而明指一“畜”字，以示遁四不之初。不成家人，即鼎四不之初，不成大畜也。以临二不这五，而遁四之初，为中孚二不之小过五而小过四之初之比例。以鼎二之五，亦犹中孚二之小过五。故鼎之“得妾”，即遁之“畜妾”。而鼎之“其子”，即中孚之“其子”。“得妾”则“其子和之”，不“畜妾”则“其子之明夷”。《经》文钩贯之妙，直如仙骨边环。而《传》但取小过“不可大事”一语赞于“畜臣妾”之下尤为神妙。而解者视为说理之泛言，不亦枉乎？五所以称其子者，子者孳也。有子而后似续不穷，父子相承，“终则有始”矣。鼎四之初，与随四之蛊相同。

鼎四不之初而二之五，则“有其子”蛊二，不之五而随四之蛊初，则“无其子”。乃蛊成大畜，大畜孚于萃，则仍“有子”，故“干父之蛊，有子考无咎”。屯大畜相错为需颐。大畜孚于萃犹颐孚于大过。大过二之颐五，“生稊”“生华”。即大畜孚萃之有“童牛”，中孚孚小过之“其子和之”也。大畜孚萃，而二之五成家人，犹家人孚解。而解二之五成萃，大畜二之五有子，成家人通解。解二之五又有子，父有子，子又为父，是“父父子子”。有夫妇，然后有父子。大畜二之五，是夫妇交而有子。家人旁通于解又为夫妇，故“夫夫妇妇”。伏羲以前，知有母不知有父。是有男女无夫妇，有母子无父子。自以旁通而定为夫妇，乃有父子。

父生子，子又旁通，定为夫妇。子又为父，父又生子。生不一子，则长幼序而为兄弟。大畜二之五，萃四从之成震，则兄也。萃三从之成艮，则弟也，故“兄兄弟弟”。“父父子子，兄兄弟弟，夫夫妇妇，而后家道正而天下定”，谓家人通解，父子之后，续为父子。夫妇之下，嗣为夫妇。家人乃可成既济而终。

《家人·九三》“妇”“子”并言。解二之五为子，解五之二为妇。子即妇之夫，家人二五为夫妇。解成咸，二五又为夫妇。子又生子，相续无穷。何庆如之？若解二不之五，而家人上之解三，成恒。三先五而行则忧，家人二五之为妇子者已

往。解二五之“妇子不来”，是有家人这“妇子”，而无解之“妇子”，乌不嗟伤悼乌？此所以“嘻嘻”也。“嘻”即《檀弓》“夫子曰嘻”之“嘻”，悲叹之声也。悲叹之甚，故嘻嘻。《恒·六五》“恒其德贞。妇从吉，夫子凶”。解为家人之妇。解成恒，恒为益之妇，解示纳妇有子而嘻嘻。恒从乎益，则纳妇而有子。恒为益之妇者，成咸则双为损之夫，故云“夫子”。若不俟损一之五，而咸四即之初而终。未及交孚有子，仍是“妇子嘻嘻”矣。是时损之为妇，五未纳于二，二未交于五，而咸初四从之，故为从妇也。不从妇而交孚，则损二这五，而后咸四之初。咸成即济，损成益，益既济相错为家人。损为咸之妇有，成益又为恒之夫。益必俟恒二之五，而后贞。犹咸必俟损二之五，而后贞。

《损·上九》“贞吉利有攸往，得臣无家”，谓损成益。欲贞吉，则必利而后有攸往。从女则凶，利则变通于恒，而交孚矣。恒二之五而益上往在一，则不从妇而贞吉矣。恒二之五，是为“得臣”。益系既济则“有家”，变通于恒故“无家”。“有家”则贞凶，“无家”则贞吉也。恒二之五，为中孚二之小过五之比例。“得臣”即得小过“所遇”之“臣。即得臣成咸，咸益相错为随渐，不复有家人。所以言得臣无家者，明小过遇臣则无家也。滤过成明夷，与中孚错，乃有家人。小过成咸，其子和之，则相错不成家人，不到长其子之明夷，而成内难矣。有家乃有内难，无家则无内难也。乃《损·上九》“得臣无家”，承“弗损益之”而言。“弗损益之”，谓蒙二先之五而后革四之蒙初，则不成损而成益，与损二之五而咸四之初同。益既济相错，有家人而无内难。《蒙·九二》“纳妇吉，子克家”。“纳妇”蒙二这五也。纳妇而有子之家也。相错为家人临，则内难之家也。凡此皆“箕子之明夷”，互相发明。明夷之“箕子”，即鼎中孚之“其子”，可比例得之矣。然则箕子非父师之箕子乎？古之“其”字既国“箕”之籀文，则“箕”字正是“其”之本字，则中孚鼎亦可作箕子。以明夷之“其子”，作“箕子”解可也。以中孚鼎之“箕子”，作“其子”解可也。

《易》以六书假借为引申，“帝乙”“鬼方”，皆非实事，又何疑于“箕子”“其子”之不同乎？《汉书·濡林传》称蜀人赵宾好上数书，后为《易》，饰《易》文以为“箕子明夷”，阴阳气亡箕子。箕子者，万物方荄兹也。宾持论巧慧，《易》家不能难，皆曰非古法也。云受孟喜，喜为名之。后宾死，莫能持其说者，喜历不肯仞，以此不见信。《释文》引刘向云“今易箕子为荄滋。然同宾说，当时虽莫能持，而刘向时所融云”箕子，纣之诸父。明于天道洪范这九畴，德可以王，故以当五。融所见易，固作箕了。邹湛云“荀爽训箕为荄，诂子为滋”，漫衍无经，不可究诂。推湛此言，可知东汉诸儒，皆同马本。复理宾说，惟爽一人。

虞仲翔奏上《易注》谓“马融不及荀爽”。而《明夷·六五》则舍爽取融其说云“五乾天位，今化为坤，箕子之象”。李鼎祚采马、虞而不取荀氏，是矣。王弼注《明夷·六五》云“最近于晦，与难为比，险划如兹，而在斯中”。所谓兹者，正以子为兹。“而在斯中”四字，即解说引义，盖阴用赵宾“荄滋”之说。而但以子为兹，以箕为其读为其兹之明夷也。也颖达未悉共趣，以为箕子近殷纣云云，强为之说。顾五弼于帝乙高宗，皆显术之。而注中不方箕子，仅曰兹斯。说，即用宾之说而小变之，又何惑乎？陆德明虽列刘向之说，而实著邹湛所讥。孔颖达虽祖五弼之注，而援入马融诸人之义。于是唐宋以后，说《易》者示有理“荄兹”而离“箕子”者也。要之“荄兹”固非，箕子亦不必泥。如知以假借为引申，则荄箕本通，作荄可也。以荄兹而傅会其说不可也。以中孚鼎之“其子”证之，虽父师之箕子，已为假借，而荄兹”之说，又何容混入乎？

信阳张氏绶佩，乾隆间撰《义里睡余编》，内一条云：“帝震即甲，乙其亚也。借商帝之名立象，与既济称高宗一例。后世或有摭拾惭致醮之辞，不知其为谬附。箕子或曰纣叔父，或曰纣庶兄，以象论之，前人有以箕子为其子之说，颇得《象》大意。卦引人名，其旨原自有在也。”张氏先得我心，附录于此，以见余说之不孤也。

第十四章　易通释卷十四

利建侯　利建侯

虞仲翔以震为侯，以三为公位，荀慈明以侯为阳中之阴，以震为侯者，据屯下有震也。以侯为阳中之阴者，据《晋·六五》也登诸他卦，则不可通，《乾凿度》谓三为三公，四为诸侯，五为天子。故虞氏以公指三，李鼎祚以四为诸侯上公之位，是本《乾凿度》而全公侯皆指中，则变其说矣。

《说卦传》云“乾为君”，举一“君”字以为乾象，公侯亦君也，则亦乾象也。屯下震已定，无空更建。既云“勿用有攸往”，则谓三不可往。三何以不可往？以鼎二未之五也。鼎二之五而后三往鼎上，乃为建侯。若曰“勿用”以三往鼎上，且先以鼎二之五。屯三往则六爻宁安，舍三不往而建鼎之侯则屯不宁。故《传》云“宜建侯而不宁”。乃爻以“利建侯”系之于初者，为豫而言也。

小畜二之豫五，豫四不之初，则不成屯。不成屯，则以小畜上之豫三，即为“建侯”。四既之初成屯，则必变通于鼎，乃为建侯。然则侯指咸之互乾，即屯豫两卦比例可知。小畜二不之豫五而上之豫三，豫成小过，小畜成需。需通晋则“康侯”，小过通中孚则“公弋取彼在穴”。小过之公，即豫之侯，谓中孚二之小过五仍成咸也。于是《益·六三》称“公用圭”，六四称“公从”，指益通恒。恒二之五成咸，为中孚二之小过五之比例，亦屯通鼎鼎二之五之比例。

《解·上六》“公用射隼，于高墉之上”。二之五成萃，即小畜二之豫五。家人上之解三，即小畜上之豫三。解成咸犹豫成咸也。鼎二之五，而上从之，成咸，为“建侯”矣。鼎二不之五而四之初，成大畜，则“覆公𫗧”。虽有乾在下而不在五，

侯不建，是公之覆者也。覆者，建之反也。公不覆，则“公用亨于天子”。二之五为乾，为天之子，即为王；在三则为公，为侯。凡称公侯，皆三互乾也。故称公侯之卦，非指咸即指革。蛊上之随三成革，则“事五侯”。“不事五侯”者，不以上之随三也。称王又称侯者，咸革三五其互乾，兼三五而称之也。侯在三，建之者王也。先五有王，而后建三之侯，亦兼三五言之也。《坎·彖传》云“王公设险以守其国”。坎二之离五为王，离上之坎三成革，则公也。上之三，为设，亦为征。

《离·上九》“王用出征”，出征犹设险也。《六五·传》云“六五之吉，离五公也”。谓成丰变通于涣，涣二之丰五成革，有五有公，故离一公。涣者，离也。涣“王假有庙”，九五“涣王居”，丰五假之，皆谓涣二之丰五也。丰涣单言“王”，离坎兼言“王”“公”，明其为革而三五兼用也。“出涕”，亦涣二之丰五。而又上三，故兼言“公”民。坎二之离五，离成同人，坎成比，为大有二之五之比例。《比·传》云“先王以建万国亲诸侯”。“万国”谓比成屯，“诸侯”谓屯通鼎。鼎之侯本于建，屯之国由于亲。于国言建，于侯言亲，明亲与建同也。一筮再筮，故称先王，称万国，称诸侯。《师·九二》“王三锡命”，《比·上六》“王用三驱”，皆谓成屯面通鼎。鼎二之五为王，有王而后“三锡”“三驱”，则亦有五而后“建侯”也。北大有相错为需晋。需二之晋五。而晋四之初应之成益，即大有二之五而四之比初成屯。屯通于鼎为建侯，益通于恒为康侯。康者，安也，宁也。不宁而先建侯，既建侯则可以宁。康侯者，在此则康，在彼则侯也。在此则康，晋成既济也。在彼则侯，恒成咸也。故下申之云“用锡马蕃庶，昼日三接”。“锡马蕃庶”，晋成益也。

“昼日三接”。益通恒，益成既济，恒成咸也。晋成咸，犹豫成咸。晋成益，犹豫成屯，故成益。康侯于恒，即成屯而建侯于鼎也。晋豫屯三卦互明如此。坤成屯通鼎，鼎二之五，为王事，益上之三从之，亦为“从王事”。鼎屯相错为噬嗑井，噬嗑成无妄犹鼎成遁。上乾为五而后三上求之，为“求王明”。“求王明”，即“从王事”也。

月几望　月几望　月几望

《易》言“月几望”者三卦，小畜上九，归妹六五，中孚六四，是也。虞促翔皆“比坎月离日震东兑西”解之。坎月离日是矣，乃归妹有震兑，小畜无震兑。至谓中孚自讼来，讼坎为月，则尤非《易》义。盖望为月，与日相对之名，月至此而盈。离在下，坎在上，月与日相对，成既济，是则望也。中孚三之上，小畜上之豫三，皆成需。需上坎成，而下离未成，故云“几望”。归妹渐相错，即为中孚小过。渐上之归妹三，归妹成大壮。渐成蹇，大壮蹇相错，即小过需，为小畜上之豫三之比例，亦中孚上之三之比例。

《经》凡三言“月几望”，皆以二不先之五，而上之三成需小过而言。乃在小畜上之豫三，为“君子征凶”，固矣。而归妹则称“月几望吉”，何也？承上“帝乙归妹，君之袂不如娣之袂良”言也。渐上之归妹三，成大壮。大壮旁通于观，而二之五成革，为“娣之袂”。大壮不能变通，更以四之蹇初成泰，而后泰通否，始为“帝乙归妹”。“帝乙归妹”，即“君之袂”也。以小畜二之豫五，而上之豫三成需小过，则为“君子征凶”。以归妹成大壮，渐成蹇，不更令大壮四之蹇初，成泰既济。而尚能早为改悔，较诸“帝乙归妹”为吉也。吉即良也，即申明“君之袂”不如“娣之袂”良也。

惟“娣之袂”较“君之袂”为良，故“月几望”，较“帝乙归妹”为吉。若以“月几望”较“密云不雨，自我西郊”，则“月几望”为凶。而“帝乙归妹”虽较“月几望”，更多一层失道。至于成泰，亦能改悔，亦自“以祉元吉”。虽“不如娣之袂良”，而君之袂亦非不良矣。盖“密云不雨”，则豫成咸，不成小过。小畜成既济，不成需。“月几望”，则豫成小过，小畜成需矣。归妹成大壮，渐成蹇矣。“娣之袂”，则大壮通观，不致更失道而成泰。需通晋，不致更失道而小过成明夷。

帝乙归妹则大壮又失道，而成泰。始变通于否，为“君之袂”，故以“月几望”视“密云不雨”则凶，视“帝乙归妹”则吉，所为“君之袂，不如娣之袂良”也。《中孚·六四》“月几望马匹亡，无咎”。“马匹亡”乃能“无咎”。未能“马匹亡”，则月几望不能无咎矣。“马匹亡”，需通于晋也。《易》之互相发明，莫明于是。

有他吉　有他吝　有他不燕

爻之称“有他”者三，《比·初六》“有他吉”，《大过·九四》“有他吝”，《中孚·初九》“有他不燕”。他者，异之辞也。中孚“有他，不燕”，承“虞吉”言，与屯“即鹿无虞”相发明。此之“有他”，以成屯而言也。比有孚于大有，既比之而“盈缶”矣。大有成家人，比成屯。家人上之屯三，则即鹿无虞。而有两既济，终而不来矣。

惟屯舍家人而通鼎，鼎二之五为来，而后鼎上之屯三成既济而终。此终而彼来，故云“终来”。终而来者，以其有他也。他者，鼎也。屯之孚于鼎，异于比之孚，于大有也。盖大有二之五，若四不之比初，则比不成屯，仍与大有系。不烦改而通鼎，既四之比初成屯，则必舍而他系，此所为虞也。屯通鼎矣。鼎二之五，则屯三之鼎上亦无容他系也。若鼎二不之五而四之初成大畜，则大畜不可与屯系。又必他系于萃，此萃所以“戒不虞”也。大畜屯相错为需颐。颐之通大过，犹屯之通鼎。故鼎二之五为颠趾，大过二之颐五为颠颐。鼎二不颠趾而四之初成大畜，即大过二不颠颐而四之初成需。

大过不成需，则二颠于颐五为“栋隆吉”。大过二不颠颐五而四之初，则桡乎下，而需二不可之颐五矣。必改而变通于晋，故有他吝也。同一有他，一吉一吝者，比成屯而盈，主当位之变通，故能变通则吉。大过成需而桡乎下，主失道之变通，故能变通，虽吉而不免于吝。此《经》自示其例也。小过之于中孚，犹大过之于颐。小过四之初成明夷，犹大过四之初成需也。不使小过成明夷，而中孚二之小过五，故“虞吉”。若不能虞，而小过四之初成明夷，则中孚二不能之明夷五。明

夷必改而变通于讼，故“有他不燕”。何为不燕？燕即宴也，谓不以中孚二这小过五也。中孚二之小过五，何为燕？中孚小过相错为归妹渐，中孚二之小过五即归妹二之五。归妹二之五，与蛊二这五同。

《传》于随赞云“君子以向晦入入宴息”。宴谓蛊二之五。蛊二不之五而上之随三，成升革，错为明夷，则“晦”。蛊二先之五，而后上之随三成革蹇，则为“向晦”。“向晦”则不“晦矣”，“向晦”则“宴”于是。蹇通睽，睽二之五，而后四之蹇初，蹇成即济，则“息”。睽成益，上巽为入。蹇者，蛊向晦而宴者也。睽成无妄而四入蹇初，入蹇即是入宴，宴息即是蹇息。“向晦入宴息”五字，简奥精详。括“先甲后甲”而赞之而“晦宴”两字，则所以赞“虞吉有他不燕”也。“不虞”而小过成明夷，则“晦虞吉”，即是“向晦”。“向晦”是宴，则“虞吉”即是燕。以向晦而无他则宴，以不虞而有他则不燕。两相比例，明白可见。

中孚小过之不燕赞于随蛊者，随蛊错，为颐大过，明中孚二之小过五，与大过二之颐五同。则小过成明夷之“有他”，即大过成需之“有他”。以”向晦入宴息“赞“有他不燕”，下所心赞大过之“有他吝”。不特此也，又于需赞云“君子以饮食宴乐”。宴与乐并举，乐固所云比东者也。需晋相错为比大有，是需二之晋五为宴，即大有二这五为宴。在有二之五，而四未之比初，是无他者也。以一“宴”字，与随之“入宴”贯。又所以赞“有他不燕”，与大过之“有他吝”同，亦与比之“有他吉”同也。

此《传》之赞《经》，造乎微者也，《经》以比明乾坤坎离，以中孚大过，明震巽艮兑。比大有本当位，故用以明当位之变通，而以“有他”为吉。中孚大过本失道，故用以明失道之变通，而“有他”为“吝”、为“不燕”。凡三言“有他”，而变通之例著矣。

田有禽　田无禽　旧井无禽

《系辞传》“耒耨之利，盖取诸益”。益者，屯家人之所错也。《乾·九二》“见龙在田”。屯为见其称田者，谓乾成家人，坤成屯。耒耨施之地其象为田。《白虎通》云“四时之田，总名为田者何？为田除害也”。平地之上，耕作以树五谷为田，驱除禽兽以卫五谷亦为田。田猎之田，即是用稼之田。师二之五成比，犹乾二之坤五。六五“田有禽”，谓成屯也。二先之五为禽，同人四之师，初成屯，为“田有禽”。田既有禽，宜变通于鼎。鼎二之五，而后上之屯三。鼎成咸，上兑为言。不使四之初，故“执其言无咎”。屯五“有禽”，鼎五“无禽”。以“有禽”旁通于“无禽”，是为“知存知亡，知得知丧”。而鼎之“无禽”，又宜进而为“有禽”，乃有“言”可执。若鼎二不之五而上之屯三，则不成咸而成恒，故《恒·九四》“田无禽”。《传》云“久非其位，安得禽也”。何以见之？屯家人相错为益，“耒耨”取益，则屯称田，家人亦称田。屯通鼎，犹家人通解。鼎二不之五而成恒犹解二不之五而成恒。

《系辞传》赞《解·上六》“射隼”云“隼者，禽也”。二先之五，而后三之家人上，是为“射隼”。“获之”，即为“田获三狐”。《传》用一“禽”字赞之，是“田获三孤”，即是“田有禽”。解成咸则“田有禽”，解成恒则“田无禽”矣。解成恒，则“田无禽”，鼎成恒亦“田无禽”矣。恒无田，《象》称“田”者，谓旁通于益也。家人通解，屯通鼎，而鼎解成恒。犹益通恒，而恒二未之五也。《井·初六》“旧井无禽”，何也？屯通鼎，屯鼎相错为噬嗑井。井二之噬嗑五，即鼎二之五可得禽矣，乃“井泥不食”。不以井二之噬嗑五，而以丰四之井初。丰井者，离上之坎三者也。相错为既济恒，即鼎之屯三之比例，本无“禽”者也。而丰四之井初，则是恒四又之初，“无禽”而不能更新，徒为“旧井”矣。

《文言传》云“潜龙勿用，下也。见龙在田，时舍也”。而赞井之初六云“井泥不食，下也。旧井无禽，时舍也”。试

推其义。“潜龙”者，乾上之坤三成谦夬也。“勿用”者，夬四不可更之谦初也。乾坤成谦夬，犹坎离成丰井。丰四之井初，犹夬四之说谦初。在乾戒其“勿用”，在井则已用而为“井泥”。以“下也”二字贯之，知彼此之义同也。乾成家人坤成屯，为“见龙在田”。屯宜通鼎，为“利见大人”。屯通鼎，则舍家人。宜舍而舍，故为“时舍”。井亦宜舍丰而通噬嗑。井噬嗑既为屯鼎之错，则井舍丰通噬嗑，即为屯舍家人而通鼎之比例，故亦以“时舍”二字赞之。惟时舍而舍，则屯通鼎已“有禽”。时舍而不舍，则井不通噬嗑而仍“无禽”。《经》文两相反，而《传》同辞赞之。明“潜龙而用”，则亦“井泥不食”矣。井而有禽，则亦“利见大人”矣！“井泥”与“潜龙”赞同，知夬谦同于丰井矣。“旧井”与“在田”同赞，知井噬嗑相错即屯鼎矣。

《传》之赞《经》，神妙乃尔。比例观之，自悉其奇。丰井相错为恒之“无禽”，井噬嗑相错为鼎之“无禽”。“无禽”变有“禽”，则“得禽”。有“禽”通“无禽”，为“失前禽”。“无禽”而仍为“无禽”，则“非其位”而“安得禽”。有“禽”面将为为有“禽”，则为“从禽”，其义详于比，而《传》于屯赞之。《比·九五》“显比，王用三驱，失前禽”。

《传》云“舍逆取顺，失前禽也”，师成屯而田有禽，此“禽”为已往之“禽”，是为“前禽”，显犹代也，因比成屯，舍而更于鼎，是为显比。“王用三驱”，犹云“田获三品”。大有二之五，一也。比成屯，二也。鼎二之五而后上之屯三，三也。屯变通于鼎，则舍屯五之禽，故“失前禽”。斯时不通鼎，而以家人上之屯三，则不“失前禽”而从前禽。《屯·六三·传》云“即鹿无虞，以从禽也。屯五之禽，即比之前禽也，亦即乾二已见而在田者也。宜舍此禽，以得鼎五之禽。屯之禽，前禽也。鼎之禽，新禽也。不能得鼎五之新禽，而从前禽也不失前禽，则逆而不顺，故君子几不如舍”。“舍前禽”既是“舍逆”，“舍逆”即是“时舍”，“舍前禽”则“失前禽”。《经》《传》之辞，一以贯之如此。“前禽”犹云“旧禽”，为当位而盈者言也。当位而盈，则宜舍前禽以变通而取新，失道而咎，则宜舍旧井之无禽而改过，当位而舍，“时舍”也。失道而舍，亦“时舍”也。此又《传》两言“时舍”之义矣。

取女吉　勿用取女　勿用取女

伏羲氏定人道制嫁娶。孔子不赞之于乾坤，而赞之于《序卦传》之咸云“有夫妇，然后有父子”。乾为父，坤为母，已定之夫妇也。夫妇未定，嫁娶以定之。凡两卦 之帝通者乃为偶，故咸之偶为损而非恒。咸与损为夫妇，相对待者也。咸恒相次，则长幼兄弟也。以旁通之卦 为定偶，而自此嫁彼。处彼娶此，异姓为昏姻之义也。蒙之于革犹损之于咸。《彖》于咸言“取女吉”，爻于蒙言“勿用取女”。以蒙例损，即以咸例革。一互言之，而旁通之义子然。《经》之称“女”，与称“妻”称“妇”不同。“夫妇”指二五，“女”则指巽离兑。

《说卦传》既言“三索得男”，“三索得女”，又详言“巽为长女，离为中女，兑为少女”。其震坎艮皆不言为“长男”“中男”“少男”。所以明《经》之称女，指巽离兑，而《经》无称男之辞，故震坎艮不言男也。震不言为长男而言为长子，则以《经》言长子，不言长男也。大过下巽为女。二之颐五，相交为夫妻。颐成益，五刚，夫也。大过成咸，二柔，妻也，由女而妻，故云“女妻”。明需“老夫”，无女，大过下乃有女也。《屯·六二》“女子贞不字”，女指鼎。鼎上离下巽，成家人上巽下离，皆女也。家人上之屯三，则“女子贞”。而家人通解，解二之五而后家人上之解三，则“利女贞”。

《杂卦传》云“归妹，女之终也”，此“女”即指渐成家人，而归妹成临，家人上之临三，家人成既济，为“女之终”。“女之终”即“女子贞”也。渐上先之归妹三，成大壮蹇，蹇初又之大壮四，蹇下离，故“女承筐”。“承筐”则虚而无实，女之无归者也。《杂卦传》赞云“渐，女归待男行也”。蹇成既济，下有离女。大壮成泰，有父母而无男，此女所以无归。欲女有所归，则必待男而行。待即蹇初宜待之待，谓待旁通于睽，而睽二之五也。睽二之五成无妄，下震为男。然后蹇初行

于睽四，则同一成既济下离。而此离女则有所归，异乎“承筐无实”之女矣。睽成益，蹇成既济，相错为亦家人。故《家人·彖传》云“女正位乎内。家人，内也”。

蹇成既济，大壮成泰，相错为明夷，则女之不正位者也。蹇通睽，“女归吉”矣。大壮通观，亦“利女贞”。何也？大壮二之五，成革，而后革四之观初，观成益，革成既济。睽上离下兑，革上兑下离，《传》皆以“二女”赞之。革之为女，犹家人之为女。革四之贞于观初，犹家人上之贞于萃三。观即蒙二之五者也蒙二之五而后革四之蒙初，为大壮二之五而后四之观初之比例，亦即损二之五而后咸四之初之比例。咸革上兑为女，是为“取女”。取犹求也，求革四之兑，以之蒙初也，亦求咸四之兑以之初也。惟大垃二先之五，乃有女。而后四之观初为“利女贞”，即损二之五而后咸四之初为“取女吉”。若蒙二不之五，而上之三成升，即大壮二不之五，而观上之三，亦即归妹二不之五而渐上之归妹三。更以革四之升初，即是以大壮四之蹇初，为“女承筐无实”。“女承筐无实”，此女之不可取者。取则蒙成泰下乾为金，故六三“勿用取女”，而申之云“见金夫不有躬，无攸利”。“无攸利”三字，与《归妹·上六》“无攸利”互明。

升革相错为明夷大过，是“老妇”非“女妻”。升通无妄，犹大过通颐。大过通颐“得女妻”，“得士夫”，不致“刲羊无血”“承筐无实”矣。而升无妄为复姤之错，升二之五而后无妄四之升初。即姤二之复五而后姤四之初。姤无妄上未有兑，不可为“取女”。惟姤二之复五而上之复三，复成既济，姤成咸，相错为蹇革，上乃有兑女。此兑女不可取者也。何也？取之于观初，则利。取之于蹇初，则成两既济，“终止道穷”。姤下之巽女，即升下之巽女，亦即大过下之巽女。姤二之复五，亦得女妻。不言“女妻”而言“女壮”，用一“壮”字。兼姤成咸复成既济言之。

姤成咸复成既济，乃相错为革，而为大壮二之五之比例。然大壮二之五，而观上未之三，故革四之女可“取”而“利女贞”。姤二之复五，而姤上已之复三，则姤成咸。又必通损，

俟损二之五，而咸四之女乃可取。故在咸通损，则“取女吉”；在姤成咸，未通损，则“勿用取女”。

《姤·彖传》云“勿用取女，不可与长也。天地相遇，品物咸章也”，明指出“咸”字。“相遇”是姤，“咸章”是壮。咸通损。损二之五，则“二气感应以相与”，故“亨利贞”，此“取女”所以吉。姤方成咸，在姤则以“相遇”而“咸章”。在咸未通损，则“二气”未能“感应相与”，故云“不可与长”。此“取女”所以“勿用”，《经》文《传》文，明白可见。以蒙之勿用取女，推之于姤，则姤二不之复五，而上之复三，成明夷大过。大过四不可之初，即革四不可之升初也。以姤之“勿用取女”，推之于蒙，则蒙二之五而上之三成蹇。革四不可之蹇初，即咸未通损不可四之初也。然则蒙二之五，则革四之蒙初，亦“取女吉”。损二不之五而上之三，则咸四之初，亦“见金夫不有躬”。

《经》三言“取女”。两言“利女贞”。一言“女子贞”。与“女妻”“女壮”“女归”“女承筐”诸“女”字连环钩络，一以贯之。而或指巽，或指离，或指兑，各依所值以为之辞。诸《传》所赞，均已神奇。《说卦》于巽离兑，言三女，震坎艮不言三男，尤昭然其明示矣。

舆说辐　舆说輹　壮于大舆之輹

坤为大舆，《大壮·九四》“贞吉。悔亡”。则是二先之五而后四之观初也。二先之五，故“不羸”。不羸则壮。观下坤为舆，以革四之观初成益，益下刚爻常坤舆之下，为大舆之底，所谓輹也。大壮观相错成小畜豫。豫四之初。即大壮四之观初之比例。大壮二之五，即小畜二之豫五之比例。

小畜二之豫五，而豫四之初，即大壮二之五而四之观初，是则为“壮于大舆之輹”。“壮于大舆之輹”，则大壮成既济。上无兑，则“壮于輹”而“不说輹”。若大壮成革，而四不之观初，即是小畜二之豫五，而豫四不之初。豫成萃，萃上兑为说，下坤为舆。萃四不之初，则舆底不动。舆底不动，是“无輹”。“无輹”则上有兑，是为“说輹”。于《大畜·九二》互明之，亦云“舆说輹”。

《传》则赞之云“中无尤也”。“中无尤”，谓大畜二之五。大畜二之五，而萃四不之初。犹小畜二之豫五，而豫四不之初也，故小畜之“舆说輹”，即大畜之“舆说輹”也。“輹”，《考工记》谓之“轐”。一名“伏菟”，附舆底，以缚轴。辐为车轑凑毂者，与輹异。小畜之辐，乃輹之讹。由是知九三“舆卫”之舆，即此舆也。萃四不之初，而大畜二之五，则萃下之舆，有所卫。卫犹从之也。二不之五，舆何所从？由是知“得舆”之舆，即此舆也。夬剥为萃大畜之相错。剥下之舆，即萃下之舆，剥下之舆，本以“载民”。夬二之剥五，则小人易为君子，而为“得舆”。“君子得舆”，得所卫也。由是推之，《大有·九二》“大车以载”，大车即大舆，谓比下刋也。

大有二不之五，而四之比初，即随四之蛊初之比例。未成大畜，先以二之五，使比下之舆得所载，则“有攸往无咎”。已成大畜而变通于萃，则先以二之五。使萃下之有所卫，则“利有攸往”。《小畜·九三》言“舆说輹”，上九言“尚德载，既雨既处”，则豫成明夷，小畜成需。需通晋，五为德载。晋需相错为比大有。大有二之五，则“大车以载”，即此“德载”也。由是“舍车而徒”，可推而知也。困二之贲五，困成萃，贲成家人，与小畜二之豫五同，亦与大畜二之五同。“舍车”之车，即“舆卫”之舆谓萃下坤。萃四不之初，则曰“闲舆卫”萃四之初，则“舍车而徒”。萃下坤车，化为震足。萃下有车，屯下有足。舍车而徒，舍坤而震也。

《困·九四》“困于金车”。贲通困，困二汪之贲五，惟致穷困而成需。需通晋，晋成否。否上乾为金，下坤为车，故云“金车”。“金车”之车，即“大车以载”之车也。然则剥比豫，观萃否诸卦，坤在下者，皆象舆。坤舆宜在下，在下则有以卫乎五之君子，以载其德。若在上则为师六三、六五之“舆尸”，何也？六三“师或舆尸”，《传》云“师或舆尸，大无功也”。以三从五则有功。此“无功”谓师二不先之五，而同人上之师三。在同人成革，在师成升。升革相错，为明夷大过，而同人上之师三。在同人成革，在师成升。升革相错，为明夷大过。明夷“伤害”，大过“棺椁”，死期将至，故“舆尸”。尸之言施也。二不之五而上施于三，则上有坤舆。六五“田有禽，利执言无咎。长子帅师，弟子舆尸”。《传》云“长子帅师，以中行也。弟子舆尸”。《传》云“长子帅师，以中行也。弟子舆尸，使不当也”。《说卦传》“震为长子”，谓先帅师成比，后长子成屯。《易》辞每用倒装为文法。先帅师而后长子，为“长子帅师”。亦先舆尸而后弟子，为“弟子舆尸”。“舆尸”谓同人上之师三成升，“弟子”谓升二之五成蹇。上坎下艮，为中男少男，视屯下震为长子，是弟子也。使之言从也。升二之五，而革四之升初从之。虽犹是从，而“舆尸”在前，则不免于“贞凶”。此“舆尸”之舆，指坤之在止者。坤宜在下，不宜在上。在下为“舆卫”，在上则为“舆尸”。《说卦传》既坤为舆矣。而于坎又云“其于舆也，为多眚”。正指此升二之五，坤化为坎者言也。

《睽·六三》“见舆曳”，《传》云“位不当也”。睽何得有舆？即“舆尸”之舆，亦即“大舆以载”之舆。“大舆以载”之舆，指比下坤，乃大有二不之五，而上之比三成蹇。比三本是坤“舆”，以失道而互坎“曳”。同人上之师三成升，升上本是坤舆。二之五成蹇，上坤化为坎，亦为舆曳。二者皆失道，故《传》以“位不当”赞之。惟不当，故变通于睽。是为“见舆曳”也。

王假有庙　王假有庙　王假有家

涣萃两卦，《彖》皆云“王假有庙”，涣旁通于丰·丰《彖》云“王假之”，明谓涣二至丰五也，涣二至丰五，丰成革，涣成观。观革相错，为家人萃。萃之“王假有庙”，即涣之“王假有庙”也。观“以神道设教”，故为立庙。

《传》云“先王以亨于帝”，立“庙”。丰上震为帝，涣二亨之，犹恒上震为帝，二之五亨之。《豫·传》云“先五以作乐崇德，鄹荐之上帝，以配祖考”。乾四之坤初，成不畜复，

则寡。所心寡者，小畜二之复五，无有荐者也。荐即舆。而“不荐”之荐，谓四之初，小畜变通于豫，则寡助变为多助。无荐变为有荐，故云“殷荐之上帝”。殷者，众也，寡之对也。四不先之初则上有震为帝。上有震帝，而“作乐崇德”，初乃荐于四也。

小畜二之豫五，小畜成家人，豫成萃，为涣二之丰五之比例。为解二之五之比例。为大畜二之五之比例。大畜二之五，为芳之“王假有庙”。解二之五，为家人之“王假有家”。《家人·九五》“王假有庙”。解二之五，为家人之“王假有家”。《家人·九五》“王假有家勿恤吉”。“勿恤”二字，隐与《丰·象》“勿忧”二字相发明。

富以其邻　不富以其邻　不富以其邻

“邻”之义，见于震、既济两卦。《震·上六》“震不于其躬，于其邻。”震巽相错，为恒益。巽二不之震五，而上之震三，所谓“震索索，视矍矍征凶”也。恒为益之邻，即震为巽之邻。巽成井，震成丰。丰不为井邻，必变通于涣以为之邻。不通涣而以丰五之井二，成蹇为躬，则有咎。故“不于其躬于其邻，无咎”也。“不于其躬”，不以丰五之井二成蹇也。“于其邻”，旁通于涣也。何以知恒为益之邻？

既济者，益上之三也，益旁通于恒，恒上震，震东主“东邻”。恒二之五成咸，咸上兑，兑西，则“东邻”变为“西邻”。“杀牛”者，益上之三也。恒二不之五而益上之三，则为“东邻杀牛”。恒二先之五而后益上之三，则为“西邻禴祭”。在恒二先之五，则“终而有始”。二不之五，则“终止道穷”，故“东邻”不知“西邻”之“时”。恒二之五而后益上之三，即巽二之震五而后巽上之震三也，亦即涣二之丰五而后涣上之三也。

《经》以“昏媾”“有言”，申明上文“邻”字，同“邻”指旁通之卦而言也。《泰·六四》“不富以其邻”，《谦·六五》亦“不富以其邻”，《小畜·九五》“有孚挛如，富以其邻”。

小畜二之豫五，小畜成家人，豫成萃，家人萃相错为观革，正与涣二这丰五同。《家人·六四》“富家大吉”，谓解二之五，即小畜二之豫五之比例，亦即涣二之丰五之比例。推之可知小畜之“富”，即家人之“富”。震之“邻”，即小畜之“邻”矣。解二之五而后家人上之解三，为“富家”。则小畜二之豫五，而后上之豫三，为“富以其邻”。小畜成家人，家人成既济，解豫成萃，萃成咸，即益成既济，恒成咸。“富”即“福”也。“西邻禴祭，实受其福”，则“富以其邻”者，其“邻”为“西邻”也。推之，“不富以其邻”者，其邻为“东邻”也。

《泰·六四》“不富以其邻”，上承“翩翩”。翩翩。往来貌。是泰二之五，而否初已之四成益，故辞系于六四。“不富”即谓恒二不之五，而益上之三，为“东邻杀牛”也。不富由于不孚，不孚则上之三宜“戒”。下云“不戒以孚”，从“不富以其邻”作转语也。《谦·六五》“不富以其邻”，下云“利用侵伐，无不利”。《传》云“征不服也”。“征伐”指上之三。谦三上失道，不可主利。“利用侵伐”，是已通于履。谦成既济，履成益。恒二未之五，是“不服”，故益与旁通征之。“不富”亦谓恒二不之五，而益上之三，为“东邻杀牛”也。“利用侵伐”，亦从“不富以其邻”作转语也。《传》于《无妄·六二》赞云“不耕获，未富也”，于《升·上六》赞云“冥升在上，消不富也”。“冥升”者，升成泰，无妄成既济也。升所以成泰，无妄所以成既济，同于“不耕而获”。“不耕”者，升二不之五也。升二不之五，而无妄四之升初，虽不耕尚未曾获。惟无妄成益，益不通恒而上之三成既济，是为“不耕获”，即为“冥升”。“不耕而获”，由于益不通恒，是“东邻杀牛”也，故“不富”也。

否履成益，由于“盈”。无妄成益，由于“消”。故云“消不富也”。富即福也，福者备也，备者在既济也。备而终则有始，乃得为富为福。虽成既济，而未能旁通有始，仍不得为富，故富不富必视其邻也。为“西邻”乃“实受其福”，为“东邻”则“不耕而获”矣。

不出户庭　不出门庭
获明夷之心于出门庭

《说卦传》“艮为门阙”。《随·初九》“出门交有功”。《同人·初九》“同人于门”，《传》云“出门同人”。蛊二之五而后随三之蛊上，成蹇，蹇下艮为门。师二之五而后同人上之师三，成蹇，亦蹇下艮为门。《同人·初九》言门而不言出，《师·初六》言出而不言门，《传》以“出门”二字合而赞之。知同人之门在师，即知随之门在蛊也。师同人相错为明夷讼。

师二之五，即是讼二之明夷五。同人上之师三，即是讼上之三。讼成咸，咸下艮，与蹇下艮同。是明夷之出门，犹同人之出门。六四“获明夷之心于出门庭”。明夷之所获，讼二之所出也。乃明夷言出门，而兼言庭。讼不言门而言户。“户庭”二字，散见于艮夬丰三卦，而合言于节。节者，艮初之兑四之卦也。夬者，艮上之兑三之卦也。

《艮·象》云“行其庭不见其人，无咎”。兑二之艮五为“行其庭”，“庭”指艮五而言。艮成渐，兑成随，而后渐上之随三，即为随之出门。然则艮既“行其庭”，不以初四从之成屯，而以三上从之成蹇，则由“行其庭”以及于门，即是“出门庭”。兑二不之艮五，而艮上之兑三，而成谦夬不能行其庭矣。夬变通于剥。夬二之剥五，仍不异艮之“行其庭”，故为“扬于王庭”。“庭”而为以“王”者，庭指剥五，王指夬五。兑不成夬，五不互乾，故但“行其庭”。惟艮上之兑三，兑成夬，五有王，而后变通于剥，是为“王庭”。

《传》云“扬于王庭，柔乘五刚也”。“五刚”二字，为“王”字赞也。夬通于剥，则谦通于履。履二不之谦五，而四之谦初，在履成中孚，在谦成明夷，是为“入于左腹”。“入于左腹”，则既未行庭，亦不出门。故明夷通讼，则“获明夷之心”于“出门庭”。“门庭”二字，与上“入于左腹”相承，直钩贯于夬之“扬于王庭”。与艮之“行其庭”，其脉络可探而寻也。兑成节，艮成贲，其未行其庭，与夬同。节变通于旅，犹夬变通于剥，谦变通于履。节二之旅五，与履二之谦五同，则亦“出门庭”矣。乃节不通旅，而以二之贲五，则不出“门庭”而出“户庭”。初九“不出户庭”，不以节二之贲五也。九二“不出门庭”，不以节二之旅五也。不也“户庭”，则出“门庭”，故“无咎”。不出“门庭”，则出“户庭”，故凶。旅下有艮，贲下无艮，故旅有门而贲无门。然则上之三称“门”，四之初称“户”。何以见之？

《丰·上六》“窥其户，阒其无人”，谓涣二不之丰五，而丰四之涣初。“窥其户”之窥，即《观·六二》“窥观”之窥。大壮二之五，为涣二之丰五之比例。大壮二不之五，而四之观初，犹涣二不之丰五，而丰四之涣初。窥为四之初，则户即指四之初而言。丰四之涣初，为履四之谦初之比例。不“行其庭”而“窥其户”，致“入于左腹”面成明夷。明夷通讼，讼成咸，则不“行其庭”，致“入于左腹”而成明夷。明夷通讼，讼成咸，则不“行其庭”者，“出门庭”矣。

《讼·九二》“其邑人，三百户无眚”，邑指益三互坤，则讼不成咸而成益。盖讼二之明夷五，上应之成咸，为“门”；下应之成益，为“户”。特指出“户”字，承上“不克讼”。“不克”者，上不之三也。上不之三而四之初，故不称“门”而称“户”也。然则以三上从二五成蹇革，成既济咸，则“出门庭”。以初四从二五成屯家人，成既济益，则出户庭。是“出户庭”与“出门庭”同。乃讼以“三百户”为“无眚”，节以“不出户庭”为“无咎”者，节之出户庭，先初四而后五也；讼之三百户，先二五而后初四也。四是推之，兑二先之艮五，而后四之艮初，则“出户庭”可也。艮上先之兑三，成谦夬。而后以夬二之谦五，则“出门庭”亦不可也。因思其义。卦以下为内，上为外。自内出外，先必由户，故户在初而达于四。户外为门，出户而后出门，故门在三面达于上。庭在户之外，门之内。二居初三之间，五居四上之间。自二达五，由三四而出，故庭在五。庭者，取乎其正直也。

《系辞传》云“重门击柝，以待暴客。盖取诸豫”。门何以重谓成咸也，小畜地之豫五，上又之豫三，击之。互巽为

木，故象“击柝”。“暴客”谓坎。萃四之初，则上成坎。不使四之初，成坎，而三刚爻相重为艮门。故“重门以待暴客”。郑康成谓“艮为门，震亦为门”，《九家》说“两艮反对重门”，皆失之。

利用宾 不利宾

虞仲翔谓：阳尊称宾。非也。《白虎通》云：“五月谓蕤宾何？蕤者，下也。宾者，敬也。言阳气上极，阴气始起，故宾敬之也。”阴在初，起而之四，以应二五，亦蕤宾之义也。《观·六四》“观国之光，利用宾于王”。观通大壮，大壮二之五，成革。五互乾为王，观初用，而之革四，是为“用宾于王”。《乡饮酒》义：“宾者，接人以义者也”。宾之义又为服从。大壮二先之五，而观初服从之。即小畜二先之豫五，而后豫四之初之比例。姤二之复五，为“包有鱼”，则无咎。若不以二之复五，而以四先之初成小畜，则“不利”矣。

姤不利而成小畜，乃变通于豫。为观大壮之“用宾”。是因“不利”乃“用宾”，故云“不利宾”。《传》云“义不及宾也”，谓姤四不之初而二先之复五，则不必用宾，而始为利。不利，则不得不用宾，已利则不必及于用宾，是宜不及宾也。

血去惕出 光涣血去惕出

《说文》：惕或作愁。逷，古文逖。“惕”“逖”二字通借，或《传》写参差耳。《说卦传》“坎为血卦”。《坤·上六》“龙战于野，其血元黄”。《文言传》云“为其嗛于无阳也，故称龙焉。犹未离其类也，故称血焉”，明赞出“谦”字“离”字。乾二先之坤五，成同人，乃有离乾二未之坤五，而上之坤三，坤成谦。谦三互坎兼互震。

《传》既以“坎为血卦”赞之，又以“震为元黄”赞之。若乾二，先之坤五，而后乾上之坤三，则有坎无震。《经》言“血”兼言“元黄”，而《传》云“未离”。然则坎之为

"血"，指互在三者言之。于是《屯·上六》"乘马班如，泣血涟如"。《传》云"泣血涟如，何可长也"。《诗》"雨无正，鼠思泣血"。毛公《传》云"无声曰泣血"。泣之义为凝，凝之义为定，谓鼎上之屯三成既济。屯下震三有声，三泣则震声亡，而坎水见，是无声而泪也，故"泣血"。泣以其成既济，血以坎在三。谦互震不成既济，故"元黄"而不"润一"。屯成既济无震，故"泣血"而不"元黄"。明乎此，而小畜涣所称"血去"，乃可明也。巽上之震三成丰井，犹乾上之坤三成谦夬。乃乾上之坤三成谦有互坎为血，而巽上之震三成丰。不互坎则无血，于是《归妹·上六》发明此义云。"士刲羊无血无攸利"。归妹二之五成随，为巽二之震五成随之比例。归妹二不之五，而渐上之归妹三成大，即为巽二不之震五而巽上之震三成丰之比例。成丰无血，成大壮亦无血。

《经》于归妹成大壮言"无血无攸利"，即指震成丰，"无血无攸利"。在坤成谦，"其血元黄"，以有血而其道穷。在震成丰，"刲羊无血"，以无血而无攸利。是穷与利，不在有血无血，而以二先之五三上从之为利，以二不之五三上先行为不利也。震成丰巽成井，井丰相错即既济恒，为鼎上之屯三之比例。在丰井"无血"，在既济恒则"泣血"。《屯·上六》"泣血"指鼎成恒。

《归妹·上六》"无血"，明震成丰。"泣血""无血"，互明者也。丰无血，变通于涣则"有血"。涣二之丰五，而后涣上之三，犹谦通于履履二之谦五而后履上之三。即是乾二先之坤五，而后上之坤三。丰成革，涣成蹇，不啻乾成革坤成蹇也。故"涣其血去逖出"也。丰之"无血"，既同于大壮之"无血"。大壮通观，犹丰通涣。小畜豫相错，即观大壮。小畜二之豫五，为大壮二之五之比例。大壮二之五，又即涣二之丰五之比例。故《小畜·六四》亦云"血去逖出"，与《涣·上九》辞同。去之言行也。《小畜·九三》以成既济而互坎血，而小畜二已先行于豫五，则行而不泣，故"血去逖出"，相错为蹇革。蹇三有坎血，而涣二已行于丰五，则行而不"元黄"。涣之"血去"明丰之变通，小畜之"血去"明大壮观之相错。

归妹成大壮“无血”大壮通观则“血行”。

震成丰“无血”，丰通涣，则“血行”。有血而“泣”不利，有血而“行”则利。“血去逖出之上”加“涣其”二字，谓此所以有血而行去者，以其孚于涣也。小畜“血去惕出”之上，亦冠“有孚”二字，谓所以有血，而得去者，以其孚于豫也，即大壮之孚于观也。逖者，远也。《传》以“远害”赞涣，知“逖出”即是“远出”。丰舍井而通涣，犹小畜舍复而通豫。小畜之“惕出”，正是“逖出”。且推之明夷通讼，为“惕中”。夬通剥，为“惕号”。乾二四之坤成屯，通鼎为“夕惕”。惕为逷之通也。

渐上之归妹三，即小畜上之像三之比例。在归妹渐成大壮蹇，在小畜豫成需小过。《需·六四》“需于血，出自穴”。大壮无坎血见。血见而通于晋，则亦“血去逖出”。晋成咸，仍豫成咸也。《小过·六五》称“公弋取彼在穴”，以“穴”字钩贯“出自穴”。所以明“需于血”之血，由小畜上之豫三。豫成小过，小畜乃成需也。需小时即大壮蹇之相错。

大壮通观，则“血去逖出”，固同于丰，通涣之“血去逖出”，亦即同于需通晋之“需于血出自穴”。“自穴”二字，钩贯小过“自”字“穴”字。“血出”二字，钩贯小畜之“血”字“出”字。《大戴记·少间篇》：“血者犹血，酒者犹酒”。注云“血，忧色也。酒以喻乐。‘酒’‘血’二字，本诸《易》。”酒与血皆近水，为坎象。酒以言乐，故比五象之。血以言忧，故谦三象之。血欲其行，不欲其泣，亦不欲其元黄。行则有血亦无咎，不行则无血亦无攸利。马融云“血当作恤，忧也”。然血义取于恤，兼取象于坎，故坎之互于三者称血。恤不必坎，如渐上之归妹三，可云恤矣。而谓之“无血”，则取义于“血”，究异乎恤也。以为当作恤，犹未合也。

艮其辅　咸其辅颊舌

《说文》“辅，人颊车也”。又“酺，颊也，颊面旁也”。《广雅》释亲辅谓之颊，辅颊犹辅夹。复称辅颊，犹复称夹辅也。《释名》"颐，养也"。动于下，止于上，上下咀物以养人也。或曰辅车，言其骨强所以辅持口也。或曰牙车，牙所载也。或曰颔车。颔，含也，口含物之车也。或曰颊车，亦所以载物也。又颊，夹也，面旁称也，亦取挟歛食物也。然则辅颊颐。郑康成云"颐，口车辅之名也"。口车动而上，因辅嚼物以养。人盖口，空也。辅在表连于唇，车在内连于齿。《僖五年·左传》"辅车相依，唇亡齿寒"是也。

《咸·上六》"咸其辅颊舌"。《说卦传》"兑为口舌"。《九家》遂云"兑为辅颊"。使辅颊舌皆属于兑，则第云咸其舌。或第云咸其辅颊，可也。何必重累言之？推其义，两阳爻在上下，四阴爻在中间，为颐。阳在四为噬嗑，则云"颐中有物"。顾"颐中有物"者，物在二为损，在三为贲，在四为噬嗑，在五为益。咸与损旁通，九二在损当兑，是颐中之舌也。二之五成益，则超举其舌，故《传》云"滕口说也"。损二之五，为咸其颊中之舌。辅颊中有舌，明其为损也。

《说文》"滕，水超涌也"。即百川沸腾之腾，谓二之五也。以口赞舌，又叠一"说"字，指损下之兑明矣。《艮六五》"艮其辅，言有序。悔亡"。虞仲翔谓三止上体颐象，在坎车上，故"辅车相依"。谓辅为颐是，谓三止上体颐象在坎上则非。艮兑相错即咸损。艮成家人，三五两阳爻在颐中，亦辅颊也。而无舌，故"艮其辅"。艮止其辅，以通于解。解二之五成萃，上兑有言，不必滕其口舌，而言自有序。序亦品等之义。言有序，犹云"田获三品"也。《传》于《比·象》赞之云"比辅也"。比何以有辅？即所以赞艮其辅也。大有二之五，而比初比之。大有家人，为辅，即艮其辅之辅。即为兑二之艮五，而四从之于艮初也。以其象颐，则为辅颊之辅。以其初之从五，则为辅相之辅。泰二之五因而否四之初，为乾二之坤五而乾四之坤初之比例。

《传》云"辅相天地之宜"，否成益，犹乾成家人，与"咸其辅颊"为益，"艮其辅"为家人同。《大过·九三·传》云"栋桡之凶，不可以有辅也"。"栋桡"谓贲上之困三。贲亦颐中有物之卦，有辅者也。以"栋桡"而困成大过，贲则成

明夷，以大地系于明夷，故凶。明夷非颐也，大过二之颐五成益，犹困二之贲五成家人。栋隆之吉以其有辅也。此明以辅赞颐，而实所以赞“艮其辅”“咸其辅颊”之两“辅”字也。

翰音登于天　初登于天

小过“飞鸟遗之音”，“音”即鹤鸣子和之声。谓中孚二之小过五也，乃不云“声”而云“音”者，何也？《乐记》“感于物而动，故形于声。声相应故生变，变成方谓之音”，注云“杂比曰音，单出曰声”。

中孚二之小过五，中孚成益。下震为善鸣，单出之谓也。小过成咸，而四之初应之，则有以比之而成音。离为飞鸟，故“飞鸟遗之音”。“遗”即归，专指中孚二之小过五。“飞鸟”，专指小过四之初。而“音”字，则兼指中孚成益，小过成既济，故申言“不宜上宜下”，谓小过初四既比之，则中孚三上不得又应之也。《中孚·上九》“翰音”之音，即指此“飞鸟遗之音”之音。翰犹干也。干此音，则益必通恒，既济必通未济。不变通而益上之三，所以“贞凶”也。“翰音登于天”，则不“贞凶”矣。何为登于天？

《经》于《明夷·上六》自发明之云“初登于天，后入于地”。初登于天者，登谓讼二之明夷五。讼上不先之三，则讼上乾为天，故登于天。若二不先之明夷五，则明夷上坤为地。而讼上入于三，故入于地。未济二之五，与讼二之明夷五同，故“翰音登于天”。此可比例而得。音由于杂比，指小过成既济。故以未济成否为登于天，即为干些音也。

第十五章　易通释卷十五

七日来复　勿逐七日得
勿逐七日　勿逐自复

“七日来复”之说，言人人殊，或谓乾成坤反出于震，或谓五月至十一月，或谓六日七分，纷纷不已。余取王肃之说，合二五为七。所谓“七日”者，谓姤二之复五而已。纷纷诸说，似极精微。不知《易》之精微，殊不在此。其云“七日”，不过与震既济之“七日”相钩贯，譬诸记句股算者，用甲乙丙丁。而必执甲乙丙丁以说其字之义，则于算天渊矣。且王肃之说，非臆说也。《南齐书·乐志》引《月令》“火数七”，蔡邕云：“南方有火二土五，故数七。”然则七之为数，木合二五，故《易》之辞以二之五为七。《说文》“七阳之正也”。阳自二居五，亦为阳之正矣。复者，乾四之坤初之卦也，亦震四之巽初之卦也，故《震·六二》发明之。震五宜来，巽二不来于震五，而震四之巽初，巽成小畜，震成复，是以“亿丧贝”丧则不得矣，乃变通于姤。以姤二之复五，已丧而复得，故为“七日来复”。贝亦朋也。只丧而复来，是为“朋友”。复姤相错为升无妄。姤二之复五，犹升二之五，故云“跻于九陵”。跻即升也。“跻于九陵”，犹云“升其高陵”。一称高陵，一称九陵者，师成升，升下巽为高，故云“高陵”。九为馗之通，亦高也。而变高言九，则以姤二之复五而上之复三言之。姤二之复五成遁，巽化为艮。高已为陵，而姤上从之复三，犹鼎二之五而上之三，为“我仇有疾”。九即仇矣。而上之数六，以姤上之复三，合三于六成九。

《经》明以九例七。合三六为九，犹合二五为七，故不云“高陵”，亦并不云“頄陵”，而言九。九之声通于頄仇，九之数则比例于七。此《经》自为疏证，明白无疑者也。且既用一“九”字，以明姤上之复三。又用“勿逐”二字，以明姤四不之初。何以言之？逐者，随也。随四之蛊初成大畜。《大畜·九三》去“良马逐”。乾为良马，大畜下得有马者，由于随四之蛊初之逐也。巽二之震五，同于蛊二之五。蛊二不之五而随四之蛊初，为巽二不之震五而震四之巽初之比例。是蛊之成大畜由于“逐”，震之成复亦由于“逐”也。复变通于姤。复初虽逐，而姤初未逐，恰相补救。若姤四之初，仍是震四之巽初矣，故云“勿逐”。姤不以四逐于初，而以二之复五。向所丧之贝，一旦“朋来”，故“七日得”矣。七而称“日”者，即“终日戒”之“日”。若四之初而逐，则上不可之屯三成离日。既勿逐，而以二之复五为七，则宜以上之屯三成离日。由勿逐而七，由七而且。《经》文字字皆有精义，非略观大意所可悉也。

《震·六二》“勿逐七日得”，所以发明“七日来复”者，明白如此。《既济·六二》亦云“妇丧其蕴茀，勿逐七日得”。未济二不之五而四之初成损，与革四之蒙初同，蒙二之五为“纳妇”，恒“从妇”之妇亦指损。未济成损，是不“纳妇”而“从妇”，故云“妇丧其茀”。未济四之初成损，即离四之坎初成节也，亦即乾四之坤初成复也。坤成复，逐也。未济成损，亦逐也。复变通于姤，勿逐也。损变通于咸，亦勿逐也。姤二之复五，其数七也。损二之五，其数亦七也。姤二之复五成屯，而姤上之屯三成离日。由勿逐而七，由七而日也。损二之五成益，咸四不之初，而益上之三成离日。亦由勿逐而七，由七而日也。未济四之初，为离四之坎初之比例。乾四之坤初，同于震四之巽初。离四之坎初，同于兑四之艮初。在震坤成复，在坎兑成节。损通于咸，即是节通旅。《象》辞之发明《彖》辞，本是引申互见。故孔子为《赞》为《翼》，即同《象》辞之于《彖》辞。而《象》辞引申已详备，则《传》不多辞以辞之。故但于《复·象》赞云“七日来复，于得也”。于《既济·六二》赞云“七日得，以中道也”。天行中道，非二之五而何？七为二之五，《传》已明之矣。乃《经》既以未

济成损，明坎兑之成节，而仍恐其未明也，于是《睽·初九》云“丧马勿逐自复”，谓蹇变通于睽也。睽蹇相错为节旅，“丧马”即旅之“丧马”，与损之“丧茀”同也。“勿逐”，睽四不之蹇初，即旅四不之初，与损通咸之“勿逐”同也。不云“七日得”，而去“自复”。以“自”字明“七”字。惟二之五乃称“自”，自二之五，因而三之上。“自复”二字即发明“七日得”三字。而特出一“复”字，明“勿逐七日得”，即是“七日来复”。

《传》以“辟咎”二字赞之，与《离·初九·传》同，则明以蹇之通睽，即节之通旅。暌之“勿逐自复”，即节之“勿逐自复”。而节之“勿逐自复”，即损之“勿逐七日得”。乃不言于离坎，不言于节贲，亦井不言于咸损，而言之于既济，言于睽，以“七日来复”，与震之“勿逐七日得”互明之。则既济之“勿逐七日得”，指未济之成损无疑。以未济之成损，明坎之成节。以睽之自复，明节之通旅，极奥极曲，亦极明极显。于睽用一“复”字，则乾坤震巽之成复，复之通姤，与坎离艮兑之成节，节之通旅，同一义也。《经》明以“自复”二字，为“七日得”作注脚。《传》又以“中道”二字赞之。其两言“勿逐七日得”，即为“七日来复”作注脚。“七日”二字，又何六日七分、五月、十一月之有哉？

十年乃字　十年勿用　至于十年

《系辞传》“天九地十”，虞仲翔以十年指坤，是也。然以十年为屯三、颐三则非。《易》之言“十年”者三卦。颐上之三，为姤上之复三之比例。颐成明夷，复亦成明夷。颐之“十年”，即复之“十年”。颐复两卦，互相发明。而《屯·六二》亦称“十年”者，承上“匪寇昏媾”，谓鼎成泰，屯成既济也。推求其故，盖颐本夬四之剥初，剥成颐，则夬成需。需颐相错，为屯大畜。

则夬四之剥初，为鼎四之初之比例。鼎成大畜，而二之五成家人。则家人上之屯三，为女子“贞不字”。鼎成大畜，二

不之五而上之屯三，屯成既济，鼎成泰。即颐上之三之比例，颐与大过系，“十年”。三言“十年”，互相钩 贯者也。故“拂颐贞凶”，即犹“女子贞不字”。“拂颐”者，大过二之颐五，而初之四辅拂之，则大过成既济，颐成益。益上之三则贞凶，即鼎成家人。而上之屯三，为“女子贞不字”也，固不可也。若不拂颐贞凶，而以颐上之三为“十年”，道尤大悖。故戒之云“勿用”。又申之云“无攸利，十年勿用”，由未曾十年而戒之也。若已十年，则泰必旁通于否，明夷必旁通于讼。

泰旁通否，“十年乃字”也。明夷不通讼，而需二之明夷五，与明夷通讼，而讼二之明夷五，皆为“至于十年”。然而“十年勿用”，奈何？惟先以大过二之颐五为“经”，即与鼎二之五同。《传》于屯赞之云“君子以经纶”。鼎二之五而后上之屯三，犹大过二之颐五而后颐上之三也。取颐卦中两“经”字赞屯，正从颐屯两“十年”相钩贯之例也，造于微矣。

大君有命　大君之宜　武人为于大君

谦履相错为遁临，临二之五，为履二之谦五之比例。遁上之临三，为履上之三之比例，故履之“大君”即临之“大君”。临者，同人四之师初也。师二之五，则“大君有命”。师二未之五，而同人四之师初，则“未顺命”。师之大君，未有命而成临。临通于遁而临二之五，犹师二之五也。遁上之临三，犹同人上之师三也。大君虽未命于始，既变而通之以尽利，则为“大君之宜”。《经》三言“大君”，其相贯如此。同人四之师初成临，渐初之归妹四亦成临。《归妹·初九》“跛能履”，九二“眇能视”。

《履·六三》“眇能视，跛能履”。下申云“武人为于大君”。“武人为于大君”即“大君之宜”。履之“眇能视，跛能履”，为“大君之宜”，则归妹“眇能视，跛能履”，亦“大君之宜”。归妹二不之五，而四之渐初，既同于师二不之五，而同人四之师初。则归妹之“眇能视，跛能履”，即谓临二之五而遁上之临三，与履二之谦五而履上之三同也。师、履临三卦，言“大君”以相钩贯。履、归妹言“眇能视，跛能履”，以相钩贯。但乾为君，“大”指五。同人履遁上乾，故云“君”。而二先之五，故云“大”也。

往不胜　莫之胜说　终莫之胜吉

《易》两言“莫之胜”，皆为《夬·初九》。“往不胜”互相发明。《易》中如此类，读者多视为平泛。而忽之其辞义精奥，最不易了。《系辞传》去“其柔危，其刚胜邪?”谓五柔则危，五刚则胜。危则凶，胜则吉，故云“吉凶者，贞胜者也”，谓贞而胜则吉。如鼎二之五为胜，而后上之屯三成既济，是也。贞而不胜则凶，如恒二不之五，而益上之三成既济是也。兑二不之艮五而艮上之兑三，兑成夬，艮成谦。谦五柔，是不胜也。不能变通，而夬二之谦五，是为“壮于前趾”。夬成革，谦成蹇。革四又往蹇初，是“不胜而往”矣，故为咎也。然则何以免咎？谦宜通于履，夬宜通于剥。谦成蹇，即宜通于睽。

夬成革，即宜通于蒙。不以革四之蹇初，而用蒙二之五，是为“鞏用黄牛之革”也。而《遁·六二》亦云“执之，用黄牛之革”，即申之云“莫之胜说”。遁何以“莫之胜”？遁上之临三，临成泰，遁成咸，相错即为夬谦。泰二之五成既济，与咸相错为革蹇，为夬二之谦五“壮于前趾”之比例。是时咸四之初，即是革四之蹇初，为不胜而往。惟执之不使四之初，而咸通于损。咸通损，犹革通蒙，故用“黄牛之革”。与革同。“执之用黄牛之革”，虽莫之胜而能说矣。“不胜而往”，则不能“用黄牛之革”。“用黄牛之革”，则“莫之胜”而说。说则不往，往则不说。往则为咎，咎则不吉矣。说则无咎无咎则吉可知矣。故《渐·九五》“鸿渐于陵。妇三岁不孕。终莫之胜吉”。“鸿渐于陵”，谓渐上之归妹三。归妹成大壮，渐成蹇。大壮二之五，为夬二之谦五之比例，是为“妇三岁”。“妇三岁”，则大壮成革，革四之蹇初则“孕”矣。蹇成既济，下离为大腹，其象为孕也。

蹇革成两既济，以孕而终即是由“不胜”而往。不胜而往为咎，则以孕而终凶，可知矣。惟不孕而终，则革四不之蹇初，而通于蒙。蒙二之五而后革四之蒙初成益，即损二之五而后咸四之初也。遁 成咸，临成既济，莫之胜矣。咸通于损，则莫之胜说。归妹成革，渐成蹇，莫之胜矣。咸通于损，则莫之胜说。归妹成革，渐成蹇，莫之胜矣。革通于蒙，则终莫之胜吉。划之胜所以吉者，以其能说也，犹是不胜也。不胜而往则咎，不胜而说则吉。三“胜”字一以贯之。

利涉大川　用涉大川
不利涉大川　不可涉大川

《易》称“利涉大川”者九，其七见于《彖》，水之流通者为川，坎之象也，坎在五，故云“大川”。涉大川必以舟。《传》于中孚赞云“利涉大川，乘木舟虚也”，于涣赞云“利涉大川，乘木有功也”，于益赞云“利涉大川，木道乃行”。中孚涣益，上卦皆巽为木，上涉于三，巽 化为坎。木行而水见，故象舟之涉大川。然有利涉有不利涉，首明其义于需讼两卦。讼四之初，即中孚也。中孚上之三，即讼四之初又上之三也。中孚上之三则“利涉大川”，以二先之小过五也。

讼四之初又上之三，则“不利涉大川”，以二不先之明夷五也。中孚二不先之小过五，而上遽之三则成需，成需则“不利涉大川”。需“有孚光亨贞吉”，则“利涉大川”。谓有孚于晋，晋成益，则“光亨”。需成既济则“贞吉”，益通恒为“利”，而后益上之三为“利涉大川”。中孚之“利涉大川”，即先成益而益上之三。然小过成咸，则中孚之成益，不必更通于恒。若小过成既济，则益必通恒而后涉大川乃利。盖上之三成两既济，则不利。一成既济，一成咸，则利也。

大过成既济，犹小过成既济。颐成益，犹中孚成益。六五“居贞吉，不可涉大川”，谓宜先以恒二居五，不可先以益上之三也。上九“由颐厉吉，利涉大川”，谓恒二已之五，则益上可之三也。涣“利涉大川”，谓涣成蹇。蛊二之五而后上之随三，与涣二之丰五而后上之三同。故蛊之“利涉大川”，犹涣之“利涉大川”。同人师相错为明夷讼。同人“利涉大川”与讼“不利涉大川”互明。讼四之初又上之三，所以不利。师二先之五，即讼二先之明夷五。而后同人四之师初，成家人。即讼四后之初成益。家人通解，解二之五，而后家人上之解三，为“利涉大川”。恒二之五而后益上之三，亦为“利涉大川”。如果则利，不如是则不利矣。解二之五而后家人上之解三，犹大畜二之五而后上之萃三。故大畜之“利涉大川”，犹同人之“利涉大川”。

《未济·六三》“未济征凶，利涉大川”。既“征凶”，何以又利涉？征凶者，二不之五而上征于三也。二不之五而上征于三，则成恒。在恒则凶，在益与恒通，则利涉大川，谓恒能变通于益也。《谦·初六》不云“利涉大川”，而云“用涉大川”。上承“谦谦君子”，则谦成既济，履成益。益又通于恒，而后上乃之三。既让谦成既济，又让恒成咸，是谦而又谦，而后乃用此涉。“谦谦”二字内已含“利”字，用即更变也。成益而用恒，是即利也。

《传》云“卑以自牧也”。牧犹养也，自即由也，“自牧”即是“由颐”。谦成既济履成益，犹大过成既济，颐成益。履成益通于恒为“自牧”，即颐成益通于恒，为“自养”谦之“用涉大川”，即颐之“利涉大川”也。讼四之初为中孚，讼上之三，则为大过。大过无川可涉，所以为过。大过通颐，而颐“利涉大川”，则是过而能涉，故云“过涉”。损二之五成益，上乃有木舟，可以利涉。损二不之五而先之三则成泰，而后泰二之王成坎，有大川而无巽木之舟，则是徒涉而为“冯河”。《泰·九二》“用冯河”是也。“冯河过涉”由涉大川而推焉者也。

利武人之贞　利幽人之贞
武人为于大君　幽人贞吉

《履·九二》“幽人贞吉”。六三“武人为于大君”，《归

妹·九三》“利幽人之贞”，《巽·初六》“利武人之贞”。虞仲翔以武人为乾像。《广雅》“乾，武健也”。《楚语》“天事武，地事文”。韦昭注云“乾称刚健故武，地质柔顺故文”。

《说卦传》以坤为文，乾不言武。郑《目录》云“马者武也”。乾为马，则亦为武之证。乃履巽之称“武人”，有精义焉。“眇能视，跛能履”，谓谦成蹇履成革，然同一成蹇成革，而有凶吉之不同。下分承两层以申明之。履上先之三成夬，而后夬二之谦五成革成蹇，虽“眇能视跛能履”，而不足以有明。不足以有行，何也？履上之三成夬，仍是乾上之坤三成夬。乾成夬，“虎尾咥人”。履成夬，“履虎尾咥人”。此“眇能视，跛能履”之“凶”者也。

履二先之谦五成蹇，而后履上之三成革，如是则“眇能视”足以有明，“跛能履”足以有行。是“武人为于大君”，此“眇能视，跛能履”之“征吉”者也。履上之三成夬，履先成无妄而后上之三成革。三互乾金，金革之事武人所为也。而上之三，又征伐战克之事也。故为“武人”。然先成夬，后成革，跛扈之“武人”也，未“为于大君”者也。履二先之谦五，为《临·六五》大君之宜。而后上之三成革，是“大君有命”，而“武人”从之，是用命之“武人”也，故云“为于大君”。为犹治也。武人之用命，大君治之也。于是《巽·初六》“进退，利武人之贞”，《传》云“进退，志疑也。利武人之贞，志治也”。以“进退”二字与观之“进退”相比例。则谓巽成小畜，而变通于豫。小畜二先之豫五，而后上之豫三。小畜成既济，豫成咸，相错为革蹇，故为“武人之贞”。《传》以“治”字赞之，所以赞“为于大君”之“为”字。豫成咸，小畜成既济，亦有所为而后乃贞也，亦武人之利也。

《归妹·初九》“归妹以娣”。“娣”本二之五而三上从之之称“归妹以娣”，则归妹四先之渐初成家人临。临通遁，遁上从二五之临三，临成既济，遁成咸，与履成革谦成蹇同。故申之云“跛能履，征吉”。惟归妹成临，临通遁。遁临相错，乃为谦履。临二之五，为“大君之宜”，正与“武人为于大君”相钩贯。是《履·六三》之“大君”即发明归妹之“跛能履”也。临二之五，而后遁上之临三，则“跛能履征吉”。可知“武人为于大君”，亦“跛能履征吉”矣。履成夬，夬二之谦五成蹇成革，一齐俱备。故《履·六三》以“眇能视跛能履”六字相连，而指之为凶。履二先之谦五成蹇，为“跛能履”。后以履上之三成革，为“眇能视”。故归妹分“跛能履”先言于初九，而以“眇能视”后言于九二。一分一合之间，俱有妙义。而以“征吉”承“跛能履”于初九，明遁上之临三所以“吉”者，以临二先之五也。即“武人为于大君”之义也。以“眇能视”言于九二而申之以“利幽人之贞”者，所以发明“幽人贞吉”之义也。归妹四之渐初，为履四之谦初之比例。在归妹成家人临，在谦履成中孚明夷。中孚明夷为家人临之相错，故归妹成临，犹谦之成明夷。《传》于《丰·九四》赞云“日中见斗，幽不明也”。日中见斗谓丰四之涣初。丰四之涣切，与履四之谦初同。《传》于《丰·九四》特用一“幽”字赞之。明《履·九二》之“幽”，指四之谦初成明夷。即明《归妹·九二》之“幽”，指四之渐初成临。谦成明夷则幽，明夷通讼，讼二之明夷五则幽而人矣。幽而人，则明夷成既济，故云“幽人贞吉”。归妹成临则幽，临通遁，临二之五，亦幽而人矣。幽而人，而后遁上之临三，成既济，故云“利幽人之贞”。互相比例，明白无疑。《困·初六》“臀困于株木，入于幽谷”，《传》云“幽不明也”，与《丰·九四·传》同。丰者，离上之坎三也。贲者，离四之坎初也。离上之坎三成丰，丰通涣，而丰四之涣初成明夷。《经》云“三岁不觌，《传》赞云‘幽不明’”。离四之坎初成贲，贲通困，贲上之困三成明夷。

《经》亦云“三岁不觌”，《传》亦赞云“幽不明”。所以然者，与《巽·初六》言“利武人之贞”，互发明也。离上之坎三成丰，巽上之震三亦成丰，而艮上之兑三则成谦。谦通履。履四之谦初，即丰四之涣初。故丰之“幽”即履之“幽”。而履之“武”亦丰之“武”，可推而知矣。离四之坎初成贲，兑四之艮初亦成贲。而震四之巽初则成小畜，小畜通豫而豫成咸，则“利武人之贞”。是贲通困而困成咸，亦利武人之贞。贲通困，贲上之困三，“入于幽谷”。是小畜通豫，小畜上之豫三，亦“入于幽谷”，又可推而知矣。贲同于小畜，丰同于夬。而丰之“幽不明”，既同于贲之“幽不明”，则小畜之“利武人之贞”，即同于谦之“武人为于大君”。极参伍错综，一比例之而井然不紊。

《经》于贲言“幽”。《传》于丰言“幽”。所以为“幽人”疏通证明者备矣。“坦坦”，《释文》既引《广雅》“平也”，又云“明也”。坦从“旦”声。旦，明也，谦成明夷，已幽不明。既变通，幽而有人，则不幽而明。“坦坦”二字与“幽人”二字，正一贯耳。

小有言　小有言　主人有言　昏媾有言　有言不信　闻言不信

《困·彖》云“有言不信”。《传》云“有言不信，尚口乃穷也”。困二不之贲五。而四之初成节，节下兑为口。贲上又之困三成需，需三亦互兑，口上加口。故云“尚口”。困与贲孚成节，成需则不孚，故不信夬四之剥，初亦成需，但下先无兑。以四互兑而连于坎耳，故云“闻言”。其“不信”既与困之“不信”同，则贲成明夷，困成需。亦剥成明 夷夬成需，故《传》云“聪不明”，与噬嗑“何校灭耳”《传》同。

《旅·彖》称“小亨”，《贲·彖》称“小利有攸往”，贲旅五柔皆小，困二不之贲五而成需，节二不之旅五而成需。贲旅成明夷，小仍是小。由贲旅之小而有言成需。《需·九二》《讼·初六》所以称“小有言”，小指明夷，有言指需。以需系明夷，则不能“终吉”。《传》云“虽小有言，其辩明也”，用一“虽”字以明其变通。明夷之于需，虽“小有言”，变通于讼则“终吉”。需之于明夷虽小有言，变通于晋，则“终吉”。有言上用一“小”字，明指《贲·彖》“小利有攸往”之“小”。所以明诸言“有言”，即困“有言不信”之“有言”。虞仲翔谓震象半见，故“小有言”，是求其故而不得，而强为之解也。

《明夷·初九》"明夷于飞垂其翼。君子于行，三日不食，有攸往，主人有言"，此"有言"即指需之"有言"。飞而垂翼，谓小过四之初"飞鸟离之"也。小过本孚于中孚，既四之初成明夷下离为三日，然小过成明夷，中孚仍是中孚。乃又"有攸往"，则中孚上之三。中孚上之三。中孚下本兑言，上又之三。犹困成节，贲上又之困三。是亦口上加口，故云"主人有言"。"有言"而称"主人"者，与《丰·初九》"遇其配主"相钩贯也。丰四之涣初，为小过四之初之比例。涣二之丰五为"遇其配主"。今涣二不之丰五而丰四之涣初，丰成明夷，涣成中孚。中孚又"有攸往"而成需，则"配主"未遇，而"有言"矣。盖中孚二原野小过五之主人，二不之小过五而成需，则主人尚口于需下，不复能食于明夷，故云"主人有言"。

《系辞传》赞《中孚·九二》云："君子居其室，出其言善，则千里之外应之。况其迩者乎？居其室出其言不善，则千里之外违之。况其迩者乎？""出其言善"，谓中孚二之小过五也。"出其言不善"，谓中孚成需，小过成明夷，需二之明夷五也。于中孚赞之，正与"主人有言"相贯。中孚下本有言，成需又尚之以言，有言必思所以出其言也。又赞《节·初九》云"乱之生也，则言语以为阶"。节为困四之初，困成节，下兑为言。节又成需，兑之在三者进而在四，如升阶之级。《传》于节称"言语为阶"正与"尚口"二字互相发明。妙文微旨，读者忽之莫能省也。凡此所谓"有言"，皆言之不当有者。

《震·上六》"震索索，视矍矍征凶。震不于其躬于其邻，无咎。昏媾有言"。此"有言"加以"昏媾"二字，则为"无咎"之言。"震索索，视矍矍，征凶"，谓巽上征于震三成丰。震成丰则巽成井。井二之丰五，井成蹇为躬。"不于其躬"，丰不与井系，不使井成蹇也。"于其邻"者，涣二之丰五成观革也。丰五本互兑为言，涣二又加于丰五互兑之上，是亦言而又言，乃涣与丰相孚者也。因变通而交媾，其有言为"昏媾有言"，非比"有言不信"者之为"小有言"也。盖涣二不之丰五，而丰四之涣初，不食而有言，则成明夷需。以需二之明夷五，所谓"出言不善，千里违之"者也。出言而远迩皆无所

应，是“冠”也。震虽失道成丰，而能变通于涣。涣先以二之丰五，远迩皆应，则“昏媾”也。“昏媾有言”，与“主人有言”互相发明。归妹二之五，即中孚二之小过五，故归妹二不之五，而四之渐初。则“小子厉”，是为“渐于干”。则归妹成临，渐成家人，宜更变而家人通解。解二之五成萃，则上有兑言，故“有言无咎”。家人通解而“有言”，即丰通涣而“有言”，即丰通涣而“有言”之比例。鸿犹昏也。“鸿渐于干”而有言，即“昏媾”而有言也。震之“有言”指丰涣，归妹之“有言”指家人解。

家人解即丰涣之错，《经》以两“有言”贯之，而鸿之为“昏”则《尔雅》可证。于是革上“有言”，改通于蒙，则为“革言”。屯上“无言”，改通于鼎，鼎成咸则为“执言”，亦为“笑言”。“笑言”则“致福”，“执言”则“利”，“革言”则“有孚”。凡此所谓言，皆言之当有者。大抵言宜有于上，不宜有于下。有于上，必四未之初，而五已中正，非成咸即成革，故多“无咎”。有于下，必二未先之五。若有言在二四之互兑，则必三先于五为甚凶矣。《艮·六五》“言有序”言在上则有序，言在下则无序。

《传》于家人赞之云“言有物”。物者，爻有等也。有物即有等，有等即有序。艮成家人，而通于解，解成咸，咸上乃有言。解二之五为涣二之丰五之比例，是“昏媾有言”，所以“无咎”者，以其有物有序也。

致寇至　致寇至　匪寇昏媾　匪寇昏媾　匪寇昏媾　利御寇　不利为寇利御寇

《说卦传》云“坎为盗”，《系辞传》云：“作易者其知盗乎？《易》曰‘负且乘，致冠至’。负也者，小人之事也，乘也者，君子之器也。小人而乘君子之器，盗思夺之矣。上慢下暴，盗思伐之矣，慢藏诲盗，冶容诲淫。《易》曰‘负且乘，至寇至’，盗之招也。”《经》言“寇”，《传》言“盗”，是寇是盗？而坎为盗者，即为寇也。

《传》既以坎为盗，又以“慢藏”释“负且乘”之义。《易》之序，以五先初三。初三先二五成泰，是时家人已成既济。泰二之五成两既济，其至也最后，绝无应者。穷莫穷于此坎，凶莫凶于此坎。坎为盗，谓此寇至之坎也。《传》赞“寇”“盗”之义于解，而“坎为盗”之义乃明。《需·九三》“需于泥，致寇至”。泥即井泥之泥。丰四之井初，丰成明夷，井成需，需不变通于晋，而以二之明夷五，亦成两既济，而穷于坎。离上之坎三成丰井，相错为既济恒，即家有上之解三之比例。解成恒。恒四之初，即是丰四之井初，故“井泥”成需，犹解“负且乘”成泰。需不变通于晋，而以二之明夷五，与泰不变通于否，而以二之五同，故其为“致冠至”同，五为君子之器，而解以小人乘之，所以使小人乘之者，君子怠慢隐藏，不肯急速中行，遂令乘而为泰。至于成泰，小人已乘于五，二乃徐徐思夺之，夫二徐徐夺之，虽至于五，而已上下无应，直为“寇至”矣。

《易》称“寇至”者二，称“匪寇昏媾”者三。《屯·六三》“乘马班如，匪寇昏媾”。《贲·九三》“白马翰如，匪寇昏媾”。《睽·上九》“先张之弧，后说之弧，匪寇昏媾”。屯之于鼎，犹家人之于解。解成泰，“致寇至”。鼎成泰，亦“致寇至”。于“冠”上加一“匪”字，明其为否之匪人。屯蹇成既济，鼎睽成泰，与泰二不之五，而否成既济同。加一“匪”字，明其成既济泰。泰二之五，则由匪而冠矣。惟泰旁通于否，则“匪寇”而“昏媾”。《屯·六四》于“昏媾”上加一“求”字，明“匪寇”所以得“昏媾”者，以泰二之五，而否以求之也，求即应也。有应则为“昏媾”，无应则为“匪寇”。同一泰二之五，为系既济之泰则“匪寇”也，为通否之泰则“昏媾”也。盖否泰相错即乾坤，既济泰相错则需明夷也。

《贲·六四》“贲如皤如，白马翰如”，“皤”即“锡马蕃庶”之“蕃”。贲成明夷困成需，将“致寇至”矣。需通于晋，犹泰通于否。贲困者，革蒙之相错也。困成需即蒙成泰。凡卦之元亨者，非成家人屯，即成蹇 革。空人通解，屯通鼎，革通蒙，蹇 通睽，则元亨而又能通变。乃一失道而解鼎成泰

蒙，睽成泰，至于比“匪人，致寇至”。然及此而悔司变通，“匪寇”依然“昏媾”。所以明吉之不可恃，稍慢即凶。凶之不可从，能改即吉，故于解言“致寇至”，于屯言“匪寇昏媾”，于睽亦言“匪寇昏媾”，于蒙言“利御寇”。而又以蒙革所错之贲言“匪寇昏媾”，则知蒙之系乎革，睽之系乎蹇。而以屯明鼎，以解见家人，皆互相发明者也。

《睽·上九》“见豕负涂，载鬼一车”，负涂，负也，上之三成大壮也，犹家有上之解三成恒也。载鬼，乘也，四之蹇初，成泰也，犹恒四之初成泰也。解“负且乘则致寇至”矣，睽“负涂载鬼”，亦“致寇至”可知矣。惟以泰变通于否，先以泰二之五为“张弧”，后以否上之三为“说弧”。“张弧”而“说弧”，则有所应而为“昏媾”。“载鬼一车”为解之乘，即为屯之“乘马”。“张弧”“说弧”则“乘马”而“班如”矣，求“昏媾”矣。于解言“负且乘寇至”，于睽言“负涂载鬼匪寇昏媾”。于屯言“乘马班如，匪寇昏媾”，又言“求昏媾”。比例观之，明白可见。

《蒙·上九》“不利为寇，利御寇”，何为“为寇”？蒙成泰，以泰二之五，为“致寇至”也。何为“御寇”？蒙成益，上不之三也。亦渐成家人，上不之解三也。“夫征不复，妇孕不育”，则渐成既济，归妹成泰，将“为寇”矣。蒙成益，渐成家人，可不“为寇”矣。乃益不俟恒二之五而上之三，家人不俟解二之五而上之解三，则既负矣。恒四又之初，负且乘矣。在恒解则为寇，而恒解所以为寇，则由益家人不能“御寇”。两称“利御寇”，所以与贲之“匪寇昏媾”，互相发明，盖困成需，贲成明夷，则“需于泥致寇至”。兹困成屯，贲成家人，不“为寇”矣。而屯之于鼎，家人之于解。使之为寇焉，则亦失所御矣。

不鼓缶而歌则大耋之嗟　出涕沱若戚嗟若吉
不节若则嗟若　萃如嗟如　贲资涕洟咎

《离·九三》：日昃之离，不鼓缶而歌，则大耋之嗟凶。

六五“出涕沱若，戚嗟若。吉”。义极奥曲。细测之，“鼓缶歌嗟”四字，一字一义。“鼓”谓坎成屯，“歌”谓屯变通于鼎，“缶”谓鼎成咸。下艮为止，不成两既济。嗟谓坎二不之离五，而离上之坎三，何也？“日昃之离”，即《丰·传》所谓“日中则昃”也。坎三之离上，则离成丰。

《传》于丰指出，“日昃”二字，明“日昃之离”谓丰也。缶即“有孚盈缶”之缶。“终则有始”故歌。歌者永也。若不鼓缶而歌，而离上竟先之坎三，与乾上之坤三同。乾上之坤三，则“虎尾咥人”。《释文》“耋，蜀才作咥”。五有人则大人为虎咥，故“大咥”。三先五则嗟，心忧乃嗟叹也。惟鼓缶而后为节，坎二不之离五而初之离四，卦成节而实不节，不鼓缶不可为节也。而以坎初之离四，名之为节者，以其旁通于旅也。旁通于旅，则节二之旅五而后旅上之节三，与鼎二之五而后鼎上之屯三同。《节 ·六三》“不节若，则嗟若”。“不节若”即是不“鼓缶而歌”，则《嗟若》即是则“大耋之嗟”，谓一不以二之旅五而以贲上之节三也。乃大耋之“嗟”，则明指其凶。不节之“嗟”，《经》以为“无咎”，似乎嗟而得无咎。解者殊费干旋，不知“不节若则嗟若”六字，原是反掉之辞，自初九、九二一气贯注。“不出户庭”，则无咎。“不出户庭，何以无咎？”“不出户庭”，则“出门庭”则能节，“不出门庭”则不节。“不出门庭”则凶，“不节若”则嗟，所以“无咎”也。“无咎”二字，从初九“无咎”二字贯下。熟玩《经》文，句中自有语妙。

《传》云“不节之嗟，又谁咎也？”“又谁咎”三字，与《同人·初九·传》同。《同人·初九》“同人于门”，《传》云“出门同人，又谁咎也”。特用“出门”二字，与《节·九二》“不出门庭”相钩贯。“不出门庭”正是不节，“出门庭”正是节。“出门同人又谁咎”，则节之“又谁咎”正指“出门庭”。语似极平泛，而神奇奥妙，不可以言喻。《传》又赞于《解·六二》云“自我致戎，又谁咎也”，何也？“出门同人”，谓师二之五而同人上之师二也。如是则“又谁咎”，不如是而同人四之师初则咎矣，故于初九发明之，早四不先之师初也。若同

人四先之师初，同人成家人，师成临，为解四之初之比例。解成临犹师成临。成临有咎，临通于遁 则无咎。节二之旅五为临二之五之比例，节二之旅五而旅上之节三，与临二之五而遁 上之临三同，即与师二之五而同人上之师二同。故节之“出门庭”，即同人之“出门同人”。

“出门庭”而旅成遁，节成屯，是为节。“不出门庭”，而贲上之节三，即与家人上之临三同。家人上之临三，家人成既济，解成泰。即解之“负且乘”，与节成需贲成明夷同。泰通否则泰二之五为“自我致戎，其又谁咎”，仍临通遁之“又谁咎”，亦仍同人通师之“又谁咎”。贲上之节三，犹丰四之井初也。丰四之井初成需，为“需于泥致寇至”。发明奖通晋亦犹泰通否，故《传》亦以“自我平均每年下降戎”赞之，与解之“自我致戎”相钩贯。则井成需，既同于解成泰之“自我致戎”，则亦同于解成泰之“又谁咎”。井成需同于解成泰之“又谁咎”，则节成需，亦同于解成泰之“又谁咎”。《传》凡三言“又谁咎”，而引申之妙，愈探而愈出也。

《萃·六三》“萃如嗟如，无攸利”，“萃如”谓大畜上之萃三，“嗟如”谓大畜二不先之五也。大畜二不之五而上之萃三，犹解二不之五而家人上之解三，大畜萃相错为夬剥。大畜上之萃三，为剥上之三之比例。剥上之三，即乾上之坤三。大畜上之萃三为嗟，即以乾上之坤三为嗟。乾 上之坤三“虎尾咥人”，即离上之坎三“大耋之嗟”也。以“耋”贯“咥”，以“嗟”贯“嗟”，其义了然。于是《萃·上六》云“赍咨涕洟无咎”，《离·六五》亦云“出涕沱若，戚嗟若吉”。戚嗟犹赍咨也，出涕犹涕洟也。《说文》“沱，江别流也，与它为通借”。离成丰嗟矣，惟舍井而通涣。涣二出之丰五，而涣上之三应之，为“出涕”。在离成丰则嗟，在丰别通于涣，则“戚嗟若吉”矣。大畜上之萃三，“咨”矣。咨亦嗟也。萃成咸，则大畜成泰。泰通于否，泰通于否上之三应之，为“涕洟”。在大畜成泰虽嗟，泰通于否，则有以“赍其咨而涕洟无咎”也。何为“戚嗟若”？戚为钺名，通戚则训忧，通傶则训亲。《广雅》“傶”字，与“亲”“傍”“附”“切”“摩”“邻”等字，同训为“近”。此“戚嗟若”之戚，当为亲近之义。嗟之言差也。大耋之嗟，荀爽作差。《说文》“差，贰也”。贰则不亲，一转移而有以亲，故“戚嗟若吉”。嗟而戚，由于“出涕沱”也。沱若而吉，犹云“有它吉”也。何为“赍咨涕洟”？咨之为嗟无所疑，赍犹齐也。《广雅》“赍，装也”。赍之为装，即齐之为壮。齐亦晋也。

泰通否而二之五，为需通晋，而需二之晋五之比例。“赍咨”者因其嗟而变通以齐之也。差则不齐，齐则不差。未齐则差，既齐则有次第，而不失，故变嗟为咨，借弟为涕。以泰二之五，上有坎水，则从水为涕，明其成既济有离目坎水也。古从弟与从夷通。因涕而申之以洟，明否上之三下有艮鼻也。洟属艮鼻，明涕之为弟，属艮也。以涕洟声同，亦取赍咨之声同，以为辞，按而确之，字字有精义。马融以赍咨为悲声怨声，既悲且怨，何无咎之有矣。“涕洟”似近于泣，而实与泣相反，未可望文生意。“出涕”“涕洟”，主于流行。泣则不流，行而凝定，鼎上之屯三为“泣血”，是也。

《中孚·六三》“或鼓或罢，或泣或歌”，承“得敌”二字，而《传》以“位不当”赞之，谓二不之小过五，而上之三成需也。需与小过不孚，故“或”之。“或”则变通。“或鼓”，谓需二进于晋五成否，否四之初成益也。“或罢”，谓需成既济也。“或泣”，谓晋成益益上之三，为屯三之“泣血”。“或歌”谓恒二之五而后益上之三。“鼓”即离之所谓鼓，“歌”即离之所谓歌。中孚者，丰四之涣初也。涣成中孚，丰成明夷，相错为家人临。即同人四之师初，与解四之初之比例，不能“戚嗟出涕”矣，而中孚上又之三，即家人上又之临三，亦即丰四又之井初。而一能变通，仍不异离不成丰。而坎成屯，通鼎之“鼓缶而歌”。故以“鼓”“歌”二字，与《离·九三》为脉络也。罢犹惫也，惫即备也，亦通敝，为“永终知敝”之敝，亦为“甕敝漏”之敝。归妹渐先成家人临，即中孚明夷也。

家人上之临三，归妹成泰，即中孚上之三，成需也，需通晋成既济，则“或罢”。泰通否成既济，则“知敝”。井即离

上之坎，三所成也。井成需，犹中孚成需。井之敝漏，即中孚之或罢也。大有成家人通解，而不先成既济，则易而无备。未济二之五，即需二之晋五之比例，成益而通恒，然后益成既济。《传》云“三年克之，惫也”。益上之三，即家人上之屯三，家人上之屯三，则不可备，故“易而无备”。既易则可备矣。益通恒而备，亦家人通解而备也。

一阴一阳　一朝一夕
日月运行，　一寒一暑
日往则月来，　月往则日来
寒往则暑来，　暑往则寒来

圣人赞《易》，以一阴一阳为道。以积不善有余殃，非一朝一夕之故。一朝一夕即一阴一阳。故者，事也，通变之谓事。惟能变通，故一阴一阳。性不能变通，则非一朝一夕。变通即运行往来。凡言“日月”“寒暑”“朝夕”，皆阴阳也。阴阳即柔刚也。

《系辞传》以“天地絪緼”赞损，以“寒暑成岁”赞咸，所以明咸、恒、损、益四卦之“与时偕行”也。六十四卦惟损益两卦，有浑天之象。天包于外，地处其中，地圆之象也。损之六四，春秋分也。上九、九二，平行也。初九、上九，盈缩之差也。损地近于上九则为盈初，为冬至，《新术》所谓最卑也。益地近于初九，则为缩初，为夏至，《新术》所谓最高也。冬至一阳生，故为盛之始，谓由损而为益。夏至一阴生，故为衰之始，谓由益而变通于恒。所谓“损益盈虚，与时偕行”。天地有盈缩高卑，而后有寒有暑。有寒暑冬夏，而后万物生。所谓“絪緼化醇”者如此。夏至日行缩，而日数则益，故名益。冬至日行盈，而日数则损，故名损。汉唐以来，创立强弱迟速消长高卑等名，而庖牺氏以“损益”二字括之，孔子以“天地絪缊”四字尽之。“絪缊”者，盈缩高卑不齐之象也。

《系辞传》云“日月运行，一寒一暑”。又于《咸·九四》畅发其义云“日往则月来，月往则日来，日月相推而明生焉。

寒往则暑来，暑往则寒来，寒暑相推而岁成焉。往者屈出，来者信也，屈信相感而利生焉。”离为日，坎为月，乾为寒，明见《说卦传》。咸恒皆互乾，损益皆互坤。虞促翔谓“坤为暑”是也。恒已成咸则寒往，通损则暑来。损已成益则暑往，通恒则寒来。既济上坎，未济上离。泰上坤，否上乾。泰成既济则月来。既济通未济则日来。未济成否则一寒也，否通泰则一暑也。一寒一暑，由于日月运行。咸损恒益否泰既济未济八卦，变通不已，无非日月寒暑之往来而已，特于咸发之。以男女之阴阳，即坎离之日月，圣人所以准天道，而定人道也。

《晋·彖》云“昼日三接”。《杂卦传》以昼为晋，而夜之为明夷，则《经》于夬明之。《夬·九二》“惕号，莫夜有戎，勿恤”。夬不孚于剥，而以四之谦初，谦成明夷为夜。“莫夜”之莫，郑康成读“如”字，解云“无也”。“莫夜”犹云“莫益”，谓不可使谦初成明夷也。《系辞传》云“刚柔者，昼夜之象也”，又云“通乎昼夜之首而知”，下即以“一阴一阳”明之。然则夜固为柔为阴，而昼则为刚为阳。晋之为昼，非徒“日在地上”之谓也，需二之晋五之谓也。需通于晋，犹既济通未济，坎月往而离日来矣。然日来必登于天，乃照四国，故晋昼必以需二之晋五而昼乃明。否通于泰，犹讼通明夷。夜无月则夜晦，故泰二之五。讼二之明夷五，则月来。月来而夜乃明，所谓“日月相推而明生焉”。《乾·九三》“君子终日乾乾，夕惕若。厉无咎”。乾成家人，坤成屯，两五皆刚，但昼而不夜。家人上之屯三则终于日，故欲其乾乾。由昼而夜，其间为夕，故反屯而通于鼎。

鼎五柔，是为夕也。鼎二之五而后上之屯三，屯之日已终，而鼎亦不至于晦。乃鼎二不之五而成泰，与谦成明夷同。是由夕以至于夜，夜不明则为晦为冥为幽。既至于夜，而后泰通否，明夷通讼，则由晦而明，由昧而归，为自夜而昼。由夜而昼，其间为朝。朝为旦明，即昧量也，故泰通否而二之五成既济为归妹。妹者，昧也。乃讼不先以二之明夷五，而上之三成大过，又四之初成需，然后以需二之明夷五。明夷之夜，虽变为朝，乃成两既济而终，则非始于朝，而为终于朝。鞶带三

褫，莫可救矣。

其义吉　其义凶　其义丧
其义焚　义无咎　义无咎
义无咎　天地之大义也　天地之大义也

《文言传》以义赞利，“变而通之以尽利”，则义者变通也。《小畜·初九》“复自道”。《传》云“其义吉也”。《随·九四》“随有获”，《传》云“其义凶也”。变通而吉，固矣。变通而凶，何也？乾四之坤初，成复小畜，为“失道”。小畜变通于豫，故“复自道何其咎吉”。“其义”二字，赞“复自道”。“吉”字即“何其咎吉”之“吉”字，言其“义”，故吉也。随三应蛊五，成蹇革。乃革不通蒙，而四之蹇初，成两既济，为“随有获贞凶”，故“未获时”。不使革四之蹇初为贞凶，而通蒙为“有孚在道以明”。“有孚在道以明”，是变通也，是“义”也，《传》言“其义”者，以其“凶”也。“其义”二字，赞有孚在道以明。“凶”字即“贞凶”“凶”字。

《经》先言“贞凶”，后言“有孚在道，以明”。《传》先言“其义”，后言“凶”以赞之。辞句相似，而语气各殊。一云“其义吉”，一云“其义凶”，皆依《经》文以为之翼。《需·象传》云“其义不困，穷矣”。“不困穷”则吉与“其义吉”文法同。《旅·九三·传》“以旅与下，其义丧也”。《上九·传》“以旅在上，其义焚也”。“丧童仆”“焚次”“焚巢”则凶，与“其义凶”文法同。“其义”，谓需通晋，明夷通讼。需通晋则“不困穷”，明夷通讼则亦“不困穷”。明夷通讼，以其“丧”也，以其“焚”也。需通晋亦以其“丧”也，以其“焚”也。“其义不困穷”，与“其义丧”，“其义焚”，互发明也。盖“义”则必吉。“其义吉”，“其义不困穷”，顺下之辞也。“义”因其凶。“其义凶”，“其义丧”，“其义焚”，到上之辞也。推之，“弗乘”，“不及宾”，皆吉辞。“义弗乘”，“义不及宾”，犹云“其义吉”也。“不食”，失道之辞也。“义不食”，犹云“其义凶”也。《归妹·彖传云》“归妹，天地之大义也”，《家人·彖传》亦云“男女正，天地之大义也”。渐初六，解初六，既济初九，三《传》皆云“义无咎也”。分视之似为平泛，合测之则有深意。归妹失道成泰，而后变通于否，此归妹所以名归妹也，故为“天地大义”。未成泰，先以四之渐初成家人临。不令成泰，即以家人通解，临通遁，辨之早矣。故于家人称“天地大义”。明渐成家人通解，犹归妹成泰通否也。于是《渐·初六·传》云“小子之厉，义无咎也”。“小子厉”，正谓归妹成临。渐成家人，通解成萃，是为“有言无咎”。

于是《解·初六》则明赞之云“刚柔之际，义无咎也”，以“义无咎”三字，与《渐·初六》相钩贯，知《渐·初六》谓成家人通解也。《既济·初九》“濡其尾”。谓未济成泰，犹归妹成泰也。“曳其轮”，谓泰通否也。亦用“义无咎”三字，明泰之通否，犹家人之通解，与归妹家人并称“天地之大义”同一比例也。《传》之赞《经》，可谓至平泛至神奇矣。

第十六章　易通释卷十六

章蔀闰

孔子赞《易》，以“治历明时”独归诸革，虞仲翔云“历象”谓日月星辰也。离为明，坎为月。离为日，蒙艮为星，四动成坎离。日月得正，天地革而四时成，故“君子以治历明时”。王弼云“历数时会存乎变”。

弼之说优于虞，然亦景响之谈，非《易》义也。孟子云“天之高也，星辰之远也。苟求其故，千岁之日至，可坐而致也”。又云“故者以利为本”。“故”“利”二字皆本于《易》。“故”即“往”也，“利”即“来”也。革去故而坐致其新，即旁通于蒙以为利也。革下离为日，其上坎月合日之处。九四以一阳奇于其间，使日与月不齐，赢于离日之上。是日有所余，月有所不足。三属终，四连于三，归余于终之象。下三爻，三岁也。日有余岁而月不足。归日之余于终，积而成月，则闰也。于是积闰为章，积章为蔀，其义不见于革而见于丰。丰六二、九四“丰其蔀”，上六“蔀其家”，六五“来章”。丰五本不成章，来章则丰变为革，是丰之章即革之章。丰之蔀，即革之蔀。

四重于三为闰，四之蒙初成益，则为蔀，何也？下三爻为三岁，四闰于三上，是三岁一闰也。《周髀算经》云“十九岁为一章，四章为一蔀，二十蔀为一遂，三遂为一首，七首为一极”。赵君卿注云“蔀之言齐同，日月之分为一蔀也”。李籍《音义》云“众残齐合，群数毕满，故谓之蔀”。一蔀之数，足蔽七十六岁之日月行度，可谓盛矣。然则至于蔀，则差者不差。闰亦无闰，革四行，则六爻皆备成既济。众残齐合，日月从此定矣。丰五来章，谓涣二之丰五，即蒙二之五之比例。

丰四之涣初成益，为“蔀其家”，即蒙二之五而革四之蒙初之比例。蒙成益而与恒通，恒成咸又与损通。于是寒暑往来而成岁。非革治历明时，齐以章蔀，则岁不可成。是故寒暑往来，天也。有以齐之使成岁而不忒，则圣人也。万物化醇，天也。有以齐之使夫妇定而各别，则圣人也。寒暑齐而有耕获，夫妇定而有父子，故《传》详言之矣。

《周髀》不言闰。《易》亦不言闰。损者，外衡冬至也。益者，内衡夏至也。《易》之历法与《周髀》合。刘歆《三统历》云：“周道既衰，天子不能颁朔。鲁历不正，以闰余一之岁为蔀首。”是“蔀首”之名，周鲁有之。祖冲之云“古之六术，并用四分”。“六术”谓黄帝颛顼夏殷周鲁。“四分”，汉建武所作，其术章法十九，蔀法七十六，黄帝以来皆同，则“章蔀”之名旧矣。《经》于丰称“章蔀”，《传》于革称“治历明时”。《经》取当时历法，以明卦之变通。《传》于革称“治历”，所以赞丰之“章蔀”。本明白无惑，自旁通之义不明，而别求丰蔀之义，于是“章蔀”之为“章蔀”者不明，而“治历明时”之义亦莫能明矣。《坤·六三》“含章可贞”，《传》云“以时发也”。《姤·九五》“含章有陨自天”，《传》云“中正也”。“中正”指其为姤二之复五而姤上之复三，即为鼎二之五而上之屯三之比例。以两“含章”例之，知坤之含章，谓成屯通鼎也。

屯成既济，鼎成咸，相错为革。复成既济，姤成咸，相错亦为革。与丰成革同，故“含章”之章，即“来章”之章。而“来章”谓涣二之丰五，即谓蒙二之五。“时发”即“发蒙”，“发蒙”即“含章”矣。章而系之以含，所以明“终则有始”之义。月与日合朔，月终一周天而日行固不已。终十二周天，而日之行仍未已，所以有闰余。积七闰为一章，十九年以齐之，而不尽。更积四章为一蔀，七十六年以齐之，而仍不尽。不尽者，所谓含也。天之行以含为不已。圣人作《易》，亦以含为不已，是为“天地变化，圣人则之”也。

邱陵

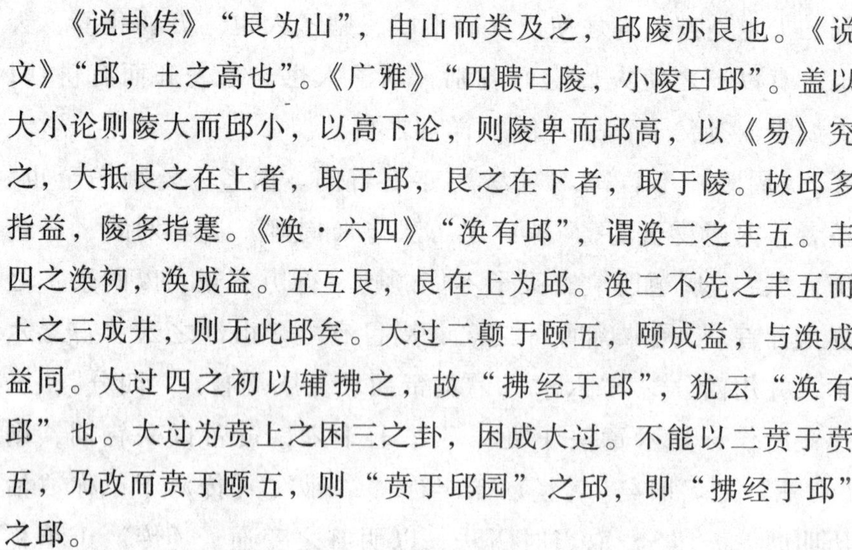

《说卦传》“艮为山”，由山而类及之，邱陵亦艮也。《说文》“邱，土之高也”。《广雅》“四聩曰陵，小陵曰邱”。盖以大小论则陵大而邱小，以高下论，则陵卑而邱高，以《易》究之，大抵艮之在上者，取于邱，艮之在下者，取于陵。故邱多指益，陵多指蹇。《涣·六四》“涣有邱”，谓涣二之丰五。丰四之涣初，涣成益。五互艮，艮在上为邱。涣二不先之丰五而上之三成井，则无此邱矣。大过二颠于颐五，颐成益，与涣成益同。大过四之初以辅拂之，故“拂经于邱”，犹云“涣有邱”也。大过为贲上之困三之卦，困成大过。不能以二贲于贲五，乃改而贲于颐五，则“贲于邱园”之邱，即“拂经于邱”之邱。

《经》以“邱”“字为之枢，俾知“贲于邱园”谓困成大过，大过二之颐五也。《周礼·大宰注》：“树果蓏曰圃，园其樊也。”颐上艮为果蓏，大过二贲之。果蓏包以巽之高墉，故为园。贲五不互艮，无邱。若困二先之贲五，则贲上之困三成咸，咸下有陵矣。困不成咸而成需，是“贲如濡如”也。需二之晋五需成既济而终，故《传》云“终莫之陵”也。

若困成咸，通损而后终，亦是“永贞之吉”。然其终必由于陵，“终莫之陵”，明其由需通晋而终也。《同人·九三》“升其高陵”，谓同人上之师三成升。升下巽为高，升二之五成蹇，则由高而陵。然升必通无妄而后可陵，不通无妄而系于革。则“三岁不兴”，不可陵者也。升无妄相错为复姤。震成复，变通于姤。姤二之复五，为升二之五之比例。“跻于九陵”，犹云“升其高陵”。复通姤，既殊乎升系革。则“跻于九陵”，自“勿逐七日得”矣。

《渐·九五》“鸿渐于陵”，谓渐上之归妹三，渐成蹇，下艮有陵。归妹成大壮，则“莫之胜”。大壮通观而“三岁不孕”，斯能终吉。渐成蹇，归妹成大壮。犹同人成革，师成升。“陵”皆指蹇，“三岁”皆指革。渐有陵而归妹未“三岁”，故以大壮成革而“三岁”。以四不孕于蹇初为吉，同人有三岁而师无陵故以升成蹇而陵，必如复姤之“跻九陵”为得，高陵而系以“三岁”，则不要兴。不可兴者，不可升为陵也。升通无妄而后陵，大壮通观而后三岁，则不致。以革四之蹇初，为终于孕矣。

邑国邦

虞仲翔以坤为“邑”为“国”，是也。坤主受国邑所以受人。《易》之称邑，不离乎坤也。国邑者，王公所有。乾在五，为王者，则坤在五为王之国邑。乾在三为公侯者，则坤在三为公侯之国邑。《易》称“邑人”者三卦。邑有人则不坤。讼成益通于恒，而后益上之三为“邑人”。比成屯，三互坤为邑，与益同。变通于鼎，“王用三驱”，则鼎成遁。

遁上之屯三，为“邑人”，无妄四之升初为益。时升成既济，益不变通而上之三为邑人。在讼则无眚，在无妄则灾。讼成益则能变通。无妄成益，不能变通也。升上坤为“虚邑”，二之五则“升虚邑”，泰上坤为邑，变通于否而以二之五，则“自邑告命”。师不成泰，而以二先之五，则为开国。开亦始也，既开国成比，比即以之“建万国”，而“邑人不戒”矣。夬二之剥五成观，为“告自邑”。观初之大壮四，以从大壮二五，为“观国之光”。晋成否而上之三，为“维用伐邑”。履通谦成益。益通恒而上之三，为“利用行师征邑国”。邑国并称，邑即是国也。未济所伐之“鬼方”，即谦所征之邑国也。

《益·六四》“利用为依迁国”。既成益，而上之三。伐之征之，即无国矣。然益“长裕而不设”者也，“不设”则“不伐”。“利用为”，即“利用为大作”，谓变通于，“恒终则有始”。依者从也，造 者变而通也。舍国不伐，变而从恒，是为“依迁国”，《传》所谓“见善则迁”也。益之迁，犹井之迁。井迁炎改井，谓变通于噬嗑。不变通于噬嗑，而仍以初之丰四。丰成明夷，上坤为邑。改而通于讼，为改邑。需明夷相错，为既济泰。明夷改而通讼，犹泰改而通否。泰通否则“自

邑告命"，明夷通讼则"改邑"。"改邑"则"自邑告命"，"改邑"即"改命"也。未济成益，通于恒。恒二之五，而后"震用伐鬼方"，则"有赏于大国"。有赏以其有功也。丰四之井初，犹小畜上之复三。

《复·上六》"终有大败以其国君凶"。复成明夷，上坤为国。小畜成需，下乾为君，是时急宜"改邑"。不改邑直以需二之明夷五，成两既济而终，所以有大败。而明夷以国受君而凶，需以君就国而凶，是以"其国君凶"也。《彖传》言"邦"者四。《象传》言"邦"者二。虞仲翔亦以为坤。然泰否皆有坤，而《传》云"无邦"。蹇渐中孚离皆无坤，而《传》云"正邦""化邦"，殊未能达。《说文》"邦从丰声"，蚌亦从丰声。《说卦传》于离称"为鳖为蠃为蚌为龟"，惟"龟"为《经》所有。而"鳖蟹蠃蚌"，旧说徒以内柔外刚概之。然则举一龟已足，何必繁引其类？疑之既久，乃悟"蚌"与"邦"为同声假借。离为蚌，即是离为邦也。因用以测之《彖传》《象传》而无不合。泰孚于否，必泰二先之五，乃为"天地交"。"天地交"则泰成既济。下乾化为离。上下不交，则乾天仍在下而无离，故"无邦"也。中孚孚于小过。中孚二之小过五，小过四之初应之，乃得有"豚鱼"，有"豚鱼"则小过成既济，下有离，是因孚而变化为邦，故去"孚乃化邦"。"邦"字正因"豚鱼"二字而赞也。

《师·九二》"王三锡命"，谓成屯而通鼎，鼎二之五而上之屯三，是屯成既济，下有离，故云"怀万邦"。蹇通于睽，睽二之五而四之蹇初，蹇成既济，下离，是为"当位贞吉"，而《传》以"正邦"赞之。因正而有邦，因成既济而有离也。《传》凡三言"以正邦"，于蹇明称"当位贞吉"。渐成蹇而通睽，蹇成既济。《传》云"进以正可以正邦"也。以"以正邦"三字，与《蹇·彖传》相钩贯，明渐成蹇而"当位贞吉"也。

《离·上九·传》云"王用出征，以正邦也"。离成同人，上有王，而后上征于坎三，坎成蹇，离成革。蹇通睽成既济，则下有离为"正邦"。革通蒙成既济则四互离亦为"正邦"。

“以正邦”三字与蹇同，亦知其为坎成蹇，而通睽成既济也。由是推之，瞀即“甕敝漏”之敝，蟹即“解者缓也”之解，嬴即“羸豕”之羸，皆同声假借也。

电

《说卦传》“震为雷，离为电”，又特于丰、噬嗑两卦标而出之，一云“雷电噬嗑”，一云“雷电皆至。丰”。一明丰通于涣，一明井通于噬嗑。以两“电”字为钩贯，互相发明，离上之坎三，以电错需，而成丰巽上之震三。以雷错电而成丰，离震成丰，则坎巽成井。离坎震巽成丰井，则巽二固未，至于震五。坎二亦未至于离五，震五离五皆不至。是“雷电皆不至”。丰通于涣，而涣二至于五，则不独离之“未至者”至，而震之“未至者”亦至，故云“雷电皆至”。至即假也，所谓王假之也。坎巽不至于离震而离震成丰。丰通涣，涣二之丰五，即成革为“来章”，不烦合者也。惟井改而通于噬嗑。井二之噬嗑五，噬嗑上之三，以合之乃成革。是二来“未章”，三上合于二五，而“后章”也。故《故》云“雷电合而章”。用一“章”字，与丰相钩贯。《传》之赞《经》，精妙如此。

冰

《坤·初六》“履霜，坚冰至”，说者多援“积不善”之义，谓阴气动，则必至于履霜，履霜则必至于坚冰，言其渐。乃《传》之赞《经》，一则云“驯致其道”，一则云“盖言顺也”。如谓阴本卑弱，至于积著。自初至三成否为履霜，自四至上成坤为坚冰。何以谓之顺？而《九家易》则傅会其说，言“阳顺阴之性”。卦本乾阳，初六始姤。五月阴气始生地中，始于微霜，终至坚冰。然以阴消阳，何得为顺？以顺为正者，妾妇之道。阳而顺阴，岂为致道？心疑久之，及细测于《传》，《传》赞《经》甚明，无容望文生意者也。

《说卦传》明云“乾为冰”，则冰自指乾不指坤也。《象

传》云“阴始凝也”，“凝”字正赞“冰”字。《说文》“冰，水坚也。俗从疑。仌，冻也，象水凝之形”。是“凝”“冰”二字本通，而“凝”之义亦为坚。

然则一“凝”字，兼赞“坚冰”两字，而又于《鼎·传》赞之云“君子以正位凝命”。于是“履霜坚冰”之义，可得而明矣。霜所以杀物，乾上之坤三成谦。坤五丧亡，乾成夬，上兑为秋。三先五，则爻之等以克伐而陵越，是霜杀物之象也。此时即以谦通履，履“辨上下定民志”。则辨之早，故云“履霜”。乾本冰也。二不之坤五而上之坤三成谦，谦轻，轻即薄也，是薄冰也。故夬非无乾冰，而兑折于上，冰而折，冰不坚矣。变通于履，履二先之谦五，则不薄而坚矣，不丧而凝矣。

履上不先之三，则冰固而能久矣，故云“坚冰至”。谓履二至谦五也。履二至谦五成无妄蹇，为鼎二之五之比例，亦为临二之五之比例。鼎二之五成遁，临二之五成屯，屯遁相错为无妄蹇。故《经》于临二之五称“至临”，以与“坚冰至”“至”字相钩贯。《传》既以“凝”字赞“坚冰”，又以鼎二之五为“凝命”，以“明阴始凝”，指履二之谦五。于是《经》之称“霜”称“履”称“冰”称“坚”称“至”，无不涣然释矣。

泥涂

巽二不之震五，而上之震三，震成丰，巽成井，井宜变通于噬嗑。噬嗑，食也。井不变通于噬嗑，而以丰四之井初，井成需，丰成明夷，是为“井泥汪食”。需变通于晋，不变通于晋，而以二之明夷五，是为“需于泥致寇至”。井之成需，即巽之成需也。丰之成明夷，即震之成明夷也。故井“泥”需“泥”皆震之“泥”。

《震·九四》“震遂泥”，谓已成丰又以四之巽初成“泥”也。三“泥”字一以贯之。“泥”为“黏近”之义。巽二先之震五，则下三爻不致“黏近”成需。且丰通涣则“远害”，不能“逖出远害”而与井相胶昵，至于井成需。需下三爻黏而莫

涣，此“泥”之所以称也。巽二之震五，为归妹二之五之比例。在巽上之震三成丰，在渐上之归妹三成大壮。渐上之归妹三，又为睽上之三之比例。

《睽·上九》“见豕负涂”。《说卦传》赞之云“震为大涂”。于“涂”上如一“大”字，明其为大壮上之震也。睽成大壮，大壮四之蹇初，即同于丰四之井初。睽成泰，蹇成既济。泰上无震，蹇下无艮，则涂渐为泥。何也？“涂”，泥也。亦通于涂，道路也。《说卦传》“艮为径路”，惟蹇下艮为“径路”。而睽之成大壮者，上乃有震为“大涂”。大壮蹇相错原已为需，其下三爻已黏近而为泥。但小过未成明夷，则下艮犹为径路。以泥而兼径路，则涂也。且于“涂”上用一“负”字，与《解·六三》“负且乘”“负”字相钩贯。“负且乘”之“负”，谓家人上之解三成恒，家有成既济，既济恒相错正是丰井。然则巽上之震三，即负也，亦即涂也。

丰四又之井初，则负且乘也，由涂而泥也。涂兼径路则道犹未尽失。涂而泥，则无复成道，故灾在外矣。涂泥皆渐也。始而涂既而泥，所谓“由来者渐”矣。《经》之取象，《传》之赞《经》，并精奇神妙，愈咀愈出。解“泥”者，徒沾沾于水土之间。《经》《传》之妙，何以克达。

穴窞

《说卦传》“坎，陷也”，《说文》“陷，高下也”。从自从臽。臽，亦声。臽，小阱也”然则《中庸》“罟获陷阱”之陷，乃《说文》“臽”字。《广雅》“窞”“臽”二字同训“坑”。《说文》“窞，坎中小穴也。从穴从臽。臽，亦声”。

《易》曰“入于坎窞”，一曰旁入也。盖《传》以陷赞坎，陷即窞也。六十四卦上坎下坎之卦，其十有六。惟《需·彖传》云“刚健而不陷，其义不困穷矣”。需上明有坎，而云“不陷”，则“陷”与“不陷”之义可由是而测矣。

《坎·初六》“习坎，入于坎窞。凶”，《传》云“习坎，入坎失道。凶也”。六三“来之坎坎，险且枕。入于坎窞，勿

用”，《传》云“来之坎坎，终无功也。习坎，两坎相重也”。坎二先之离五则不习矣。乃二不之离五，习仍是习。而离上先之坎三，坎成井，下巽为入，故云“入于坎”。井即变通于噬嗑，则井而养，不至于困穷。乃不变通，又以离四之坎初离成明夷，坎成需。即是丰四之井初，丰成明夷，井成需。不为井养而成陷阱，故云“窞凶”。入于坎，成井也。窞凶，成需也。是窞指需。惟需通晋，则义不困穷。义者，利也，变而通之也，如是则刚健而不陷。盖需系于明夷则陷，需变通于晋，则不陷。《传》之“陷”，即《经》之“窞”。《传》以“不陷”赞需，知“入于坎窞”谓坎成需矣。

何以知需系于明夷则窞？《坎·六三》自疏之矣。需二之晋五，晋成否，上乾。是“不速之客三人来”也。若需二之明夷五，则需上固坎。二来于明夷五又坎，是为“来之坎坎”。所以“来之坎坎”者，以“险且枕，入于坎窞”也。《经》明以“来之坎坎”为“入于坎窞”作注脚。惟其“入于坎窞”成需，系于明夷。斯需二之明夷五成两既济，坎与坎并也。非离上先之坎三，则离四先之坎初，不成需明夷。非离四又之坎初，则离上虽之坎，三亦不成需明夷。故初六、六三两爻皆言“入于坎窞”以互明之。“窞”之指需明夷无疑。《传》于“来之坎坎”以“终无功”赞之。非成既济，无以为“终”。非先成需明夷，后成两既济，无以为“无功”。“终无功”三字，明赞其以需二之明夷五。参之《需·传》“刚健而不陷”，“陷”指需系明夷，“不陷”指需通晋明矣。

《需·上六》“入于穴”。六四“出自穴”。穴从八声。八，别也，象分别之形。穴窞虽相近，而窞取义于陷，穴取义于别。义各殊也。井泥而成需，泥则迩昵不能分别。需二之晋五，则泥者通。其象为穴，穴亦坎也。小畜上之豫三，小畜成需，豫成小过。需称“出穴”“入穴”，《小过·六五》亦称“公弋取彼在穴”，以“穴”字为之贯。“出自穴”承“需于血”，“血即小畜”“血去惕出”之“血”。“公用取彼在穴”，承“密云不雨，自我西郊”，则直用《小畜·彖辞》。

需无血。待二行而坎，见乃有血。二行而四乃互坎也。二行于晋五，血虽见而血出。血何以出？以二之泥者，通而为穴也。“自”即“自我西郊”之“自”。以需二之小过五，不可为“自”。以需二之晋五，以中孚二之小过五，则仍是“自”也。“在穴”谓中孚二，中孚二，先之小过五成咸，互乾为“公”。中孚三上于上，不成需，而成既济。三互坎穴，故“取彼在穴”。“在穴”则不见穴，“取彼在穴”而穴见矣。坎互在三称“血”，坎互在二称“穴”。二三不见坎称“窞”、“血”、“穴”，“窞”又固各有在耳。其云“入于穴”，何也？入谓巽也，需二先之晋五成否，需二有穴矣。然后否四之初成益，上巽为入故“入于穴”也。

沟渎

《蒙·彖》“再三渎，渎则不告”。谓蒙成泰，泰二之五，上成坎，故《说卦传》以“坎为沟渎”赞之。渎而兼言沟者，所以赞在“匪寇昏媾”之媾也。《释名》“沟，沟也。纵横相交构也”。构与媾同。凡称昏媾，谓泰二之五。惟泰变通于否，则为昏媾。泰通否犹需通晋。

《经》于贲称“昏媾”，明困成需通晋。谓需二之晋五，则泰必通否而二之五乃为“昏媾”。昏指变通而更代于否，媾指泰通否而二之五上成坎。不通否而二之五，则不昏，则不为媾而为渎。媾取其和，渎取其慢。以沟并渎，即借媾为沟渎之于沟，犹读之于讲。讲与媾通，而同训为和。于是赞于兑云“朋友讲习”，又赞于损云“男女媾精”。损二之五，即兑之艮五之比例，故以媾明讲，即以讲明沟。蒙筮至三，为泰二之五。蒙筮至再，为损二之五。损通咸，即兑通艮，即为“讲习”，为“媾精”，与泰通否同。则损不能咸，亦如泰不能否之为渎也。且蒙成泰，先初四则先成损，先三上则先成升。升通无“妄为往蹇来连”。构之训为连。“来连”，谓升二之五。升无妄相错为复姤，升二之五即姤二之复五之比例。姤二之复五是为姤。姤即逅，逅即构。构既与连义同，则来连正是姤，即是媾也。

《传》于《豫·六二》赞云“君子上交不谄，下交不渎”。“交”谓小畜二之豫五。“上交”者，上三应二五成既济咸也。“下交”者，初四应二五成家人屯也。“上交则不谄”，上而不交则谄矣。“下交则不渎”，下而不交则渎矣。上不交则豫成小过，小畜成需。谄犹陷也，谓成需也。下不交则豫四之初成复，与震四之巽初同。复通姤则媾，复不能姤则渎。何也？复小畜相错为益泰。小畜二之复五，即泰二之五也。是渎也，亦升通无妄而二之五之比例也。是知升通无妄为“来连”即是“媾”者，升不通无妄，而二之五即为“渎”也。震四之巽初成小畜复，震三之巽上成丰井。丰通涣，而涣二之丰五则“昏媾有言”。丰未成明夷而通涣，即复未成明夷而通姤，亦即升未成泰而通无妄。

损未成泰，而通咸，已成泰明夷，而变通成既济，固为“昏媾”。未成泰明夷而变通，复成屯升成蹇 亦即为媾。乃在泰成既济，复升成屯蹇，上有坎为媾，即为沟矣。而需二之晋五成否，二之五成益，涣二之丰五成革，皆无坎，而亦称“媾”者，则《经》于，《震·上六》固自明之云“昏媾有言”。谓震成丰，即昏媾而成革，不致成明夷。始昏媾，而成既济，是为有言之昏媾，而非匪寇之昏媾也。《传》以“坎为沟渎”赞泰二之五，又以“媾”赞损，以“讲”赞兑，则不必有坎，乃为媾矣。有坎水，则媾通于沟。有兑言则媾通于讲。好学深思者，又可心知其意也。

渊泉

《井·九五》“井冽寒泉食”。《传》于蒙赞之云“山下出泉”。蒙上艮为山，则泉指下坎，泉即渊也。《乾·九四》“或跃在渊”，谓乾成革，而通蒙。“跃在渊”即是“出泉”，谓蒙二之五也。《讼·彖传》云“不利涉大川，入于渊也”。讼下坎，犹蒙下坎，蒙二之五则“跃在渊”，讼上之三，则“入于渊”。以讼下坎为渊者，所以赞寒泉也。《说卦传》“乾为寒”。井而有乾，谓成需也。井为离上之坎三之卦。入于坎而成井，犹入于渊而成大过。离上之坎三，即讼上之三也。离四之坎初，即讼四之初也。讼下之渊，犹坎下之渊。既入而又泥，则寒其泉矣。寒其泉而后食，谓需通晋。需二之晋五，“需者饮食之道”也。

《传》云“寒泉之食中正也”，即需晋两《传》所云“以中正也”，渊之义为深。《恒·初六》“浚恒之凶，始求深也”。家人上之解三成恒，犹离上之坎三成井，井成需，即恒成泰。《传》以“出泉”赞“跃渊”，以“入渊”赞“寒泉”，又以“深”赞“浚”。浚犹渫也。“浚恒”之凶亦“井渫”之“不食”矣。

墉

解言“墉”，同人亦言“墉”。《解·上六》“公用射隼于高墉之上。获之”，谓解二之五，而家人上之解三也。同人四之师初，斯时师二未先之五，柔乘于上。

同人虽成家人，是为“乘其墉”，两“墉”字相贯，而《解·上六》于“墉”字上加“高”字，知指家人上之巽。在同人称“墉”，知其成家人。在解称“墉”，知其通于家人，两相比例，明白无疑。

次

师旅止舍之地名。次次犹止也，以其在师在旅，故取义于次。《师·六四》“师左次无咎”，“左”即“夷于左股”之“左”，谓同人四之师初也。同人四之师初成家人临，相错为中孚明夷，正履四之谦初之比例，故云“师左”。家人舍临而通解，则“左而次”故“无咎”。解二之五，而家人上之解三成咸，咸下艮为止。故云“次”也。若师已成临，则不复有艮止矣。

师二之二即坎二之离五之比例。师二不之五而同人四之师初，即坎二不之离五而离四之坎初之比例。离四之坎初，即旅

四之初。旅成贲，犹离成贲，亦犹师成临，同人成家人。贲通困而困二之贲五，与家人通解而解二之五同，故取《师·六四》"次"字以为脉络。困二之贲五为"怀其资"，为"得童仆"，然后贲上之困三成咸，与家人上之解三成咸同，是为"即次"。《经》倒其辞云，所以"即次"者以"怀其资"也。"怀其资"则成家人萃"得童仆"矣，"即次"则家人成既济而"贞"矣。若旅成贲，不能通困以即次，而且以上之节三，旅成明夷，节成需。是为"焚其次"。夷者，伤也。故《传》云"旅焚其次，亦以伤矣"。离四之坎初成节，旅成贲，仍离成贲。

《离·九四》"焚如"，谓贲上之节三。即"旅焚其次"也。《经》以两"焚"字钩贯离之"焚如"，以两"次"字钩贯师之"左次"。《传》赞"师左次无咎"云"未失常"也，又赞"需于郊利用恒"云"未失常也"。"需于郊"之郊，即"同人于郊"之郊。"同人于郊"，谓同人四之师初，成家人而通解也。"需于郊未失常"，则是"同人于郊未失常"。"同人于郊未失常"谓成家人而通解，则是"师左次无咎"之"未失常"，谓同人成家人，而通解也，《经》以两"郊"字为钩贯，《传》以两"未失常"赞之，已神奇矣。

《传》不以"未失常"赞"同人于郊"而以"志未得"赞"同人于郊"，又以"志未得"赞《困·九五》。"同人于郊"既同于"师左次"，则《困·九五》之"志未得"，同于"同人于郊"即同于"师左次"。《困·九五》之"志未得"赞"劓刖"。"劓刖"谓困二不之贲五，然则困二之贲五则"志得"矣。劓则贲上之困三成大过明夷，即同人上之师三成升革也，亦即旅上之节三成需小过也。刖则困四之初成节，即犹旅四之初成贲，亦即同人四之师初成家人临也。旅上之节三，即是小畜上之豫三。"需于郊"指小畜上之豫三成需而通晋，即旅上之节三成需而通晋。其"未失常"，既同于"师左次"之同人成家人而通解，则同人四之师初成家人临，即同于旅上之节三成需小过。"失常"则"志未得"，"志得"则"未失常"。师同人成家人临，则"志未得"家人通解，临通遁，则"未无常”。旅节成需小过，则“志未得”。小过通中孚，需通晋，则“未失常 ”。贲通困而成家人萃，节通旅而成屯遁 ，则“未失常”。困成节，旅成贲，则“志未得”。互相发明。

《传》于“需于郊”称“未失常”。以节成需通晋，例同人成家人通解也。于“同人于郊”称“志未得”，以师同人，成家人临，例节旅成需小过也。犹恐赞之不明，直于“师左次无咎”称“未失常 ”。明师成临同人成家人，而家人通解，同于旅成小过节成需而需通晋。又于《困・九五》“劓刖”称“志未得”，明同人成家人旅成贲之同于“刖”，兼明师成升旅成小过之同于“劓”。即刖且劓，则困成需。困成需通晋“利用恒”，犹节成需通晋“利用恒”。《传》于需称“未失常 ”，固钩贯“师左次”之“未失常”，且与“劓刖”之“志未得”相互发。《经》以三“焚”字三“次”字为钩贯。《传》以“未失常”“志未得”为钩贯，其神奇尤不可以笔墨尽也。

鼻

噬嗑言“灭鼻”，睽言“劓”，《荀九家》及虞仲翔皆以艮为鼻，以《经》衡之诚是，乃《说卦传》不言艮为鼻，而言巽为臭，臭者通于鼻者也。鼻之通臭，犹山之通气。臭在鼻，则鼻中有物，如巽中之阳实充于艮上，故艮为山亦为鼻也。损上山下泽，二通于五为通气，而损成益上艮化为巽。气在山中，即臭在鼻中。

乾二之坤五，为同人比，即师二之五之比例。乾上又之坤三成蹇 ，犹同人上又之师成成蹇 ，是为“同气相求”。气即臭也。师成蹇，有处无臭。师二不之五而同人上之师三成升。升下巽为臭，臭伏于众莽之中，徒秽败而不馨香。见臭而不见鼻，是为“灭鼻”。所以“灭鼻”者，以其不同心。同人成基，上虽有言，为不同心之言，宜其掩鼻而不相善。惟升通无妄，升二之五，而无妄上之三成蹇革，革上兑乃为“同心之言”。

升二之五巽之阳升，而艮鼻通如香之升于鼻，故云“其臭

如兰”。兰，草之香者也。不为众莽而为芳兰，则鼻不灭，即为井二之噬嗑五之比例，亦为睽二之五之比例。蹇下鼻，睽四之蹇初而鼻不见，故为劓。睽先成无妄，上乾为天，然后四之蹇初劓蹇之鼻，故云“天且劓”。《经》言“鼻”，而《传》赞之，以“臭”造乎微者也。

脢夤

《说文》“脢，背肉。胂，夹脊肉”。《艮·九三》“列其夤”。马融云“夤，夹夤肉也”。《淮南·地形训》作“殥”，与“膑”形近而讹。郑康成作“列其膑”。膑与胂，通用字也。《咸·九五》“咸其脢”。虞仲翔云“脢，夹脊肉”，于“列其夤”则训“胁肉”。《素问·缪刺篇》云“刺腰尻之解，两胂之上有腰俞”，王冰注云：“腰尻骨间曰解，当有腰俞。推此则腰俞在腰之下尻之上”。

《骨空论》所谓“八髎在腰尻分间”，是也。腰俞尚在两胂之上，则两胂在腰俞之下，与尻相平矣。与尻相平而曰两胂，则尻之两畔也。自项至尻骨皆谓之脊，而背肉在上半，腰胂在下畔。咸损相错为艮兑，损二之五即兑二艮五之比例，兑三之艮上即损三之上之比例。艮成蹇，两坎相贯。坎为脊，通上及下，合脢与夤。蹇两坎相贯，脊象也。在五之一坎，为脊之上半为脢。在三之一坎，为脊之下半为夤。损成既济，与咸相错为蹇。咸三已定，所感者损上之坎，是咸其上半，而不必咸其下半，故“咸其脢”。兑二不之艮五而艮上之兑三，艮不成蹇而成谦。

谦止有三之一坎而无五之一坎，是艮其下半。未曾艮其上半，故“艮其限列其夤”。限为要，义与约同。列同裂，成蹇则两坎相贯，为脊肉之全。今不成蹇而成谦，如割裂其脊，仅存要胂以下。取象不妙，不可思议。夤当从“匀”，不当从“夕”。《说文》引“夕惕若夤”，学者或依之，以为《孟氏易》。然《文言传》“九三终日乾乾，夕惕若厉无咎，何谓也？”两言因其时，而惕虽危无咎。以《传》证《经》，《经》

无“夤”字。《泰·初九》“拔茅茹以其汇”，董遇作“以其夤，出也”，义亦不合。

股肱

《说卦传》“震为足”。“艮为手”。“巽为股”。股顺于足，而不象震，则肱顺手亦不象艮矣。肱之顺于手，犹股之顺于足。巽者顺也，取义于顺，为股为肱皆巽象也。《传》但言“巽为股”而不言“肱”，细测之有精义焉。试乾坤言之。

乾二之坤五而四之坤初顺之。坤成屯下震为足，乾成家人上巽为股。巽之为股，因震为足而象也。乾 二之坤五，而上之坤三顺之。坤成蹇下艮为手，而乾上则成兑而不成巽。故肱虽顺乎手，而不可以巽指之。明夷者，谦初之履四亦丰四之涣初，履二先之谦五，而后履四之谦初，履成益。初四顺乎二五，即益之上巽，顺乎下震为股之顺乎足，乃履二不之谦五而四先之谦初。谦成明夷履成中孚。有巽而无震，是股不顺乎足，不顺则夷矣，故云“夷于左股”。履地不之谦五而四之谦初，犹涣二不之丰五而初之丰四。履之“夷于左股”，即丰之“夷于左股”。涣二先之丰五而涣上之三顺之，犹履二先之谦五而履上之三顺之。涣谦成蹇，下有艮手。履丰成革，上兑为折。以三上顺二五而蹇有艮手则为肱。以革上兑为折，故云“折其右肱”。推之，股为初四顺二五之名，肱为三上顺二五之名。股肱之义明，而左右之义亦明。以丰四之涣初有股而为左，则左以初四言也。以涣上之三有肱而为右，则右以三上言也。初四三上皆所以从二五。

《泰·传》云，“以左右民”，民指泰五，泰二之五，而否初之四从之，则左之也。泰二之五而否上之三从之，则右之也。师二不之五，而初之同人四，与丰四之涣初同，故云“师左次无咎”。大有二之五，而上之比三从之，为“自天佑之”。佑即右也。《无妄·彖传》云：“其匪正有眚，不利有攸往。无妄之往，何之矣。天命不佑行矣哉。”以“佑”赞“有攸往”，明往谓上之三。《损·六二·传》云：“六五元吉，自上佑

也。”无妄成益，不通恒，故“不佑”。损成益而通恒，故“上佑”。“佑”字加以“上”字，明以上之三为右矣。履四之谦初，在履为“夷于左股”，在谦则为“入于左腹”。履成中孚，上巽为股，亦为入。谦成明夷，上坤为腹，下离又为大腹。腹指谦成明夷。入指履成中孚。股指履成中孚。夷指谦成明夷。用一“左”字，明其为初之四，而下申之云“用拯马壮吉”，又于《涣·初六》云“用拯马壮吉”。知夷于左股，谓履四之廉初，即涣初之丰四矣。

身躬

《说文》“身，躬也。躬，身也”，《艮·彖》云“艮其背，不获其身。行其庭，不见身人，无咎”。背合脢夤，而为两坎相贯。“艮其背”，谓成蹇即止而不行。惟成蹇即止而不行，则“不获其身”。何为获其身？革四之蹇初成两既济也。但成蹇而不成既济，为“不获其身”。六四发明其义去“艮其身无咎”，《传》云“艮其身止诸躬也”。以“躬”字赞“身”字，以“止”字赞“艮”字。

《传》以“止诸躬”，赞“艮共身”。《经》以“艮其身，无咎”，明“不获其身，行其庭，不见其人，无咎”。成蹇而止，“止诸躬”也。成蹇而不止，成两既济，则“获其身”也。《系辞传》赞《解·上六》云：“君子藏器于身，待时而动，何不利之有？动而不括，是以出而有获。”家人上不之屯三成两既济，则“藏器”。解二之五而后家人上之解三，成既济咸。相错成蹇，故“藏器于身”。成既济为形下之器，家人成既济为“有获”，解成咸先“有身”。咸四之初，即革四之蹇初，则“获其身”成两既济。“获其身”则无身，“藏器于身”则“不获其身”也。巽二之震五与兑二之艮五同。巽上先之震三成丰井，则“征凶”。既成丰井，则不可以井二之丰五。

井二之丰五虽亦成蹇为有躬，然三先于五，尊卑至置，故“不于其躬”“于其邻”。不于其躬，不以丰五之井二成蹇，而变通于涣为邻也。乃涣二之丰五，而涣上之三从之。涣亦成蹇有躬，是为“涣其躬”。涣其躬则无悔，仍五先而三后也。由是推之，革改命于蒙。蒙二之五，犹涣二之丰五之。蒙上之三，犹涣上之三也。涣成蹇有躬，蒙成蹇亦有躬。若革四先之蒙初，以致上之三成泰为金夫。二之五成两既济，不独异乎涣成蹇之有躬，并不能如丰五之井二，尚成蹇而躬，直谓之“不有躬”而已矣。蹇通睽则睽成大壮，犹革通蒙而蒙成升。升成泰则不有躬，大壮与蹇系则为“匪躬”。“匪”不可与“躬”系也，宜变通于观，是为“王臣蹇蹇，匪躬之故”。

《蹇·传》云“君子，以反身修德”。蹇已有身，反而孚于睽，家人藏器于身，反而孚于解。有身则宜反其身，未有身则宜修身。修身者，升二之五成蹇也。升无妄相错为复姤，姤四不之初，而二之复五，即无妄四不之初而升二之五之比例。《复·初九·传》云“不远之复，以修身也”。修身则后有身，反身而乃不获其身。获其身则不有躬。凡称身称躬，皆指蹇而言。以《经》《传》通核之，历历可指。

孕

《渐·九三》“妇孕不育”。九五“妇三岁不孕”。虞仲翔谓“离为孕”。《说卦传》“离为大腹”，虞仲翔云“象日常满，如妊身妇”。虞以离为孕者，以大腹言之也。《白虎通·五行篇》云“南者任也”。又云“南方者，任养之方，万物怀任也”。《乐记》“毛者孕鬻”，注云“孕，任也”。离为南方，是为任，亦即为孕矣。“孕”古字作“䱆”。《尔雅》“在水为黽”，注谓“似青蛙大腹”，是“黽”字本象大腹之形。《说文》于“蝇”字下云“虫之大腹者，从黽从虫”，则黽之为大腹可互见。离为大腹，因即为䱆，是可推矣。

《周礼》“薙氏秋绳而芟之”，注云“含实曰绳”。《释文》“绳音孕”。《尔雅》“鲲鱼子”《释文》“鲲顾音孕，本一作鲆”。草之含实，鱼之有子，亦孕也，亦大腹也。一切经音义言“孕从乃声”，凡四见。《广雅》云“仍，重也”。《春秋》“仍叔”，《谷梁传》作“任叔”。孕之义为任，则孕之从乃，

正同于仍之从乃。孕从乃，以其为重身也。吴氏《别雅》云"《管子·四时篇》：春羸育，夏养长。孕通作羸"。羸羸羸通重，犹累也。羸之通于累，即羸之通作螺。是以离为羸，即为羸。亦即为孕。六书转注假借，交相为用。其息甚微，其脉可溯。

《玉藻》"丧容累累"。注云"累累，羸惫貌"。《月令》"天地始肃，不可以羸"，注云"羸犹解也"。羸之为解，即羸之为惫。惫之于备，犹羸之于羸。《庄子·胠箧》《淮南·修务》皆云"羸粮"，崔譔高诱皆训羸为裹。裹亦孕也。离为大腹。因而为孕，与为羸为蟞，且可得其通矣。

祖考

《小过·六二》"过其祖"。《蛊·初六》"有子考无咎"，《履·上九》"视履考祥"。《传》于豫并赞之云"以配祖考"，祖即"过其祖"之祖，考即"考无咎"之考。小畜上之豫三，成小过，则为"过其祖"。"过其祖"谓不先及其祖也。祖之义为始，二不先之五是无始。考之义为成，又为击，成谓成既济，击谓上之三。小畜二先之豫五为祖，而后上之豫三为击。小畜成既济则为成，故云"以配祖考"。"过其祖"，则考不与祖配，而小畜成需矣。

小畜二之豫五，豫成萃，小畜成家人。即为大畜二之五之比例。随四之蛊初，随成屯，蛊成大畜。大畜孚于萃，是为"干父之蛊"。称父则已有子，有子则考仍配于祖而无咎，谓大畜二之五为有子，而后大畜上来之萃三为考无咎也。随四之蛊初与鼎四之初同。鼎二之五而后上之屯三，则"得妾以其子"。鼎成遁，遁屯相错为无妄蹇，即履二之谦五之比例。故《履·上九》"考祥"之考，与"考无咎"之考互明。鼎二之五有子，则上之屯三，考无咎矣。履二之谦五，而后履上之三称考祥，则有子矣。履二之谦五为升二之五之比例。升孚无妄而升二之五，即复孚姤而姤二之复五。《传》于《复·六五》赞云"敦复无悔，中以自考也"。

姤二之复五，而后上之复三，为升二之五，而后无妄上之三之比例，亦为履二之谦五而后履上之三之比例。“中以自考”之考，即“视履考祥”之考，亦即“有子考无咎”之考也。配祖有子，是取你为考之义，而通其义于击，则为《蒙·上九》之“击蒙”。《益·上九》之“或击”，为上之三之通称，易辞以转注为比例勿用师如此。

朋友

《损·六三》“三人行，则损一人，一人行则行其友”。虞仲翔以竞为友，以《兑·传》称“朋友讲习”，乃求之《说卦传》，无兑为友之文。且以友为兑象，则指损下况而言，乃以一人行为泰初之上，此卦变之说也。初之上，何以言得？非《易》义也。同志为友，同声即同心。

《系辞传》云：“同人先号咷而后笑。子曰：二人同心，其利断金。同心之言，其臭如兰。”此发明“大师克丰遇”而言。“大师克”则同人上之师，三成升，不同心矣，宜其“号咷”。乃升孚于无妄，升二之五则与无妄为同心。然后无妄上之三，所谓“同心之言”也。无妄成革，升成蹇，犹兑成革艮成蹇。“二人同心”即“朋友讲习”，在兑二之艮五为“朋友讲习”，在损二之五即为“得其友”，损二之五即兑二之艮五也。

易爻言“友”者一，言“朋”者七。《传》于兑则并赞云“朋友”。朋即友也，友即朋也。以兑二之艮五，艮上之兑三，成蹇革，为乾二之坤五之坤三比例，则兑之“得友”即坤之“得朋”。坤得朋而成蹇，宜变通于睽为丧朋。蹇之于睽，犹升之于无妄。升二之五得朋，睽二之五亦得朋矣。

《蹇·九五》“大蹇朋来”。朋来，升二之五也。升二之五，即姤二之复五之比例，故复之“朋来”，即蹇之“朋来”。姤 二之复五，以相错论，即升二之五。以变通论，即犹小畜二之豫五。豫成萃而小畜上之豫三成咸，是为“朋盍簪”。朋指小畜二之豫五也。解而拇则解成临，临孚于遁为“斯孚”。九四“朋至斯孚”，“朋至”即“朋来”。临二之五，亦即姤二之

复五之比例也。

《咸·九四》“朋从尔思”。思谓损二之五，承上“憧憧往来”而言。恒成咸通于损，损二之五，咸四之初从亡。咸五为“朋盍簪”之朋，既通于损，损二之五为思，自咸言之为“尔思”。咸四之初从之为“从尔思”，缘“朋盍”而成咸，故咸得“称朋”。损二之五，损又得友而成益。益通恒，又以益之“朋”从恒之“思”。思者，容也。“不恒其德”无所容，“恒其德”则有所容。以思从朋，以朋从思，即以朋从朋以思从思，明往来不绝也。朋友以交为好，以信为孚，故必以损孚咸。而损二交于五，乃为得友。孚而不交，非得友也。交而不孚，非同心也。

《损·六三》称“得友”，六五称“十朋之龟”，朋谓损二之五成益，故《益·六二》亦称“十朋”。龟以朋称，贝亦朋称。《震·六二》“丧贝”，即是“丧朋”。震成复则“丧朋”，复通姤则“朋来”。自二指五而称贝，正所谓“五贝为朋”也。不言“丧朋”而言“丧贝”者，以别乎“东北丧朋”。震之“丧贝”，失道而丧也，不宜丧者也。蹇之“丧朋”，趋进而丧也。宜丧者也。震之“丧贝”，与泰之朋亡义同。泰为恒四之初，亦为损上之三，损二不得友而成泰，恒无所容而成泰。且临不“朋至”，而遁上之临三成泰，此泰之朋所以亡也。泰孚于否。则“得尚乎中行”，亦“丧贝”之“七日来复”矣。

第十七章　易通释卷十七

马

《说卦传》明云“乾”为马，又云“乾”为良马，为老马，为瘠马，为驳马。惟“良马”见《大畜·九三》，谓随四之蛊初，下乾为马，故云“良马逐”。“逐”谓随四之蛊初也，蛊成大畜，初先于五，不可为良。

《经》云“良马”者，通下“利艰贞”言也。因逐而有马，马能变通于萃，以二之五为元吉，则良马矣。老即老夫之老，谓需下之乾也。瘠犹羸也。大壮成泰则羸，谓泰下之乾也。驳之言杂也。物相杂为文。乾二之坤五，文在其中，然则驳马谓同人上乾也。乾上之坤三，“其血元黄”，亦“天地之杂”，则亦夬下之乾也。乾四之坤初，坤下成震。乾二之坤五，坤上成坎。故于坎赞之云“其于马也，为美脊。为亟心，为下首，为薄蹄”。乾二四之坤，坎震合，而为屯，则为善鸣，为馵足。鸣足皆震象，善谓乾二先之坤五，而后四之坤初从之。马后左足白为馵。乾四之坤初，坤初成震足，则乾四成巽白。四从五称左，乾二之坤五在先，则左足白在后，故为馵足。美脊者，美犹善也，谓乾二上之坤成蹇。两坎相贯，为脊。亟心者，亟犹极也。谓乾二之坤五为心，馵足象震之在后，亟心象坎在中。作，始也，谓不俟乾二之坤五先以乾四之坤初。不亟心而作足，不先成比而先成复也。坤先成复则乾先成小畜。小畜上巽为白，颡犹包桑之桑，即巽之广颡也，故云“的颡”。乾上之坤三亦互坎，而乾成夬。夬之乾在下，同人之乾在上。不先成同人而先成夬，是下首也，蹄亦足也。乾上之坤三互坎亦互震，以坎而兼震象，惟谦有之。

《杂卦传》以谦为轻，轻即薄也，又以震坎二卦明乾之行。

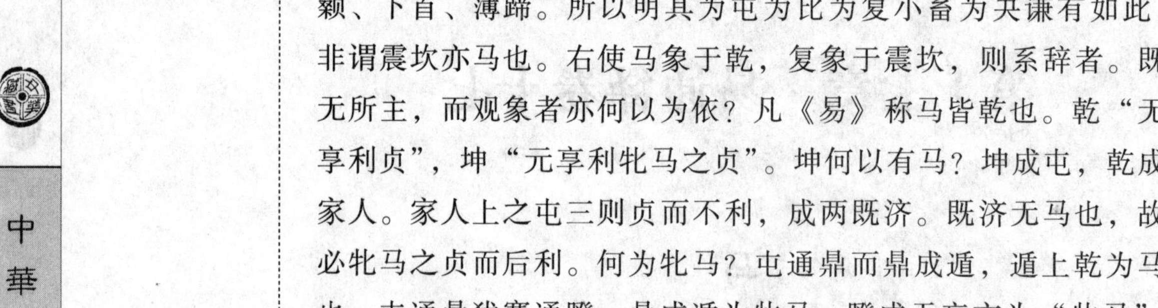

有当位则为善鸣、异足、美脊、亟心，有失道则为作足、的颡、下首、薄蹄。所以明其为屯为比为复小畜为夬谦有如此，非谓震坎亦马也。右使马象于乾，复象于震坎，则系辞者。既无所主，而观象者亦何以为依？凡《易》称马皆乾也。乾“无享利贞”，坤“元享利牝马之贞”。坤何以有马？坤成屯，乾成家人。家人上之屯三则贞而不利，成两既济。既济无马也，故必牝马之贞而后利。何为牝马？屯通鼎而鼎成遁，遁上乾为马也。屯通鼎犹蹇通睽，鼎成遁为牝马，睽成无妄亦为“牝马”。称牝者，鼎五睽五俱在柔中，当其上已成乾则由牝而马。方其未马而牝，马犹未得，是为“丧马”。《经》于坤称“牝马”，于睽称“丧马”，互明之也。

乃鼎二不之五而四之初成大畜，即随四之蛊初，马已逐矣。斯时大畜通于萃，尚可养之为良。不能变通，又以上之屯三为泰，则不为“良马”而为“乘马”。至于成泰，而后旁通于否，是为“乘马班如”。班同般，还也。还即旋也，旋而元吉也。泰通否则“匪冠昏媾”，而通晋亦“匪冠昏媾”。

《贲·六四》“贲如皤如，白马翰如”是也。泰之马在下而坤乘之，故为“乘马”。需二之晋五成否，否之马在上。因而否四之初，下震为蕃，则皤如也。上巽为白，故白马也。贲之白马，即晋“锡马蕃庶”之马也。困贲为革蒙之相错，困成需即蒙成泰，蒙成泰犹鼎成泰。以睽之“丧马”，与坤之“牝马”互明。以贲之“白马”，与屯之“乘马”互明，而马之“宜得”“宜丧”可得明矣。晋称“锡马”，谓需二之晋五矣，于是《中孚·六四》与之互明。“用几望”谓上之三成需，需下有乾所谓“老马”也。需下之马既老，晋上之马尚亡。亡犹丧也。以需下之马，匹晋上所亡之马，而晋上乃得有马而成否。“锡马蕃庶”之马。即此“月几望”所匹之马也。匹犹合也。有以匹合其亡，则马不亡矣。

《系辞传》云“服牛乘马，任重致远，以利天下，盖取诸随”。随四之蛊初，与鼎四之初同，鼎成泰犹蛊成泰。泰以坤乘乾为乘马，上坤牛也，亦车也。以牛牵车为服，先三后五则轻，引而变通于否为引重。舍既济，而远与否孚，故致远。裁成辅相，变而通之以尽利也，故利天下。

鸿杨

渐六爻，皆取象于鸿。说者或以为大雁，或以为水鸟，或谓随阳鸟喻女从夫，然皆执鸿之为鸟名耳。《易》之系辞每假借于声音训诂间以为之义。如豹则取于约，鲋则取于附，鹤则取于确。思而核之，昭然无疑。因究《尔雅·释诂》之文云"鸿，代也"。《康诰》"乃洪大诰治"，郑康成注云"洪，代也"。不"洪""鸿"二字通。鸿之为代，其义古矣。爻辞作于周公，《释诂》亦周公所作。以周公之所释，释周公之书，则此"鸿，代"之训，以即疏解渐卦之鸿可也。渐即《文言传》所谓"由来者渐"，渐而至于"积不善有余殃"，"由辨之不早辨"。早辨何如？惟更变改悔，以旁通补救之而已。代者，更也。故六爻于渐之上皆用"鸿"字。无论"渐于干""渐于磐"，"渐于陆"，"渐于陵"，"渐于木"，皆宜变成通之，故云"鸿渐"。"鸿渐"者，变通其所渐，即"早辨"其所渐也。

《传》于《坤·初六》用"渐"字，于《坤·六二》用"代"字。正赞此"鸿渐"也。《尔雅》训"鸿"为"代"，亦训"显"为"代"。《比·九五》"显比，王用三驱"，"显比"即是"代比"。比成屯而更变于鼎以"代有终"，所以"三驱"也。

又训昏为代。《经》五称"昏媾"，皆由失道而更变，故云"匪寇昏媾"。由失是而致寇。由变更而和解。昏而媾，犹云变而通也。显之义同于扬，代之义同于赓。《尔雅·释诂》又云"赓，扬续也"。"夬扬于王庭"，谓更变而通于剥也。

《传》赞大有云"君子以遏恶扬善"，"扬善"犹云"继之者，善也"。扬与杨通，大过两称枯杨，枯犹苦也，杨即扬也。枯而能扬，谓困成大过，剥成颐，能更变而旁通也。惟能更变，所以稊生华，徒以杨为泽木，鸿为水鸟，以索诸巽兑离坎之间，非圣人取象之妙也。

果

《说卦传》"乾为木果"，"艮为果蓏"，"巽为不果"。夬二之剥五，而剥上之三成蹇下艮，故云"硕果"。夬二之剥五，剥上成巽，惟上之三乃得"有果"。上未之三，巽而不艮，故巽为不果。剥成蹇，夬成革，相错为既济咸。咸下艮即蹇下艮。但咸三为艮互乾，亦互巽。巽为木，故"乾为木果"。夬二之剥五与蒙二之五同。

《蒙·传》云"果行育德"，果即"硕果"之果，谓蒙成蹇也。杀敌为果，义同于克，故为上之三之称。《传》于"果"上加"木"字。与"于果"下系"蓏"字互明。

蓏者瓜也，姤二之复五，而后上之复三，姤成咸，是为以杞包瓜。兼乾巽艮，乾为木果专为此。而赞艮为果蓏，明姤之瓜，亦剥之果也。又赞于解云"雷雨作，而百果草木皆甲拆"。作，始也。"雷雨作"，谓解二之五成萃。

萃家人相错，为观革，即夬二之剥五之比例。家人上之萃，三萃成咸，犹观成蹇，故云"百果"。互巽，故兼言草木。草木即木果之木，数至百而定。解成咸，下艮为果。家人成既济，六爻皆定为百，异乎剥成蹇，夬成革之果而不百也。

木

《说卦传》"巽为木"。是《经》之取象于木，必不离乎巽。而乾为木果，离于木为科上槁，坎于木为坚多心，艮于木为坚多节。乾艮坎离之言木，犹震坎之言马，马必出于乾，木必出于巽也，离之为科上槁，何也？槁犹枯也。贲上之困三，为姤上之复三之比例。姤上之复三成明夷，则离也。贲上之困三成大过，测巽也。

《困·初六》"困于株木"。"株"指明夷，"木"指大过。"株木"由"科上槁"则成。科，本也。但存木之本而上诛灭其枝叶，故"枯槁"而为"株木"也。"科上槁"三字，赞

"株木"之株，即赞"枯杨"之枯。惟枯故槁，惟株故株故科上槁也。大过上兑，虞仲翔作"科上折"亦合。坎为坚多心，艮为坚多节，互文也。心即指坎之在上，节即指艮之在下。节止也，艮亦止也。巽二之震五，而巽上之震三应之。巽成蹇上坎为心，即坎之"维心亨"也。下艮为节，即艮之"艮其止"也。然何以为坚？何以为多？坚即"坚冰"之坚，多即"多故"之多。巽二不之震五而上先之震三，震不成革而成丰。巽不成蹇而成井，丰上无心，井下无节。以井通噬嗑，则井二之噬嗑五，井仍成蹇，井下巽也。以巽木化为艮节，是为艮之于木也。

井二之噬嗑五，同于履二之谦五，履二之谦五，则"坚冰至"，故云"坚多节"。以丰通涣，则涣二之丰五，丰仍成革。涣上巽也。上之三，以巽木化为坎心，是为坎之于木也。巽二不之震五而成丰，丰变通于涣为多故，故云"坚多心"。涣二先之丰五而后上之三，亦犹履二先之谦五而后上之三，则多亦坚也。坎成井而后通于噬嗑，亦犹离成丰，而后通于涣，则坚亦多也。用两"坚"字赞《经》之"坚冰"，而以两"多"字与"多故"相钩贯。知其为丰井之变通，则知坚冰至为谦夬之变通。盖以巽上之震三，比例于离上之坎三，皆成丰井。在巽为多故，在坎亦多故也。而以巽上之震三，比例于艮上之兑三，则巽震成丰井，艮兑成夬谦。在丰为"多故"，在谦则"坚冰"。

《传》以坎艮两卦与巽木相参，而以"坚多"两字贯之。其交错互见之妙，泛视之似属平常，深味之精妙叠著，赞《经》之奇，莫奇于此。《说卦传》震不为木，而为苍筤竹，为萑苇。二者皆《经》所无也。细测之，则竹为方策所用，与书契互明。谓剥成益，益下有震也。萑苇所以包鱼，包有鱼则复成屯，屯下有震也。凡《经》所有，而《说卦传》不言，与《经》所无，而《说卦传》言之，俱有微义存乎其上，测之当自得耳。渐上之妇妹三，则无上巽而有下艮，故"渐于陵"。渐初之归妹四，则无下艮而有上巽，故"渐于木"。"渐于木"，谓渐成家人也。"渐成家人"，故为"耒，耜也"。同一

枯木可用为舟楫，可用为耒耜，一变通遂利。断木为杵，掘地为臼，何以取诸小过？测诸《经》文《传》文。

《传》于《豫·六二》“介于石不终日”云，“断可识矣”。识即大畜。多识之识，先以小畜二之豫五，而后上之豫三，则断可识。小畜二不之豫五而上之豫三成小过，但断而不可识。小畜小巽为木，断而之豫三，是为断木。豫下坤为地，小畜上伐而克之。小畜成需上坎为陷。伐地而陷，是掘地也。断木掘地，其道穷矣。乃以小地通中孚，中孚二之小过五，“吾与父靡之”。靡同摩，切磋砥励之义也。以杵臼靡粟，使之精熟，犹朋友讲习。中孚二之小过五，为损二之五之比例，亦兑二之艮五之比例，又为蛊二之五之比例。《尔雅·释器》“康谓之蛊”。《昭公元年·左传》“谷之飞，亦为蛊”。中孚小过相靡切，而与蛊二之五同，则古称“康为蛊”，固《易》之遗训也。

归妹二不之五，而渐上之归妹三，即小畜上之豫三之比例。在豫成小过，在归妹成大壮。小过通中孚，取为杵臼之利。大壮通观，则取为宫室。上栋下宇以待风雨，栋居中，大壮二之五象之。宇为人所止，观上之三成蹇象之。成蹇革则宜待，故“以待风雨”。归妹成大壮，一转移遂用以为宫室之栋，而变穴居野处之习焉。“困于株木”而成大过，此栋所以桡。大壮通观而二之五成革，犹蒙通革而二之五成观。大壮二之五为栋。蒙二之五亦为栋。困贲为蒙革之相错，困二不之贲五而贲上之困三成大过，即蒙二不之五而上之三成升。栋未升于五而在二故为桡，《释文》“桡，乃教反，曲折也”。《左传·成公二年》“畏君之震师徒桡败”，注云“桡，曲也”。《释文》“亦乃教反”，《说文》“无桡而有挠”，《吕览·别类》“高阳应将为家室匠对曰，木尚生加涂其上，必将挠”。韩非《外储》亦载此，作“虞庆将”为屋，匠人曰：材生则挠涂，濡则重。虞庆曰：材干则直，涂干则轻。”以直对挠，犹以轻对重。挠为曲，“桡”“挠”古字通也。刚当位于五则直，直犹信也，桡犹屈也。巽木不信于贲上成家人，而屈于困下成大过。

《传》云“栋桡，本末弱也”。本谓初，末谓上，弱谓不壮。大壮二之五则壮，而栋升于上，困二不之贲五而贲上之困三，则不壮而弱。然困二不之贲五而贲上之困三，末弱也。《传》兼言本弱者，为九四“有他吝”而赞也。《九四·传》云“栋隆之吉，不桡乎下也”。末弱而成大过，大过二变通于颐五则栋隆矣。若大过二不变通于颐五，而四又之初成需，则“桡乎下”。“桡乎下”则本亦弱矣。彖辞言“栋桡”原兼此两义，故申云“利有攸往亨”。亨则但桡于末，不致又桡于本。故《传》“本末弱”解之。向秀以“本末弱”为安上两阴爻，未能知《易》之微也。鸿渐之木为生木，伐而成大壮，乃变通以为栋。泽灭之木，已成枯木，一而桡者隆。栋隆于上为宫室，栋桡于下则为棺椁。

《系辞传》云：“古之葬者，厚衣之以薪，葬之中野。不封不树，丧期无数。后世圣人易之以棺椁，盖取诸大过。”郑康成以爻辰说之，说上六在巳，巳当巽位，与下巽两木夹四阳，为棺椁之象。然中四阳何以象死，则未能详也。虞仲翔谓中孚上下两象易，亦未善。贲成明夷，困成大过，“困于株木”，为泽灭木，木之穷者也。变通于颐，颐为夬四之剥初，为随四之蛊初之比例。大畜下之父，即需下之老夭。中亡而在下，是已故之父也。大畜通萃，则“有子而考无咎”。颐通大过，则用此枯木以葬其考。而栋之桡，以变通为棺之屋嶦、椁之折矣。

大过二之颐五，有子以承父德，乃得以棺椁送葬。而棺中之父，其德克彰，死而生矣。若颐不通大过而上之三成明夷，需二之明夷，需二之明夷五，则死如叶如。明夷有坤野，而需无巽木。

《释名》云“不得埋曰叶”，谓叶之于野也，渐上之归妹，三，即睽上之三，睽成泰，即归妹成泰。在归妹则“夫征不复，妇孕不育”而“离群丑”，在睽则“见豕负涂，载鬼一车”而“致寇至”。非弧矢之利，不足以威天下，故以泰变通于否，泰无巽木也。否三则互巽木，泰二之五，先张之弧，张之即弦木也。否上之三，后说之弧，说之即剡木也。否成咸犹丰成革，皆巽木连兑，故皆为“剡木”。所剡者此木，所张者亦此木。非有此木，泰五不可以言张，非泰五先张，否上亦不

可言说，所谓弧矢之利也。同一巽木，用为舟，用为耒，用为矢，用为杵，且用为栋，用为棺椁，皆因其失而裁成之，而教人之法视乎此矣！宁有弃材哉？

林莽

《广雅》“林，众也”。《说文》“茻”开，众草也”。茻即莽。《屯·六三》“惟入于林中”。坤为众，林即指坤。乾二先之坤五，则坤有中，是为林中。乾四又之坤初，乾成家人，上巽为入。故“入于林中”。师二不先之五，而同人上之师三成升。升下巽，木也，亦草也。上坤，众也。故为“伏戎于莽”。郑康成云“莽，丛木也”，“丛木”犹云“众草”。同人上之师三，为贲上之困三之比例，同人之莽，即困之“蒺藜”“葛藟”也。

苋陆

《夬·九五》“苋陆”二字最不易明，马融王肃郑康成皆云。一名商陆。《子夏传》谓“苋陆木根草茎，刚上柔下”。宁衷谓“苋，苋菜。陆，商陆”。董遇谓“陆之叶差坚于苋。苋根小，陆根大”。荀爽谓“苋谓五，陆谓三，叶柔而根坚”。虞仲翔斥诸说为俗，而读“苋”为夫子“苋尔而笑”之“苋”，云“苋，说也，和睦也”。

《释文》亦云“陆，蜀才作睦。亲也，通也”。仲翔似知《经》文假借取义之例，然说睦之义，谓大壮上震变兑，则牵合非《易》义。试以《经》推之，“苋陆”为商陆，当以马郑为是。当时自有此草名，而所以取此二字者，则非在枝叶刚柔根茎小大。盖犹箕子帝乙，原是人名，而辞如是，义不如是也。渐六三、上九皆云“鸿渐于陆”，陆即“苋陆”之陆。凡《经》有两字彼此同者，即其脉络所贯。欲知“苋陆”之义，宜先求“鸿渐于陆”之义。陆者，高平无水之处也。渐上巽为高，上征于归妹三成蹇。则有坎水。渐于陆者，渐成家人也。

家人通解为鸿渐于陆，“陆”字之义于是可明。

剥上先之三成谦，则夬二之剥五成蹇，蹇上有坎水而不可为陆。惟剥上不之三而夬二之剥五成观，与家人上不之解三而解二之王成萃同。观革相错即家人萃，则“苋陆”之陆，即是“鸿渐于陆”之陆，比例之固无疑者。夫陆，既明有渐之两“陆”字为之引申，其云“苋”者何也？苋即见之假借也。夬舍谦，而变通于剥，是为见。由变通而剥，成观上巽，是为见陆。取草之名苋陆者，为见陆之借。见陆犹云“见沫”“见金夫”“见恶人”。缘“见陆”二字不贯，故借苋为见，而云“苋陆”。

蒺藜　丛棘

《小雅》“楚楚者，茨言抽其棘”。茨与荠同，蒺藜也。《方言》“凡草木刺人，江湘之间谓之棘”。蒺藜，犹丛棘也。坎二不之离五，而离上之坎三，为“寘于丛棘”。困二不之贲五，而贲上之困三，为“据于蒺藜”。凡三上先二五行为逆。《说文》“夆”之训为“牾”，“牾”之训为“逆”，物之有刺者谓之夆。草木有夆刺害人，与以金刃击害人同一例。

以坎成井，困成大过，下有巽木，故为“丛棘”“蒺藜”。离成丰，丰用狱，故取“徽纆”，而以“丛棘”为议狱之地，而类及之。困不言丛棘言蒺藜者，蒺藜犹言疾也。以贲上之困三，失道害人，则为刺人之蒺藜。以困成大过，大过四尚未之初，则仍疾。使能变通于颐，则“得其女妻”。惟“入其宫不见其妻”，则大过四又之初成需，不复有疾矣。

《韩诗外传》引此爻辞说之云：“此言困而不见，据贤人者也。昔者，泰穆公困于殽，疾掳五新羖大夫蹇叔公孙支而小霸。晋文公困于骊氏，疾据咎犯赵襄王衰、介子推而遂炎君。越王勾践困于会稽，疾据范蠡大夫种而霸南国。齐桓公困于长勺，疾据管仲、宁戚、隰朋而匡天下。此皆困而知产据贤人者也。夫困而不知疾据贤人，而不亡者，未尝有也。”《韩氏易》以“疾”字解“蒺藜”之“蒺”，同声假借，为《易》中比例

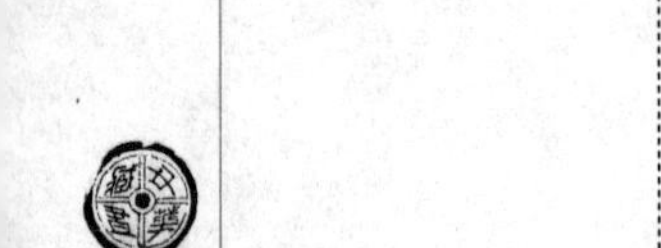

之要。韩氏尚能传之，惜当日公传其诗不传其《易》，而断珪碎璧间见于《诗外传》者，殊可宝贵也。据者引也。贲失道，引而通于困乃困不成咸而成大过，故非所困而困，即非所据而据。惟大过四不之初，即引而通颐。虽非所据而困于石，仍疾而据于贤人也。若非所据于前，又不疾据贤，人死期至而其亡必矣。

韩氏以“疾”解蒺藜，与黄氏读“豚”为遁，此《易》学之留存一线者也。大过上兑为附，下巽为木，附于木上，是为葛藟。《墨子》“禹葬会稽，桐棺三寸，葛以绷之”。《汉书》“杨王孙云：昔帝尧之葬也，窾木为棺，葛藟为缄”。古用葛藟束棺，三有约束之义。大过取棺椁，而三束之，则”困于葛藟“之象与？

瓶甕

《井·象》云”羸共瓶“，九二云“甕敌漏”，《说文》“瓶，罋也。罋，汲瓶也”。罋即甕，然则九二之甕，即发明《象》之瓶。乃变瓶言甕，有微义焉。“羸共瓶”则在井成需，在噬嗑成明夷，下离为大腹，其象为瓶。上无巽绳，则瓶无所系。故“羸其瓶”。若噬嗑成益，则上有巽绳可以“繘井”。井成需，是为井谷。谷之言穷也。井穷而成需，需通于晋则“射鲋”。“甕敝漏”三字，申明“射鲋”之义。晋五空虚，需二填塞。其空虚是甕之也。甕之言壅也。需二壅于晋五，需下成离亦是甕也。敝即“永终知敝”之敝。归妹成泰而通否则泰二之五为知敝。井成需而通晋，则需二之晋五为敝漏。漏下渗也，谓四之初。因丰四之井初而穷于泥则无与，今改而射鲋则有以敝其漏。敝通罢，义亦通于备。

《说卦传》“离为鳖”，即离为敝，泰二之五成即济，下离也，“知敝”也。需二之晋五，成既济，下亦离也。敝，漏也。先漏而成需，变通以敝其漏。成既济由二壅于晋五，是壅而敝其漏也。一“甕”字，明二之上塞于五，则义通于壅。明需下之成离，则训同于瓶。瓶取于训，而壅通以声。《易》每以声

义兼取为引申，其常例也。《释文》载李轨于钟反，则读若雍。雍即壅也。王弼解“瓮敝漏”云：“水不上出而反下。注不上出，雍敝也。下注，漏也。”弼因读瓮为雍，尚合乎同声，假借之义耳。

匕鬯

《诗·大东》“有捄棘匕”。《毛传》云“匕所以载鼎实”。王弼本以注《易》，是也，然未知其妙也。“震来虩虩，笑言哑哑”谓成屯而，通于鼎，恐人不明，特用一“匕”字以明之。非鼎何以有匕？鼎二之五则“鼎有实”，匕以载之。言匕，明其通鼎而鼎二之五也。又言鬯者何也？《诗·江汉》“秬鬯一卣”，《毛传》云“鬯，香草也。筑煮合而郁之曰鬯”。

《春宫·鬯人·疏》引《王度记》云：“天子以鬯，诸侯以薰，大夫以兰，士以萧，庶人以艾。”薰兰萧艾皆香草，合而郁之为鬯，分之则为薰为兰。《艮·六三》“艮其限，列其夤，厉薰心”。艮限列夤，谓艮上之兑三成谦，谦通履。履二之谦五成蹇无妄，蹇无妄相错为遁屯，正为鼎二之五之比例。鼎下巽为草，二之五煮于鼎中，三与五合而为鬯，称鬯以其合也。履二之谦五，虽与鼎二之五同，乃蹇三与五分，是香草未合煮者，故为薰。称薰者，以其分也。《传》则于《同人·九五》赞之云“同心之言，其臭如兰”。同人上之师三成升，犹艮上之兑三成谦。

升通无妄而二之五成蹇，即谦通履而履二之谦五之比例。同心而如兰，则兰其心，即薰其心。是《经》以“薰心”发明“匕鬯”，《传》则以“其臭如兰”赞噬嗑之“灭鼻”，即赞震之“鬯”艮之“薰”。《广雅》“薰草，蕙草也”。兰蕙异物而相近，故以兰赞薰。《传》凡用一字，皆必与《经》相翼，非同漫设不然。断金兰臭，徒似词人藻丽之浮，岂所以赞《经》哉？虞仲翔解薰心云“古阍作熏字”，引《说卦传》“艮为阍”。《汉书·百官公卿表》“光禄动”。如淳注“胡公曰‘动之言阍也’。光禄主公门”。薰即熏，熏古通作动。动之为阍，即熏之为阍。古熏既作阍，阍寺之阍，即是薰兰之薰。

《说卦传》以艮为阍，正赞此薰心之薰，为蹇下艮，如以“发”赞拔以“颡”赞桑之例也。阍连寺言之者，寺为奄人。人而奄，犹豕而豮。大畜通萃成既济咸，犹困通贲成既济咸。豮声通贲而义同奄寺。《传》以“阍”赞艮之薰心，以“寺”赞大畜之豮豕。盖大畜萃为夬剥之相错，当艮限列夤。在艮成谦，则在兑成夬。谦通履而薰心，夬通剥而宫人宠，即为大畜之豮豕。阍寺并赞，明夬剥之同于履谦，大畜萃之同于夬剥，俾学者会而思之。知艮之薰，指谦通履即知震之鬯，指屯通鼎。阍之声通于薰，而义合于寺。兰之声通于烂，而义合于鬯。赞《经》至此，可谓极神奇之至矣。

枕

枕所以荐首。坎六三何以有枕之象？以其成需也。坎重险，二不之离五，则险未行，险故在也。离上之坎三，为入于坎，而坎成井，下巽为木。离四又之坎初成需，下乾为首。首加于巽木之上，是枕也，而实加于重险之上，是险且枕也。险谓二不之离五，一枕字兼先以离上之坎三又以离四之坎初，故云“险且枕”，申上“来之坎坎”之义。坎二来之离五，所以离上亦成坎者，由“险且枕”也。所以“险且枕”者，由“入于坎窞”也。“勿用”者，不可以需二之明夷，五为坎坎也。王弼以枕为不安，干宝以枕为安，皆非其义。

鞶带　屦

鞶带，《白虎通》分别甚明，云：“所以必有绅带者，示敬谨自约整也，缋绘为结于前，下垂，三分身半绅居二焉，此谓大带也”。又云：“男子所以有鞶带者，示有金革之事也，此谓革带也。”鞶从革，其为革带无疑。惟男子用革，女子用丝，故《内则》云“男鞶革，女鞶丝”。鞶为革带，别于绅带。绅用丝，鞶用革也。女子则绅带鞶带，皆用丝而仍鞶之名，以别

于绅也。

《杂记》云“申加大带于上”，注云“申。重也，重于革带也”。革带以佩韨，必言重加大带者，明虽有变必备此二带。此注言二带之制极，详。《内则》：“子事父母，鸡初鸣，咸盥漱，栉纵笄，总拂髦，冠緌缨，端韠绅，搢笏。”緌缨以上整首饰也。端者，被元端衣也。既衣则加韠，韠即韨，佩韨则系革带可知。既韠而后绅，而先束鞶，后束大带。盖鞶带以钩钩之，无所垂。所垂者，韨也。大带以纽结约之，其末下垂为绅，而不用钩者也。

讼上之三，为贲上之困三之比例，取象于鞶带，遥与困之“朱绂”“赤绂”相贯。上之三为约为束，以其束困下之绂，故支“鞶带”。困二刚掩为绂，系于三下，是束绂之带也。讼上之三为大过，大过明夷相错为革。自上而下是锡。锡之自革，故为革带。虞仲翔以鞶为大带，昧于礼制，而《易》义亦隐矣。讼之取鞶带，隐寓革卦，其义最为微妙。而噬嗑取象于屦，其义亦寓于革也。《噬嗑·初九》“屦校灭趾无咎”。干宝以屦校为贯械，是以校为屦，即屦即校，为罪人械足。然何以灭足？何以无咎？郁塞而不可通。于是考古人屦制而始识取象之妙。

《天官·屦人》注云“复下曰舄，禅下曰屦”。古人言屦以通于复，今世屦以通于禅。盖屦本禅复殊名，而亦通称为屦耳。《方言》：“扉屦，粗屦也。徐兖之郊谓之扉，自关而西谓之屦。中有木者谓之复舄，禅者谓之鞮”。《说文》“鞮革履也。”《曲礼》：“大夫士去国鞮屦。”注云：“无绚之菲也”。《士冠礼》“屦，夏用葛。元端黑屦青絇繶纯。素积白屦，以魁柎之。缁絇繶纯，爵弁纁屦。黑絇繶纯，冬皮屦可也”。

《释名》：“屦，拘也。所以拘足也，复其下曰舄。舄，腊也。行礼久立地，或泥泾，故复其下，使乾腊也。齐人谓韦屦曰扉。扉，皮也，以皮作之。”《春官·鞮鞻氏》注云：“鞻读如屦。四夷舞者所扉。”《少仪》：“国家靡敝，君子不屦丝屦。”《正义》云：“丝屦谓絇繶纯之属，不以丝饰之。”《玉篇》：“鞮，单屦也。鞢，革鞮也，革底麻枲。”通考诸文，盖

中國書店

屦以革为之，夏虽用葛而底亦用革。于革底之下复以木底则名为舃，于革之上用丝为繶为絇为纯则称丝屦。其无鞮㣊纯者，第名为鞮，亦名为扉。以麻枲为之，底犹用革。则革为屦之体，或复以木，或饰以丝，或变以葛，均不离乎革而已。巽之成井也，趾已灭矣。乃变通于噬嗑，以井二之噬嗑五。井成蹇，下有艮趾。

噬嗑成无妄，下有震足，因以噬嗑上之三成革，以革加足？非屦而何？一"屦"字，明井二已之噬嗑五，明噬嗑四未之井初，明噬嗑上从二五之三。如此改变，则前此之"灭趾"为"无咎"。《经》言履取其为革，与讼之取鞶带同，而各造于微。且由《易》之象，可以证古人鞶带与履皆用革也。

衣裳

《坤·六五》"黄裳"，裳指坤。黄谓乾二之坤五，黄此裳也。《系辞传》云："黄帝尧舜垂衣裳，而天下治，盖取诸乾坤。"上乾下坤，象上衣下裳。乾坤者否也，垂即"垂其翼"之垂，谓四之初。诸卦至成既济泰，则穷。穷则变，变则通。泰变通于否，泰成既济而否成益，是为"垂衣裳而天下治也"。

《既济·六四》"繻有衣袽"。袽，《说文》作絮，䋽缊也。《广雅》训絮为塞。未济上离，犹未成乾，两刚夹一柔，是衣之未有絮缊者。以二之五成否，而成上衣下裳之象。二塞于五，而成乾，即是以缊八衣，故云"衣袽"。垂衣裳指否，于此益用。

簪弋

《士丧礼》："复者一人，以爵弁服，簪裳于衣。"注云："簪，连也。"疏云："常时衣裳各别，今此招魂，取其便，故连裳于衣。"《丧大记》："君裹棺用杂金鉆，大夫用牛角鉆。"注云："鉆所以琢著裹。"疏云："鉆，钉也"。《说文》"鉆，可以缀著物者。"《释名》："簪，兟也。以兟连冠于发也。"

《说文》："殀殀锐意也。"惟其锐能人物，而物因以连，故以锐合绘于棺谓之钻，以锐合衣于裳谓之簪。因而笄之锐连冠于发谓之簪。簪本训连，故《礼经》言笄不言簪也。小畜二之豫五成萃为"得朋"。小畜上又之豫三成咸，三阳相合，而上兑为锐象，如衣之簪于裳，发之簪于冠，故云"合簪"，合以三阳相聚也。簪以上兑为锐也。

《尔雅·释宫》："枳谓之杙。"《说文》："弋，橛也，象析木锐，衺著形。"《周礼·牛人》："以授职人。"注云："职，读为枳。可以系牛。"疏云："置枳入地，盖以木锐其下，使之连于地，其状同于笄，钻之锐，名为枳，亦名为弋。""弋""杙"字通，故以矢射物即为"弋"。矢锐入物，犹枳锐入地也。《小过·六五》"公弋取彼在穴"。小过之"弋"。即豫之"簪"。用"弋"字与"簪"字相贯，即小畜小过，同称"密云不雨，自我西郊"之义也。惟簪同弋，弋即是枳。虞仲翔作"朋盍只"，只即枳也。《禹贡》"赤埴坟"。《释文》"埴，郑作只"。《考工记》"抟埴之工"，注云："埴，黏土也。"疏引《书》注，亦云黏土。黏土，合土也。《弓人》"凡昵之类不能方"注云："故《书》昵或作枳，杜子春云或为䵒"。䵒，黏也。元谓枳，脂膏膱败之膱。膱亦黏也。合而考之，识从只而通职。《大畜·传》云"君子多识，前言往行"，"前言"指萃上兑。大畜二之五而上往萃三，即"朋盍簪"，故以"识"字赞之。"多学而识"即是聚会于心，"多识"正是"合簪"。

《系辞传》又赞《豫·六二》云"断可识矣"。"断"谓小畜上之豫三。断而可识，则豫先成萃，而多识前言。两"识"字可互证。《传》之"识"即《经》之"簪"，簪与只同也。《释文》引《子夏传》郑氏注并作"簪"，或谓五弼臆造非也。弼训簪为疾，本《子夏疾》，与郑康成、蜀才训速义同。簪不训速而盍簪则以其成咸。咸，速也。以合簪为速，正是指其为咸，当是商瞿以来所传之遗训也。

结绳

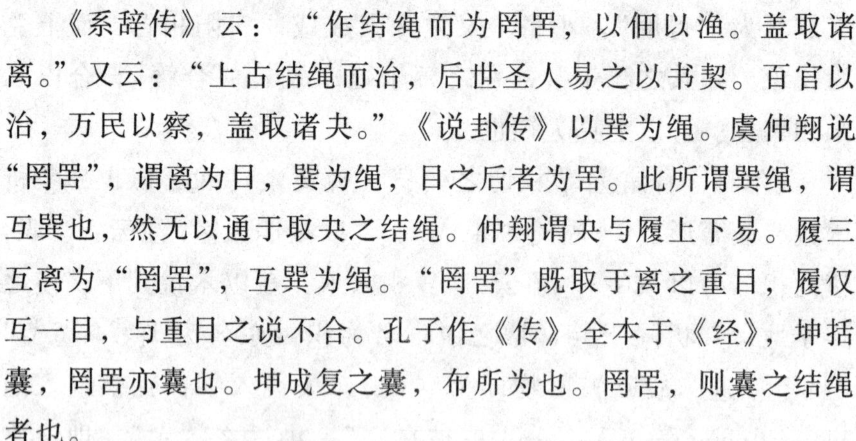

《系辞传》云：“作结绳而为罔罟，以佃以渔。盖取诸离。”又云：“上古结绳而治，后世圣人易之以书契。百官以治，万民以察，盖取诸夬。”《说卦传》以巽为绳。虞仲翔说“罔罟”，谓离为目，巽为绳，目之后者为罟。此所谓巽绳，谓互巽也，然无以通于取夬之结绳。仲翔谓夬与履上下易。履三互离为“罔罟”，互巽为绳。“罔罟”既取于离之重目，履仅互一目，与重目之说不合。孔子作《传》全本于《经》，坤括囊，罔罟亦囊也。坤成复之囊，布所为也。罔罟，则囊之结绳者也。

《大壮·九三》“君子用罔”，谓大壮二之五为君子，则以四之观初为用罔。观上巽绳，初成益，为有底之囊。囊而以绳，是罔也。《经》于《晋·初六》又自发明云：“晋如摧如，贞吉。罔孚裕无咎。”谓需成既济，晋成益。犹大壮成既济，观成益。“罔孚”之罔，即“用罔”之罔也，而不云取于观取于益，云取于离者，观上之绳，旧绳也。作者始也，结者交也。坎二之离五，而离四之坎初，离成家人，坎成屯，相错即益。下半有底之囊，入于坎水之下。上半巽绳牵于家人，是人以罔罟交错通入水中，而水中这鱼乃在包容之内也。《经》实自明之。

乾四之坤初坤成复，有底为囊。乾成小畜，上亦巽绳。但绳非交结，囊不在水，不可以象罔罟。复通于姤，姤二之复五成屯，下虽有底上亦有鱼。乃姤成遁，未当结绳。则震之在下，第为萑苇而已，故云“包有鱼”。包者，包以萑苇也。故必屯系于家人，而家人上之巽。又必先以二五相交，乃为结绳。非离成家人坎成屯不足以为罔罟所取，故取诸离也。

《经》既于复之成屯为“包有鱼”，又于《剥·六五》称“贯鱼”以明之。“贯鱼”者，夬二之剥五而剥上之三成蹇也。剥先成观，上结绳而下无底，非囊也。上之三，水中鱼贯于绳，故为“贯鱼”。观有绳而无底，为罔明矣。益为罔而无水

无鱼，故必以屯家人之相错为益，又必离与坎交孚而为屯家人也。《传》于“以渔”之上加“以佃”二字。佃即田。乾成家人坤成屯，所谓见龙在田也。田如是，渔亦如是矣。于是以取离之结绳，例诸取夬之结绳。

夬二之剥五成观，亦以交结，而有巽绳。在家人屯则为罔罟，在剥成益在夬成既济，则结绳而治。治者夬成既济也。后世圣人，谓益通恒。《聘礼记》云：“束帛加书将命。百名以上书于策，不及百名书于方。”《周礼·质人》注云：“书契，取予市物之券也。其象书两札，刻其侧。”《曲礼》：“献粟者执右契盖两札刻而合之，一持左札，一持右札，合其刻处以为信约。”益与既济结绳而治矣，然不相孚也，故变而以益通恒。益上巽木，方也。下震竹，策也。恒上震竹，策也。下巽木，方也。两竹两木，牝牡相衔。恒二之五上兑为言，而益上之三以为要约。益成既济则百官治，恒成咸则万民察。察犹明也。五柔则不明，而为愚民。二先之五，则有以牖其民也。万民者，不一民也。百官者，不一官也。

察恒为咸而益治，察损为益，而咸又治。乾上之坤，三成谦夬，不可以治。以夬通剥为结绳，此上古圣人通变之治也。夬成既济，剥成益不可以久，又以益孚恒为书契，此后世圣人通变之治也。书，文也，契，也。物相杂为文，《传》称“恒杂而不厌”，特用一“杂”字，明其为文，即明其为书也。益上之三为约，即知其为契也。益恒咸损，循环不已，则悠久无疆者，其为文治乎？

狱刑

董子《春秋繁露》云：“狱，政之末也。”《易》之称“狱”皆指三上。狱，确也。称狱为三之上，犹称角为三之上。三属终，上处末也。离上之坎三，坎成井，离成丰。“系用徽纆，寘于丛棘，三岁不得”。用徽纆即是用狱。“三岁不得”，是用狱之不利，而不能折狱者也。井变通于噬嗑，丰亦变通于涣。井二之噬嗑五，而噬嗑上之三，则“利用狱”。涣二之丰五成革，上兑为折，而后涣上之三则为折狱。《传》云“折狱致刑”，刑者侀也，侀者成也。丰成革，涣成蹇。革四不可之蹇初，必变而通蒙。蒙二先至五而后革四之蒙初，革成既济，是为“致刑”。“致刑”即《蒙·初六》“利用刑人，用说桎梏”。何以“用说桎梏”？桎梏犹校也。校通于交。

《噬嗑·初九》“屦校”，校谓井二，先交于噬嗑五，屦谓上之三成革。若井二不之噬嗑五而噬嗑上之三，仍成丰，是为“灭耳”。何者负也。井二不先之噬嗑五而负在初四三上之后，故为“何校”。灭耳而能变通，犹不为凶。灭耳而三上已先二五，又成需明夷。使初四亦先二五，二五乃负于后面为“何校”，则凶矣。先言“何校”者，《易辞》每用到，谓何校则其“灭耳”乃凶也。“桎”犹至也，“梏”犹告也，以其属于刑狱故加木。“用说”谓革脱而更于蒙。革通蒙，必蒙二先至五而后革四之蒙初，是用说而先至告也。故《传》以“正法”赞之。“正法”即噬嗑之“敕法”。

《传》云“雷电噬嗑，先王以明罚敕法。”罚谓离成丰坎成井，尚非大恶第罚耳，大恶则成明夷，未成明夷即以惩而改变，故为明罚。丰四之涣成明夷，明夷则近于死。涣咸中孚，中孚上又之三，则急于用狱而死速。惟中孚通小过，中孚二先之小过五成咸，然后中孚上之三，为议狱。议即“可用为仪”之仪。议而后狱，则小过不成明夷，中孚不成需。向以怠缓而近于死者，以变通而用其缓于死矣，故“君子以议狱缓死”。《贲·传》云“君子以明庶政，无敢折狱”，《旅·传》云“君子以明慎用刑，而不留狱”，何也？旅成贲，贲成明夷，则不明。贲而明，则困二先之贲五也。旅而明，则节二先之旅五也。不留狱谓旅上之节三，即噬嗑“用狱”。

节二之旅五，为井二之噬嗑五之比例。“明慎用刑，而不留狱”谓既先二五，则三上可行也。“利用狱”故“不留狱”，“明慎”即“发蒙”，“用刑”即“利用刑人”。困贲相错为革蒙，困二之贲五而贲上之困三为“明庶政”，亦可云“明慎用刑而不留狱”与丰较之，困二之贲五而贲上之困三，困成咸，上亦兑折，亦为折狱。云“无敢”者，敢即果也，“无敢”即

“不果”也。巽为“不果”。贲先成家人上巽，而后上之困三，先“不果”而后“折狱”，故云“无敢折狱”。在涣上亦巽，然先折后狱，无关于巽，故但言“折狱”。在困上虽有兑，而贲上先有巽。其上之困三，无关于兑，故言“无敢折”而“狱”。“无敢”自指新交之巽而与“折”连文，与“缓”原指解而与“死”连文，同一妙义。若以“无敢折狱”，泛解为不可折狱，失之远矣。丰中孚旅贲之言“狱”，皆赞噬嗑之用狱。丰由“折狱”而及“致刑”，谓成革通蒙，即赞蒙之“利用刑人”，固矣。而旅言不留狱兼言用刑，则赞《鼎·九四》“其形渥”。此“形”字，《九家易》解作“刑”。

刑与刑通，形乃谓之器，形刑皆言乎其成也。节二之旅五，而后节成既济，则“明慎用刑”，即鼎二之五，而后上之屯三也。鼎二不之五而四之初，则“覆公𫗧其形渥”，即旅五不之节二而四之初也。旅四之初成贲，贲通困，即革通蒙。蒙二之五，而后革四之蒙初为“利用刑人”，与鼎二不之五而四之初为“其形渥”互相发明。《传》于旅兼言刑狱，以“不留狱”贯贲之“无敢折狱”，以“用刑”贯蒙之“利用刑人”鼎之“其形渥”。赞《易》之神，非可以笔尽矣。

第十八章　易通释卷十八

乾　离为乾卦　乾行也　噬干胏　噬干肉

《说卦传》：乾，健也。《象传》云：天行健，君子以自强不息。行而不息乃谓之健，乃谓为乾。二先行之坤五，乾下成离，为同人，故《传》于说卦赞云“离为乾卦”，明乾二之坤五下成离也，亦坎二之离五上成乾也。又于同人赞云“乾行也”，明乾成同人为天行也。二行而四从之成家人，坤则成屯。家人上之屯三，则成两既济而终于日。终于日则息，非天行也。在屯必反而为鼎，乾二行于坤五，乾行也。鼎二行于五，亦乾行也。鼎二行于五，是由反而复。“反复其道”，则乾而又乾。乾而又乾，则天行不已。

《传》云“行事也”，又云“与时偕行”。乾成家人不复有乾，而鼎二之五成遁。遁上又为乾，故“乾乾”也。鼎二之五为井二之噬嗑五之比例。鼎二不之五而四之初，即井二不之噬嗑五而噬嗑四之井初，噬嗑成颐井成需。需不可与颐通而通晋，则需二之晋。五，晋上仍成《乾·六五》“噬干肉”，谓井二之噬嗑五成无妄，上乾也。九四“噬干胏”，谓井成需通晋成否由乾也。肉取义于柔，胏取义于积。晋五噬嗑五皆柔中，其成乾也，皆由柔中而为刚中，则皆噬干肉，而九四以“胏”别之，正心胏之为积也。

《小畜·上九·传》云“德积载也”，谓其成需而通晋也。《大有·九二·传》云“积中不败”也。大有比相错即需晋。大有二之五，为需二之晋五之比例也。又于《系辞传》特引《噬嗑·上九》爻辞赞之云：“善不积不足以成名，恶不积不足以灭身。”又云“恶积而不可掩。”连用三“积”字以赞“胏”字。井二之噬嗑五则“恶不积”，而“噬干肉”。井二不之噬嗑五而噬嗑四之井初，则恶积。井成需，而通晋，恶积而尚能改，故为“噬干胏”。噬肉噬胏，而仍不失为天•行，故皆云乾。乾，健也。健即建也。屯豫两《象》辞皆云“利建侯”。屯“利建侯”即指鼎二之五，是乾而又乾之建也。豫为小畜之旁通，乾二不之坤五而四之坤初，不成同人而成小畜，非乾行也，乃小畜通豫而小畜二之豫五，仍无异于乾二之坤五。屯通鼎，乾而又乾。

小畜通豫，不乾改而为乾，其为“利建侯”同，此示人当位失道，同一变通也。乾成小畜，犹鼎成大畜，即犹井成需。小畜二之豫五，为大畜通萃而二之五之比例，即为需通晋而二之晋五之比例。“噬干肉”之“干”，与屯“利建侯”之“建”相发明。“噬干胏”之“乾”，与豫“利建侯”之“建”相发明。而《说卦传》于震赞云“其于稼也为反生”，即申之云“其究为健”。“反生”指家人通解，解上震。观通大壮，大壮上震。大壮通观即小畜通豫之比例。而小畜二之豫五即解二之五之比例。豫成咸则所谓“其究”也。豫成咸互乾为“建侯”，是知“其究”为“健”，由“上反生”申言之，所以赞豫之“利建侯”也。

坤

《说卦传》“坤，顺也”。《彖传》云“至哉坤元！万物资生，乃顺承天”，又云“柔顺利贞，君子攸行，先迷失道，后顺得常。坤道其顺乎，承天而时行”。以顺赞坤，以“承天时行”四字，发明“顺”字。然则惟“承天而时行”，乃所以为顺。何为“时行”？变通是也。何为“承天”？天者乾也。乾之通坤，或当或不当，坤皆承而变通之，是之谓顺。乾通坤而当，则成屯成蹇。坤承之，不以屯三之家人上。蹇初之革四，而屯通鼎，蹇通睽，则不致以亢而穷也，是“时行”也。乾通坤而不当，则成谦成复，坤承之。不以谦初之夬四，复三之小畜上，而谦通履，复通姤，则不致以害而穷也，是“时行”也。何以见之？初六“履霜坚冰至”，谓乾上之坤三成谦，谦

变通于履也。《传》则赞之云“驯致其道”。驯即顺也。《文言传》则明指之云“盖言顺也”。六四“括囊无咎无誉”，谓乾四之坤初成复，复变通于姤也。《传》则赞之云“慎不害也”，慎与顺通，与《咸·六二·传》“顺不害”同。复姤相错为升无妄。《传》于升赞云“君子以顺德”赞升，正赞复也。六三“含章可贞。或从王事，无成有终”，谓坤成屯，通于鼎也。《传》于《比·九五》赞之云“舍逆取顺，失前禽也”，又赞于大有云“君子以遏恶扬善，顺天休命”。

大有二之五，为乾二之坤五之比例。比初应之成屯，即坤成屯也。由元而亨，是为“休命”。若屯三仍之家人上，则“前禽”不失，有休命而不能顺矣，故以“失前禽”为取顺。“失前禽”则舍，而变通于鼎，是“显比”而“扬善”也，是“顺天休命”也。然屯之通鼎，仍以乾行为主。必鼎二之五，而后三之鼎上为贞，是为“柔顺利贞”。故《彖》云“先迷后得主”，《传》则赞之云“后顺得常”。盖坤成既济而贞，俾“亢穷”而不能悔，非顺也。俾“乘马”而不能光，亦非顺也。坤之所以为顺，《传》赞之已极说明。凡《彖传》所言顺，多指卦之上下有坤。惟兑革并称“顺乎天，而应乎人”。巽称“柔皆顺乎刚”，旅称“柔得中乎外，而顺乎刚”，卦上下皆无坤。盖兑成革犹乾成革，巽成蹇犹坤成蹇。蹇通睽相错为旅节，旅之顺乎刚，即巽之顺乎刚。

《旅·传》明指出“外”字，外谓睽也。坤不以蹇初之革四为顺，而以蹇通睽为顺。“西北丧朋”，与屯通，同一“利牝马之贞”也。屯三既不之家人上，而通于鼎，家人自变而与解通。蹇初既不之革四，而通于睽，革自变而与蒙通。家人革之变通，乾之变通也，而亦为坤之顺。屯蹇之变通，坤之变通也，而仍从乎二五，则正为乾之健。故健与顺相资。非健无以见其顺，非顺无以助其健。以变通为健，正以变通为顺。乃知专已非健，而执一非顺也。于是《蒙·六五·传》云“童蒙之吉，顺以巽也”。

蒙二不之五，而革四之蒙初，是“先迷”也。故《传》云“勿用取女行不顺也”。蒙成益犹坤成屯也，以通于恒为顺。

故《传》云“利用御寇，上下顺也”，《革·上六·传》亦云“小人革面，顺以从君也”，此皆革通蒙之顺也。于是《家人·传》云“六二之吉，顺以巽也。富家大吉，顺在位也”。解二不之五，而四之初成临，与归妹四之渐初同。斯时之临，又以舍家人而通遁为顺。故《渐·传》云“利御寇，顺相保也。或得其桷，顺以巽也”。

《临·九二·传》云“咸临，吉，无不利，未顺命也”，言解成临未顺，乃变通而更为之命也。解四之初成临，为丰四之涣初之比例。故《涣·传》云“初六之吉，顺也”，《明夷·传》云“六二之吉，顺以则也”。中孚通小过，犹临通遁也，此皆言家人通解之顺也。凡初四三上从二五而行为应，视其当不当，而变通以消息之为顺。寒往暑来，而四时顺布。故屯三之家人上，有刚而无柔，不可为顺。父前子后，而五品顺叙。故屯三之鼎上，以卑而越尊，亦不可为顺。屯成既济谓之贞，而不得谓之顺，故利而贞，乃为顺。《荀子·修身篇》云“以善和人者谓之顺，以不善和人者谓之谀”，又《臣道篇》云“从命而利君谓之顺，从命而不利君谓之谄”，此坤之所为顺矣。鼎成大畜犹解成临，亦犹睽蒙成损，故损通咸则顺不害，大畜通萃则顺大命。屯大畜相错为需颐，需通晋则“顺以听”。《颐·六五·传》云“顺以从上与《革·上六·传》同，亦谓成益通恒。成益，以通恒为顺，未成益，以通大过为顺，不待言矣。

屯

《序卦传》云“屯者盈也”，又云“屯者，物之始生也”。《彖传》云“刚柔始交，而难生”，又云“雷雨之动满盈，天造草昧，宜建侯而不宁”。屯之义，为草木初生，而《传》则兼明两义。一乾二之坤五而初四应之，乾成家人，坤成屯，是屯之由盈而成者也。一随四之蛊初，大有四之比初，随比成屯，蛊大有成大畜，是屯之由难而成者也。故《传》既赞以盈，又赞以难。无论盈与难，皆宜变通于鼎。而以鼎二之五为

"始生"，鼎二之五则"刚柔始交"。"刚柔始交"，则由难而成者生矣，故云"难生"。由难而成者，以始交而生。由盈而成者，亦以始交而生。故《传》申言之云："雷雨之动满盈，谓盈也。天造草昧，谓难也。宜建侯而不宁，谓盈与难皆宜变通于鼎也。"凡卦皆有盈与难两端。

《传》于屯首发其例，而全《易》不外乎是。屯通于纯，纯犹厚也。鼎二之五而后上之屯三则厚。若鼎二不之五而上先之屯三，即为坎二不之离五而离上之坎三之比例，亦即乾二不之坤五而上之坤三之比例。谦轻则不厚矣。惟鼎成咸，犹解成咸。解成咸则萃。萃，聚也。聚故盈，聚而盈故厚，亦聚而盈故宜不宁。屯又通于臀。臀为上之三之名。三上从二五，则"臀无肤"。三上先二五，则"臀困于株木"。屯犹臀也。从乎鼎五。则厚矣，聚矣，即同于纯。先乎鼎五，则难矣。

《文言传》云：刚健中正，纯粹精也。纯即屯，粹即萃。解二之五，为萃而后家人上之萃三，即犹鼎二之五，而后鼎上之屯三。故屯之训亦为聚，而粹之训亦为醇。醇亦纯也，纯粹而后精，精者静也，谓成既济，而不动。纯粹而后精，是屯通鼎，家人通解，而后乾坤乃成既济也。

蒙　以蒙大难

乾坤下次以屯蒙，乾"元亨"，成屯，亦成革。"利贞"则屯变通于鼎。革变通于蒙，举屯蒙两卦，而元亨利贞备矣。《序卦传》云："物生必蒙。蒙者蒙也，物之稚也。"郑康成云："齐人谓萌为蒙。改革于彼，则蒙芽于此。"是蒙通于萌。幼稚则暗弱，是蒙又为蒙昧之芝，蒙而得所养，则为"童蒙吉"。蒙而失所养，则为"困蒙吝"。童以其稚也，困以其昧也，一名而兼两义焉。

《明夷·传》云："内文明而外柔顺，以蒙大难，文王以之。内难而能正其志，箕子以之。"说者多传会商之事，而"蒙大难"一语，或训为遭，或指为蔽，以文王当九三，而于所以称蒙者，莫有了义。《经》《传》中有一象关合一卦者，

皆非泛设，况显示以卦名乎？然其精微简奥诚不易明。苦思既久，既得内难箕子之义，而蒙字之义悟得之。明夷一卦，或由姤上之复三，即贲上之困三。复贲成明夷，姤困成大过，此与颐上之三同，或由履四之谦初，即丰四之涣初。谦丰成明夷，履涣成中孚，此与小过四之初同。中孚明夷相错成家人。家人内也，故称内难。中孚变通于小过，犹明夷变通于讼，故云“能正其志，箕子以之”。箕子即“其子和之”之其子，明此谦丰所成之明夷其通于讼也，犹中孚之通小过也。大过明夷相错为革，此明夷与大过相系，故云“大难”。“难”指明夷，“大”指大过。既相错为革，则明夷之变通于讼，即革之变通于蒙，故云“蒙大难”。蒙以相错言，与内难指家人同。箕子与小过贯，与大难与大过贯同。盖大过明夷为升革之错，升通无妄，革通蒙。合之即大过通颐，明夷通讼。

《经》于革颐，并云“居贞吉”，《传》于革称顺“以从君”。于颐称“顺以从上”，于讼称“从上吉”。《经》“或跃在渊”指革通蒙。《传》既明赞以“乾道乃革”，于讼称“入于渊”。蒙之“养正”即颐之“养正”，则明夷之“蒙难”。即蒙之“童蒙”。其相比例，脉络朖朖可寻，至明至确。蒙杂而著，物相杂为文。文王二字亦因蒙而假借。真以为论文王，论箕子，讵知《经》《传》之妙乎？《革·传》言“汤武革命”，所以赞“武人”之“武”指成革。说《易》宜如是，不得疑为穿凿也。

需　繻有衵　贲其须
归妹以须　濡其首
濡其尾　若濡　贲如濡如

《彖传》云“需，须也”。何以名需？“乾”成需，“坤”成明夷。以需二之明夷五，成两即济，则无所待。故欲其有所须，不即成两既济也。《说文》：“絮，絮缊也”。《易》曰“需有衣絮”，“衵”即“絮”字。“繻”，《说文》训绘采色。读若《易》曰“繻有衣”，一引作繻，一引作需。许氏兼采众

说。当时说《易》者，尚知繻即需之假借。故《说文》需繻并见，此《易》义之精微可因此考见者。

《易》之取象，多用《六书》假借。“需待”之需，可借为“繻帛”之繻，又可借为“濡淫”之濡。其义为面毛之须，即可转为须女之须。繻濡之为需，犹趾之为止，祀之为巳。《传》以其易明不必赞，而特以须赞需，则归妹贲之须，即取于需也。而繻繻之为需，不待言矣。未济二之五为需二之晋五之比例，故云“繻有衣袽”。贲通困，困成需。在困为“困于酒食”，在贲则“贲其须”。“贲其须”，即贲其需也。《贲·六二》“贲其须”，九三即承云“贲如濡如，永贞吉”。谓需二之晋五，需成既济也。既济未济皆云“濡其首濡其尾”。乾为首，首必指乾。泰既济相错为需。“濡其首”，即需其首也。何为“濡其尾”？尾即“虎尾”“遁尾”之尾。乾上之坤三成夬谦，在谦为“虎尾”。谦夬相错，为咸泰。泰二不之五，而咸四之初成既济，其相错为需，与“濡其首”同。但“濡其首”，谓恒成泰益成既济。“濡其尾”，谓损成泰，咸成既济，为既济泰同，为相错成需同。而损成泰咸成既济，多此咸泰一层，故变“首”而言“尾”。其濡之为需则一也。咸泰既为夬谦之相错。咸四之初，正为夬四之谦初之比例。《夬·九三》“若濡有愠无咎”。夬成需，需通晋。需二之晋五，即是“未济二之五，为繻有衣袽”。

在需二之晋五，则为“有愠”。愠之为怒，犹缊之为絮。“有愠”与“有衣絮”互相发明。剥上之三为尾，夬四又之剥初成需。此若濡有愠之濡，即“濡其尾”之濡也。困四之初为未济四之初之比例。贲上又之困三成需，即损上之三比例。此“贲如濡如”之濡，亦“濡其尾”之濡也。贲之濡，但比例损成泰，而不见咸成既济。夬之濡，但比例咸成既济，而不见损成泰，合之以明未济“小狐汔济”之“濡其尾”。而“繻”“濡”之为需，又何疑矣。

讼

说者执“凶终”之文，多以讼为恶名，乃读诸爻之辞，四爻皆吉。一爻“无眚”，而九五则直云“讼元吉”。单举卦名，而以为“元吉”者，他卦无之也。解者遂以九五为听讼之主。然《经》文止有一“讼”字，不得增为听讼，且听讼吾犹人也，必也使无讼乎？何遽以“元吉”许之？此疑蓄之数十年，乃得其义。讼为明夷之所变通。

明夷五失其位，其初三以卑蔑尊，以下陵上，此鲁公居乾侯卫侯奔郲之时也。斯时欲复其位，而平其难，非以兵争，即以言争。以言争，则讼是也。讼与明夷孚，二之明夷五则明夷之伤复，所以讼则元吉。讼而复，则不必以兵争之。故九二四两爻，皆云“不克讼”。“不克”，上不之三也。二以讼而归，固病已。迎还之日，亦房州复辟之年，则丙吉之奏会孙，仁杰之定太子，非元吉而何？耿育冤讼陈汤，曹弯坐讼党人弃市，皆义所宜讼，而特以相等之人为之讼耳。至于君主而人臣这为之讼，则是自下讼上。向非艰难冥晦，何以有此？故云“患至掇”也。

患谓忧患，掇与剟通，明夷剥削轻蔑之至，故云“患至掇”。谓忧患至于削蔑，岂犹晏安观望之时，所以自下讼上耳。所以讼不可成者，戒其盈也。讼则吉，而终则凶也。徒以寻常争讼说之，何以元吉哉？《淮南·泰族训》“讼缪胸中”，高诱注云“讼，容也”，是讼与容通。旅成明夷无所容，明夷通讼则有所容，又可推广而通者。

师利行师　利用行师　勿用师用行 师大师克相遇

《彖传》《序卦传》以“众”赞师。《杂卦传》以“忧”赞师。“众”谓其当位上下应也，“忧”谓其不当位上下不应也。何以众为当位？二先之五而同人四应之，为“出以律”，

为“长子帅师”，为“开国承家”。其成屯又通于鼎，而后成既济，为“王三锡命”，为“利执言”。

《传》云“能以众正”，谓此也。何以忧为不当位？二不之五，而同人上之师三成升，则“舆尸凶”。同人四又之师初成泰，则“否臧凶”，是也。明乎此，而诸卦之言师，可得而知矣。同人上之师三成升，是为“大师克”。师成升则宜变通于无妄，是为“相遇”。何以明之？姤者遇也。升无妄相错即复姤，升通无妄而升二之五。即姤二之复五之比例，故“相遇”。若升不通无妄，而仍系于同人之成革，则二之五为“弟子舆尸”矣。抑升二不之五，而无妄上之三，则为姤二不之复五，而姤上之复三之比例。《复·上六》所谓“迷复凶，有灾眚。用行师，终有大败”也。云“终有大败”，则姤四亦之初成需，即无妄四亦之升初，升成泰。即是同人上之师三而四又之师初也。

泰二之五成两既济，即需二之明夷五，成两既济。于“终有大败上”，系以“用行师”三字，明复成明夷而终，即师成泰而终也。惟师成泰而终，则有大败。故《泰·上六》云：“勿用师，自邑告命。”谓不可以师所成之泰，系既济而终，宜变通于否而“自邑告命”也。惟“勿用师”，即勿用复所行之师。故于“勿用师”之上，加“城复于隍”四字。明指出“复”字。以示引申钩贯之例。

泰之“勿用师”，贯于复之，用行师。而复之“用行师”，贯于同人之，“大师克相遇”。脉终所通，不爽毫末者也。然则《豫·彖》称“利行师”何也？小畜通豫，犹复通姤。复行师所以大败者，姤二不先之复五也。姤二先之复五则相遇矣。然后姤上之复三，姤成咸，复成既济，则“利行师”矣。小畜二之豫五而后上之豫三，豫成咸，小畜成既济，与复成既济姤成咸同。《彖》于豫言“利行师”，原用以为复姤之比例，即为升无妄之比例。而简奥不易明，故爻辞于复反言以明之，又于同人明以指之，于泰指以贯之。而豫之“利行师”，指师成升而变通于无妄，乃明矣。然则《谦·上六》称“利用行师”，何也？谦履相错为临遁。临为同人四之师初，所云“乘其墉”

者也。师成临犹成升也。升则通无妄为利，临则通遁为利。升通无妄同于复通姤，故以复之“用行师”，发明师之成升。

临通遁，同于谦通履，故以谦之“利用行师”，发明师之成临。且临二之五，犹姤二之复五也。姤成遁，临成屯，与屯通鼎，鼎二之五同。屯通鼎，鼎二之五，所谓“利建侯”也。《豫·彖》于“利行师”之上，系以“利建侯”，固以豫之成咸同于鼎之成咸，而实以姤之成遁同于临之成屯，为“行师”作融贯，爻辞历历明之。既明乎爻辞诸言师之脉络，益叹象辞之简而该神而妙也。然非爻辞莫能知也。惟爻辞详备，故《传》不多赞。

比　遇其妣

《彖传》云“比吉也”，“比辅也”，言比则吉也。比何以吉？以比之为辅也。既成比，宜以大有二之五为主而初为之辅，比不得自为主也。

《小过·六二》“遇其妣”，“妣”即晋之“王母”。在晋成否，上乾为王，下坤这母，故云“王母”，而需晋相错为大有比，于小过变“王母”而称“秕”。明谓需通晋，如大有通比也。

小畜　大畜　畜臣妾　畜牝牛　畜众

畜同于蓄，有所蓄。不尽之义也。乾四之坤初成复小畜。小畜二之复五，上从之，成两既济，无所蓄矣。惟变通于豫，豫五柔称小，是蓄在小而小者蓄也。大有四之比，初成屯大畜。大畜二之五，而上从之，成两既济，无所蓄矣。惟变通于萃，大畜成既济，萃成咸，则有所蓄。所蓄在萃，萃五刚称大，是蓄在大而大者蓄也。即此两名观之，而《易》可明矣。

畜者聚也。一成既济，一成咸，则有所聚而不乱矣。畜者容也养也，已失道，而变通以容之养之也。离畜牝牛，谓成家人而通于解。解二之五成萃，与大畜二之五同，亦与小畜二之

豫五同。萃下坤为牛，自解成萃，犹自豫成萃。豫小解亦小，故为牝。成咸则畜牝牛，畜牝，则畜者小也。畜牛，则亦大畜之“童牛”也。此一“畜”字，兼大畜小畜而明之者也。

《遁·九三》“系遁，有疾厉，畜臣妾吉”。“系遁”与临相系也。“有疾，厉”，四不之初也。“畜臣”，谓临二之五。“畜妾”谓上之临三。临成既济，而遁成咸，故云“畜”，与大畜互相 发明。何也？大畜者，大有四之比初，亦鼎四之初。鼎成大畜，必通于萃，而畜在萃。若鼎四不之初而二之五为遁，则不必变成萃。而第以上之屯三，鼎自成咸而畜矣。不言于鼎而言于遁者，遁通于临。临者，解二不之五而四之初也。

家人通解，解成萃，乃“畜牝牛”，今成临，则无所畜矣。临变通于遁，“畜臣妾”，仍不异“畜牝牛”也。《传》于师赞云“君子，以容民畜众”，“容民”即临之“容保民”，“畜众”即遁之“畜臣妾”。

履　履霜坚冰至　履错然
跛能履眇能视　非礼弗履

履者，礼也。乾上之坤三，无礼极矣，何也？二五之尊未行，三上之卑陵越也，变能于履，无礼改而有礼，无礼则轻，有礼则谦。《系辞传》云“谦以制礼”，谓旁通于履也。于是《坤·初六》道明其义云“履霜坚冰至”。霜谓乾上之坤三成谦。谦通于履，故云“履霜”。

坎二之离五，犹乾二之坤五。坎二不之离五，而离四之坎初成节，节能于旅，为谦通履之比例。何也？节二之旅五，节成屯，旅成遁。屯遁相错，为无妄蹇，即履二之谦五，故《离·初九》“履错然”，明指出错字，为全《易》之例。《传》赞云“履错之敬，以辟咎也”。又赞《睽·初九》云“见恶人，以辟咎也。”节旅相错为睽蹇。节二之旅五，为睽二之五之比例，而睽二之五成无妄，正与履二之谦一同，以两“辟咎”相贯，明履错指旅节成屯遁，为履二之谦五之所错。《经》以履明旅，《传》即以睽明旅，皆详析无疑者也。

又明其义于归妹。《说文》“眇，一目小也”，“蹇，跛也”。凡卦成既济，则有两离为两目。履成革，止有一目，是为“眇能视”。履二之谦五成蹇为跛，是为“跛能履”。归妹则分，“跛能履”于初九，分“眇能视”于九二。归妹何以称履？谓四之渐初归妹成临也。临通于遁，犹谦通于履。

于初明四之渐初，乃有临，于二明临二之五乃为履二之谦五之比例。若渐止之归妹三成大壮蹇，大壮通观，则不能相错为谦履。故《传》于大壮赞云“君子以非礼弗履”，言归妹成大壮，与成临，同一“非礼”。大壮通观则“弗履”，临通遁乃履。以大壮之“弗履”，而知归妹之“跛能履”，指其不成大壮，而成临。《传》之赞《经》，造乎微矣。

泰

《序卦传》云“泰者通也”。六十四卦，皆以通为道，而独于泰赞之者，天在下，地在上，初四三上，先二五而行。六十四卦中，至不通之卦也。恒成泰，则“浚恒，贞凶”。蒙成泰，则“见金夫不有躬，无攸利”。解成泰，则“负且乘致寇至”。归妹成泰，则“夫征不复，妇孕不育凶”。睽成泰，则“载鬼一车”。鼎成泰，则“乘马班如”。大有成泰，则“比之匪人”。未济成泰，则“小狐汔济”。大畜成泰，则“萃如嗟如”。师成泰，则“否臧凶”。惟其一经变通而孚于否，遂不乾坤相错之卦。其泰二之五也，即乾二之坤五也。其否成益以从之也，即坤成屯也。其否成咸以从之也，即坤成蹇也。此所以名为泰也。

泰之名，以孚否而名之。上六云“城复于隍勿用师”。“城复于隍”，二之五也。若由同人四上之师初三，未通于否，则二之五仍是二之五，是时同人成既济，师二之五，亦成既济，故云“勿用师”。“勿用师”者，变通于否而“自邑告命”也。然则未变通于否，其由师而成者，仍是师，不是泰，推之，未变通于否，其由恒损蒙临等卦而成者，仍是恒损蒙临等卦，不是泰也。泰之名，由变通于否，而后名，此泰之所以为通也。

否　否臧凶　利出否　小人否

《易》之言否者，自否本卦外，遁鼎师三卦皆言之。所以互明否之为否也。《师·初六》“否臧凶”，臧即藏字。师二藏而不出，而同人四上之师初三，师成泰，乃不谓之泰而转谓之否，则泰否两义，于此了然，何也？师二不之五，以致初三先二五而行。同人成既济，师成泰，此泰也而实否也。惟变通于否，此否也而实泰也。然则否何以名否？以其“否之匪人”也。不俟泰二之五而四之初，即不俟师二之五而同人四之师初也。不俟泰二之五而上又之三，即不俟师二之五而同人上之师三也。

否成既济，即同人成既济，泰仍是泰，即师成泰。如是为否，则乾下坤上之卦正是否，坤下乾上之卦正是泰。泰而转名为否，以其不能通也，否而转名为泰，以其能通也。明夷五之讼二，讼成否，而“讼元吉”。需二之晋五，晋成否，为“有孚光亨贞吉”，未济二之五成否，为“君子之光有孚吉”。此皆泰吉之辞。可知名为否者，不在明夷五之讼二，转在讼之成需。不在需二之晋五，转在晋之成明夷。不在未济二之五，转在未济成泰，本泰也，不能变通，遂至于否。本否也，一能变通，遂及于泰。圣人示人改过救敝之苦心，莫切于此矣。

《鼎·初六》“鼎颠趾利出否”，“出否”与“否藏”相对。藏则不出，出则不藏。“颠趾”者，鼎二先之五也。鼎二先之五，则不成泰。出否则不否。不否者，不成泰也。否藏则否，否者，谓其成泰也。师之否藏，未成泰先成临。鼎之出否，不成泰先成遁。遁与临旁通者也。遁通临而临二之五为好遁，则君子吉。若不俟临二之五，而四之初成家人，仍同人四之师初也。家人上又之临三，临成泰，遁成泰，遁成既济。临小人，而犹是小人，不特否藏者成其为否。即出否者，亦以不好而成否矣，故“小人否”也。

同人　上下交而其志同
二女同居其志不同行　天地睽而其事同
男女睽而其志通　君子以同而异
二女同居其志不相得　柔得位乎外而上同

同之义为通，通天下之志，即同天下之志也。乾二之坤五，乾成同人。《九五·文言传》云：“同声相应，同气相求。”乾坤之志同，则声同气同，是同人之为同，以师二之五也。师成泰，志未同矣。泰通否，则泰二之五，即乾二之坤五，故《泰·传》云“上下交而其志同也”。特用一“同”字，明其与否孚。与否孚，乃为乾二之坤五之比例。惟乾二之坤五，乃成同人，为“其志同”。睽成泰，犹师成泰，上九“载鬼一车”是也。“先张之弧后说之弧”，谓泰通否也。成泰则天地睽，男女睽，万物睽。通否，则其事同。其志同，其事类，何为以同而异？同即“同声”“同气”之同。“同声相应”则坤成屯，“同气相求”则坤成蹇。蹇革两五皆刚，志同矣，而变通于睽。

睽五柔与蹇五异，故同而异。《涣·彖传》云“柔得位乎外，而上同”。“柔得位乎外”，谓涣二之丰五成革。“上同”谓涣上之三成蹇。用一“同”字，与“同而异”互明。知“上同”之同为蹇与革，则知“同而异”之同为蹇与革也。

大有　大有得

《彖传》云：“柔得尊位大中，而上下应之。曰大有。”《序卦传》云：“与人同者物必归焉，故受之以大有。”《杂卦传》云：“大有众也。”云“众”，云“物必归”，云“上下应”，其义互明。黎氏遂球《周易爻物当名》云：“谦称师，豫称大有，非无故也，以《豫·九四》称‘大有得’，为大有卦名与困蒙咸临一例。”黎氏特识，前人未有。第谓初四三上变成大有，则非《易》义。

惟《豫·九四》用“大有”二字，《传》于小畜亦云“柔得位而上下应之”。“上下应”三字，即是大有之“上下应，则大有得”，谓小畜与豫通也。《履·上九》《颐上九》，皆云“大有庆”，亦宜以此推之。

谦　嗛于无阳

谦之名，以通履而得也。说者谓乾上之坤三，为天道下济。坤三之乾上，为地道上行。蔡景君谓剥上之三，其义亦相等。总全《易》推之。殊不可合。五未行而三先动，是以卑逾尊，故《杂卦传》斥之为“轻”。“轻”即剥之“蔑”，讵得以剥上之三为“谦”为“亨”为“君子有终”哉？夫已经已蔑，不可以谦名。

惟变通于履，而以履二先之谦五，次以履四之谦初，三上已逊让而不敢先。又俟通于恒，恒二之五而后上乃之三，此所以谦而又谦而名以谦也。荀爽谓“阳当居五，自卑下众，降居下体，众阴皆欲拗阳上居五位”。此邪说也。五，王也。三，公侯也。五不可以下居三，三不可以上居五，无论三五无往来之例。试思以王者之尊，自卑而就公侯之位，是岂得为谦？

《传》明示“以尊而光卑，而不可逾”，退让在卑不在尊。爽以颍上布衣，九十五日位至三公，乃假经术，以售此邪说。异日山阳逊位，曲蠡劝进，此真爽之所为谦，而论者多诮或协规魏氏以倾汉祚。君臣易位，实彧之由，盖其得之家学者已久也。经学之不慎，贻祸家国，爽之谓也。《坤·文言传》，王弼作“嫌于无阳”。《释文》，郑作谦，荀爽陆董作嗛。谦卦之谦，《释文》云，子夏作嗛。云：嗛，谦也。《汉书集注》、《文选注》，皆心嗛为古谦字。乾上之坤三，成谦卦，故云“谦于无阳，龙战于野，其血元黄”。此谦之所以轻也。

豫　君子以思患而豫防之

《学记》云：禁于未发之谓豫。《广雅》：豫，早也。乾四之坤初成小畜复，若不早辨，则小畜上之复三成需明夷。故小畜变通于豫，以共能早辨也，故名以豫。不变通而成需明夷，则患至掇。

《既济·传》赞云“君子以思患，而豫防之”。同一成既济，有“贞凶”之既济，有“永贞”之既济。小畜通豫，二先之豫五，而上从之。如是成既济则能豫防之。不然，成明夷则患矣。《小过·九三》“弗过防之”。不防而小畜上之豫三，则成小过。“弗过”，不成小过也。“防之”，即豫防之也。

随　执其随　不拯其随　随风巽

随之义为从行，凡卦之元在此，则人随我。在彼，则我随人。随孚于蛊，随无事，蛊有事。则元在蛊而不在随，随宜随蛊而行。此随所以名随也。《咸·九三》《艮·六二》皆称随，而《传》于巽称“随风巽”以赞之，何也？巽二之震五则震成随。兑二之艮五，则艮成随。兑艮相错，即是咸，损兑二之艮五成随，兑二不之艮五则不成随。

《艮·六二》“艮其腓，不拯其随”，谓兑二不之艮五，不成随而兑四之艮初成也。艮兑既相错为咸损，则损二之五，即兑二之艮五之比例。咸四之初，即兑四之艮初之比例。兑二不艮五而四之艮初，为“不拯其随”。咸四不之初而损二之五，则为“执其随”。执者，感四不之初。随者，损二之五。《传》云“志在随人，所执下也”。以随属志，则五也。以执属下，则初也。《易》凡称执，皆谓四不之初。

《遁·六二》“执之”。《师·六五》“利执言”。遁谓成咸，而通于损，执咸四不之初，而损二之五，为“用黄牛之革”。师谓成屯通鼎，鼎成咸而不以四之初，为“执其上兑之言”。皆与咸之执其随同。惟其执而损二之五，乃相错为随，是为“执其随”也。

蛊

《序卦传》“蛊者事也”。《方言传》云，“贞者，事之干也。贞，固足以干事”。干蛊犹干事也。乾为父，坤为母。父母者，有子之名，人有子，而后得为父母，得为父母而后有子以干其事。何为“干父之蛊”？随四之蛊初成大畜，下乾未有子也。五亡是父没也。大畜孚于萃，则二之五有子，是为“干父之蛊”。何为干母之蛊？蛊上之随三成升，上坤，未有子也。五亡，是母没也。升孚于无妄，则二之五有子，是为“干母之蛊”。惟父没乃称“考”，惟有子乃克配父于祖而称“考”，故云“干父之蛊，有子考无咎”。若大畜不孚萃，升不孚无妄，则“无子”。“无子”则不称“父母”，第为“老夫老妇”。何以明之？屯大畜相错为需颐，需得孚于晋，犹大畜得孚于萃。未孚则“老夫”也，孚则“父”也。颐孚大过，“得其女妻”也。

升革相错，为明夷大过，明夷得孚于讼，犹升得孚于无妄。未孚则“老妇”也，孚则“母”也。大过孚颐，“得其士夫”也。“生稊生华”则“有子”。颐大过相错，即随蛊也。夫妇之道不定则父母之名不正。有夫妇而后有父子。《易》重男女之别，以“有子承考德”为吉，故蛊三言“干父之蛊”也。

临

《序卦传》云：“有事然后可大，故受之以临。临者，大也。”此“大”字为遁，“小利贞”而赞。临本小犹谦本轻。谦通履，则轻者改而重。临通遁则小者改而大。惟通遁始得名临，犹通履始得名谦也。临之义为视，临遁相错为谦履，临二之五为履二之谦五之比例。故《履·六三》“眇能视”，指履二之谦五，而《归妹·九二》“眇能视”，即指临二之五。两“视”字，发明“临”字也。《宣公十二年·左传》“知庄子说师之临”云：“不得之谓临，有帅而不从，临孰甚焉？”临无不行之训，此以师成临言之，师二之五则帅师，然后同人四之师初。不成临成屯，是为“长子帅师”。

此二不之五，而初先行，不成屯成临，是不俟帅之行而从也。不行指师二不之五，此失道未通遁之临也。故临即以不行为义。凡卦之名，每兼两义，如谦以通履得名，而“龙战于野”。《传》云“谦于无阳”，此“谦”即通于“慊”。礼慊而不进则销，乐流而不反则放，是“慊于无阳”，谓乾二不进于坤五也，与“临为大”又“有不行”之义同。否之名，为不通而失道矣。乃《序卦传》云“物不可以终通，故受之以否”，此否即“有孚窒”之“窒”，阳通于阴，阴虚。又必窒之以阳。名荣者，兼以辱，名辱者，亦兼以荣。识者详之。

观　观颐　观我朵颐　观象也　观于天文　观于人文　贞观

观即“设卦观象”之观，伏羲于六十四卦中，取蒙二之五之卦，名之为观。而孔子即于鼎赞之以象，于剥赞之以观象。所谓“设卦观象”，于此可明矣。乾成家人，坤成屯，则以通于鼎为观象。乾成革，坤成蹇则以通于蒙为观象。若乾坤成谦夬，则夬通剥。乾坤成复小畜，则复通姤。观象即观其变通，革变通于蒙成观。夬变通于剥，亦成观，此观所以名观，而《传》之赞剥所以云观象也。夬二不之剥五而四之剥初，不成观而成颐，故《颐·象》云“观颐”，而初九云“舍尔灵龟，观我朵颐”。夬之通剥成观，本以“观我”乃“朵”而成“颐”，则不能“观象”而“凶”矣。惟既成颐，旁通大过，大过二之颐五仍不异夬二之剥五，是为“观颐”。谓成颐而后观之，不观于剥而观于颐也。

《贲·象传》云“观乎天文，以察时变，观乎人文，以化成天下”。困贲相错为蒙革，困二之贲五为蒙二之五之比例，故以两“观”字明之。观之言示也，彼有所终，此有所示。终则成形，示才有象。革将终而蒙示以始，所谓“天地之道贞

观”者也。

噬嗑　厥宗噬肤　朋盍簪

《序卦传》云：“可观而后有所合，故受之以噬嗑，嗑者合也。”卦以噬嗑两字名，爻辞单出噬字，故《传》特标嗑字之义以赞之。井二之噬嗑五，为噬，噬嗑上之三为合。《传》云“雷电合而章”，章即《丰·六五》“来章”之章。丰“来章”则成革，噬嗑先成无妄，上又之三乃成革，故合而章也。噬之义明于睽。睽二之五成无妄，与井二之噬嗑五同。

《睽·六五》“厥宗噬肤”。睽之“噬肤”，即噬嗑之“噬肤”。以睽明噬，明井二之噬嗑五成无妄为噬也。嗑之义明于豫。《尔雅·释诂》“盍，合也。盍即嗑”。《豫·九四》“勿疑朋盍簪”，谓小畜二之豫五为朋，小畜上又合于豫三成咸，三阳相连而上锐，如以簪合之。咸既济相错为蹇革，即噬嗑之噬而嗑也。《小畜·六四·传》云“有孚惕，上合志也”。二之豫五为志，而上合之，即《豫·九四》“志大行”之志。“上合”即“盍簪”也。《传》称“上合志”者四。小畜二之豫五成萃，萃之志合于小畜。乃既成萃，旁通大畜。大畜二之五为志，而萃三往合之。《大畜·九三·传》云“利有攸往，上合志也”，谓所以“利有攸往”者由于合二五之志也。革四之蒙初为损，犹睽四之蹇初，睽不“噬肤”矣。损通咸二之五成益，上之三合之。

《传》云“已事遄往，尚合志也”，损成既济，咸仍是咸，与大畜小畜成既济，豫萃成咸同，故以“上合志”明其通咸。不通咸而成既济，则无所为合矣。升之通无妄犹井之通噬嗑。升二之五而无妄上之三合之，犹井二之噬嗑五而噬嗑上之三合之也。《初六·传》云“允升大吉，上合志也”，明其通无妄也。升不通无妄，而成蹇，则亦无所为合矣。

贲 豮豕之牙 涣奔其机

《诗》“鹑之奔奔”。《表记》作“鹑之贲贲”。《吕览·壹行篇》“孔子卜得贲，孔子曰不吉”。高诱注云“贲，色不纯也。《诗》曰‘鹑之贲贲’”。《汉书·百官公卿表》注云：贲，读与奔同。《涣·九二》“涣奔其机”之奔，即贲卦之贲也。

贲困相错为蒙革，蒙二之五即困二之贲五之比例。用一“奔”字，明其为丰成革，革通蒙，而蒙二之五也。困二之贲五，与大畜通萃而二之五同。《大畜·六五》“豮豕之牙”，“豮”为剧豕而声同贲。先以二贲于五，而后止之萃三。萃成咸，下艮为寺。大畜成既济，上坎为豕。合之则豕之奄者。又取于贲之声，故云“豮”也。《左氏襄二十四年·传》“象有齿以焚身”，服虔“焚”读为“偾”，偾与贲同。《射义》“贲军之将”，《大学》“一言贲事”，贲即偾之省。贲之为焚，犹焚之为偾也。离四之坎初成贲，故云“焚如”。旅四之初亦成贲，故云“旅焚其次”“旅焚其巢”，焚即指离旅之成贲，以舍此而他往则为奔，以失道而灾凶则为焚，皆“贲”之借也。

剥 孚于剥

乾上之坤三，成谦夬。二五不行，而三上先动，是为失上下。夬变通于剥而向之失上下有咎者，今则剥之无咎，所以消息盈虚全在乎此。六三“剥之无咎”，与《讼·九五》“讼元吉”同一义，谓明夷通讼乃“元吉”。夬通剥乃无咎。

《兑·九五》“孚于剥，有厉”，《传》云“孚于剥，位正当也”。兑上之艮三，艮成谦，兑成夬。惟兑。惟兑成夬，故孚于剥。孚于剥则位正当，此剥所以无咎也。《彖传》云“剥，剥也，柔变刚也。”上剥指卦名，下剥字释卦名之义。而下即早以柔变刚，是此剥之义为变也。《广雅》“揄”“剥”同训“脱”。揄犹渝，亦变更之义。夬舍谦变而孚于剥，是以剥之柔，变夬之刚，其义即为剥脱。卦之不善者，能剥脱则善。此

剥之无咎，即脱之无咎，亦即变之无咎，而剥脱为剥卦之一义也。

《序卦传》云："致饰，然后亨则尽矣，故受之以剥，剥者剥也。"以剥释剥，与《彖传》同。而彼申之以变，则义为剥脱，剥之当者也。此冠之以尽，则义为剥害，剥之失者也。尽之义同于备。剥从录，录为刻木之名，刻通于克，故剥以上之三为义。剥犹禄也，禄即福也，福亦备也。以共吉祥之备，则为福禄。以其伤害之尽，则为消剥。"剥床以足"，"剥床以辨"，"剥床以肤"。为灭为灭，而穷尽又为剥卦之一义也。六书转注相通，可于《易》得之。

复　反复道也　复自道　牵复　其来复吉勿逐自复　复即命　无往不复　城复于隍　夫征不复

复之为复，解者多指初爻。《传》云"复其见天地之心"。惟五称心，复者，复其五也。有反斯有复。坤，五反乎乾，乾二之坤五则复。坤成屯，屯反为鼎，鼎二之五则复，《乾·九三·传》"终日乾乾反复道"是也。乾成家人，家人反身为解。

解二五则复，《解·彖》"无所往，其来复吉"是也。坤成蹇，蹇反身为睽。睽二之五则复，《睽·初九》"勿逐自复"是也。乾二不之坤五，而四之坤初，坤成复，反而未复也。故名虽为复，而《杂卦传》转以为反。犹名为谦，而转以为轻也。惟变通于姤，姤二之复五，即不异屯通于鼎。而鼎二之五，故乾之"反复道"即复之"反复其道"。鼎成遁，犹姤成遁也。复以变通于姤而复，小畜则以变通于豫为复。

姤二之复五，同于鼎二之五。小畜二之豫五，即同于解二之五，《小畜·初九》"复自道"。九二"牵复"是也。屯反为鼎，鼎复为遁。家人反为解，解复为萃。一反一复，道之正也。乾成小畜，坤成复，反而不复，失其道矣。乃一变通而小畜牵于豫，复牵于姤，仍合乎一反一复之道，其义明于归妹泰。兑二之艮五成渐，渐反为归妹，归妹二不之五而渐上之归妹三成大壮蹇，即小畜二不之豫五而上之豫比例。是不能“牵复”，不能“复自道”，是为“夫征不复”。归妹二不之五而四之渐初，成家人临，为“妇孕不育”。临变通于遁而二之五，为姤二之复五之比例。临不通遁而三之家人上，成泰既济，即小畜上之复三之比例。不能“反复其道”，亦为“夫征不复”。特用“不复”二字，与诸“复”字互贯。“反而不复”至于成泰，变通于否而仍得复。

《泰·上六》“城复于隍”，九三“无往不复”，是也。归妹成泰，犹复成明夷。复成明夷，反而不复也。故《传》云“迷复之凶，反君道也”。明夷变通于讼，犹泰变通于否。讼二之明夷五，则亦“复自道”。《讼·九四》“不克讼复即命”，所以复明夷之心也。伤害凶灾，至于明夷，而变通则复。圣人教人改过如此。过生于心，复惟在我。阳不居五，而先行于初。贱陵贵，小加大，非礼也。复者即复此礼。先五后初，礼也。先初后五，非礼也。说者以初为复，是以非礼为仁矣。去《经》义不亦远乎？

无妄

《序卦传》云“复则不妄矣，故受之以无妄”。马融云“妄犹望，谓无所希望”。虞仲翔辨之云“妄，亡也。谓雷以动之，震为反生。万物出震，妄无者也”。京氏及俗儒，以为大旱之卦，万物皆死，无所复望，失之远矣。有无妄然后可畜，不死明矣，虞氏辨是也。然何以为无妄？第执本卦，上乾下震为说，终为不切。《传》明云“复则不妄”，复谓五，无妄亦谓五。妄之义为虚而不实，故不知而作，谓之妄作。无验而言，谓之妄言。升无妄相错为复姤。升二之五同，即姤二之复五。

姤二之复五，则复。升二之五，则无妄。故复则无妄，乾二不之坤五，而四先之坤初，此妄也。师二不之五而同人上之师三，亦妄也。蹇通睽为知丧，丧即亡也，亡即妄也。睽二之五为自复，即成无妄矣。蹇通睽而睽二之五，犹无妄之通升而

升二之五也。

颐　颐中有物

于噬嗑称“颐中有物”者，明四之井初，则成颐也。《传》随在示其例如此。颐之义为养，而井成需，噬嗑成颐，相错为大畜屯。故颐通大过，大畜通萃，皆为养贤。

屯鼎为养圣贤，于是大过明夷，为升革之相错。故大过通颐，革通蒙，皆为养正，而明夷称“蒙难”，颐称“观颐”，是大过二之颐五，为蒙二之五之比例。至颐称“节饮食”，噬嗑称“颐中有物”，则大过四之初，即噬嗑四之井之比例。而井二之噬嗑五，亦大过二之颐五之比例矣。故井称“井养”，一字引申，思之而适，胜于得误书。讵容大意观之。

坎

六十四卦彖辞，惟坎卦于卦名上加“习”字。《彖传》云“习坎，重险也”。坎为险，两坎相重，为重险，习即重也。《序卦》“坎居六子之先，于坎加习，以例离震巽兑艮”。爻辞于《坤·六二》明之云“不习无不利”。“不习”者，乾二之坤五成比同人，不为重乾重坤。

坎二之离五成同人比，亦不为重坎重离。若坎二不之离五，则习坎，犹是习也。而以离上之坎三，又以离四之坎初，坎成需，离成明夷，是为“入于坎窞”。若更以需二之明夷，五成两既济，上皆坎，故“来之坎坎”。谓需上本有一坎，需二来之明夷五，又有一坎也。“习坎”谓一卦上下皆坎，“坎坎”谓两卦上卦皆坎。不习则无不利，习则失道凶，是宜乎不习矣。乃《经》则云“习坎有孚”，何也？谓三画卦宜重为六画也。乾父坤母，生六子，为兄弟，不可为夫妇。故必相错为六十四卦，然后旁通成夫妇。有孚，谓夫妇也。“不习”不可与离孚，“习”乃与离孚，故云“习坎有孚”。既重为六画，又宜流行而不习，故又以不习为利也。

《传》于习坎则云“君子以常德行习教事”，“常”谓“后顺得常”。“德行以变通言”谓成屯而通鼎，成蹇而通睽，坎孚于离而二之离五，“教事”也。鼎二之五，睽二之五，亦“教事”也，“习坎”则“失道”，“习教事”则“得常”。《象》言“习之宜”，爻则言其“不宜”。《传》又言“其宜”，互相明也。《兑·传》云“君子以朋友讲习”讲犹媾也，谓兑二交于艮五。讲而习。则讲而又讲。即坎之“习教事”也。

离　畴离祉　飞鸟离之凶　非离群也　犹未离其类也　离群丑也　涣者离也

《彖传》、《说卦传》、《序卦传》皆以丽赞离，《传》申之云“日月丽乎天，百谷草木丽乎土，重明以丽乎正”，又于兑赞之云“丽泽”。《传》每以两卦互见，以兑之丽明离之丽。丽者，附丽也。坎上之离五，而三上丽之成革。

兑二之艮五而三上丽之亦成革。革下离上兑，故于离兑两卦，互明其义。乾二之坤五则下成离，二不之坤五，而上之坤三成谦，为“龙战于野其血元黄”。乾成夬不成革，夬下无离，谦三上无所丽，故云“未离其类”。小过四之初成明夷，下离，则云“飞鸟离之凶”。乾成革通于蒙，蒙成益。益下无离，故《乾·九四·文言传》云“进退无恒非离群也”。“夫征不复妇孕不育”，则归妹成泰，渐成既济。既济下离，故云“离群丑”。

既济有离，而泰无离，泰二之五成两既济。泰有离，则无畴类矣。泰通于否，否为之应，则有类。泰二之五下有离，否成咸下有祉，不成两既济，“以祉元吉”，故云“畴离祉”。涣何以为离？有精义焉。坎二之离五，初三乃有所丽。坎二不之离五而离上之坎三，坎成井，离成丰，无所丽，与谦夬同。惟丰变通于涣，涣二先之丰五而后涣上之三，仍有所丽。涣之义为散。

《序卦传》云“说而后散之，故受之以涣，涣者离也”。以散赞涣，即以散赞离。凡卦多兼两义，离之义为丽，《彖传》

明之。离之义为散，则于《涣·传》补明之。离丽当位之离也，六二“黄离”是也，故离王公者吉，未离其类者穷。离散，失道之离也。九三，“日昃之离”是也。故“离群丑”者凶，“非离群者”无咎。

第十九章　易通释卷十九

咸　咸临　品物咸章
品物咸亨　万国咸宁

《彖传云》“咸，感也。二气感应，以相与”。《系辞传》云：“易无思也，无为也。寂然不动感而遂通天下之故。”感即孚也。凡卦之元亨，成家人屯蹇革。凡卦之利贞，成既济咸即济益，成既济咸寂然不动，感于损而通。成既济益，寂然不动，感于恒通。

《上经》乾坤之下，道以屯蒙。《下经》首以咸恒，明此义也。凡成两即济，则不能感通，故《坤·传》云“咸亨”，《姤·传》云“咸章”，《乾·传》云“咸宁”。乾成家人，通于解而解成咸，故云“咸宁”，谓解成咸而乾之成家人者始宁也。

坤成屯，通于鼎，而鼎成咸，故云“咸亨”，谓屯三从鼎五而亨也。乾四之坤初成复，失道矣。复通于姤，姤成咸，与坤成屯通于鼎同。故坤“品物咸亨”，姤亦“品物咸章”。坤成复犹师成临，师成临犹蒙成损，损孚于咸，而名“咸临”，孚于遁即为“咸临”。临二之五，而遁上之临三，遁成咸，故咸临也。

恒　利用恒　立心勿恒　贞疾恒不死
行有恒　进通无恒　以恒也

咸者谓其感通于损。恒者谓其嗣续于益。咸通于损，损成益，益又通于恒。恒二之五成咸而益上乃之三而终。咸又通损，故“恒久而不已”也。不通于恒，益上遽之三而终，所谓

"立心勿恒凶"。有终无始，所以凶也。凡卦以旁通往来而成益者，必变通于恒有如此。家人虽通解，屯虽通鼎，家人上之解三则成恒，鼎上之屯则成恒。成恒正是勿恒，解二先之五，鼎二先之五犹恒二之五，正是恒心。

《传》于家人赞云，"行有恒"，谓解二之五而后上之解三，即同于恒二之五而后益上之三，如是为"有恒"，是知恒之所以为恒也。《豫·六五》"贞疾恒不死"，《传》云"六五贞疾，乘刚也。恒不死，中未亡也"。"贞疾"犹"疾贞"，谓小畜上之豫三成需小过，犹姤上之复三成明夷大过。需二之小过五，明夷五之大过二，虽成咸不可为恒。需明夷成既济，第为疾贞而已。先已乘刚，则疾贞不可。惟需变通于晋而晋成咸，乃为"利用恒"，亦惟小过变通于中孚而小过成咸乃为"恒不死"。

《需·初九》"需于效，利用恒"，"效"即"自我西郊"之效。"恒不死"之恒，与此"利用恒"之恒，一贯者也。《归妹·初九》"归妹以娣"，《传》云"以恒也"。"以恒"犹云"用恒"。归妹四之渐初，渐成家人，归妹成临。临通遁而遁成咸，"用恒"也，即"咸临"也。家人通解而解成咸，亦"用恒也"，即家人之"行有恒"也。然则《易》以有恒为重矣。而《文言传》云"上下无常，非为邪也。进退无恒，非离群也"。《系辞传》云"变动不居，周流六虚。上下无常，刚柔相易"，是又以无常为重。何也？易穷则变，变则通，通则久。惟变通乃得恒久，无常无恒者，变通之谓也。二进于五为有常，刚孚于柔为无常，惟无常而后有常。无常而不有常，则失常。《需·初九》"利用恒"，《传》云"未失常也"，是也。有常变而无常，为反常，即为"变常"。

《归妹·九二·传》云"未变常也"，《屯·六二·传》云"反常也"，是也。需"用恒"，则二之晋五成否，是为"不失常"。鼎成泰即变通于否，"反其类"故为"反常"。归妹成临即通遁，临成屯是"未失常"。不必即通于鼎，是未变常也。归妹四之渐初，同于同人四之师初。归妹三之渐上，同于比三之大有上。故归妹渐成蹇大壮，同于成家人临；而同人师成家

人临，即同于大有比成大畜屯。屯通鼎而鼎成泰，为家人通解，而解成泰之比例。此“十年乃字”之“反常”与“师左次”之“未失常”，互明也。

大壮蹇相错为需小过，此“利用恒”之“未失常”。与“归妹以娣”之“以恒”，互明也。“利幽人之贞”指临通遁，亦指家人通解。此《归妹·九二》之“未变常”，与《师·六四》之“未失常”互明也。惟大壮蹇为需小过之比例，而家人临又为大壮蹇之比例。此“需于郊”与“同人于郊”，所以互明也，微妙神通，非笔所能尽矣。

遁　遁世无闷　遁世无闷　豚鱼

文王作卦辞，名之为《彖》。彖即遁也，遁谓挩而去也。乾坤交而在屯。挩去从鼎，鼎二之五即名之为遁。遁以舍此就彼为义，即屯之从鼎，可例其他矣。

《传》于《乾·初九》赞云“不易乎世，不成乎名，遁世无闷”。此“遁”字指乾上之坤三成谦，何也？谦易世则通履，谦履相错为临遁。临之于遁犹谦之于履也。乾二之坤五，成同人比，为师二之五之比例。乾二不之坤五，而上之坤三成谦，即犹师二不之五而同人上之师三成升。谦通履，错为临遁，升革则错为大过。大过通颐，与升通无妄同，即与临通遁同。故《传》于大过亦赞云“遁世无闷”，所以于大过赞以遁者。同人上之师三成升，同人四之师初成临。升革错为大过，家人临错为中孚。中孚通小过，即是临通遁。中孚“豚鱼吉”，《释文》“豚，黄作遁”。黄谓晋黄颖也。李鼎祚亦言虞氏以三至上体遁，便以豚鱼为遁鱼。

《经》以中孚通小过，为临通遁之比例。《传》则以大过通颐，为中孚通小过之比例，明同人上之师三，为姤上之复三之比例。同人四之师初，为履四之谦初之比例，乃知两“遁世”，为中孚“豚”字而赞。豚与遁为假借，虞氏得之，鼎祚不知也。

大壮　女壮　马壮　壮于前趾　壮于頄　剥床巽在床下　从或戕之

壮之义同于庄，《释名》“庄装也，装其上使高也”。壮之这壮，亦由幼学弱冠之年而加与装高之义同。《方言》“秦晋之间，凡人之大谓之装，或谓之壮”，是也。《传》云“大壮，大者壮也”。四阳在下，以二之五加于三四两阳之上，故为大壮，所谓“小人用壮”也。“用壮”则成革与夬成革同。夬二之剥五为大壮二之五之比例，乃初九“壮于前趾”。九三“壮于頄”，则指夬二之谦五。夬虽成革，而未通于剥，故为“咎”为“凶”也。姤二之复五，然后复三之姤上。姤成咸，复成既济，相错为革，为“女壮”，女指咸上兑。下“勿用取女”之女，即此女。“取女”二字，与咸相钩贯。

《传》称“咸章”，赞之甚明。若姤二未之复五。而复三先之姤上，则姤不成咸，而成大过。上虽说兑女而不壮，故《传》于大过以“本末弱”赞之。弱者不壮也。大过则弱，大过则弱，咸则壮。咸者，速也，疾也。《尔雅·释言》以“疾齐”释“壮”字。“齐”指二五，“疾”指成咸，此《易》师之遗训也。“马壮”者，中孚二之小过五也。丰四之涣初成中孚，中孚二之小过五，小过成咸。三四两阳加一阳于五，而成乾马，故云“马壮”。其称壮何也？丰四之涣初成中孚明夷，小畜上之豫三成需小过，需小过相错为大壮蹇。小过通中孚，即大壮通观。故中孚一之小过五，为大壮二之五之比例。大壮观为小畜豫之相错。小畜二之豫五，即大壮二之五之比例。乃小畜二不之豫五，而豫四之初成复。小畜二不之豫五，而上之豫三成小过，皆不可为壮。

《象》于复通姤称，“女壮”爻即于小过通中孚称“马壮”，由不壮变通而仍壮。“女壮”“马壮”，所以与大壮相发明。乃不明于小畜豫而明于姤，并不明于小过中孚而明于涣明夷，则《经》文钩贯之奥。然比例求之，井然也。于是巽剥两卦之言“床”，以声音假借求之，知其取乎壮也。《释名》“床

装也，所以自装载也”，床与壮同声同义。震四之巽初成小畜复，与豫四之初同。豫小畜毁相错为大壮观，则豫四之初，即大壮四之观初。凡四之初为下。大壮四之观初，是为“壮下”。“壮下”不辞，故云“床下”。“床下”即“壮下”也。夬二之剥五，本同于大壮二之五。若夬二不之剥五而剥上之三，即是大壮二不之五而观上之三，亦即小畜二不之豫五而上之豫三，是为“剥壮”。“剥壮”亦不辞，故云“剥床”。“剥床”即“剥壮”也。剥以上之三为义，剥壮即是壮上。壮下壮上，均非大壮，此又与“女壮”“马壮”互明者也。

《小过·九三》“弗过防之，从或戕之”。弗过则小畜，上不之豫三，小畜上之豫三成小过。小过需既相错为蹇大壮，则成小过即是成大壮。但此即剥壮，不可为壮，故云“戕之”。戕亦从片声，为“壮”字之假借。已变则称“马壮”，未变则为“戕之”也。戕之训为伤。马融虞翻训壮为伤，此正古“戕”“壮”相通之遗义。

晋

卦名，必合旁通两卦始明，需之于明夷，不可进者也，需旁通于晋而后可进者也，故需不进而晋进。《释文》“晋孟作齐，子西反，义同”。子西则读同跻。《震·六二》“跻于九陵”，谓震成复通姤，姤二之复五也。

渐上之归妹三，成大壮蹇，犹小畜上之豫三，成需小过。大壮二之五，为需二之晋五之比例，故壮之训为齐。大壮通观，蹇通睽，合之即需通晋小过通中孚。大壮通观，错之为小畜通豫蹇通睽，错之为旅通节。而小畜通豫，为贲通困之比例；旅通节，为复通姤之比例。此姤二之复五，所以称跻皆晋也，不进不跻则为处。处与晋相反，即与齐相反。

《旅九四》“旅于处，得其资斧”。《释文》“资斧，《子夏传》及众家并作‘齐斧’”，齐与处紧相呼吸。需二之晋五为晋，则睽二之五为进，亦节二之旅五为进。节二不之旅五，而旅四之初，非进也。节二不之旅五，而旅上之节三，亦非进

也。非进则为处，旅于处，谓旅四之初也。其旅上之节三，与小畜上之豫三同。

《小畜·上九》"即处"，谓小畜上之豫三，即谓旅上之节三也。处而成需小过，则需通晋为得其齐，齐即晋也。处而成贲，则贲通困亦得其齐，齐即晋也。故"云得其齐斧"。旅上之节三成需小过，小畜上之豫三亦成需小过。旅四之初成贲，豫四之初，则成复。复通姤而"跻于九陵"，即贲通困而"得其齐斧"也。震四之巽初，震成复，巽成小畜。复通姤这"跻于九陵"。小畜二之豫五，成家人萃，即困二之贲五之比例，则亦"得其齐斧"。乃小畜二不之豫五而上之复三，复五不之姤二而三之小畜上，成需明夷。在复既无所这跻，在小畜亦无所为得，即为"丧其齐斧"。旅之"得其齐斧"，承上"旅于处"连文。而"旅于处"，引申小畜之"既处"。"得其齐斧"，引申巽之"丧其齐斧"。以"巽在床下"之"床"为"壮"之假借，"女壮"即"跻于九陵"。思之思之，其义跃然可见。

晋通于齐，齐通于资。资通于积。《说文》"嫧，齐也"。積与"啧"、"积"同声字通。《尔雅释鱼》"蟦小而㮰"。《释文》"蟦本作资"。《说文》"積，積禾也"。《诗》"曰穦之秩秩"，今《诗》作"積之栗栗"。姊，咨也，亦積也。《即夕》注"古文第作茨"，是从 𠂔从"责"之字，与资通，齐通。故《易》称積称胏，皆谓需二之晋五，晋之为積这胏，即齐之为積为胏也。

明夷 匪夷所思 遇其夷主

《序卦传》云："进必有所伤，故受之以明夷，夷者伤也。"伤则不明，凡称"幽不明"，"聪不明"，"不伤财"，"亦以伤"者，可由是推矣。丰四之涣初，丰成明夷。涣成中孚，则失是而为匪。匪则成明夷，故云"匪夷所思"。匪则伤其所思，成明夷也。明夷变通于讼，讼二之明夷五，为明夷之主人。《丰·九四》"遇其夷主"，谓丰成明夷，而变通于讼也。虞仲翔说遇其夷主，谓四行成明夷，是也。

家人　不家　无家　子克家
承家　蔀其家

《序卦传》云“伤于外者，必反其家，故受之以家人”。家上用一“反”字。与《上九·传》反身互明。《周礼·小司徒》“上地家七人”，注云“有夫有妇，然后为家”。家人旁通于解，而后有夫有妇，故称家人。初九“闲有家”，“闲”谓解四不之初，而二之五，乃为“有家”。

解四之初又将成屯。家人系屯，不可为“有家”也。屯通于鼎，鼎四亦不可之初。何也？鼎四之初成大畜，大畜二之五，仍是家人，故“不家食吉”。“不家”者，鼎四不之初，而二之之五成遁，不成家人也。大畜通于萃，萃四不之初，而大畜二先之五，犹解四不之初而二之五。故曰闲之闲，与“闲有家”同也。家人萃相错为革观，即革通通蒙蒙二之五。

《蒙·九二》“子克家”，用一“家”字，明其为二之五成观，而后上之三克之为“克家”也。涣二之丰五，丰成革，涣亦成观。丰涣相错，本为家人解。涣二之丰五即解二之五之比例。《丰·上六》“蔀其家”。蔀者，齐同之也。丰成既济，犹数之有减尽也，涣则成益，犹数之差较也。“蔀其家”，犹齐其家。丰涣本错为家人，齐同之成既济益，仍相错为家人也。损成益咸，成既济，与“蔀其家”同。

乃损既成益，而“利有攸往”，谓益通于恒而上之三也。益通恒而上之三，则恒成咸益成既济。既济咸相错，不为家人，故“得臣无家”，此与“蒙克家”互明。“弗损益”之“无咎”，谓蒙不成损，即以蒙二之五为无咎。弗损而益，则不成既济。若蒙先成损，因而成益，成既济。欲其“贞吉”，则必“利有攸往”。欲“利有攸往”，则必“得臣无家”。弗损则有家而克之，损则克之而无家。

《经》文互明之妙，思之自得，《师·上六》“大君有命，开国承家”。师二之五，而同人四之师初，师成屯，同人成家人。师二之五，既开国矣，于是同人四之师初成家人，而屯三承之，是为“承家”。《礼运》“仕于公曰臣，仕于家曰仆”。《损·上九》“得臣则无家”。《旅·六二》“得童仆则有家”。何也？旅成贲而通困，困二之贲五成家人。不明言“家”，而以“童仆”二字，明其为“有家”。此《经》文极隐奥而未易明者也。

睽

《序卦传》云“家道穷必乖，故受之以睽，睽者乖也”。乖者，睽二不之五。而四之蹇初成损，上之三成大仕也。《象传》云“君子以同而异”。“同”谓蹇革两五皆刚，“异”谓蹇睽两五，一刚一柔。由同而异，则蹇舍革而通睽也。睽之义为乖又为异，同而异则不穷，异而又同则不匪，异而不同则乖矣。盖睽一名而兼两义，推之“否匪”，则为“闭塞”，而凶否亨，则为“颠窒”而吉，亦犹此也。

蹇

蹇之训为跛，跛者艰于行，故《传》以难赞蹇。其行何以难？以睽群疑故也。以初往革四，固成两既济而穷。而睽又失道而孤。若不以为难，径情以往，欲免凶咎也鲜矣。故其往也，如跛之行，宜后而不宜先，宜待而不宜锐，是以往蹇。

蹇初不可往革四，一蹇也。舍革而通睽，睽二之五而初往从之，可不蹇矣。乃睽二不之五，而上之三成大壮。蹇初又不可往大壮中。是再蹇也。故六二云“蹇蹇”。

解

《序卦传》云：“物不可以终难，故受之以解，解者缓也。缓必有所失，故受之以损。”明解缓有两义。家人上之屯三，成两既济则急，变而通之于解则缓。若归妹四之渐初，成临家人，此家人，则有难之家人。得变通则难解，是解之宜解者

也。若既变通，而二不之五，至于负且乘，而成恒成泰，则缓而慢矣，是解之失于解者也。凡卦皆有娄与失两义，不独解也。《释文》以解卦音蟹，缓也。解而拇，解悖，佳买反，而君子维有解又音蟹。盖以音蟹为懈缓，佳买反为解释。卦名专为懈缓，爻辞杂兼两义，不知卦名已兼之。古人义不以音分，并不必分两读。乃即解之音蟹，可悟蟹与解为同声假借。

《说卦传》"离为蟹"，蟹即解。解二 不之五，而负且乘成泰，而后二乃之五，是为懈缓。泰二之五，下成离，为解即为蟹。泰二不之五下无离，则"天下无邦"。邦即为蚌，《传》以蚌蟹并指离，其义可见。解不缓而二先之五，下无离，至成泰而二之五下有离，故为懈缓。亦惟泰通否而下有离，是艰难至此而得解免。离之为蟹，亦兼两义矣。《晋书》解《系传》"赵王伦以宿憾，收系兄弟。梁王彤救。伦怒曰：'我于水中见蟹且恶之'"。借"蟹"为解，晋人且然。

损　益　天道亏盈而益谦
君子以裒多益寡

《序卦传》云"缓必有所失，故受之以损"。以失赞损，损失则益得，皆谓五也。损何以失？蒙二不之五，而革四之蒙初也，睽二不之五，而四之蹇初也。二不之五，而四之初，损如是，临如是，复与节亦如是。故损通咸为德之修，即复之修身也。为远害，即节之不害民也。损则虚，益则盈。由虚而盈，为盛之始。由盈而虚，为衰之始。益已盈而变通于恒，则兴利。咸通损，犹益通恒。恒成咸，犹损成益。

已盈而损之，则利，已虚而又损之，则失。损亦兼此两义。损之而利，故损刚益柔，同为时也。履二四之谦成益，特于《谦·传》中标出益字，明其与履旁通。若不舍夬，则壮于前趾，何得有益？

夬　夬履　藩决不羸　其君之袂
不如其娣之袂良　兑这附决　震这决躁

《彖传》云“夬，决也”。五阳相连，不得为决。其以夬名者，谓变通于剥，而二之剥五也。夬二之剥五，与大壮二之五同。《大壮·九四》“藩决”，谓二之五。大壮言决犹夬言壮也。柔乘五刚，则不能决，故欲其“扬于王庭”。以决而和，虞仲翔谓与剥旁通，以乾决坤。是也。三五两爻皆言夬夬，荀慈明谓两爻俱欲夬上，非《易》义也。乾兑成夬，二未决也。以变通于剥，而二决而之剥五，是以夬而能夬也，故云“夬夬”。下“夬”字，指乾上之坤三之夬。上“夬”字，指夬二之剥五之夬也。夬二不决，以四之剥初成需。

需二之晋五。虽亦是决，然是夬需，非夬夬矣。两言夬夬，谓宜以夬决于剥，不可成需而决于晋也。抑或夬二不决，而剥上之三，仍成谦。夬二决于谦五，则决而不和，为“壮于前趾”矣。故在谦不可以夬夬，宜通履，而以履二决而之谦五。以履二之谦五，则是夬履，不是夬夬。故《履·九五》云“夬履”。自夬通剥，宜夬此夬，自谦通履，宜夬此履也。

《说卦传》震为“决躁”，兑为“附决”。震兑之决所以赞大壮藩决之决，何也？大壮上震，二之五，则上成兑。躁与燥同。火就燥，谓离火就兑金。大壮二之五，其决也以火就燥，而成革。离者丽也，丽即附也。兑之附决，即震之决躁。因决而成就燥之离，亦因附丽面见角藩之决。决躁附决，皆指革也。《归妹·九五》“其君之袂不如共娣之袂良”。此两“袂”字，亦夬字。“君之袂”，谓泰孚否而二决于五。“娣之袂”，谓大壮孚观而二决于五也。“娣之袂”即大壮之“藩决”。

《传》云“帝乙归妹，不如其娣之袂良也”，是知“君之袂”即“帝乙归妹”。帝乙归妹，谓泰二之五，则君子袂，即谓泰下乾决，而成既济也。当渐上之归妹三，归妹成大壮，渐成蹇。不令大壮四之蹇初，即通观而“藩决”，为“娣之袂”。虽不免于失道，尚为改悔早速，不致更失道成泰，而乃孚否为

“君之袂”。故泰虽“帝乙归袂”，不如大壮，即“藩决”之为良也。否垂衣裳，故借袂为决。

姤　后不省方
后以裁成天地之道辅相天地之宜

《彖传》、《序卦传》、《杂卦传》皆以遇赞之，则“其”字通于邁。乃《象传》云“后以施命诰四方”，又以后赞姤。《说文》“后继体君也”，则兼先后之义。凡《象传》多称“君子”，概以柔进，为刚者言也。其称“先王”者七，称“后”者三，而复则“先王”与“后”并称。推之先王，盖指“先甲”也，后盖指“后甲”也。每两卦旁通，俱有先后两筮，所谓原筮也。复通姤，姤二至复五而上之复三，复成既济。下离为日。故云至日。成既济“退藏于密”，故“闭关”。是时姤成咸，四不之初，故“商旅不行”，此先王也。其姤之成咸，则更变通于损，为继体之君，故为后也。若先成屯家人，家人后通解。解二之五成萃，相错为观革，即观通大壮，大壮二之五之比例。观通大壮，大壮二之五为省方。今复不成屯而成既济，姤不成家人而成咸。咸通恒，不错为观革，故“后不省方”。此“后”与“先王”并称，其义甚明。无妄升先成既济益，则先王也。观大壮先成蹇革，则先王也。豫小畜先成既济咸，则先王也。比大有先成屯家人，则先王也。噬嗑井先成蹇革，则先王也。

否泰先成，既济益为先王，益通恒则后也。财成天地之道，辅相天地之宜，指否之成益言，故称后，姤上施而成咸，然后通损以申命，故称后。泰之通，全赖乎否。复之复，全赖乎姤。姤实兼乎后之义焉。《后汉书·鲁恭传》“案《易》五月姤用事”，李贤注云“本多作后，古字通”。

萃

《彖传》、《序卦传》、《杂卦传》皆以聚赞萃，谓其成咸

也。《乾·九五·传》云“飞龙在天，大人造也”。《释文》“造刘歆父子作聚”。飞龙，谓成家人，家人变通于解，解二之五，为“利见大人”。解二之五成萃，故大人聚。非贯全《经》，未易明一字也。

升　长虹其高陵　天险不可升也

师二不之五而同人上之师三，成升，故云“升其高陵”。《坎·传》云“天险不可升也”。何为天险？谓离成同人。同人上乾为天，不可升，即不可上之师，三成升，与“升其高陵”互明。地险谓坎成比，下坤为地，比五互艮，邱也。同人上之比，三成蹇，下艮，山也，陵也；上坎，川也。由比之邱，而这蹇之陵，是为“邱陵”。异乎升之高，为蹇之陵。不可“升其高陵”，而宜其山川邱陵也，其义微矣。

困　困蒙　其义不困穷矣
其吉则困而反则也

《传》云“困，刚掩也”。掩之义为藏。藏者，藏伏于二，不见于贲五，以致成需，则困穷，所以名困也。既困穷，而成需，需能变通于晋，则“利以和义”而不困穷。故《需·传》云“其义不困穷矣”。困未成需，先初动则成节，先三动则成大过。大过，明夷相错为革升，与同人上之师三为比例。

同人上之师三，所谓“大师克”也。升孚于无妄，则相遇，故《杂卦传》以困为相遇，明困不必成需始困。即未成需，而成大过，已困也。盖困成需，犹师成泰。困未成需先成大过，犹师未成泰先成升。《传》以困“相遇”与“大师克相遇”互明。又于《同人·九四》赞云“乘其墉，义弗克也。其吉，则困而反则也”。乘其墉，谓同人四之师初，师成临，同人成家人。

因同人上未克师三，故未成泰，然已困矣，所以明困成节之已困也。困贲相错，为革蒙，蒙成泰即困成需。蒙未成泰先成损，则革成既济。损既济相错即节贲，蒙上之三成升，为同人上之师三之比例。故《蒙·六四》“困蒙吝”，明困所以为困，而《传》则于同人赞之，神妙无方，不容以浅略观矣。

井

泉出于天，井凿于人。无水可使之有水。水之在下者，可汲之令上。水之在此者，可迁之在彼。一井而“裁成辅相”寓焉矣。坎二不出中而离上入于坎三，此水之伏藏于渊者也。一旦变通于噬嗑，用汲以食。而井养不穷，泉伏于下，以人力修而出之，井之名本于坎水如此。《传》之赞井，义亦有二。

《杂卦传》云“井通”，此谓井二，通于噬嗑五。惟通故养不穷，此一义也。《序卦传》云“困乎上者必反下，故受之以井”，此以“下”字赞“井”字。《广雅》“井，深也”。丰井相错，为恒既济。丰四之井初，即恒中之初之比例。《恒·初六》“浚恒”，谓四之初也。《传》以“始求深”赞之。此“深”字赞“浚”字，即赞井之下。故《井·初六》“井泥不食”，即以“下”字赞之。“井泥不食”，谓丰四之井初也。此又一义也。《说文·井部》“荆，罚罪也。从井从刀。《易》曰‘井，法也’”。《说文》引《易》盖孟氏之遗，故郑康成亦训为法。制而用之谓之法，制而用则往来不穷，此井所以通也。《噬嗑·传》云“君子以明罚敕法”。法字赞“井”字，是井得噬嗑，罚乃明，法乃敕，而井养乃不穷。《蒙·初六》“利用荆人”，《传》云“以正法也”。又云“山下出泉”，用《井·九五》“泉”字赞蒙。故井养即蒙养。“利用荆”人之“荆”，即丰“折狱致荆”之“荆”。丰成革，通于蒙而后成既济，为“致荆”。噬嗑成革，通于蒙而后成既济，为“正法”。

《经》言“利用荆人”，而《传》赞以“正法”，似是以“法”字训解“荆”字。不知“法”字钩贯“敕法”“法”字，明同是革之通蒙。在丰成革如是，在噬嗑，成革亦如是，故于丰言“致荆”，以贯《经》文之“用荆人”。而邓自以“正法”与“敕法”两“法”字相贯，明其为噬嗑之通井，即

明乎噬嗑之成革。荆以言成，法以指井。“正”字赞荆字。徒以法为荆字之解，浅之乎言《易》矣。

革　执之用黄牛之革
鼎耳革　乾道乃革

卦之名革，取更革之义，乾二之坤五，而上之坤三应之。坤成蹇，乾成革。革四不可又之蹇初，故宜更革，以通于蒙。《乾·九四·文言传》云“或跃在渊，乾道乃革”，谓乾成革，改而通蒙。蒙二之五，山下出泉。泉即渊，故“跃在渊”，所谓“乾道乃革”也。

蒙二之五居中为黄，下坤为牛，如是则革，故云“用黄牛之革”。盖不更变于蒙，而以革四之蹇初，则无“黄牛”。无“黄牛”，则非用革。故《传》云“鞏用黄牛，不可以有为也”，谓不可以革四之蹇初也。《遁·六二》“执之用黄牛之革”。遁何以称革？玩不“莫之胜”三字，则承上“遁尾”而言。遁尾则临成泰，遁成咸。值此六二未变通，而泰二之五成既济，为夬二之谦五之比例。夬所谓“往不胜”，即此所谓“莫之胜”也，既济咸相错为蹇革。咸四之初，即是革四之蹇初，故执之而通于损。蒙二之五而后革四之蒙初，即损二之五而后咸四之初也。鞏即固也，执之即不可有为也。

《经》于遁称“执之”，《传》于革称“不可有为”。《经》于革称“鞏”，《传》于遁称“固志”。“执之”二字又与《咸·九三》“执其随”互明。“执其随”谓咸四不之初而损二之五，相错为随。以“执”字与“执其随”相钩贯；以“黄牛之革”，与“鞏用黄牛之革”相钩贯；以“莫之胜”，与“往不胜”相钩贯。“用黄牛”则革矣，革则“说”矣，故云“莫之胜说”。

《经》既以“执之”二字钩贯，“执其随”，又于《师·六五》称“田有禽利执言”。“田有禽”，师成屯也。“利执言”，屯通鼎，鼎成咸，咸四不之初也。鼎二之五成遁，遁成咸，即鼎成咸，故于遁称“执之用黄牛之革”。于师成屯通鼎，称

“利执言”。利者义也。鼎不执言而成家人，则鼎耳。言，兑也。耳，坎也。鼎成遁，执四不行，而上行成咸则有言而无耳。鼎成遁，不执四而四行，则有耳而无言。乃“执言”固宜“用黄牛之革”，不“执言”而“鼎耳”而“鼎耳”。亦宜以“鼎耳革”，“执之用黄牛之革”，遁成咸，通于损也。不执而鼎耳革，遁成家人，通于解也。解二之五成萃。

萃家人相错为革，盖言用革，谓由革，而变通于他卦也。但言革，谓由他卦变通而成革也。遁之用革，谓遁成咸，与既济相错为革。鼎耳之革谓鼎成家人通解。解成萃相错为革，非明乎相错，而比例求之，则遁之用革，鼎耳之革，将不知其何以称革矣？

鼎

《杂卦传》云“鼎取新也”，鼎之义为新，以器能新物，故器名鼎。《系辞传》云：“见乃谓之象，形乃谓之器。”象，能变化者也，形器以成既济言，象以变通言。鼎是器，故《序卦传》以“主器”哭字赞鼎，而《象传》不言器而言象，则谓屯方变通，未成既济，以取新之义言也。

震　振恒　震用伐鬼方　振民

《舜典》“震惊朕师”。《史记》作“振惊”。恒二未之五，而益上之三，为“振恒”振即震也。恒益为震巽之相错，恒是上震，益得下震。恒二不之五而益上之三，则益之震去，而恒之震存。云振恒，明震之独在恒也。

《传》云“振恒在上”。明震之独在上也。恒上有震，是未用震也。未用震，而益上即伐三，故凶。用震而后伐，是为“震用伐鬼方”。用为更变，震用则“恒不振”矣。《史记·鲁世家》“周公作《毋逸》云：治民震惧。”今《尚书·无逸》作“祗惧”。《盘庚》“尔谓朕曷震动万民以迁”，蔡邕《石经》作“祗动万民以迁”。是震通祗，故复下震称“无祗悔”。祗即震也。《汉书·律历志》"东，动也"。《说文》"动，作也"。作之义为始，天道始于东。故震为动而卦属东方。

艮

《传》以止赞艮，又以节为止。明止为节，非终止。故《序卦传》云"物不可以终动，止之"。又云"物不可以终止"。成终于此，亦成始于此，是为时止。"行健"在二五，"时止"在初四三上。若二五止而不行，初四三上行而不能待，则非"时止"，而为"艮其限"。"艮其止"，止其所也。"艮其限"，不止其所也。"艮其止""艮其限"，皆犹云艮其艮。止其所，则止所当止，为"时止"。艮兑以乾坤三索，故《经》以三上之行为义。当则成蹇革，失则成廉夬。艮其止谓成蹇而初有待，因而兑成革亦止而通于蒙。惟止于此，故说于彼。止由于说，说由于止，所以为"时止"也。《说文》限，阻也，与艰义同。

《易》诸所称艰难者是也。艮兑成谦夬为艰，艮兑成贲节亦艰。贲通于困则难阻可解。《系辞传》云"困以寡怨"，《说文》"恨，怨也"。艮，很也。《广雅》"很，恨也"。寡怨即寡恨，寡恨即寡艰。艰阻通，则不复艮其限矣。

渐　所由来者渐矣

《序卦传》云"渐者进也"。《彖传》云"渐之进也，女归吉也"，《杂卦传》云"渐，女归待男行也"。通而测之，《传》以晋为进，需为不进。"女归"而以"进"字赞之。明与需晋相关。盖归妹征凶，则渐上之归妹三。归妹成大壮，渐成蹇，蹇大壮相错为需小过。在归妹为"归妹以须"。需，须也。需则不进。蹇通于睽，犹需通于晋。渐之进也，谓睽二进于五。

《传》特以"待"字与《蹇·初六》"宜待"互明。于"待男"知渐成蹇，于"进"知归妹成大壮，而渐可明矣。《文言传》云："积善之家，必有余庆。积不善之家，必有余

殃。臣弑其君，子弑其父，非一朝一夕之故，其所由来者渐矣。由辨之不早辨也。《易》曰‘履霜坚冰至’，盖言顺也。”此因“履霜坚冰”之顺，而推及不早辨之不顺，而特用一“渐”字以赞渐卦之义。乾上之坤三成谦，谦通于履为履霜。履“辨上下，定民志”，则辨之早。乾坤成谦夬，不善也。不能早辨，而夬四之谦初成明夷需，积不善矣。仍不能辨，而需二之明夷五，成两既济，寇至灾成矣。

归妹成大壮，渐成蹇，犹乾坤成谦夬也。此时大壮，即反归以娣，蹇即待男而行。不善能改，故“女归吉”也。不能改，而渐成既济。归妹成泰，犹谦夬成明夷需。此时能改，而泰通于否，则“帝乙归妹以祉元吉”。既济通未济，亦君子之光，与需通晋“光亨”同，皆可由不顺改而顺。

惟泰不通否，而二之五。明夷不通讼，需不通晋，需需二之明夷五，乃成大悖而不可救，是所谓“由来者渐”也。女归待男，明其成蹇大壮。若初四先行，则归妹成临渐成家人。蹇大壮为需小过之错，家人临为中孚之错。家人通解，既可解悖。临通遁，亦咎不长。《传》于临赞云“刚浸而长”，于遁赞云“小利贞，浸而长也”。浸即渐也。渐而能长，则不至于不顺。临遁相错为履谦。《谦六五》“利用侵伐”，侵即浸，利用侵则渐而能长。

《传》用两“浸”字，赞谦之侵。用一“渐”字，赞渐卦之渐。归妹言“跛能履”，以其成临，而通遁。坤言“履霜坚冰至”，以其成谦，而通履。《经》以归妹成临，发明履卦。《传》以坤成谦，发明渐卦。如抚铜人之穴，经络相通。寻星宿之原，伏流可溯，洵神奇之至矣。

归妹　帝乙归妹　女归　归而逋
与人同者物必归焉　天造草昧　日中见沫

卦以归妹名，向第谓上震，为长男，下兑为少女，男子谓女子后生为妹。二之五则兑在上，五自二归，即妹之归耳。及以《彖传》及《泰·九五》观之，则不可合。

泰上天下地，何兄妹之有？而亦云归妹。于是解者或以为互兑互震，或以为泰三之四即成归妹。泰三固不可之四。此卦变之说，置不必论。互兑互震，似矣。而于《彖传》所云“天地之大义，人之始终”，究莫可通贯。细为思之，凡卦之名，有就当位名者，有就失道名者。归妹失道成泰，成泰而后变通，故名归妹。

《泰·六五》与《归妹·六五》，同称“帝乙归妹”，此即确证归妹二不之五而成泰，所以“天地不交而万物不兴”。归妹成泰则渐成既济，泰与既济系，则二之五成两既济而终止。改而通于否，泰与否系，则二之五而否应之。终始之际，存乎变通，故云“归妹天地之大义也”，又云“归妹人之始终也”。归犹复也。在渐既以夫征不复妇孕不育“明其为泰，在归妹即以”女承筐无实士刲羊无血“发明《象》之“征凶无攸利”，明白可见。泰既济相错，需明夷也。泰通否，犹明夷通讼。《讼·九二》“归而逋”，明以讼二之明夷五为归，即泰通否而二之五为归。《传》即赞于同人云“与人同者物必归焉”。同人师相错为明夷讼。《经》以讼二之明夷五之归，明泰二之五之归。《传》即以师二之五之归，明讼二之明夷五之归。而归妹之所以为归，于是乎可明矣。《释名》“妹，昧也”。《酒诰》“妹邦”，即《诗》“沫之乡”。“妹”“昧”“沫”三字通。

《丰·九三》“日中见沫”王肃音妹，郑康成作昧。丰涣相错为家人解，涣二之丰五，又为大壮二之五之比例。归妹未成泰，而“夫征不得”则成大壮。而渐成蹇，“妇孕不育”，则成临，而渐成家人，皆昧也，不俟成泰，而大壮即通观，家人即通解，则昧亦归矣。《传》于屯以“天造草昧”赞之。随蛊成大畜屯，犹归妹成家人临。《传》于屯通鼎云“草昧”，所以赞临之通遁也。《经》于泰之称归妹，明归妹之成泰。于丰之称见沫，明归妹之成大壮。《传》即以屯之称“草昧”，明归妹之成临，“见沫”即是“归妹”，“草昧”即是“见沫”。《经》文自相赞，与《传》之赞《经》，皆神奇之至矣。

丰

《序卦传》云："得其所归者必大，故受之以丰。丰者，大也。穷大者，必失其居。"《彖传》云："丰，大也。明以动，故丰。王假之，尚大也。""王假"谓涣二之丰五，五本柔而化为刚，此所以为大矣。五不大而四行，则成明夷。明夷幽不明，涣成中孚，亦无震不动。惟涣二先之丰五，丰四后之涣初，丰不成明夷则明，涣成益下震则动。丰以明以动得名，则指丰成既济，涣成益，即为屯家人相错。屯，盈也。丰，满也。满亦盈也。屯盈则通鼎为"居贞"，益盈则通恒为"居贞"，不变通而穷，则"失其居"。以"失其居"，与屯之"不失其居"相贯。而丰之为丰，于是可见矣。豐即丰，邦从丰声。

《说卦传》以离为蚌，蚌即邦，邦即丰。涣二之丰五成革，而丰四之涣初，即蒙二之五而革四之蒙初之比例，亦即睽二之五而四之蹇初之比例。蹇成既济，离在下为"正邦"。革成既济，离在四亦为"正邦"。丰先成革而后成既济，互离在四，与革通蒙成既济合，亦与咸四之初合。故中孚"孚乃化邦"，指二之小过五成咸，而咸四之初成既济也。

中孚二之小过五，而小过四之初，为损二之五，而咸四之初之比例。损二之五，而咸四之初成既济，为"古朋之龟"。龟指咸四之初成离，《传》于离称为蚌为龟。蚌取于丰，邦亦取于丰，豐亦取于丰。蚌邦豐一也，龟指咸二四成离，亦指夬下成离。邦指革四成离，亦指蹇下成离，亦指泰下成离。其义同，故相次以见义。羸之为羸，则指明夷下之离，与泰既济下之离。羸之义为瘠为弱，故指失道之既济。龟之言久也，丰之言盛也，故指当位之既济。蟹之为解，则兼失道当位言之。解成泰通否而成既济，则当位，为"天下有邦"矣。不通否而成既济，则失道，为"羸其角"矣。鳖即敝，亦即罢。井成需不漏，需二之晋五成既济，下离为"敝漏"。归妹成泰，泰通否而成既济，则"永终知敝"。中孚成需通晋，"或鼓或罢"，

"罢"与"敝漏"之敝同。"鳖蟹羸蚌"四字，皆指成既济有离，与龟指成既济有离同。与龟为类，故假借为鳖羸蟹蚌。其实鳖即敝也罢也，羸即羸也，蟹即解也，蚌即邦也丰也。始测得此义，亦咤其奇，未敢遽信也。测之既久，则诚见其为然，确不可易。故不惮烦复言之，以质诸好学深思之君子焉。

旅　商旅不行

《复·象传》云"先王以王以至日闭关，商旅不行"，虞翔云"坤阖为闭关，巽为商旅，为近利市三倍，姤巽伏初，故商旅不行"。以商旅属巽非《易》义，何也？旅即旅卦也。节二之旅五，节成屯，旅成遁。姤二之复五，复亦成屯，姤亦成遁，故复言旅也。姤二之复五，不独同于节二之旅五，亦同于临二之五。

临二之五为至临，姤二之复五，因而上之复三。即为至日，与临二之五遁上之临三同，亦与节二之旅五节三之旅上同。"商旅不行"者，姤四不之初也。姤四不之初即旅四不之初，故旅不行。商即《兑·九四》"商兑"之商。兑二之艮五，四不之艮初，谓之商兑。《月令》"盛德在金其音商"。兑为正秋，二张于艮五。兑下成震为善鸣，秋而有声，则商也。兑成节犹坤成复，复通姤与节通旅同。

节二之旅五，而旅四不之初，即是兑二之艮五，而四不之艮初，亦即是姤二之复五，而姤四不之初。在兑为商兑，在旅则为商旅。于复而云商旅不行，明复通姤，而姤四不行。即节通旅而旅四不行也。旅不行而加一"商"字，明其为四不行，同于兑四不行之为商兑也。

巽　上巽也　顺以巽也　顺以巽也　顺以巽也

《说卦》、《序卦》两《传》，以巽为人。《经》凡称人皆指巽，乾四之坤初成家人，则云"惟入于林中"，家人上巽也。

离上之坎三成井，则云“入于坎窞”，井下巽也。贲上之困三成大过，则云“入于幽谷”，“入于其宫”，大过下巽也。履四之谦初成，中孚明夷，则云“入于左腹”，中孚上巽也。

讼上之三成大过，则云“后入于地”，与贲上之困三同也。需二之晋五，晋四之初成益，则云“入于穴”，益上巽也。姤四从二五之初成家人，则云“出入无疾”。家人上巽也。《讼·传》云“入于渊”，谓上之三成大过，即明夷之“后入于地”也。《传》称巽者四。大畜通萃成家人，巽在上，故《萃·六三·传》云“上巽”也。蒙二之五，成观巽在上，故六五云“童蒙之吉顺以巽也”。

归妹四之渐初，成家人临，《家人·六二·传》云“六二之吉，顺以巽也”，谓家人通解也，《渐·六四·传》云“或得其桷，顺以巽也”，谓渐成家人通解也。通解则解成萃。蒙成观与革错，亦为家人萃。《传》三言“顺以巽”，皆以家人上巽而言。《说卦传》“乾健，坤顺。震动，巽入。坎陷，离丽。艮止，兑说”。《彖传》于巽独不言入，直称为巽。巽犹逊也，逊犹让也。大抵八卦之名，各名一义而义则相通。乾行健，谓初筮再筮不已也。坤顺承，谓当位失道皆变通也。离丽，谓初四三上附于二五而当位也。坎陷，谓二五为初四三上所陷没而失道也。

震柔上，宜动者也。巽刚中，宜逊以从人也，艮止，有所待也。兑说，舍乎此以通于彼也。全《易》之义，八字尽之。入与出对，出主二五，帅众者也。入必初四三上，视二五之动以从之者也。《彖传》以随赞巽，巽随震而有事，犹随随蛊而有事。巽之无初，即随之无故矣。

兑　用说桎梏　舆说輹
后说之弧　莫之胜说

《彖传》云“兑，说也”。说之义为解释，谓成革，则舍而通蒙也。《蒙·初六》“用说桎梏”，即脱去革以从蒙也。革上兑，用四之蒙初，用兑即是用说。凡卦称说者，固以卦有

兑，而兼用解脱之义。小畜二之豫五，豫成萃，萃上兑，故“说輹”。“说輹”者，萃四不之初，不坤舆无輹也。大畜二之五而萃四不之初，即小畜二之豫五而豫四不之初之比例。盖乾四之坤初成复，则有底。小畜舍复而通豫，是脱去有底之輹，亦即脱去复。輹即复也，屯之有底同于复。

大畜脱去屯，而通萃，犹小畜脱去复，而通豫，故均云说輹也。睽成泰，泰通否，泰二之五，为先张之弧。否上之三成咸，为后说之弧。咸上兑固为说，而睽成泰，即舍蹇而通否，蹇上坎亦是弧。蹇成即济，睽又成既济。两坎在上，坎坎即是弧弧，故张其一弧，而脱去一弧也。遁临相错为谦履，遁上之临三成咸泰。咸舍泰而通损，故云“莫之胜说”。“说”指咸上兑，亦兼脱去之义也。

涣

《序卦传》云“说而后散之，故受之以涣”。涣之为散与萃之为聚，互相发明。涣二之丰五成观革，相错为萃家人。家人上之萃三成咸，三阳相聚。所以为萃。相错为观革，观上之三成蹇，则两阳分散，所以涣。

《说卦传》云“风以散之”，正指涣上之巽矣。涣二之丰五，为夬二之剥五之比例。《传》以烂赞剥，烂犹涣也。延笃云“涣烂乎，其溢目”，是也。涣通涣。《论语》“焕乎，其有文章”，“焕乎”犹云“涣烂乎”。涣二之丰五则“来章”，与革通蒙，蒙二之五同。蒙杂而著，物相杂为文。《说文》“散，杂肉也”。涣为散，其义亦同。

节 失家节 中节 刚柔节 不知节 节饮食

《杂卦传》云“涣离也，节止也”。明涣所以补离之失。节所以复艮之时也。兑二不之艮五。而四之艮初，艮成贲，兑成节，不能止者也。节通于旅，旅四不之初。而节二之旅五，

仍是“艮其止”，故名为节。节所以达旅人，节之名以旁通于旅名之也。《传》于家人、蹇、鼎、颐、未济五卦，皆称节以赞之。节旅相错即为蹇睽。

《蹇·九五》“大蹇朋来”，谓升二之五。升通无妄而二之五成蹇，犹蹇通睽而二之五成无妄。无妄蹇相错为屯遁，即节二之旅五。《传》以蹇无妄为中节，则节二之旅五，成屯遁为中节可知。节二之旅五，与屯通鼎鼎二之五同。《鼎·上九·传》云“玉铉在上，刚柔节也”。鼎成遁，升成蹇，下皆艮止。若鼎四之初成大畜，犹解四之初成临。

《家人·九三》“妇子嘻嘻”，谓家人上之解三成恒，恒四又之初成泰，故《传》云“失家节也”。家人成既济，解成泰，与益成既济恒成泰同。《未济·上九·传》云“饮酒濡首，亦不知节也”。泰既济，相错为需，故“濡首”。成需则失节，不成需则节矣。《传》于颐赞云“节饮食”。需为饮食之道，噬嗑四之井初，成需颐，为鼎四之初之比例。颐舍需通大过，大过四不之初则不成需，故为“节饮食”。委婉曲折，以相赞明，非达乎相错旁通之指，未知所谓也。

中孚　孚　有孚　匪孚　罔孚　斯孚

《杂卦传》云“中孚，信也”。《序卦传》云“节而信之，故受之以中孚”。《彖传》释“豚鱼吉”云“信及豚鱼也”。《革·彖传》云“已日乃孚，信而革也”。《丰·六二·传》云，“有孚发若，信以发志也”。《大有·六五·传》亦云“厥孚交加，信以发志也”。

《坎·彖传》赞“习坎有孚”云“行险而不失其信”，皆以信赞孚。《说文》“符，信也”。“孚，一曰信也”。“孚”“符”古字通。讼履涣成中孚，不能与明夷通，宜变而通于小过。《聘义》云“孚尹旁达，信也”，旁达犹言旁通。符节两片相合。两卦旁通似之，故名孚。讼成中孚。讼成中孚，犹晋成小过。需二不之晋五而晋上之三，则过矣。过而能改，同必旁通于中孚。小过旁通中孚，亦孚也，讼成中孚，亦过也。

《易》六十四卦，惟大过颐。小过中孚，专有旁通。故以小过名过，中孚名孚。过而能孚，仍归无过矣。《象》言“有孚”者五，言孚者二，爻言有孚者十九，言孚者九。一爻中两见有孚者三，坎观讼三卦本无过，必有孚以通之，乃能终于无过。

需损两卦已有过，必有孚以通之。乃能改而无过。孚上加一“中”字，明两卦旁通，以二交五为孚。二不交五，而四上先行，仍不为孚。坎二之离五则有孚，坎二不之离五，离成明夷，坎成需，则不孚。坎成需，犹困成需，所谓“有言不信”也。需与明夷不孚，而明夷变通，于讼则孚，需变通于晋则亦孚。需有孚与晋则“光亨”，讼有孚于明夷则“窒惕中吉”。举一坎，以明八卦非孚，则不可行。举一讼，以明无过之卦，必与有过之卦孚。举一需，以明有过之卦，必与无过之卦孚。以我之不足，受彼之有余。以我这有余，被彼之不足。惟有孚，而元亨利贞之德乃行，故《易》重有孚。

《象》又于观损两卦，称有孚者，观与大壮孚者也，损与咸孚者也。睽四之蹇初成损，与睽上之三，成大壮，同一有过。损有孚而元吉，观有孚而化。举一观，以见过在三上者之有孚也。举一损，以见过在初四者之有孚也。过在初四者为损，过在三上者为大壮，过在初四又在三上者，为需明夷。举需以例明夷，举损以例大壮，举观以例咸，举讼以例晋。故《象》之言孚，止此五卦，而其义已尽。

需之孚于晋，《晋·初六》云“晋如摧如，贞吉。罔孚，裕无咎”。“罔孚”之罔，即“君子用罔”之罔，谓成益也。需成既济，所以贞吉者，以晋成益以罔孚也。需二之晋五，即未济二之五。《未济·上九》“有孚于饮酒，无咎”。“饮酒”需二之晋五也。未济为既济所孚，未济成否，犹晋成否，为“饮食宴乐”，故“有孚于饮酒，无咎”。既饮酒而初四应之成益，又宜孚于恒。

恒二之五而后益上之三，则为“西邻禴祭”之时矣。乃恒二不之五，而四之初成泰，益上之三成既济，是为“濡春首”。益虽有孚于恒，仍为“失是”。是者时也，失变通趋时之道也。举一未济，而诸卦可以隅反。失是者不是也。不是者非也，非

即匪也。解二不之五成萃。《萃·九五》“萃有位，无咎。匪孚”。匪谓大有四之比初，成大畜，所谓“无交害匪咎”也。大畜孚于萃，即是匪孚于萃，故云“匪孚”。初六“有孚”，六二“孚乃利用禴”，皆谓此“匪孚”。《升·九二》亦云“孚乃利用禴”。蒙上之三成升，亦失是为“匪”。升旁通于无妄，亦“匪孚”也。

《彖》于损称“有孚元吉”，爻于《井·上六》称“有孚元吉”，明坎成井与未济成损同。虽“失是”而能“有孚”，仍是“元吉”。“失是”成损，又损成泰，失而又失而后孚，视损之孚，视损之孚更为艰苦。《泰·九三》“勿恤其孚”，损成泰则恤。泰孚于否则勿恤，否成益则戒，益孚恒则不戒，故云“不戒以孚”。《益·九五》“有孚惠心，勿问元吉”，谓益孚于恒也。“有孚，惠我德”，谓恒孚于益也。坎孚于离成同人比，比不孚于同人而孚于大有。惟孚于大有，大有二之五，而比初比之则成屯。屯又有孚于鼎，故盈缶。一孚于大有，再孚于鼎，是为“原筮”。原筮者，再筮也。《大有·六五》“厥孚，交如威如”，孚即比之有孚，谓比有孚于大有，而大有二之五为“交加”。既交而比初比之成家人，《家人·上九》“有孚威如”，谓孚于解。以“威如”二字，与大有之“威如”相钩贯。

《睽·九四》“遇元夫，交孚”。“睽孤”则成损，“交”谓损二之五，孚谓孚于咸，即损而有孚。“遇元夫”故“元吉”也。家人孚于解，所谓有孚于小人。解二不之五，而国初成临，临不可与家人孚，变而孚于遁，则为“斯孚”。斯即澌。澌而后孚，故云“斯孚”。临通遁，犹中孚通小过。中孚通小过，犹小畜通豫。故《中孚·九五》“有孚挛如无咎”。《小畜·九五》亦“有孚挛如”，六四“有孚血去惕出无咎”，与涣互明。

《大壮·初九》“壮于趾，征凶有孚”，“征凶”即归妹之征凶。归妹不成随而成大壮，失是矣。此时不可不有孚，有孚者孚于观也。大壮二之五成革，《彖》之单称孚者惟革夬两卦。革云“巳日乃孚”，“巳日”谓下成离日。四止而不行，以孚

于蒙。孚于蒙则改命从蒙，故六二“已日乃革之”，惟孚乃革，故《传》云“已日乃孚，信而革也”。九四“有孚改命吉”，九三“革言三就有孚”。革孚蒙，蒙成益，又孚恒，故“三就”也。蒙二之五为“大人虎变”。虎所以变，以“已日乃孚”。九五“未占有孚”，占即变也。未占为蒙，已占为观革与蒙孚，不与观孚。孚于未变之先，此示其例矣。艮上之兑三成夬，三先于五则号。惟夬孚于剥，是为“孚号”。兑三之艮上成夬，则“孚于剥”。兑二之艮五成随，则“孚于嘉”。嘉者，亨也。

随孚于蛊，蛊二之五，而初四会之成家人，“孚于嘉”也。三上会之成革，亦“孚于嘉也”。若蛊成蹇，随成革，革四之蹇初，是为“随有获贞凶”，故必“有孚在道”以明。“有孚在道”与“有孚失是”互明。“在道”则不“失是”矣。余学《易》悟得旁通之义。测之既久，乃知《传》中“旁通”二字，即《经》文所谓孚。惟两卦相孚，而二五交，上下乃应。交而不应，不孚故也。此《易》所以以孚为重也。

大过　小过　过旬　有过则改　赦过宥罪　天地以顺动故日月不过

过之义亦有二。其一为过失之过，贲复节小畜明夷需，皆失道有过，贲孚于困，复孚于姤，节孚于旅。小畜孚于豫，明夷孚于讼，需孚于晋，可以改过矣。乃贲上之困三，复三之姤上，讼上之三，成大过。节三之旅上，小畜上之豫三，晋上之三，成小过。过而不改，是谓过矣。此卦所以名过也。大过二五两刚，过在二，故名大过。小过二五两柔，过在五，故名小过。大小皆不可过，而过在柔，尤不可。故《杂卦传》云“小过过也”。其一为过度之过，义同于至。大过通颐而二至于颐五，则为大者过。小过通中孚而五至于中孚二，则为小者过而亨。

《彖》以“栋桡”明大过，九三言“栋桡凶”发明之，此谓过失也，上六“过涉”，“过”谓二之颐五，“涉”谓颐上涉大川，此则过度之过矣。《小过·象》以“可小事”明小过，谓五可至中孚二也。六二以“过”与“不及”并言，九三九四言“弗过”，上六言“过之”，则皆过失之过矣。

《传》以“过”赞小过，以“颠”赞大过。度而至，乃颠也。《序卦传》云“不养则不可动，故受之以大过”。此以动赞过。“有其信者必行之，故受之以小过”，此以行赞过。又云“有过物必济”，则以过为济，济亦度也。《丰·初九》“遇其配主，虽旬无咎。往有尚”。《传》云“虽旬无咎过旬灾也”。《地官·均人》“丰年则公旬用三日”，注云“旬，均也。读如‘畇畇原隰’之畇”。《易》坤为均，今书亦有作旬者，谓《易》《书》亦有作坤为旬也。

《易释文》云：“旬，荀爽作均。郑康成解旬为十日。”十亦坤数，是旬是均，皆指坤无疑。离上之坎三成丰，犹晋上之三成小过。丰四之涣初成明夷，为小过四之初之比例。明夷上坤，由小过而有坤，故云“过旬”。明夷上坤下离，《小过·上六》“飞鸟离之”，指其下离而言。此《传》云“过旬”，指其上坤而言。旬上加一“过”字，明其同于小过之成明夷这灾。“虽旬无咎”之旬，不成明夷之旬也。不成明夷何以有旬？涣二之丰五，“遇其配主”则涣成观。观下虽亦有旬，而非明夷之旬，则为无咎之旬，而非有过之旬也。小过者，小畜二不之豫五而上之豫三也。

《豫·传》赞云“天地以顺动，故日月不过”。不过即是弗过，谓不成小过也。既成小过，变通于中孚。中孚二之小过，五成益，故《益·传》云“有过则改”。小畜二之豫五，与解二之五同。《解·传》云“君子以赦过宥罪”，赦过则不过，谓解成萃，为豫成萃之比例。解二不之五，而四之初，犹涣二不之丰五，而丰四之涣初。“赦过”二字，“括不过”“弗过”“过旬”诸“过”字，一以贯之。若不深考。视为泛文。圣人赞《易》之精微，何由见哉？

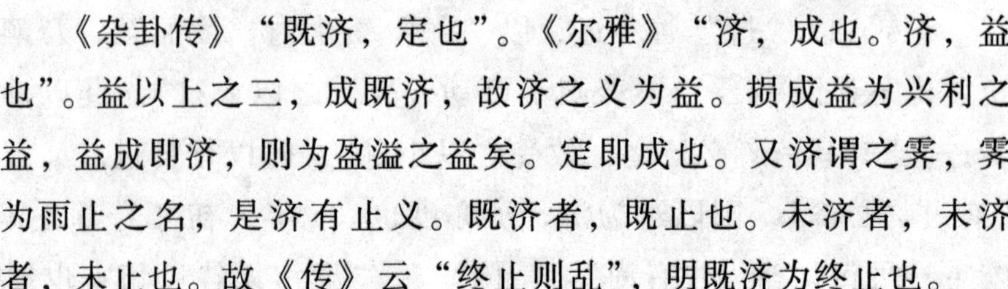

既济　未济　天道下济而光明

《杂卦传》“既济，定也”。《尔雅》“济，成也。济，益也”。益以上之三，成既济，故济之义为益。损成益为兴利之益，益成即济，则为盈溢之益矣。定即成也。又济谓之霁，霁为雨止之名，是济有止义。既济者，既止也。未济者，未济者，未止也。故《传》云“终止则乱”，明既济为终止也。

《谦·传》云“天道下济而光明”，济指既济也。下谓履四下行之谦初也。履二不之谦五，而四之谦初成明夷，则不光明。惟履二先之谦五而后四之谦初，不成明夷而成既济，故“下济而光明”。下济者，下行而成既济也，赞《易》之妙，思之自见。

第二十章　易通释卷二十

易有大极　与时偕极　失时相不知极　六爻之动三极之道也

《系辞传》云：易有大极，是生两仪。两仪生四象，四象生八卦。八卦定吉凶，吉凶生大业。虞仲翔以大极为大乙，分为天地，故生两仪。此本《礼运》为说而《乾凿度》则托孔子之说云："易始于大极，大极分而为二，故生天地。天地有春秋冬夏之节，故生四时。四时各有阴阳刚柔之分，故生八卦。"于是虞氏谓两仪为乾坤。

乾二五之坤，成坎离震兑。震春，兑秋，坎冬，离夏，故两仪生四象。乾坤生于春，艮兑生于夏，震巽生于秋，坎离生于冬，故四象生八卦。此本《乾凿度》而羼入纳甲。乾坤生六子，今止生坎离震兑而艮巽遂不为乾坤所生，已为谬戾，而乾坤生坎离震兑，坎离震兑又生乾坤，又生坎离震兑。而艮巽不生于乾坤，乃生于坎离震兑。统一八卦，摘其二为两仪，摘其四为四象。颠倒错乱，全无条理，且坎冬离夏矣，又坎离生于冬。震春兑秋矣，又兑生于夏。震生于秋，不已乖乎。

郑康成注《乾凿度》"大极"云"气象未分之时，天地之所始也"。其注《易》云"极中之道，淳和未分之道也。两仪天地也"。此空言道之未分以加于未有天地之前，即韩康伯有必始于无之说所自起，圣人所不言也。马融以大极为北辰，大极生两仪，两仪生日月，日月生四时，四时生五行，五行生十二月，十二月生二十四气。北辰居中不动，其余四十九，转运而用。此盖以大乙为北辰之神。大极既是大乙，自是北辰。又以京房合十日辰二十八宿为五十，不能合于两仪四象，变其说以四象为四时，以配两仪而增出日月五行十二月二十四气，以合乎大衍之用四十九。

野时凑积，本不足议，然以大极两仪指揲蓍者自此起。于是唐崔憬撰《探元》，谓四十九数，合而未分，是象大极，分为二以象两仪，分揲其蓍皆以四为数。一策一时，故四策以象四时。乃揲蓍又有卦一以象三，归奇于扐以象闰。与两仪四象八卦，参差不合。憬既以四十九为大极，又以五十舍一不用者，象大极虚中不用。支吾迁就，亦莫能定。刘禹锡辨《易》九六论，依珩大衍论，以三变皆刚，大阳之象。三变皆柔，大阴之象。一刚一柔，少阳之象。一柔二刚，少阴之象。朱汉上合崔刘以解《易》，以四十九未分为大极，以大阳为乾，大阴为坤，少阳为震坎艮，少阴为巽离兑。

郑康成注《乾凿度》，以七八九六解大极。分而为二，则是以为两仪。而《汉上》以八卦括之，则两仪四象，皆此八卦。邵康节造先天之说，谓一分为二，二分为四，四分为八。亦以大阳大阴少阳少阴为四象，而以阴阳为一奇一偶。以四象为两奇两偶，与一奇一偶，一偶一奇，与刘禹锡以三变为说者不同。近时毛大可驳之不遗余力，无庸更议。“易有大极”四字，于大极上明冠“易”字。易者，交易也。交易乃有大极，则大极岂是合而未分之名。余谓欲明大极，必先求“大极”二字之义。大或读泰，其义则同。极，中也，大极犹云大中。“大极”二字，《易》书无之。孔子用此二字，以明时行之道。《传》中原自互相发明，不必远求而自得。何也？《易》之言大。皆指阳。《易》之言中，皆指五。

《传》中称大者不一而足，称中者亦不一而足。而“大中”二字，惟见于《大有·传》云“柔得尊位。大中，而上下应之，曰大有”。此“大中”二字，与“大极”二字，遥遥相应。柔得尊位，则阳自二而之五为同人。于是又于《坎·九五·传》赞云“坎不盈，中未大也”。明以“中未大”三字，与《大有·传》“大中”二字互明。“中未大”者，坎二未之离五也。坎二未之离五，则“中未大”，然则大有二之五为大中可知。又于《乾·上九》赞云“亢龙有悔，与时偕极。亢则知进不知退，知得不知丧，知存不知亡”。有悔则

家人通于解，屯通于鼎。鼎二之五，解二之五，皆大中。“与时偕极”，即与时偕中也，变通所以趋时，趋时则偕极，趋时所谓易也。“与时偕极”即是“易有大极”。未济二不之五，而“濡其尾”。

《传》云“亦不知极也”。不知极即不知中。二先之五则知极矣。《节·九二》赞云“不出门庭，失时极也”。节二之旅五为“出门庭”。“不出门庭”，节二不之旅五也。节二不之旅五，时极犹云时中。易而有大极，时中之谓也。何以时中？惟易则有之。易者，变而通之也。其先失时极变而通之，则有大极，是谓“易有大极”。“仪”字之义，本《渐·上九》“其羽可用为仪”。《传》云“其羽可用为仪，不可乱也”。

《系辞传》云“言天下之至动而不可乱也。拟之而后言，议之而后动，拟议以成其变化”。议，陆绩姚信，桓元荀柔之皆作仪。因至动而不可乱，是以仪之而后动。可用为仪，正以其不可乱。两《传》互明。乱者，刚柔相间成两戏济也。成两既济则不宜。仪者宜也。“仪”字通于议亦通于义。义亦利也。变而通之以尽利，仪亦变通之名。乾二之坤五为比，比易而通大有。兑二之艮五为渐，渐易而通归妹。归妹二之五，犹大有二之五，以归妹大有互相比例。大有二之五为大中，归妹二之五亦为大中。乃《渐·上九》“鸿渐于陆”，则谓归妹二不之五，而四之渐初，成家人临。

归妹二不之五，则中未大。中未大则未有大极。未有大级则初四不可为仪。易而家人通解，则解二之五为大中。是易有大极，而家人上之解三为仪。若归妹二先之五，则成家人屯，初四亦得为仪。试即以大有言之，大有二之五，为大中，即是大极。大中而上下应之，即两仪也。上下一齐皆应，成两既济而乱，则不可为仪。上之比三为上应，比成蹇，大有成革，一仪也。四之比初为下应，比成屯，大有成家人，又一仪也。羽用为仪，羽有两故仪，有两羽，即翼也。

《明夷·初九》“明夷于飞，垂其翼”，即小过四之初，小过中孚相错为归妹渐，于《渐·上九》明其羽之用为仪。渐上之归妹三，为中孚上之三之比例，则小过四之初，为归妹四之渐初之比例。然则归妹四之渐初，渐成家人归妹成屯，亦羽之可用为仪者也。中孚二不之小过五，而小过之初成明夷，为“垂其翼”。此翼之不可为仪者也，即归妹二不之五而四之渐初也，亦即大有二不之五而四之比初也。大有二不之五，即坎二未之离五，坎二未之离五则中未大，中未大则易而未有大极，未有大极则不能生两仪，故同是羽也翼也，而不可以为仪也。《传》于中孚赞云“君子以议狱”，狱者中孚上之三也。议即仪，谓中孚二先之小过五，而后上之三，则议狱。狱可用议，即羽可用仪也。节二不之旅五则“失时极”，节二之旅五则“不失时极”，不失时极则“易有大极”。

《传》云“君子以制数度，议德行”。易而有大极，则有德行。旅成遁，四之初应之，则为仪德行。节二不之旅五而旅成贲，即坎二不之离五而坎成节。在坎为中未大，在节为失时极矣。小过云“飞鸟遗之间，不宜上宜下”。此两“宜”字，即是仪。惟宜上则不宜下，宜下则不宜上，所以有两仪。《经》《传》互相发明，历历可证。两仪何以生四象？大有有大极成同人，四之比初为一仪。而比则成屯，大有则成家人。上之比三为一仪，而比则成蹇。大有则成革，屯家人蹇革，是为四象。《杂卦传》既以屯为见，《系辞传》则明赞之云“见乃谓之象”，是明以象指屯。举一屯见，而家人蹇革，可以隅反矣。

《传》又于鼎赞云“鼎，象也”。鼎者，屯之所旁通也。合而言之则屯通于鼎为象。因而静推诸《传》，其言象也。云“在天成象，在地成形，变化见矣”，云“《彖》者言乎象者也，爻者言乎其变者也”，云“成象之谓乾，效法之谓坤”，云“见乃谓之象，形乃谓之器”，云“八卦成列，象在其中矣”，云“夫乾确然示人易矣，夫坤隤然示人简矣。爻也者，效此者也。象也者，像此者也”。云“易者象也，象也者像也”，云“八卦以象告，爻彖以情言”。盖二五交易，为大中，为大极。所谓形而上者道也。成既济六爻皆定，无复更改，为器，所谓形而下者，器也。一阴一阳之谓道，有从乎道者为两仪。乃家人上之屯三，革四之蹇初，皆成既济，则皆为器，无复能变化。故屯必通乎鼎，家人必通乎解，蹇必通乎睽，革必通乎蒙，则不致皆成既济。而乾知大始之道不息，故成象属乾，而在天成象。玩“变化见”三字，非成象无以见变化。在地成形，谓坤作成物。

如鼎成咸，在天成象也。屯成既济，在地成形也。屯通鼎，易也。故易者象也。变通则续终，故象也者像此者也。像犹似也，谓似续之也。屯家人蹇革，皆八卦所成，通于鼎解睽蒙。蒙二之五则“初筮告”，所谓以象告。非变通于蒙，则不能成象。不能成象，则非“初筮”之告，故必变通于鼎解睽蒙，乃以成象为“初筮”也。蒙二之五成观，与夬二之剥五同。

《传》于剥赞云“观象也”，谓成观即为象。所以明八卦以象告，即所以明四象之生八卦。何也？屯通于鼎为一象，家人通于解为一象，蹇通于睽为一象，革通于蒙为一象。象有四，而屯鼎家人解蹇睽革蒙，则为卦者八，故四象生八卦也。第以屯变通鼎，未及屯鼎之成既济咸。第以家人变通解，未及家人解之成既济咸，第以蹇变通睽，未及蹇睽之成既济益。第以革变通蒙，未及革蒙之成既济益，故第谓之象，所以别于形乃谓之器也。乾坤坎离，大中成同人比。震巽艮兑，大中成随渐。仪之于初四，则比随成屯。同人渐成家人，仪之于三上。则比随成蹇，同人渐成革，是八卦以有大极生两仪。恐其皆成既济而“无以续终”，则必以屯易鼎为象。蹇易睽为象，革易蒙为象，家人易解为象，是为“以象告”。即是四象生八卦。《传》明以“见”字赞“象”字，又明以“象”字赞鼎。举屯鼎而家人解可隅反矣。因《蒙·象》“初筮告”，而以“观象”二字赞于剥。又明云“以象告”，是明以象赞蒙。而剥之成观，必由于夬之成革。以剥例蒙，是亦以象赞革。举革蒙，而蹇睽可隅反矣。然则大有二之五，即是乾二之坤五，坎二之离五。归妹二之五，而后渐上之归妹三，即是巽二之震五，而后巽上之震三，兑二之艮五而后艮上之兑三。乃《经》之“仪”字，不言于震巽艮兑，而言于渐。

《传》之大中而上下应，不赞于乾坤坎离，而赞于大有。

何也？大有者，比所易也。归妹者，渐所易也，明“易有大极是生两仪”也。乾坤坎离震巽艮兑，其为大极生两仪生四象，固矣。变而易之，亦自有大极生两仪生四象。虽失道灾凶，苟能变易，其有大极，生两仪生四象，仍与八卦同，故“其羽可用为仪”。不言于渐成归妹之成家人屯，而言于渐归妹之成家人临，圣人诱人改过之苦心，与教人救败之善术，全在“易有”二字。尊其名为大极，似乎忧然其莫可及。不知一能转移，我即有之。

乾二之坤五为比，比易为大有。巽二之震五为渐，渐易为归妹。此两卦，《易》之最先，故《经》于渐明仪，《传》于大有明大中。而以“中未大”赞坎，此大彰明较著者也，既云“易有大极”，又云“易有四象”。两仪应大极，不俟变易而即生，四象由两仪而变易，必俟变易，乃有之，故前云“两仪生四象”，此直云“《易》有四象”。诸卦之变通，皆不外屯家人蹇革之易而为鼎解睽蒙，故四象所以示也。下取《大有·上九》爻辞，与《大有·传》大中上下应之文相贯，而特指“易有四象”四字，与“易有大极”四字相发明。大极即在四象之中，四象不离大极之外。四象一“大极”玩两“易在”，明白可见。下云“八卦定吉凶，吉凶生大业”。八卦何以定吉凶？即所谓“方以类聚物以群分吉凶生矣”。四象既生八卦，由是鼎解成咸。睽蒙成益则方以类聚，屯家人蹇革成既济，则物以群分，如是则吉。若屯虽易而为鼎，而“乘马泣血”。

家人虽易而成解，而“负乘寇至”。蹇虽易而为睽，而“载鬼一车”。革虽易而为蒙，而“金夫取女”。如是则凶，故八卦定吉凶。何为吉凶生大业？《系辞传》云“有功则可大，可大则贤人之业”，又云“富有谓之大业”。富即“富以其邻”之富，功即“出门交有功”之功。其吉也，鼎解成咸，睽蒙成益，屯家人蹇革成既济，固生大业。其凶也，鼎成恒大畜，解成恒临，睽成损大壮，蒙成损升，甚至鼎解睽蒙成泰。变而通之，有大极，生两仪，生四象，仍生大业，故“吉凶生大业”。

大业不言成，而言生，何也？终则有始，乃为大业。其为既济，而终谓之成，其为咸益又变通于损恒而始，故谓之生。业即事也。通变之谓事，举而措之天下之民谓之事业。易有大极，乃有大业。故业之大，属生而不属成。“大极”二字，并非实有一物。如大乙北辰之类，亦非虚无元渺。如老氏庄生之说，云易，云大，云生，云极，云是，云仪，云象，云业，孔子已一一赞明，本无疑义，说者不肯从《经》文《传》文中求之，而各传以臆说，宜其不可合耳。要而言之，大极元也。两仪亨也，四象利也，大业贞也。圣人赞《易》，即不离乎《易》。宁有一语出乎象辞爻辞之外？

四象所生之八卦，乃六十四卦中之八卦，非乾坎艮震巽离坤兑三画之八卦，若三画之八卦，尚未曾重，何有于《易》？父母六子，何吉凶之有？既云“易有大极”，已是六画之卦。惟不知共为六十四卦中之八卦乃从三画之上，求所为四象，求所为大极，宜乎有邵氏之说。《传》于揲蓍，已说其分二挂一揲四归奇云云，何必设立大极两仪四象等名目而沾沾如是哉？然则大极为大中矣，何以六爻之动三极之道也？此正发明“易有大极”“生两仪四象”之义。凡旁通两卦十二爻，其动者有六。二五之动，大极也。初四三上之动，两仪也。乃两仪必视二五之动而动，则二五固极。初四三上亦极，故云“三极”，此义《传》自明之。

《传》凡称中，皆指二五，而于大有称大中，于坎九五称中未大，是二五之动为大极之道，不必烦言以解。《节·初九》“不出户庭无咎”，谓四不之初，而二之五也。九二“不出门庭凶”，谓二不之五，而四之初也。《传》云“失时极也”。然则初四应二五，则不失时极。此初四之动，所以为极之道也。乾成家人，坤成屯，为“亢龙”。若“有悔”，则家人上不之屯三，而从解之二五之解三。《文言传》云“亢龙有悔，与时偕极”。然则上不从解五则失时极。此三上之动，所以为极之道也。

《未济·初六》“濡其尾”，则二不之五，虽易而无大极。四之初又上之三成泰，是初四之动，既失时极。三上之动，亦

失时极。故《传》云“亦不知极也”。然则二五先初四三上而动，一极。初四从二五而动，二极。三上从二五而动，三极。初四三上先二五而动，为不知极。二五从初四三上而动，亦失时极失时即失是，故易有大极，“是生两仪”是字，即“有孚失是”之是，是乃为大极，是乃生两仪。此爻之动有六而极所以有三也。

第二篇　易章句

焦循的《易章句》是按照《易通释》中所制定的原则对《易经》逐字逐句进行解释，把《经》和《传》作为一个统一的整体来研究。

叙目

岁癸酉，所为《通释》、《图略》两稿粗就，而足疾时发，意殊倦，《章句》一编未及整理也。

甲戌夏，宫保芸台阮公自漕州，移节江西，过里中，问循所为《易》何如，因节录其大略，邮寄请教宫保。今岁书来，极承过许，且言质之张古愚太守，亦诧为奇，索见完本，于是五月间，令门人弟子写《通释》、《图略》共二十八卷。既毕，因取《章句》草稿手葺之，凡五阅，月始就，用为初稿，俟更审正之也。

时嘉庆乙亥冬十二月，除夕灯下，焦循记。

第一章　上经章句第一

（乾）

䷀ 乾上
乾下

乾。

行之。不已。故健。

元。

二先之坤五。为乾元。

亨。

二先行，四从之，为亨。二先行，上从之，亦为亨。

利。

四从二，而亨，乾成家人，坤成屯。屯变通于鼎，家人变通于解，不更以乾上之坤三。上从二而亨。乾成革，坤成蹇，蹇变通于睽，革变通于蒙，不更以乾四之坤初，是为利也。其失道，成小畜、复、夬、谦，而变通为豫、姤、剥、履亦然。

贞。

屯通于鼎，鼎二之五而后屯三之鼎上，为“贞”。革通于蒙，蒙二之五而后革四之蒙初，为“贞”。成两既济，为“贞凶”。一成既济，一成咸、益。是为“终则有始，利而后贞”者也。

初九，潜龙，

二不先之坤五，而上之坤三，故“潜”，谦三互震，为“龙”。

勿用。

不可更以四之坤初也，初四相之，故在初言四，余放此。

九二，见龙在田。

见则不潜矣，谓成屯，地已治，故称田。

利见大人。

承上在田而言，坤成屯，则变而通之于鼎。见大人，谓鼎二之五。

九三，君子终日，

坤五本小人，成屯则为“君子”矣。“君子终日”谓坤由屯而成既济，三成离日而终。

乾乾，

坤成屯，乾成家人。家人上之屯三，成两既济，则不复有乾。惟屯通鼎，鼎二之五成遁，遁上仍有乾，是“乾”而又“乾”也。乾而又乾则屯虽终于日，鼎成咸，未终。

夕惕若，

夕谓鼎五柔也。屯反为鼎则阳易为阴。“惕”即“惕出”之惕，读如逖，远也，谓旁通于鼎也。

厉，

乾成家人，坤成屯。不变通则成两既济，终止道穷，何危如之。

无咎。

能变通，令鼎成咸，则“无咎”。

九四，或跃在渊。

九三明四从二，为“元亨”，屯三从鼎五，为“利贞”。九四明上从二为“元亨”，革四从蒙五为“利贞”。乾成革，坤成蹇，蹇与革不相孚，故疑。疑则必变通于蒙。“蒙，山下出泉”，渊即泉也。跃，上也。蒙二在坎为“渊”，上行于五是“跃”。此在渊者也。

无咎。

能变通也。

九五，飞龙在天，

离有飞象。坤成屯则乾成家人。家人下离，故云“飞龙在乾”，故在天。

利见大人。

承上“在天”而言。九二之“利”谓坤成屯，屯变通于鼎。九五之“利”，谓乾成家人。家人变通于解。

上九，亢龙，

“亢”，高也。乾成家人，上巽为高。坤成屯，下震为龙。

有悔。

九三谓屯，变而通于鼎，此谓家人变而通于解。

用九。

用乾之二四，上入坤。

见群龙，

屯，见也，用二四而不用上，则坤成屯。下震为“龙”，三阴为“群”，不乱。

无首，吉。

乾为“首”，坤“见群龙”，则乾成家人，家人无乾也。若坤成明夷，乾成需，需下乾则有“首”，不可用。

（坤）

䷁ 坤上 坤下

坤。元亨。

乾元亨，则坤成屯、蹇。坤承之，而变通于鼎，睽为坤之“元亨”。

利牝马之贞。

牝柔谓鼎五、睽五也，鼎、睽二之五上，皆成乾马。由牝而马，由牝马而屯、蹇成既济，是为“利”。“牝马之贞”，为坤之“元亨”。

君子有攸往，

《易》言君子、小人皆指五。五得位，为君子。失位，为小人。成屯、蹇，则坤以小人化为君子。“有攸往”，谓屯三之蹇初也。

先迷，

鼎二不之五而屯三先往。睽二不之五，而蹇初先往。如是则“迷”。

后得主，

谓鼎、睽二，先之五。

利，

得主则“利”。

西南得朋，

“西南”，坤也。乾二之坤五则“得朋”。

东北丧朋。

“东北”，艮也，以坤成蹇，言之也。蹇通于睽，睽五丧马，即“丧朋”也。知得而又知丧则能尽利。

安贞吉。

承上“丧朋”言也。安，犹定也。睽丧马，自复而后蹇，成既济乃吉。举“东北”以明蹇之“贞吉”，而屯可隅反矣。

初六，履霜。

“霜”，犹丧也。谓乾上之坤三，成谦，如霜之杀物。谦通于履，故“履霜”。

坚冰至。

乾为“冰”，谓履上乾也。“至”即“至临”之至。履二之谦五，即临二之五。成谦则薄，不薄故坚。

六二，直方大。

乾二之坤五，为“直”。坤成屯，变通于鼎为“方”。方即旁也，谓旁通也。由“直”而“方”，乃成其“大”。

不习。

习，重也。重乾重坤。乾二先之坤五，故“不习”。

无不利。

先“霜”后“履”，虽“方”而不“直”。虽“利”而非“无不利”。“习”以二五言，坎成需，仍为“习坎”。

六三，含章。

“章”，文章，乾二之坤五也，“含”者，不尽也。坤成屯，舍之勇于鼎，故含 而不尽。

可贞。

“贞”谓成既济。屯通于鼎，乃可成既济。

或从王事。

舍屯三，而从鼎，鼎二之五为“王事”也。“或”者疑而未信也，谓屯不与家人孚。

无成有终。

乾之二、四、上，皆之坤，成两既济，是“成”在坤矣。惟刊成屯，含之使不尽而变通于鼎；鼎二之五，而后屯三之鼎上，屯成既济而终，即坤之终。坤终而鼎有始，是“无成”也。此申言六二“直方”之义。

六四，括囊。

有底曰“囊”，坤主受而先成复，一刚在下为底，是“囊”之象。“括”，法也，亦至也。乾二不之坤五，而成复，则无法。复通姤，姤二之复五，无法改而有法矣。故“括囊”。

无咎无誉。

复通于姤。则“无咎”，坤先成复，则“无誉”，因“无誉”改而为“无咎”。先言“无咎”者，《经》文每到言也。

六五，黄裳。

“裳”，谓坤，乾二之伸五则有以“黄”此“裳”。

元吉。

此谓“乾元”。

上六，龙战于野。

谓乾上之坤，三成谦也。谦三互震为龙，上之三为凶事。故“战于野”谓坤也。

其血元黄。

坎为“血”，震为“元黄”。谦三互坎，兼互震，故有此象。

用六，

用坤之初、三、五。

利永贞。

永，久也，成两既济，则不可久。用九已“见群龙无首”，则坤已成屯。此时所用者，坤三也。俟鼎三之五，而后三乃用之鼎上，则“贞”而“永”矣。

（屯）

坎上
震下

屯。元亨。

鼎二之五为“元”。三往从之为“亨”。

利贞。

变通于鼎而屯成既济。

勿用有攸往。

鼎二未之五则三不可往，申明“君子有攸往”之“先迷”。

利建侯。

“建”犹健也。谓鼎二之五。

初九，磐桓。

“磐桓”，不进也。“勿用”故“磐桓”。申《彖》义。

利居贞，利建侯。

以居贞明《彖》辞之“建侯”。“侯”，君也。“居”，谓鼎二之五，“贞”谓三往成既济。“居”面后“贞”，故“利”。

六二，屯如邅如。

“邅”，转也，谓转而变通。

乘马班如。

“乘马”谓鼎成泰，坤乘乾也。班，旋也。谓泰通于否。

匪冠昏媾。

“匪”，犹非也，失是故非。“昏”，代也，“匪”则“冠”矣，“昏”则“媾”矣。成泰，则“致冠至”，“昏媾”则泰通否。

女子贞不字。

“女子”，谓鼎也。“字”，犹养也。“女子贞”则鼎与屯并成两既济，不复有始，故“不字”。

十年乃字。

承上“匪寇昏媾”而言。鼎不成既济，而成泰，上坤为“十年”，谓成泰虽“十年”，尚可变通，愈于成两既济，则

"不字"也。

六三。即鹿无虞。

"即"，从也，山足曰"鹿"。谓家人上从屯三，在艮山震足之间。

"虞"，度也。无度即无权也，假其辞为田猎，无虞人，《易》辞例如是矣。萃四已之初而大畜成家人，仍以家人上之屯三，是不戒不虞也。

惟入于林中。

"林"，亦众也。乾二之坤五为"林中"。乾四又之坤初成家人，上巽，为"入"。鹿所以不可即者，惟其先入于"林中"也。

君子几不如舍。

君子知微，合家人，而变通于鼎。

往吝。

"往"谓三往鼎上也。舍家人而孚于鼎，必俟鼎二之五，而后三"往"乃吉。不俟鼎二之五，而三遽"往"，成恒。虽能变通，然已吝矣。

六四，乘马班如。

鼎先成大畜，后成泰，故于六四发之。

求昏媾，往，吉。无不利。

泰孚否，即"昏媾"，而后否四求之，故"往吉"。

九五，屯其膏。

"膏"与高同，谓家人上巽。因其膏，故三不进，不使家人上巽，而来之屯三也。

小贞吉，

谓屯成既济，鼎成咸。

大贞凶。

谓屯三之家人上成两既济。

上六，乘马班如。

鼎或先成恒，后成泰，故于上六发之。

泣血涟如。

凝止而不行，为"泣"，谓屯成既济也。三互坎因"泣"

而有“血”也。“涟”即“往蹇来连”之“连”。恒变通于益，则不必“乘马班如”矣。谓成泰而后旋，不如成恒即变也。初、二、五，明当位之变通。二、四、上，明失道之变通。

（蒙）

䷃ 艮上 坎下

蒙。亨。

革通于蒙，则亨矣。

匪我求童蒙。

“我”，即“观我生”之我。革孚蒙，蒙二之五成观，则有我。上先之三，成升。则失是，故为匪我。二之五，为“童蒙”。“求”，谓革四来之初应我也。革四不可之升初，仍宜通蒙先成观，而后应也。

童蒙求我。

（“蒙”字后）古有“来”字，谓二已来之五。

“童蒙来”则有我，而革四，乃“求我”。

初筮告。

“筮”以变动言，谓二、五也。二五先初四，三上而动为“初筮”，则谓之“告”。“告”，示也，与观同。

再三渎。

坎为沟渎，初、四先变，二、五后变则筮于“再”矣。初、四变，三、上又变，而后二、五乃变，则筮于“三”矣。再则先成损，三则先成泰。泰二之五，上坎。

渎则不告。

既“渎”，则不可为“告”。

利贞。

革变通于蒙，而成既济。

初六，发蒙。

“发”，犹著也，谓二先之五。

利用刑人。

"刑"，成也。谓初之革四，革成既济。"发蒙"，故"利"。

用说桎梏。

"说"，兑也。用兑即用革四也。"说"读如"脱去"之脱。革"去故"，而通蒙为脱。"桎梏"，校也。"桎"，犹至也。"梏"，即"初筮"之"告"也。先二之五而后革四之蒙初，是"桎梏"而后"用说"也。《易》辞例以假借为引申，其文法多用到，故借"梏"为"告"，而到云"说桎梏"也。

以往吝。

不俟发蒙而遽往，与屯不俟鼎二之五，而三遽往同。

九二，包蒙吉。

"包"，容也。一云"作彪"，文也。

纳妇吉。

五纳于二。

子克家。

五之二为"妇"，二之五，则为"子"。观、革相错，为家为"克"上之三也。谓二先之五，而后上"克"于三。

六三，勿用取女。

"取"，犹求也，"女"谓革，"二女同居"也。"取女"，谓革四之蒙初。

见金夫。

"见"谓革通蒙也，虽通蒙而"取女"成泰，下乾为金，谓所以不可"取女"者，"取"则见"金夫"矣。"取"不成损而成泰，明二不先之五，而上已之三。

不有躬。

"躬"，身也。二之五，而上之三从之，成蹇为"有躬"。先成泰，泰二之五，成既济，无有蹇矣。

无攸利。

革通蒙为"利"。虽通而二不先之五，仍非利也。

六四，困蒙，吝。

革、蒙相错，为困。金夫，与"困于金车"同。

六五，童蒙，吉。

"童"，犹子也。易乎世而生，故象"童"。

上九，击蒙。

击谓上之三。

不利为寇，

先成泰，泰二之五，则坎为"寇"。"寇"者，上下无应者也。故"不利"。

利御寇。

蒙不成泰，而成益，不为"寇"矣。益不能通恒，使恒成泰，"致寇至"。则恒之为"寇"，由益不能"御"也。恒二先之五，有以"御"之矣。

（需）

䷄ 坎上 乾下

需，有孚。

"孚"，即旁通也，谓变而通于晋。

光亨。

"光"，广也。有孚于晋，则广大，广大则上下皆应而亨。

贞吉。

需成既济，故"贞"。亨则晋成益，故"吉"。

利涉大川。

晋成益，亨矣。益通于恒，则利。益上之三为"涉大川"。大川，坎也。

初九，需于郊。

"郊"即"自我西郊"之郊。谓需由小畜上之豫上，而成未能"自我西郊"，故"需于郊"。

利用恒。

孚于晋，故"利"，恒二之五成咸，为"用恒"，与晋成咸同。

无咎。

不"利用恒"，则"咎"矣。晋四不之初乃成咸，故自初发之。

九二，需于沙。

“沙”，犹斯也。旅斯其所，成明夷，则节成需。

小有言，终吉。

“小有言”，谓贲小而以上往节三，成需也。即困之“有言不信”。既变而孚于晋，故“终吉”。“终”，谓成既济。

九三，需于泥。

丰四之井初，为“井泥”，谓不孚于晋，而犯难于明夷也。

致寇至。

丰成明夷，井成需。需二之明夷五，成坎，为冠盗。

六四，需于血，出自穴。

坎为血，小畜上之豫三，血不出矣，故“需于血”。需通晋，二之晋五仍“血去惕出”。“穴”，亦坎也。坎互于三为“血”，在二为“穴”。

九五，需于酒食。

谓二之晋五。

贞吉。

晋成否，需成既济。

上六，入于穴。

需二先之晋五，互坎为穴，而后晋四之初成益，上巽为入。

有不速之客三人来。

“客”对主而言，谓二也。二之晋五，则为主人，据在需二，故言客也。速谓咸，成咸则速矣。不速者二之晋五，不成咸而成益也。凡二之五称来，客在需二，三阳为三人。既来为晋之主人，亦三阳为三人。

敬之。

旅成明夷节成需，不能“敬之”，无咎矣。需通晋，晋成益，仍与节二之旅五，而旅四之初同。

终吉。

需成既济，而“吉”。

（讼）

乾上
坎下

讼，有孚。

与明夷“孚”。

窒惕，中吉。

“窒”，谓二之明夷五，窒其欲，“窒”之即所以“惕”之。“中”，谓明夷五。

终凶。

“窒惕”，则讼成益，益上之三成两既济终止，故“凶”。

利见大人。

谓与明夷旁通，以二之明夷五。

不利涉大川。

二不先行，而成中孚，又上之三成需，故“不利”。

初六，不永所事。

“永”，即恒也，谓成曾益未通于恒。

“所”即“斯其所”之所。“事”者，变而通之也。明夷“斯其所”，变通于讼。讼二之明夷五，则不“失其所”，而能有“事”矣。

小有言，终吉。

“小”谓明夷，“有言”谓需。“言”不永，则已成益，成益则二，必先有事于明夷五。明夷五既变通于讼，则虽失道“小有言”，亦得“终吉”矣。明夷变通于讼，与需变通于晋同。

九二，不克讼。

“不克”，不以上之三也。“讼”谓二之明夷五。

归而逋。

“归”，谓二之明夷五。“逋”，犹迁也。谓成益迁而通于恒。

其邑人三百户。

“邑”益三互坤也。上之三则邑有人，二行成否一也。初行成益二也，上行成益二也，上行成既济三也。“百”为定数，成既济定，故言“百”。三行而定，故言“三百”。两次行成益，又行以定之，而邑有人，故云“邑人三百户”。凡初之四，称“户”。

无眚。

终凶则有“眚”，由“户”而“逋”，由“逋”而“定”，终则有始，故无灾眚。归而不逋，不逋而“邑人三百户”则有“眚”矣。

六三，食旧德。

“食”即“井泥不食”之食。“旧”，犹昔也。噬嗑成颐，又成明夷，在井为“旧井”，在噬嗑为“腊肉”。“食旧德”，犹“噬腊肉”缘不食而旧。旧而食，则不旧矣。“德”谓二之明夷五。

贞厉。

明夷成既济，而“贞”讼成益成“厉”。益、既济即屯、家人之相错，故其危同。

终吉。或从王事，无成。

益通恒，恒二之五而后益上从之，与坤六三义同。

九四，不克讼。

上不克三，而二之明夷五。

复即命。

“即”，从也。“命”谓二之明夷五也。“复”则有“命”上不克，则初之四多之。

渝安，贞吉。

“渝”，变也。“安”，定也。益变通于恒而后成既济，其“安”而“贞”，乃“吉”也。

九五，讼元吉。

明夷之伤，极矣。需二之明夷五，成两既济，则穷。变而通之于讼，则转为“元吉”。元在讼、不在需，故“讼元吉”也。

上九，或锡之鞶带。

二未之明夷五，故“或”上之三，成大过，为贲上之困三

之比例。困二“赤绂”“鞶带”所系也。“自上锡下”不成益，非“马蕃庶”矣。

终朝三褫之。

“褫”犹夺也。需二之明夷五，盗夺之矣。

（师）

☷坎下 坤上

师，贞，丈人吉。

“师贞”谓师成既济也。“丈”，长也，长人而后“贞”则“吉”。

无咎。

先成泰，则“咎”。

初六，师出以律。

师以出为生，入为死。“律”，法也。谓二先之五以为之法。

否臧凶。

“臧”，古“藏”字，即同人所谓“伏”也。泰二不之五，而否成既济，此“否”之所以为“否”也。师成升为藏，由升而成泰，则同人成既济。是“藏“而且“否”矣。

九二，在师中吉，无咎。

“中”，谓五也。三不先行，故“无咎”。

王三锡命。

在师中则有命。“王”，谓乾也。成屯，而通于鼎，鼎二之五，上乾为“王”。鼎上之屯三，故“三锡”。

六三，师或。舆尸，凶。

“或”之者，疑之也，谓二不之五，而同人上先之师三，师成升，升上坤，为舆。“尸”，犹施也。谓上之三也。二先之五，则施而无坤舆，二未之五而施，故为“舆尸”。

六四，师左。次无咎。

《易》以初、四为左，三、上为右。同人，四之师初，成临、家人，故为“师左”，即“夷于左股”之左也。家人通解，解成咸，咸下艮，故“次无咎”。

六五，田有禽。

谓成屯。

利执言，

变通于鼎，故“利”，四不之初，为“执”。“执”则鼎成咸，咸上兑为“言”。

无咎。长子帅师，

震为“长子”，谓师成屯，下震也。“帅师”谓二之五，先以二之五成比，后以同人四之师，初成屯。

弟子舆尸

“舆尸”先成升也。升不变通而二之五成蹇，上坎下艮，故为“弟子”。先“舆尸”，后“弟子”。文先言“弟子”者，《易》辞多用到也。

贞凶。

田有禽，利执言。所以“无咎”者，“长子帅师”也。惟三未“舆尸”而二之五，初从之成屯，为“长子”。若先已“舆尸”成升，则二之五，初从之不成屯，而成既济，故“贞凶”也。

上六，大君有命，

谓二之五。

开国承家。

“国”谓上，坤二之五，以“开”之。师成屯则同人成家人，承谓三承之也。

小人勿用。

屯宜通于鼎，鼎二未之五，为“小人”，则屯三未可承也。

（比）

坎上
坤下

比。吉。

比之言辅也。但为辅，则初三不先行，自专矣。俟大有二先之五。

原筮，

原，再也。筮，变也。一变通于大有，再变通于鼎，每两卦旁通，皆一筮、再筮而后终。此为例。

元永贞，无咎。

鼎二之五，为“元”，屯成既济，为“贞”。终则有始，故“永”“无咎”。

不宁方来。

“宁”，定也。不遽成既济也。

“方”，旁也。谓旁通大有，大有二来之五。又旁通鼎，鼎二来之五。

后夫凶。

“夫”，谓大有二也，比成既济而定，则大有成泰。泰二之五，后于初三，而成两既济，故“凶”也。

初六，有孚，比之无咎。

“有孚”旁通大有也。大有二之五，而初“比”之。

初从二五，故“无咎”。

有孚，

成屯，又孚于鼎，所谓“再筮”。

盈缶。

“盈”谓屯也。“缶”所以节乐，谓鼎成咸，四不之初。

终来有他，吉。

成既济则“终”，变通于鼎，鼎二之五，为“来”。“终”而“来”，终则有始也。

“他”，谓鼎也，谓一孚而又再孚。

六二，比之自内。

“家人，内也”。谓大有成家人。

贞吉。

家人能通解，解二之五而家人上“比之”，是“比之”自家人也。家人成既济。

六三，比之匪人。

大有二未之五而比初比之三。双比之成泰，即否之“匪人”。《王肃本》有“凶”字。

六四，外比之，贞吉。

“外”，睽也。谓比成蹇，旁通于睽。睽二之五，而四来“比之”。

九五，显比。

“显”，代也。谓成屯变通于鼎。

王用三驱。

“王”，谓鼎二之五也。大有成同人，“一驱”。比成屯，大有成家人，“二驱”。屯通于鼎，鼎二之五而上之屯三，“三驱”。

失前禽。

“前禽”，比五已有之禽也，舍而变通于鼎，故失。

邑人不诫。

既通鼎，鼎二之五，则鼎上之屯三为“邑人”，不必“戒”。

吉。

屯三之家人上，则不吉，宜“戒”也。

上六，比之。无首，凶。

比成屯，变通于鼎。鼎成遁而后三“比之”，则鼎成咸。遁上乾为首，如是“比之”则有首。若比成屯，大有成家人，即以屯三之家人上，成两既济，则“无首”矣。

（小畜）

☴ 巽上
☰ 乾下

小畜，亨。

“小”，谓豫也。“畜”，有所含蓄，而不尽。乾四之坤，初成复、小畜。小畜二之复五，而三上从之，成两既济，无所含蓄矣。惟旁通于豫，豫成咸，则能畜而亨。

密云不雨，自我西郊。

“密”，犹实也。谓二之豫五，“云”、“雨”，皆谓坎也。

二先之豫五，而后上之豫三，小畜上有坎云，故为“密云”。豫成咸无坎，故“不雨”。“郊”，犹交也。“西”，谓兑也。小畜二之豫五，由交而有我，因而上有兑，故云“自我西郊”，申“小畜，亨”之义也。

初九，复自道，何其咎，吉。

小畜、复，乾四先之坤，初之卦也。初四先二五而行，不免于咎。失一阴一阳之道矣。小畜变通于豫，豫四未之初则小畜二之豫五，仍初四不先二五，而不失道矣。失而复得，故为复也。坤成复而通于姤，所以名为复也。小畜通豫与复通姤同，故以复明之，可以知比例矣。

九二，牵复吉。

“牵”，犹系也。因系于豫，乃得复也。

九三，舆说辐。

坤为“舆”。“说”谓兑也。“辐”当作“輹”，舆下伏菟也。二之豫五，豫四不之初上，兑下坤，如脱去舆底之輹。

夫妻反目。

“夫”谓小畜，“妻”谓豫，分居两卦。豫谓小畜之反，小畜二之豫五，成家人，下离为目。因反而目，则“反复其道”矣。《易》辞有似不善，而实吉者，此与“虎视眈眈”是也。

六四，有孚。

小畜之咎在初四，不可不“有孚”者也。

血去，惕出，无咎。

二之豫五，成家人，则三互坎为“血”。“去”，犹行也。二五先行，三虽互坎为血，“行”也，“血”何以去？由于“惕出”。“惕”，遏也。“惕出”者，舍复而二先之豫五也。

九五，有孚挛如。

“挛如”，谓豫成咸，三阳相连。

富以其邻。

“邻”谓豫成咸也。自初九至此一贯发明，所以“复自道”者，以牵于豫也。牵于豫则二先之豫五为“反目”，因而上之豫三为“血去”、为“挛如”、为“富以其邻”也。

上九，既雨既处。

上之豫三而豫四之初也。豫成咸不雨，豫成明夷，三互坎，故“既雨”，仍小畜上之复三也。

“处”谓二不出也。小畜成需，豫成明夷。

尚德载。

谓宜以需二，载于晋五。

妇贞厉。

“德载”言小畜成需，而通晋，此言豫成明夷通讼。豫五柔，故为“妇”也。“贞厉”谓明夷成既济，讼成益，与上句“尚”字贯，谓既成需矣。既成明夷矣，则当以需通晋为“德载”，以明夷通讼为“贞厉”。“贞厉”者，异于需二之明夷五贞凶也。讼二之明夷五，亦“德载”。需成既济，晋成咸，亦“贞厉”，互文也。

月几望。

谓小畜成需。

君子征凶。

“征”谓上之豫三。惟成需为“月几望”，则“君子”之“征”为“凶”。上先言其成需，而通于晋，此申言其所以“尚德载”者，以“征凶”也。

（履）

乾上
兑下

履虎尾。

虞仲翔谓“坤为虎”，是也。剥上之三，为虎之“尾”，谦变通于履，则“履虎尾”。

不咥人，亨。

在夬则“咥人”，变通于履则“亨”。

初九，素履。

“素”，犹空也，廉五无实，得履二实之，则不素矣。

往无咎。

"往"，谓四往谦初也。"素"而"履"，则谦五先实，而后四"往"，故"无咎"也。若以夬四往则"不胜为咎"矣。

九二，履道坦坦。

"坦坦"，明也，谦成明夷则不明。明夷通讼，故"坦坦"。

幽人贞吉。

四之谦初成明夷，则"幽"，明夷五通于讼二，"幽"而有"人"。明夷成既济，故"贞吉"。

六三，眇能视。

谓成革也，既济两离，革止一离，故"眇"。

跛能履。

"跛"谓廉成蹇。

履虎尾，咥人凶。

谦之虎尾，既通于履，"履虎尾"则"不咥人"矣。"履"而又"咥人"者，履二不之谦五，而上之三仍成夬也。先成夬，而以夬二之谦五，虽"眇能视，跛能履"，亦凶。

武人为于大君。

二先之谦五，为大君，即师、临之大君也。武人上之三，成革也。二先之谦五，"大君有命"，而后履上之三。"为"犹治也。武人所以不跛扈，而有制者，以治于"大君"也。不治于"大君"，则"咥人凶"矣。同一"眇能视、跛能履"，在先成夬，则夬二之谦五，为"履虎履，咥人凶"。在履二先之谦五，而后上之三，则"武人为于大君"。

九四，履虎履，愬愬，终吉。

"愬愬"即"虩虩"，惧也。

四从二之谦初，故"惧"。"惧"则上不之三，谦虽成既济，而履成益，故"吉"。

九五，夬履。

谦通履，犹夬通剥。夬通剥，为"夬夬"，谦通履为"夬履"。

贞厉。

在夬与谦，"贞"则皆贞。履与谦系，则谦成。既济而贞。

履成益，但危厉而已。

上九，视履考祥。

能“视”，能“履”。

“考”即“有子孝无咎”之孝。“祥”，犹羊也。二先之谦五而后上之三成革，上兑为羊，故“考”而“祥”也。

其旋元吉。

“旋”，运也。乾上之坤三，不“元”不“吉”。一转运之而谦孚于履，履二之谦五，上下皆应，故仍“元吉”。

（泰）

☷☰ 坤上 乾下

泰，小往大来。

“泰”，通也。地在天上，尊卑到置，艰恤极矣。能通于否，则“小往大来”。五柔故小，柔中进为刚中，是小者“往”，而大者“来”矣。“大来”谓二之五。

吉，亨。

泰二之五，而上下无应，则不亨矣。泰通于否，而否应之，其“吉”由于“亨”也。

初九，拔茅。

否初拔于四，成益，为“拔茅”。虞促翔谓“巽为茅”，益上巽也。泰变通于否，乃成其为泰，故在泰初，而依否系辞。

茹以其汇，征吉。

“茹”读若“挐”，牵也。谓泰与否牵，否成益又与恒牵。“汇”，类也，“征”上之三也。泰牵否，“吉”矣。益牵于恒，而后上之三，乃“吉”。泰为否之类，恒为益之为也。

九二，包荒。

“荒”，妄也。二、五示行，而三、上、初、四先行，是虚妄也。孚于否则有以包容之而为泰。

用冯河，

徒涉曰“冯河”，二之五成坎，初三已用，师二乃之五，如徒涉者之无舟楫。

不遐遗。

“遐”，远也。“遗”，馈也，谓二馈食于五也。“冯河”则“遐遗”矣。乃既“包荒”，则“用冯河”，有否之初三应之，仍“不遐遗”也。

朋亡，

临二之五，为“朋至”，成泰则朋不至，故“朋亡”也。“朋亡”，故“荒”。

得尚于中行。

“中行”，泰二之五也。泰虽“朋亡”，有以包之，仍“得尚于中行”也。

九三，无平不陂，

泰通否而二之五则“平”。“陂”，犹倾也。泰二未之五，则否上不倾于三。

无往不复。

“往”，“小往”也。“复”，即“大来”也。

艰贞无咎。

由“艰”而“贞”，与否旁通。故“无咎”。

勿恤其孚。

艰而能复，则不恤，所以不恤者，以其孚于否也。“勿恤”，犹云不忧。

于食有福。

“食”即“需于酒食”之食。“福”即“受兹介福”之福。失道成泰犹失道成需。需失道，而变通于晋，则“需于酒食”，“受兹介福”。泰失道而变通于否，则“于食有福”，其义一也。往而不来，故失道。自知其失道则忧恤。忧而思，违之则艰，由艰而孚，则恤化为福。卦至需、明夷、泰，失道而又失道者也。圣人转以泰名之，为其能变通也，所以示人改过者切矣。

六四，翩翩，不富以其邻。

“翩翩”，往来貌，谓泰二之五而否四之初也。泰成既济，否成益，益不通于恒，是“不富”。“邻”，东邻也。恒二不之五，而益上之三，故“不富”。

不戒以孚。

“戒”者，戒益上之三也。“孚”，益孚于恒也。益上之三，所以不戒者，以其已孚于恒，而“东邻”化为“西邻”也。

六五，帝乙归妹。

归妹“夫征不复、妇孕不育”，则成泰。泰变通于否，则二之五，反者归矣。故与《归妹·六五》同辞。

以祉元吉。

“祉”，犹止也。即“畴离祉”之祉。

上六，城复于隍。

“城”所以容民也。池无水曰“隍”。上坤不成坎，是池之无水者也。包容于否，而二之五，则隍化为城矣。

勿用师。

泰即同人四上之师初三也。同人成既济，师成泰，不变通于否，则用二之五，仍为“用师”也。

自邑告命。

“初筮”为告，“用师”成泰，上有坤邑则渎而不告。既变通于否，而泰二之五，仍为“初筮”。虽上成坤邑，而命自此告矣。未通于否，仍是师，不是泰，故为用。师既通于否，为“自邑告命”，乃可名泰，故欲其不“用师”，而变通于否也。

贞吝。

虽能变通，告命而已。凡经艰恤矣，故“吝”。师不成泰，先有命，而告之，何吝之有？

（否）

䷋ 乾上 坤下

否之。匪人。

“否之”谓不与泰通也。泰二，未之五而否，初三之四上，与“比之匪人”同。

不利君子贞。

泰五柔为“小人”。否五刚为“君子”。“君子贞”谓否成既济也。君子不与小人通，则小人遂为“匪人”。君子虽自贞，亦何利矣。

大往小来。

“大”谓君子，否五已往，则宜变通于泰，是为“大往”而“小来”。大不往，小不来，所以“否之匪人”也。

初六，拔茅。茹以其汇。贞吉，亨。

谓泰牵于否也。泰与既济，系二之五，则无类矣。无类则贞而不亨，故必与否牵。系泰成既济，否成益，既济无类而益有类也。

六二，包承。

泰与既济，本无所“承”，孚于否，有所容，则有所“承”矣。

小人吉。

泰五柔为“小人”。得否包之，承之，则“吉”。

大人否。亨。

“大人”泰二之五也。泰得否，“包”则吉，否得泰，“茹”则亨。泰之“小人”化为“大人”，在泰“吉”矣，在否亦“亨”矣。

六三，包羞。

恒四之初成泰，则“或承之羞”，无所包容也。孚于否，既“包承”，即包其羞矣。

九四，有命，无咎。

师初四虽先行成泰，孚于否，则泰二之五。仍“大君”之“有命”也。泰二不之五，而否四之初，则有“咎”矣。

畴离祉。

“畴”，类也，谓否成咸，不成既济也。“离”，谓泰二之五也。泰成既济有类矣。否成咸，四不之初，则“畴离”于止。

九五，休否。

“休”，嘉也，亨也。泰二之五而后否应之。

大人吉。

否所以吉者，以泰二先之五，为“大人”也。

其亡其亡，系于包桑。

“其”指泰而言，“亡”谓“朋亡”也，师一“亡”成升，临再“亡”成泰。归妹一“亡”成大壮，临再“亡”成泰。故叠言之。所以“得尚于中行”者，以其“系于包桑”也。“系”，继续也。否成益，上巽为桑，既孚于否，有以包之。由包而桑，此“大人”所以吉也。“桑”与“颡”假借。“巽为广颡”谓此。

上九，倾否。

“倾”，陂也。谓上之三。

先否。

不俟泰二之五，而倾则“否”。

后喜。

俟泰二之五而后上之三，则不“恤”。

（同人）

䷌ 乾上 离下

同人于野，亨。

“野”即“龙战于野”之野。乾二先之坤五，乾成同人，则坤成比。然后以乾上之坤三，则是以同人上之比三，故不为“龙战于野”而为“同人于野”。在同人旁通于师，师二之五，而后同人上之师三，即上之比三也。

利涉大川，利君子贞。

“君子”谓同人，五已定也。同人成既济则“君子贞”。“涉大川”者，家人上之萃三也。师二之五，而四应之成家人。家人又通于解，解成萃，而后“涉大川”则“利”，与“否不利君子贞”互明，亦与讼“不利，涉大川”互明。师、同人相错，即讼、明夷，讼二，不之明夷五，而四之初，又上之三，即泰二不之五，而否四之初，又上之三也。

初九，同人于门。

“艮为门”。师二之五，而后上之师，三成蹇，下卦为艮，四不之初，故“无咎”也。

无咎。

四先之师初，成临则有咎。

六二，同人于宗，吝。

“宗”即睽“厥宗噬肤”之宗，谓无妄也。同人上之师三成升，升变通于无妄，而后二之五，所以吝也。

九三，伏戎于莽。

同人下离为戎，师成升，下巽为伏，故“伏戎”。“莽”，众草也。谓师成升，上坤为众，下巽为草木。

升其高陵。

言“升”以示师，成升也。升下巽为“高”，升二之五，下艮为山，山而下则“陵”也。先成升，后成蹇，是由“高”而后“陵”。

三岁不兴。

“三岁”谓革也。成升，宜通无妄，无妄下无三岁。与无妄通，则升二之五为兴。仍与革系，则二五后于三上，为“不兴”。

九四，乘其墉，

谓四先之师初，师成临，同人成家人。“墉”即《解·上六》“高墉”之墉，“乘”即《解·六三》“负且乘”之乘。

弗克。

申上“乘墉”之义。四既先二五而行，家人上不可，又之临三。

攻，吉。

“攻”，犹功也。通于解，解二先之五，而后家人上克于解三，则有功矣。**九五，同人先号咷。**

“号咷”，号也。四上先于师五，师成泰则号。

而后笑。

“笑”，犹乐也。四上俟师，二先之五，而后从之，则师先成比，故笑。

大师克。

谓同人，上先克于师三，成升则“号咷”。

相遇。

升孚无妄，相错为复、姤。姤，遇也。故“相遇”“克”，则“号咷”。能变通而“相遇”，则“笑”矣。

上九，同人于郊。

四之师初，成临、家人。家人通解，成既济、咸，与小过“西郊”同。

无悔。

已成家人、屯，则有悔，解不成屯，故“无悔”也。

（大有）

☲ 离上
☰ 乾下

大有，无亨。

“有”，犹亲也。与比旁通，二之五为“元”，比应之则“亨”。

初九，无交，害

二之五，为“交”。二不之五，而四之比初，故“害”。

匪。咎。

“无交”则为“匪”，“匪”则有“咎”。大有成大壮，为“匪”，成大畜亦为“匪”，合之则成泰，为“否之匪人”。

艰则无咎。

自知艰难，则能变通。

九二，大车。以载。

“大车”一作大舆，比下坤也。大有二先之五，是为“德载”。

有攸往，无咎。

“往”，上往比三也。“大车”在比下，上将往，赴之，必先用载于五，而后“往”则无咎。

九三，公用亨于天子。

二之五，为天子，上之比，三应之，为“公用亨”。

小人。弗克。

二未之五，则五柔为“小人”，上之比三为“克”。反言，以申上文之义也。

九四，匪。其彭，无咎。

“彭”读若旁，谓旁通也。四之比，初成大畜，为“匪”。大畜，旁通于萃，则“无咎”。申明初九“艰则无咎”之义。

六五，厥孚交如。

“厥孚”，比与大有，旁通也。“孚”而“交”，不致以无交而害矣。

威如，吉。

“威”，犹仪也。交而成家人，上不遽行，俟通解而后行，是“可用为仪”也。“无交”而“匪”，宜旁通。“孚”而“交”，亦宜旁通。承九四申言之。

上九，自天祐之。

此申九三之义也。“祐”，右也，谓上之比三，二先之五。上乾为天，而后上之比三右之。

吉无不利。

二不之五，上无乾，不能自天。则成大壮，为小人害，非“利”也。二之五，四已应之，成家人，上亦无乾，不能自天，则家人上之屯三，成两既济，亦非“利”也。

（谦）

䷎ 坤上 艮下

谦。亨。

与履孚则谦。谦则“亨”矣。

君子。有终。

“君子”谓成蹇也。履成益，谦成既济。故“有终”。

初六，谦谦君子，

乾上之坤三，轻蔑已极，变而能于履，以履之三上，补救之，故得名为“谦”。以履三之谦五，履上不遽之三，而让初之履四，一“谦”也。谦成既济，履成益。上仍不之三，而让恒二之五，是又一“谦”也。一谦成蹇之“君子”。再谦成咸之“君子”。

用涉大川，吉。

“涉大川”益上之三也。一谦、再谦，而后“涉大川”，故“吉”。

六二，鸣谦。

履二先之谦五，成无妄，下震为“鸣”。夬二之谦五，下无震。

贞吉。

谓谦成既济，履成益。

九三。蒙谦。

“蒙于坎”谓蹇五，“劳”而能谦，与履孚也。

君子有终，吉。

上成坎则小人化为“君子”。

五先行，而后成既济，故“终”而“吉”。

六四，无不利，㧑谦。

“㧑”，古“麾”字，手指曰麾，谓履成益，益通恒，恒成咸。咸四不之初，下艮。

六五，不富，以其邻。

谓益不旁通于恒，而“东邻杀牛”也。

利用侵伐。

“侵”，渐也。“伐”，上之三也。益通于恒而后伐，故“利”。

无不利。

既利于谦，又利于益。申六四“无不利”之义。

上六，鸣谦，利用行师。征邑国。

不“鸣”则不可“征”，既鸣成益，有“邑国”。又信“变而通之，以尽利”，乃可以“征邑国”。

（豫）

䷏ 震上
坤下

豫。利建侯。

谓小畜二，先之豫五而三上应之也。乾当位成家人、屯，则屯通鼎为“建侯”。乾失道成小畜、复，则小畜通豫，为“建侯”。“建”，犹健也。能变通则“健”。鼎、豫皆成咸，三互乾为“侯”。

行师。

明小畜，上之复三，则“行师”有灾眚。

初六，鸣豫。

四之初，下成震。

凶。

乾四之坤初，成复、小畜，为失道。小畜变通于豫，宜二之豫五，乃豫四之初，仍成复，则犹“失道”也。

六二，介于石。

艮为石，谓成咸。

不终日。

“终日”必“乾乾”者，恐其成两既济也。家人上之屯三，乃终于日。豫四不之初，则小畜二之豫五，成萃不成屯，不成屯，则家人上之萃三，“不终日”矣。

贞吉。

豫“不终日”，则小畜成既济。为“吉”。

六三，盱豫，悔。

“盱”，忧也。谓小畜上之豫三，成需。

迟有悔。

“迟”即“迟归有时”之迟，小畜上之豫三成需、小过，犹渐上之归妹，三成大壮、蹇。

九四，由豫。

“由”，自也。谓“密云不雨，自我西郊”。

大有得。

小畜二来之五，成萃，相亲有。

勿疑。

相亲有，则不疑。

朋盍簪。

“朋”谓小畜二之豫五，得其友也。“盍”，合也。“簪”读若“戠”，谓相胶脜。“戠”，亦同樴，弋也。豫成咸，四不之初三，阳相应，如相黏合，亦如簪连之也。

六五，贞疾。

与明夷“不可疾贞”互明。

恒不死。

豫成不过，不以需二之小过五而孚于中孚，中孚二之小过五成咸，即“用恒”也，故“不死”。恒与益孚，“疾”而不“贞”。

上六，冥豫。

“冥”，迷也，谓成明夷。

成有渝，无咎。

“成”，成既济也。“渝”，变也。豫成明夷，则小畜成需。需二之明夷五，成两既济，无有变通矣。惟明夷，变通于讼，明夷成既济，讼则有变。

（随）

䷐ 兑上震下

随。

始则“随”乎蛊，成屯，则“随”乎鼎。

元。

谓蛊二之五。

亨。

四之蛊，初应之，或三之蛊上。

利。

成屯，变通于鼎，成革，变通于蒙。

贞。

变通，而后成既济。

无咎。

随于蛊之“元”以亨，随于鼎蒙之“利”以贞。随，故“无咎”。

初九，官有渝。

“官”，吏事君也。随君之命，以为之主。

贞吉，出门交。有功。

所以申上文“官有渝”之义也。“出门”谓蛊成蹇，先二五，后三上，故“有功”。在初四从蛊五，成屯、家人。若三上从蛊五，成蹇革，则初四不得又从之，成两既济。宜革通于蒙，而初四从蒙五矣。随其所主，以成变化，故为“官有渝”也。初四从，则三上“渝”，而从鼎成既济，为“贞吉”。三上从则初四“渝”，而从蒙成既济为“贞吉”。

六二，系小子，失丈夫。

“丈夫”，五已定者也，谓随也。“小子”，五未定者也。谓归妹也。渐系归妹则不系随，故“系小子”则“失丈夫”也。

六三，系丈夫，失小子。

既成随，则蛊与随系。不与归妹之小子系矣。六二、六三皆发明“官有渝”之义，为全《易》之通例也。

随有求得。

蛊二不之五，而三之蛊，上成升，则无交而求，是为“匪我”。蛊二先之五，得中则不失道。而后随三求之，因得而求，故云“求得”。

利居贞。

求得则成革，革通于蒙，则“利”。蒙二之五，为“居”，革成既济，为“贞”。

九四，随有获。

获与篗同，谓终。

贞凶。

不能利居贞，革四之蹇初。

有孚在道，以明何咎。

“在”，犹存也，存“道“，不失道也。孚于蛊成革，又孚于蒙，蒙二之五，而后贞则有所继，续述者之谓“明”。发明《象》义。

九五，孚于嘉，吉。

“嘉会合礼”，亨也。“在道以明”，则孚于嘉矣。

上六，拘系之。

艮为拘，谓蛊二之五，成渐。

乃从维之。

“维”，邪交也。蛊成渐，随三之蛊上，从之，随成革，蛊成蹇矣。凡上之三，称“维”。

五用亨于西山。

与升通无妄同。或谓蛊成升，而升通无妄。

（蛊）

䷑ 艮上 巽下

蛊。

“蛊”，事也。“通变之谓事”。

元。

有事则二之五，为元。

亨。

二先之五，而上应之。

利涉大川。

谓成渐，上之随三。

先甲三日，

承上“涉大川”而言也，“甲”，始也。二之五，为甲。“先”者，别乎后之称也。上之随，三成革，革下离为日。“先甲”则元也，“三日”则亨也。

后甲三日。

“先甲三日”成蹇，蹇通于睽，睽二之五，为“后甲”。蹇初之睽四，蹇成既济，下离亦“三日”。“后甲”亦元也，“三日”亦亨也。“先甲”、“后甲”皆有事也，即比之“原筮”。比、大有为乾、坤、坎、离之比例，随、蛊为震、巽、兑、艮之比例，故于此两卦发明其例也。

初六，干父之蛊。

随四之蛊初，成大畜，下乾为“父”，大畜通于萃，以“干”之。

有子，考，无咎。

“考”，犹击也，亦成也。大畜二之五，有子，而后上之萃三，成既济，则“无咎”。大畜不通萃，则二之五成家人，家人上之屯三，成两既济，终而无始，是无子嗣之，其上之击凶矣。不称击称考者，以与“有子”贵也。

厉终吉。

蛊成大畜，则危，以变通，而“有子”则“终吉”。“终”谓大畜，成既济，“吉”谓萃成咸。

九二，干母之蛊。

上之随三，成升，上坤为母，升通无妄。以“干”之。“干”即旁通。“先甲”“后甲”，《彖》言当位之变通。“干父”“干母”，爻言失道之变通。皆所谓有事也。

不可贞。

升初之革四，革成既济，而贞不能变通，故“不可”。

九三，干父之蛊，小有悔。

“小”谓成大畜也，五不刚中，故“小”。变而通于萃，乃“大”矣。

无大咎。

不通萃，而大萃成家人，则“咎”。“大”即“大贞凶”之大也。

六四，裕父之蛊。

“裕”，解缓不急也，谓成大畜，不孚于萃。

往见。

“见”谓屯也。随四之蛊，初成屯，又以大畜上往屯三，是既见，而又“往”也。

吝。

成泰始变通故吝。

六五，干父之蛊，用誉。

初四先二五，而行，成大畜，则无誉。通于萃，萃四不之初，以用仍有誉。

上九，不事王侯。

以上五爻，皆言失道之事，此言当位也。“王”、“侯”皆君，谓上之随三成革，互乾也。不事，则随不成革，蛊不成升，无容“干”矣。

高尚其事。

巽为“高”，“尚”谓二之五。“尚于中行”也。二之五上成巽，谓不以上之随三。成革为事，而以二之五。为“其事”也。

（临）

䷒ 坤上 兑下

临。

五柔，本小，二之五，则大。

元亨，利贞。

与遁旁通也，二之五为“元”，遁上来之三，应之为“亨”。“元”由“利”而生也，“贞”由“亨”而成也。

至于八月有凶。

兑为正秋，“八月”谓下兑也。解成临，不变通，而二即之五，是先有兑，而后至也，故“凶”，若通于遁，而临二乃之五，则至于“八月”，无凶矣。“有凶”者，明其有无凶者也。

初九，咸临。

二先之五，为临，遁上，来之三应之，成咸，故“咸临”。

贞吉。

遁成咸，则临成既济。若至于“八月”，则家人上之屯三，成两既济，无咸而“贞凶”矣。

九二，咸临，吉无不利。

初九明《彖》之“贞”。此明《彖》之“利”也。

六三，甘临。无攸利。

“甘”即“甘节”之甘，缓也。缓于临则二不之五，而遁上先之临三，是咸而不临矣。

既忧之，无咎。

忧亦思也，失道而知忧，则可以改过矣。故“既忧”则“无咎”。临成泰，泰变而通于否。“忧则违之”也。

六四，至临。

“至”二之五也。“至临”，则不至于“八月”矣。

无咎。

临之咎在初，故于六四发之。

六五，知临。

知崇礼卑，知谓能变通，二先之五也。

大君之宜，吉。

临遁相错，为履谦，故以履之“大君”明之。“宜”，犹仪也，谓三上应。

上六，敦临。

敦，厚也。二先之五，而后遁上来，应于三，则“厚”而不轻蔑。

吉无咎。

二先之五，故“吉”。遁四不之初，故“无咎”。

(观)

☷☴ 巽上 坤下

观，盥而不荐。

“盥”，澡手也。上之三，两坎，下“盥”于艮手，故为“盥”也。“荐”，犹藉也。上之三，则初不之大壮四。

有孚颙若。

“孚”，谓旁通大壮也。大壮二之五，成“君德”之敬，“盥”与“荐”，皆所以应大壮二之五也。“盥”则不“荐”，亦“荐”而不“盥”也。犹云“不宜上，宜下”，为凡卦通例。

初六，童观。

由“童蒙”，而成观。

小人无咎。

“小人”谓蒙也。由蒙二之五，因而革四之蒙初，成益，则无咎。蒙虽二已之五，而自蒙言之，仍是“小人”，犹泰未通否，仍“用师”也。

君子吝。

“君子”谓观也。观通大壮，不俟大壮二之五，而大壮四，即来观初成泰，故“吝”。

六二，窥观。

承上“君子吝”而言。“窥”，小视也。大壮四“窥”于观初。

利女贞。

“女贞”，大壮二先之五。而后四之观初，成既济，不成泰，则不为“窥观”。不“窥观”，则“君子”不吝，所以“利”也。观、革相错，为家人、解，故“利女贞”，与《家人·彖》同。

六三，观我生。

“我”，即“童蒙求我”之我。由“我”而“生”，谓大壮二之五。

进退。

在蒙则“进”而成观。在观，则“进”而孚大壮。

六四，观国之光。

光，广也。“国”，即“为依迁国”之国。大壮二先之五，而后观成益，上不之三，故有国。

利用宾于王。

宾，即“不利宾”之宾，大壮二之五成革，互乾为王，初四应之，是为“用宾于王”。此则“荐”而不“盥”。

九五，观我生，君子咎。

用宾于王，则先已“观我生”矣。异于“窥观”，故不吝而无咎。

上九，观其生。

自观旁通大壮，大壮二之五，为“我生”。自益旁通恒，恒二之五为“其生”。“其生”亦“我生”也，别乎大壮，故云“其”耳。

君子无咎。

大壮二之五则“观无咎”。恒二之五则“益无咎”。观成益，益之为“君子”，即观之“君子”也。

（噬嗑）

☲ 离上
☳ 震下

噬嗑。亨。

井得噬嗑，则亨。

利用狱。

“狱”谓上之三也。坎二不之离五，而离上之坎三，成井，为“用徽纆，寘丛刺，三岁不得凶”。是“狱”之“不利”者也。井通噬嗑，井二先之噬嗑五，而后上之三，为“用狱”则以“利”而“亨”。

初九，屦校。

谓成革也，下震为足，以革丽于足为“屦”。“校”，犹交也。井二先之噬嗑，五为交，而后成革，以“屦”之。辞属用刑，加木为“校”耳。

灭趾，无咎。

“灭趾”，巽上之震三也。变通于噬嗑，虽“灭趾”，亦“无咎”。

六二，噬肤。

五柔称肤，井二来噬之。

灭鼻，无咎。

“灭鼻”，犹“灭趾”也。凡三上，先二五为灭。

六三，噬腊肉。

“腊”读若“昔酒”之昔，肉之久不噬者也。肉谓五柔，久不噬，成“腊”，谓其来缓。

遇毒。

“腊肉”，有毒者也。谓久不噬，成明夷，明夷变通于讼而后“遇”，是“遇毒”也。

小吝，无咎。

“小”谓明夷也，成明夷而后遇，故“吝”，然能变通，则“无咎”矣。

九四，噬乾胏。

谓井成需，通晋，晋成否，上乾。“胏”，犹积也。与“德积载”互明。

得金矢。

乾为金。矢，即“矢得勿恤”之矢，谓需二之晋五。

利艰贞，吉。

“艰”谓四之井初成需，需、颐相错，为屯、大畜，即大有四之比初也。需通晋，犹大畜通萃。

六五，噬乾肉。

“腊肉”，肉而不乾。“乾胏”，乾而不肉。肉久不噬，至于腊毒。柔久不进，至于恶积，虽噬亦晚矣。不如井二即噬，噬嗑五为“噬乾肉”也。

得黄金。

“黄”谓中，“金”即乾。

贞厉，无咎。

噬嗑成无妄，井成蹇，无妄四之蹇初，成既济，故“贞”。无妄成益，未通恒，故“厉”。

上九，何校。

“何”读若荷，负也。先三上初四，而后二五交居其后，故“何校”。噬嗑成明夷，井成需。

灭耳，凶。

四互坎为"耳"，上之三成丰，以"灭"之。丰不变通，至于"何校"，故其先之"灭耳凶"也。

（贲）

☶☲ 艮上 离下

贲。亨。

"贲"则"亨"矣，谓困二来之五，而上应之。

小利有攸往。

"小"谓五柔，为小人也。"往"，上往困三也。小，则上不可往，惟"贲亨"则"利"耳。

初九，贲其趾。

"趾"，即"艮其趾"之趾，趾即止也。艮初先五而行，致成贲，故"贲其止"也。

舍车而徒。

艮成贲而通困，困先成萃，下坤为"车"。又"舍"此"车"，以四之初，下有震足，为"徒行"。此以初四，应二五为亨，贲之当位者也。

六二，贲其须。

"须"，需也。谓困二不之贲五，而贲上之节，三成需，无车而徒。

九三，贲如濡如。

"濡"即需也。承六二言之。

永贞吉。

谓需二之晋五，成既济。

六四，贲如皤如。

"皤"即"锡马蕃庶"之蕃，承上濡而言。

白马翰如。

"翰"，干也。困成需，干而旁通于晋。需二之晋五，则上有乾"马"，四之初成益，上巽为"白"，下震为蕃。

匪寇昏媾。

困成需通晋，则贲成明夷，通讼。需二之明夷五，为“寇至”，讼二之明夷五则“昏媾”。

六五，贲于邱园。

“邱”，即“拂经于邱”之邱。困成大过，四不之初即变通于颐。大过二之颐五，成益，互艮为山，艮在五，故称“邱”也。园所以樊圃也。“艮为果蓏，巽为草木”。大过二之颐五，草木、果蓏有所卫。

束帛戋戋。

“帛”即白，巽也。“戋戋”，犹残残，伤也。“束”，约也。谓贲上之困三，束成大过，下巽为白。

吝，终吉。

“戋戋”，故“吝”。“贲于邱园”，故“吉”。

上九，白贲，无咎。

“白”则困二，先贲于贲五，即“贲其趾”也。上先成巽，不必“贲其须”，“贲于邱园”矣。

（剥）

䷖ 艮上 坤下

剥。不利有攸往。

夬方舍谦，而变通于剥。五未大，三不可往。

初六，剥床以足。

“床”，即“巽在床下”之床，壮字假借也。夬二之剥五，同于大壮二之五，亦壮也。夬二不壮于剥五，而剥上之三，是剥害其壮也。夬四先之剥，初成颐，下震为足，上又之三成明夷。

蔑。贞凶。

“蔑”，轻也。上之三成明夷，故蔑，由明夷成既济，则“凶”。

六二，剥床以辨。

“辨”即履之“辨上下”也。“剥床”成谦，宜通于履。

蔑。贞凶。

由辨而贞则吉，由蔑而贞则凶。

六三，剥之无咎。

乾、兑成夬，有咎。变通于剥，则“无咎”。义与“讼元吉”同。《释文》无“之”字。

六四，剥床以肤，凶。

与《夬·九四》“臀无肤”互明。

六五，贯鱼。

鱼生水中。贯，通也。谓成蹇。五生坎中。

以宫人宠。

“宫人”，宦寺也。蹇下艮，为寺而宫，则大壮所取夬二之剥五，为大壮二之五之比例。上之三，即观上之三之比例。“宠”龙也。成蹇而通睽，睽成益，下震为龙。

无不利。

夬能变通于剥，蹇又变通于睽。

上九，硕果不食。

“硕”即“往蹇来硕”之硕。艮为果蓏，蹇下艮也。夬、剥为大畜、萃之相错。夬二之剥五，即大畜成家人。“不家”则食家，故不食也。

君子得舆。

“君子”谓成观也，观下坤为舆，五先正则得矣。舆即“曰闲舆卫”之舆。夬孚剥，犹大畜孚萃，明夬二之谦五，则不“得舆”。

小人剥庐。

夬二虽来之五，未孚大壮，则仍是剥，剥之为“小人”，犹童观之“小人”。艮之可止者，为庐已成观，孚于大壮为“君子”，必大壮“用壮，壮于大舆之輹”。观上，不可之三，故仅“得舆”而已。惟在剥为小人，则夬二先之剥五，剥上之三，成蹇，下艮可止，为庐不徒舆矣。明云“剥庐”者，庐仍属剥，不属观也。

（复）

☷☳ 坤上
震下

复。亨。

“复”谓姤二来之五。复则亨矣。

出入无疾。

姤二之复五，为“出”，姤四之初上巽，为“入”，成咸四“有疾”。出而入，成家人，故“无疾”。

朋来无咎。

“朋来”，姤二之复五也。“无疾”在小畜则有咎，出而后入，“朋来”于先，何咎之有？

反复其道。

复而不反，非道也。反而不复，非道也。乾反其道，为坤，坤五不复，而以乾四之坤初，反而不复，为失其道矣。变而通之于姤，姤二之复五，则由反而复仍得乎道。震下坤上之卦，本反乎姤，姤二之复五，复仍由反而复，此复所以名复也。

七日来复。

姤二之复五，二五合得七。姤上之屯三则下有离日。

利有攸往。

先来复，则三可往姤上。姤成遁，复成屯。屯三不可往家人上，可往遁上也。

初九，不远复。

“远”，犹缓也，复更成明夷，而复于讼，则远矣。“不远”而“复”，谓不成明夷而通姤也。

无祇悔。

“祇”读若氐，本也，下也。乾四之坤初，其失在氐。变通于姤，姤四不先之初，则不以氐为悔也。

元吉。

乾二之坤五为元，乾四先之坤初，成复，失道不可为

“元”。以变通，而姤四不先之初，则二来复于五，仍不异，乾二之坤五也。变通补救在初，故于初发明之。“元”属五，不属初也。

六二，休复，吉。

“休”，嘉也。“嘉会合礼”而亨，故为休。

六三，频复。

“频”即“频巽”之频，谓巽初之震四，失道至此而复也。

厉，无咎。

震成复则危，变通则“无咎”。

六四，中行独复。

“中行”，姤二之复五也。“独复”，“不远复”也。乾四之坤初不中行，以变通于姤，而以姤四未之初，为“独复”，故于六四发之。

六五，敦复。

“敦”，厚也。姤上先之复三，则薄矣。五先于三故“厚”。

无悔。

姤不成家人也。

上六，迷复，凶。

不敦而薄则迷。

有灾眚。

谓成明夷。

用行师，终有大败。

“行师”，谓同人上之师，三成升也。升、无妄相错，为复、姤。姤二不之复五而复成明夷，姤成需。即升二不之五而升成泰，无妄成既济。所谓“其匪正有眚”也，用师而成升，升通无妄，升仍成泰，犹师成泰，故复成明夷。姤成需，为“用师”。升成泰通否，则“勿用师”。复成明夷，不变通，而以需二之明夷五，成两既济，终止故“有大败”也。

以其国君凶。

承上言所以“大败”也。明夷上坤为国，需下乾为君，以用也。用其国君，谓需二之明夷五。

至于十年。

十年坤也。需二之明夷五与讼二之明夷五，俱为至于十年。

不克。征。

先“克征”而“后至”，则是需二之明夷五，为“大败”。凶矣。惟明夷通讼，讼二之明夷五，则未克而至。至而后征。同是“至于十年”，既指其凶而戒之，又示以转移之道也。

（无妄）

☰ 乾上
☳ 震下

无妄。

妄者，虚而不实也，五实则无妄。

元。

升五虚，二之五为元。

亨。

四之升，初应之。

利。

成益通恒，恒五虚，二又实之。

贞。

谓益，成既济。

其匪。正有眚。

“匪”谓升成泰，正谓无妄，成既济。

不利有攸往。

升成泰，无望成益，已匪矣。益三又往上所以匪而正，至于有眚也。

初九，无妄。

谓升二之五，有以实其虚。

往，吉。

升五之邑，不虚，则四可往。

六二，不耕获，不菑畬。

“耕”为稼穑之始，“获”为稼穑之成。一岁曰“菑”，三岁曰“畬”。不耕不菑，二不先之五也。“获”“畬”谓成既济也。不“耕”不“菑”，升二未之五也。升成泰，无妄成益，益上又之三，则不“耕”而“获”矣。《坊记》引有“凶”字，《吕览·贵圆篇》于“获”字上加“而”字。

则利有攸往。

利则可往，谓益能恒。

六三，无妄之灾。

《彖》言“匪正有眚”，眚即灾也。此爻言不匪，而正亦灾。

或系之牛。

“或”，疑而不孚也。“系”，继也。无妄通升，升二之五，则为“系”。无妄四之升，初成益，故“系之牛”。既成益，又宜通于恒，故“或”也。

行人之得。

“行”，谓四从升五，而行也。四从升五而行，不失是，故“得”。

邑人之灾。

“邑”谓益三互坤，即所系之牛也。上之三，为邑人，则成两既济为灾。

九四，可贞，无咎。

可谓益通于恒，无妄成益，无论不耕之“匪”、系牛之“得”，皆以变通于恒为可。

九五，无妄之疾。

升二之五而四不从之升初，则“有疾”。

勿药有喜。

“药”治疾者也。不治四之疾，则升二之五，而上可从之之三，而有喜，与九四互明。

上九，无妄行有眚，无攸利。

行而有眚则匪而不得矣，发明《彖》义。

（大畜）

☶ 艮上
☰ 乾下

大畜。

大谓萃也，鼎四之初，“折足覆悚”，变通于萃。萃成咸，含畜而不尽，故名大畜也。

利贞。

所畜在萃，则大畜成既济。是为“利”而后“贞”。

不家。

鼎四不之初，则二之五，不成家人。

食吉。

“食”即“雉膏不食”之食，成家人则不得为食，不成家人则为食，谓鼎二之五也。

利涉大川。

既不能为鼎五之食则宜变通于萃，家人上可之萃三，不可之屯三也。

初九，有厉。

“厉”谓鼎四之初，失道故危。

利已。

“已”，止也。谓萃四不之初成咸，不艮也。鼎四之初，则二之五，成家人。上之屯三，成两既济，“无攸利”矣。故利于旁通萃萃四不之初，成咸也。

九二，舆说輹。

萃四之初，则坤舆有輹。大畜二之五而萃四不之初，犹小畜二之豫五，而豫四不之初也。

九三，良马逐。

乾为“良马”，“逐”，犹随也。谓随四之蛊初。

利艰贞，

蛊成大畜，犹大有成大畜也。大畜通萃，故“利”。大畜成既济则贞。

曰闲。

“曰”，言也。谓萃上兑，闲止之，不令萃四之初。

舆卫。

“舆”，萃下坤也。二先之五则“舆”有“卫”。

利有攸往。

“舆”既有“卫”，则上可往萃三矣。

六四，童牛之牿，元吉。

“童”即“童观”之童。家人、萃相错，即观、革也。“牛”谓萃下坤，“初筮”为告，大畜初四已先行，二之五不可为“初筮”。惟孚于萃，则二之五。即蒙二之五之比例。蒙“初筮告”，故“元吉”也。

六五，豮豕之牙。

二之五成家人，犹困二之赍五，故云“豮”。“豮”，犹赍也。家人上之萃三，上有坎豕，萃成咸，咸下艮为寺。豕而奄，故为“豮豕”。“牙”，犹芽也。芽，始也。以其属颐口称牙，义亦取于蒙芽也。

吉。

变通于萃，故吉。

上九。何天之衢。

“何”，荷也，负也。负在后谓先以二之五，后以上之萃三。道之四达者为衢，艮为径路。下乾上艮而二达于五，是“天行”也。上达于萃三，是艮行也。先天行，而后艮行，为“天之衢”。

亨。

不失尊卑之序。故亨。

（颐）

䷚ 艮上 震下

颐。贞吉。

能养已养人，故“终。则有始”。

观颐。

夬二之剥五为观。夬二不之剥五，而四之剥初，成颐，以颐通大过，大过二之颐五，是不观于剥，而观于颐也。

自求口实。

颐成益，而变通于恒，恒二之五，上成兑，为“口”，五由虚而“实”，然后益上求三，则有所“自”而“求”矣。

初九，舍尔灵龟。

“灵龟”，天龟也。夬二之剥五，夬下乾。决而为离，故为天龟。“舍尔”者，不以夬二之剥五也。

观我朵颐。

“朵”通作揣，动也。谓夬四下垂于剥初，成震。

凶。

夬通剥，原所以“观我”也，乃“朵”而成“颐”，所以凶也。

六二，颠颐。

“颠”读为“颠实”之颠，填也，谓既“朵”而为“颐”，必与大过通，大过二来填之。

拂经于邱。

“拂”，弼也。“经”，常也。常，恒也。大过二之颐五，颐成益。五互艮为“邱”，大过成咸为用咸，四又之初弼之。

颐，征凶。

大过既成既济，颐成益。益上又征于三，成两既济矣。称“颐征”者，以未孚于恒。

六三，拂颐，贞凶。

“拂颐”即“拂经”，“贞凶”即“征凶”。

十年勿用。

大过二不来颠，五上之三成明夷。坤数十，故云“十年”。“拂颐”明其终止，“十年”明其失是。

无攸利。

所以不可用，以其不利也。“拂颐”既“贞凶”，用“十年”又“无攸利”，起下文“颠颐”所由吉，“居贞”所由吉也。

六四。颠颐。吉。

大过四不之初，以补救“朵颐”之凶。故“颠”之“吉”。

虎视耽耽。

“耽耽”，下视貌。夬二之剥五成观，则“风从虎”。今以四之剥初，夬成需，四互离为目，下视颐初。

其欲逐逐。

“逐逐”，悠悠，远也。既成颐，始得大过二，来颠之。“欲”不窒于剥五，而颠于颐五，故远。犹云“远实”也。

无咎。

夬四之剥初，不能“无咎”。能变通于大过，虽远而咎免矣。

六五，拂经。

谓大过成既济，颐成益。

居贞吉。

益通于恒，恒二居五，而后益上之三，成既济，则“吉”。异乎颐“征”之凶矣。

不可涉大川。

谓未居也。

上九，由颐。

“由”，自也。“由颐”，犹云“自养”也。

厉吉。

大过成既济，颐成益，益上之三。则终凶，故“危”。上从恒五，虽危而吉矣。

利涉大川。

利谓变通于恒也。“涉大川”，益上之三也。“自求口实”，而益上，乃可之三。

(大过)

䷛ 兑上 巽下

大过。栋桡。

“栋”，极也。“桡”，曲也。姤上之复三而二未信，故“桡”。大所以过者，“栋桡”故也。

利有攸往，亨。

变通于颐，则利，“利”而“有攸往”，谓初四应二五也。此由利而亨者。

初六，藉用白茅。

“藉”，荐也，谓初四应二五也。巽为白，初柔为茅。初先之四则无茅，二先之颐五，是用茅而后荐也。

无咎。

夬四之剥初，则“有咎”。颐变通于大过，故“无咎”。

九二，枯杨生梯。

“杨”，泽木也，读如扬。扬，赓也。贲上之困三，成大过，与明夷受其诛伐，故“枯”。枯而扬，谓变通于颐也。“梯”，犹弟也。二之颐五则生颐，上之三应之。大过成咸，颐成既济，相错为蹇、革，与“归妹以娣”同矣。

老夫，得其女妻。

“老夫”，需下乾也。夬四之剥初成需、颐，不能生育，是为“老夫”。颐通于大过，颐五之大过二，则得“女妻”。女谓大过下巽，大过五先定，新得二为妻，故得妻。

无不利。

“老夫”面积利，“利其女妻”则“无不利”。

九三，栋桡凶。

“栋”之所以“桡”，由姤上之复三也。贲上之困三也。讼上之三也。故于九三发明之。

九四，栋隆吉。

未经诛伐，而成“栋”，二之颐五则“隆”。

有它吝。

二不之颐五，而四之初，成需，则必改，而变通于晋，故“有它”。然而吝矣。

九五，枯杨生华。

“华”即荂也。二之颐五，而初之四应之，大过成既济，颐成益，益下震为荂。干氏曰“铺为花，朵谓之荂。”颐成益，而下有“华”，犹剥成颐而下有“朵”也。“稊”，犹弟，谓咸下艮。“荂”，犹长子，谓益下震。

老妇，得其士夫。

“老妇”明夷上坤也。姤上之复三，成明夷、大过。不能生育，是为“老妇”。大过通颐则得“士夫”。士谓颐上艮成益，二得五为夫，故得“士夫”。

无咎无誉。

在大过四未之初，则“无咎”。在夬四先之剥初，成颐，则“无誉”。

上六，过涉，灭顶。凶，无咎。

讼上之三则“灭顶”而成大过。变通于颐。二之颐五，而后之颐上。“涉大川”则仍以三应五，故虽“灭顶凶”而“无咎”也。凡卦名每兼两义，以姤上之复三，而二桡曲不行为过失。以大过二之颐五，为阳刚行动，此过谓二行，而之颐五也。

（坎）

䷜ 坎上
坎下

习坎。有孚。

“习”，重也。重坎，乃与离孚，明未重，不可孚。

维心，亨。

既孚于离，二之离五，为心，三之离上，以“维”之，则“亨”。

行有尚。

二五先行，故“有尚”。

初六，习坎。

二不行，与五相重。

入于坎，窞，凶。

“窞”，陷也。离上之坎三，成井，下巽，故入于坎。离四又之坎初，成需，则“陷”矣。

九二，坎有险。

重坎，故险，承上入于坎，“窞”也。求小得。“小”谓离成明夷，讼二之明夷五则“小得”。

求小得，

先“小得”，而后求之也。

六三，来之坎坎。

先成需，需上有坎。需二之明夷五，上又有坎。

险且枕，

“且”，荐也。“枕”所以荐首也，重坎则“险”，二不之离五也。入于坎，下巽为木，又成需，下乾为首。木在首，是为“枕”也。

入于坎，窞。

所以“来之坎坎”者，以“险且枕”也。所以“险且枕”者，以“入于坎窞”也。

勿用。

谓不可“来之坎坎”也。宜“求小得”。

六四，樽酒。

“樽”即尊也。天尊谓二先之离五，成乾也。“酒”所以为乐，坎二之离五成比，犹需二之晋五。“需于酒食”，故为樽中有酒，亦得所尊而乐也。

簋，贰。

“贰”，副也，盈也。谓初从二成屯也。屯三互坤，“簋”象也。

用缶。

“缶”所以节乐，成两既济，则不节。以用而缶，谓屯通鼎，鼎成咸。

纳约自牖。

“纳”，有所入，而受之也。“约”，要也。“牖”，明也。坎成屯，而有束于三者为要，而屯三纳之，非徒纳也，以变通于鼎，鼎二之五，有以“牖”之使明而后上之屯三纳之，是为“纳”之“自牖”也。申上“用缶”之义。

终无咎。

“纳约”则终。“自牖”则无咎。

九五，坎不盈。

成屯则盈，成节故“不盈”。

祇既平，无咎。

“祇”，即“无祇悔”之祇。坎之成节，犹坤之成复，节非屯，则下无震。“平”，犹辨也。节变通于旅，节二之旅五，节成屯，盈且祇矣。祇与震通。

上六，系用徽纆。

不盈，谓离四先之坎初成节，此言离上，先入坎三成丰，“徽纆”，系凶，黑索也。离上之坎三，成丰之用狱，井下巽为绳。“系”谓与离系也。“系”而“用徽纆”犹“见”而“金夫”也。

寘于丛棘。

古议狱于棘下，以用狱成丰，而言“丛棘”。“丛”，细也。“细”，小也。棘与革通，离成丰，视革而五柔为小。

三岁不得，凶。

成革，则“三岁”而得，成丰，五未“来章”，故“不得”。

（离）

䷝ 离上 离下

离。利贞。亨。

“离”，丽也，丽则已“维心亨”矣，故不言“元亨”。先言“利贞”，而后言亨者，“利贞”乃亨也。

畜牝牛吉。

申上“利贞”，谓成家人，变通于解，解二之五成萃，即大畜“童牛”之牛也。解五柔，故称牝。异乎坎，成屯之牛也。解成萃，为“牦牛”，犹鼎成遁，为“牝马”。

初九，履错然。

四之坎初，成节，节通旅，成屯、遁，屯、遁即履二之谦五之所错。

敬之，无咎。

谓节二之旅五，而旅四之初。

六二，黄离，元吉。

“黄”在中者也。坎二中行于离五，则“元吉”。

九三，日昃之离。

谓成丰。“昃”，倾也。五未进仍为离日，而上先行，是“日昃”也。

不鼓缶而歌。

“鼓”，谓坎成屯，“缶”，谓鼎成咸。“歌”，永也。坎成屯，而鼎二之五，屯三乃行，故永久。

则大耋之嗟。

“耋”，犹咥也。不俟成屯通鼎而坎三先之离上，犹坤三之乾上，“虎尾咥人”也。二先于五，故“嗟”。

凶。

不歌而嗟，故“凶”。

九四，突如，其来如。

“突”，不顺也。坎成需，离成明夷。需二之明夷五，故不顺。

焚如。

焚与贲通。离成贲，犹旅成贲、旅。“焚其次”，即此焚也。

死如，

“死”者，澌也。成明夷，则斯其所。

弃如。

死而弃于野，无棺椁也，成贲而通困。虽失道，令贲上之困三成大过，大过取棺椁，虽死不至于“弃”。贲不通困，而上之节三，不成大过，而成需，则死而弃矣。此言不能“履错然”也。

六五，出涕沱若。

“出”谓“出中”也。“涕”，犹弟也。“沱”，江之别也。谓离成丰，则通于涣，涣二之丰五，而涣上从之。舍井而别通于涣，故“沱若”。

戚嗟若，吉。

“戚”，亲也。“嗟”即“大耋之嗟”，谓成丰也。“嗟”而“戚”，故吉。

上九，王用出征。

申黄离而言也。五先成乾为王，然后上征于坎三。

有嘉。折首，

先出后征，则“嘉会”而亨矣。既“有嘉”，则“折首”矣。先成同人，上乾为首后以上之坎三成革，上兑为折。

获匪。其丑，无咎。

“获”即“随有获”之获。谓成既济也。“出征”“折首”，离成革，坎成蹇，蹇之成既济，必旁通于睽，革之成既济，必旁通于蒙。若蒙二不之五，而上之三则成升。革四之升初，革成既济为获，升成泰则为“匪人”，是为“获匪”。虽“获匪”而泰能通否，则亦可丑。言匪而丑，尚能“无咎”。必不可当“有嘉折首”之时，以革四之蹇初，成两既济，无可悔也。

第二章　下经章句第二

（咸）

䷞ 兑上 艮下

咸。

感孚，即谓旁通。

亨。利贞。

与损相感通，损二之五，而后初四应之，故“亨”，孚于损为“利”，咸成既济，为“贞”。

取女吉。

“女”谓兑取女，初取四也，在姤“勿用取女”，姤已成咸，而变通于损，则“取女吉”矣。又蒙“勿用取女”，“取女”则成损，损通于咸，亦“取女吉”。

初六，咸其拇。

“拇”，将指也，即“解而拇”之拇。蒙、革取女成损则上艮为指，故称“拇”。能变通于咸，则“咸其拇”矣。

六二，咸其腓。

“腓”，肥肠，在足上，即“艮其腓”之腓，亦通于“匪其彭”之匪。蒙、睽成损，下兑二隐于震足之上，故称“腓”。

凶。

承上“拇”与“腓”而言，拇指损上，艮腓指损下，兑合“腓”、“腓”为未济。二不先之五而四先之初，所以凶，故互明之。

居吉。

损既通于咸，咸四未之初而损二居五则吉。

九三，咸其股。

损二居五成益，上巽为股。

执其随，

益与咸相错，即“随”也。“执”即“执言”之执，谓执其四，不使之初也。随即谓“咸其股”也。“执”而后其“随”，谓不以咸四之初而先以损二之五，有所“执”，乃相错为随也。

往吝。

不“执其随”，而损三往上，成泰则吝。

九四，贞吉，悔亡。

咸与既济，则有悔，咸通于损，损二之五，而后四之初成既济，则“贞吉”。贞所以吉者，以悔而变通于损也。

憧憧往来。

“憧憧往来”，不绝也。益通恒，恒来成咸。益往成既济。咸又通损，损来成益，咸往成既济。初六、六二明失道之感通，此明当位之感通。

朋从尔思。

“朋”谓咸五即“朋盍簪”之朋也。“尔”指损思，谓损二之五也。恒五以“朋来”，而成咸，三为益上所从，今则变通于损，而四从损五之思，所以“往来”不已也。

九五，咸其脢。

“脢”，夹脊肉也。坎为脊，损二之五而上从之，上成坎。

无悔。

咸四未从，则损不必改悔，而上可之三从五。

上六，咸其辅颊舌。

“辅颊”，颐也，兑为舌，损二在颐内，为兑，孚于咸而二之五，故“咸其辅颊”中之舌。

（恒）

䷟ 震上 巽下

恒。亨。

二之五，而后益上之三，则亨。

无咎。

解成恒，有咎，通于益，而亨，则“无咎”。

利贞。

利谓通于益，通益而亨。故“贞”而“无咎”。

利有攸往。

往谓益上之三。

初六，浚恒。

“浚”，濬也，谓四之初。

贞凶，无攸利。

恒二不之五而四之初，则益成既济，“凶”矣。虽孚仍不利也。

九二，悔亡。

益于既济，则“有悔”，通于恒，则“悔亡”。

九三，不恒其德。

谓二不之五。

或承之羞。

“或”，谓成泰，不与益孚也。“承之”谓益上之三也。“羞”，犹辱也。奸礼为羞。

贞吝。

泰通否，虽“包承”“包羞”，不免于吝。

九四，田无禽。

“无禽”，五未实也。五亡未复，则四不可浚于初。

六五，恒其德。

二之五。

贞。

恒成咸，咸成既济。

妇人吉，夫子凶。

“妇人”谓恒也。恒通于益，则贞而“吉”。“夫子”谓咸也。损二未之五而咸成既济，故“凶”。

上六，振恒，凶。

“振”读若震，五失道。上卦为震，若凶如之。

（遁）

䷠ 乾上 艮下

遁。亨。

遁，则去此而从彼，故“亨”。

小利贞。

小谓临也，遁何以亨？以临与之通，而成既济也。

初六，遁尾，厉。

上之临三，成咸、泰，为乾上之坤三之比例，坤成谦为“虎尾”。

勿用有攸往。

其危如是，初不可往矣。

六二，执之，用黄牛之革。

承上言之也。上言“勿有有攸往”，故“执之”。不使四之初也。“用黄牛”之革，谓咸变通于损，犹革变通于蒙也。

莫之胜，说。

“莫之胜”即《夬·初九》之“不胜”也。“说”谓脱去，而变通也。遁成咸，临成泰，泰二之五，犹夬二之谦五。惟执咸之四，不使之初，而通于损，虽“莫之胜”，而能脱矣。

九三，系遁。

与临系。

有疾，厉。

“有疾”四未之初也。临成既济，遁成咸，咸四更之初，则成两既济，何危如之。

畜臣妾，吉。

“臣”谓临二之五，“妾”谓遁上之临三，“畜”者，遁四不之初，不成两既济也。

九四，好遁，

“好”，犹爱也。

君子吉，小人否。

临二之五，则遁成家人，为吉。“小人”谓临成泰也。遁四又之初，成既济则否。

九五，嘉遁，贞吉。

“嘉会”，亨也。谓临二之五，而上之临，三会之。

上九，肥遁，

“肥”与“腓”同，谓临二也。临之腓，通于遁，犹损之腓通于咸。肥而遁犹云咸成腓也。或腓即指损，谓遁成咸通于损。

无不利。

“腓”不利，腓遁则利。

（大壮）

䷡ 震上
乾下

大壮。

二之五成革则大者壮。

利贞。

革变通于蒙而后贞。

初九，壮于趾。

二之五为“壮”。“趾”，止也。渐上之归妹，三成大壮，则渐成蹇，下艮。

征凶。

即渐上“征”归妹三之“凶”。

有孚。

谓变通，孚于观也。既“征凶”，则不得仍与蹇孚。

九二，贞吉。

承上“有孚”言之，谓孚于观，而成既济。

九三，小人用壮。

“小人”谓五柔也。则宜用二壮，于五成革。

君子用罔。

已成革，为“君子”，则四之观初，为“用罔”。罔即“罔罟”之罔。

贞厉。

谓大壮，成既济，观成益。

羝羊触藩。

“羝”，犹氐也。谓四之观，初成泰、益，即小畜、复之相错。“羝”与“无祗悔”之祗同，为氐之假借也。“藩”，蕃也。观成益，下震为蕃。“触”，犹抵也。大壮二不之五，而成泰，不为革上之羊而为泰三互兑之羊，是“羝羊”也。

羸其角。

“羸”，弱也。不壮故弱，亦通作羸。离，为羸。“角”，谓观上，大壮成泰，未壮也。观成益，上又之三成离，则“羸其角”。

九四，贞吉，悔亡。

通于观，而成既济，故“贞吉”。观成益，而通恒，则“悔亡”。

藩决不羸。

申上文而言，大壮二之五，成革，与夬二之剥五同。“藩决”谓二先决于五，而后四之观初为“藩”也。观成益，未通恒，则上不之三，故“不羸”。其角藩决，故“贞吉”。“不羸”，故“悔亡”。“贞吉”、“悔亡”，由于“藩决不羸”。然则“触藩羸角”，凶而有悔。可知《经》文互见。故九三不言凶耳。

壮于大舆之輹。

“輹”谓四之观初，观下坤，为大舆，“輹”为舆底，犹“羝”之假借也。先壮而后輹，不成泰，不互兑，异于“羝羊”矣。

六五，丧羊于易。

渐上之归妹三，故“丧”。舍蹇而孚，于观为易，易而二之五成革，上兑，故“羊于易”也。

无悔。

渐成蹇，归妹成大壮，大壮二之五，成革，革与蹇则有悔。易而通于观，以二之五成革，革系观，故“无悔”也。

上六，羝羊触藩。

下申言之。

不能退。

大壮成革，乃可退，今二不之五，而成泰，故“不能退”。

不能遂。

“遂”，继事也，又成也。成而能继，谓泰通否，而二之五也。不能退则宜遂，乃不通否，则又不能遂。

无攸利。

即归妹之“无攸利”。

艰则吉。

即泰之“艰贞无咎”。谓能遂。

（晋）

☲☷ 离上 坤下

晋康侯。用锡马蕃庶。

“康”，宁也。晋也，益通恒，恒成咸为“建侯”。

需二先之晋五成否，上乾为马，四又之初，则为“锡马”。蕃震庶坤，下本坤锡，而成益，则下震为“蕃”。

昼日三接。

荀慈明谓“乾为昼”是也，谓需二之晋五也。否成益，益上之三，则由“昼”而“日”矣。谓既济，下率为日也。“接”，交也。益通恒，恒二交于五。“三接”者，上乾“为昼、为马”一也，“锡马蕃庶”二也，由“昼而日”三也。接而后日，则交而后求。

初六，晋如摧如。

“摧”，挤也。挤，队也，与聩下同义。谓夬四下之剥初，所以通于晋者，以摧队而成需也。

贞吉。

谓需成既济。

罔孚。

“罔”即“君子用罔”之罔。晋成益，与观成益同。

裕无咎。

“裕”，即“裕父之蛊”之裕，夬四之剥初，为随四之蛊初之比例。“罔孚”则虽裕，而无咎。

六二，晋如悉如，贞吉。

“愁”，犹忧也。小畜二不之豫五而上之豫三，故“忧”。所以通于晋者，以忧愁而成需也。

受兹介福，于其王母。

“王母”，妣也。晋成否，上乾为王，下坤为母。“受福”，犹云“并受其福”。介即“介于石”之介，明需由小畜上之豫三也。

六三，众允。

“允”，信也。“信”，孚也。明夷不与需孚，而晋孚之大有，众也。需与晋通，相错为大有。

悔亡。

“允”，则悔亡矣。

九四，晋如鼫鼠，

“鼫”读如硕。晋如则先成否，否上之三成咸，咸下艮为鼠。硕即石，石亦艮也。

贞厉。

谓需成既济，晋成咸。

六五，悔亡。

申六三也。

失得，勿恤。

失当作矢，即得“金矢”之矢，五先得而后“鼫鼠”，故“不恤”。

往吉无不利。

往谓三往上也。五先得，而三后往，故利。

上九，晋其角，

“角”谓上也。“晋其角”则从矢得而往。

维用伐邑。

上之三称“维”，亦称伐。申上“晋其角”之义。

厉吉，无咎。

“厉”即“鼫鼠贞厉”之厉，“吉”即“往吉”之吉。总上而合言之，谓需成既济，晋成咸。以其宜变通于损，则“厉”，以其能补救需之失，则“吉”。晋成咸，与成益同。其“无咎”，即“裕无咎”也。

贞吝。

“贞”谓需成既济，虽吉无咎，而溯其失道成需，则不免于“吝”。

（明夷）

䷣ 坤上 离下

明夷。利艰贞。

需二不可之明夷五，故以为“艰”，而变通于讼，则“利贞”也。

初九，明夷于飞。

谓小过四之初，飞鸟离之，五之明伤于鸟之飞也。

垂其翼。

“翼”所以辅也。五未正，而四先垂，所以伤也。

君子于行，三日不食。

“君子”，中孚也。中孚二原，可食于小过五，小过四“行”之初成明夷，则下离为“三日”，而中孚二，不可食于明夷五矣。变通于讼，乃“食旧德”。

有攸往，主人有言。

“往”谓中孚上之三也。中孚成需，则“小有言”，中孚二先之小过五，则小过四之初，不成明夷，而中有主。今成明夷，以“主人”在需二小有言，未至也。

六二，明夷。

明夷之卦，由五失道而名，故于六二发之。

夷于左股，

巽为股，谦初之履四。谦成明夷，履成中孚，四当巽股。

用拯。

拯即“不拯其随”之拯。中孚二之小过五，为兑二之艮五之比例也。

马壮吉。

乾为马，小过成咸，互乾有所壮，而为马也。“马”之“壮”，由于“用拯”，“用拯”由于“明夷于股”。谦初之履四与涣初之丰四同，故涣之辞同。此主“内难”而言。

九三，明夷于南狩。

南方，离也。“狩”以逐兽犹征伐也。谓贲上之困三，亦姤上之复三。

得其大首。

变通于讼，讼成否，否上乾，为大首。

不可疾贞。

姤成大过，大过二之明夷五，成咸，咸有疾。今改而通于讼，讼成否，不成咸。戒其宜通讼得大首，不可仍系姤成咸也。疾之言速也，此主大难而言。

六四，入于左腹。

履四之谦初，履上成巽为入，谦成明夷。上坤下离，皆腹也。凡卦爻初之四称左。

获明夷之心，于出门庭。

“心”，五也。“出”，讼二出中也。讼二出，则明夷之五获矣。讼成否，否上之三，下艮为“门”。明夷五为“庭”，成既济称“获”。

六五，箕子之明夷。

“箕”，古“其”字。与中孚“其子和之”同义。“其子”未和，致成明夷。

利贞。

谓通讼，成既济。

上六，不明晦。

不明而晦，谓上坤也。

初登于天。

“初”即“初筮”之初，谓讼二之明夷五也。讼二登于明夷五，上乾为“天”。讼上未先之三，上仍是天。故“登于天”。

后入于地。

“后”为“后号咷”之后，讼二未之明夷五，则明夷上仍是地，而讼上之三成大过，下巽为人，故“入于地”。

（家人）

☲ 巽上 离下

家。利女贞

“女贞”即“女子贞”也。鼎成家人，舍屯而通解，则“利”则“字”矣，故称家人。

初九，闲有家。

“闲”即“曰闲”之闲，大畜通萃，而成家人，犹家人通解而成萃。萃四不之初为“闲”，解四不之初，而成萃为“有家”。

悔亡。

屯、家人，则有悔，家人通解，故“悔亡”。

六二，无攸遂。

“遂”，即大壮“不能遂”之遂。

在中馈，

“馈”，犹归也。渐成家人，通于解，解二之五，是为“中馈”。若家人上之临三，成泰，则以通否为遂矣。今所以得无遂者，在解二之五故也。

贞吉

上之萃三，成既济。

九三，家人嗃嗃。

“嗃嗃”，犹亢也。

悔。

亢则有“悔”。

厉，吉。

上不之屯三。舍而通解，则能“改悔”，虽危而吉。六二言“失道”，此言“盈”，皆宜悔而通解。悔则“贞吉”与六二互明。

妇子嘻嘻。

“嘻嘻”，悲叹声也。《檀弓》：“夫子曰：‘嘻’。”董子云：“嘻嘻。录所痛之声也。”

终吝。

解二不之五，成恒，因又成泰，故“嘻”而又“嘻”。泰虽通否而终，乃“自邑告命”吝矣。

六四，富家。

“富以其邻”，谓解先成萃，后成咸。

大吉

“嘻嘻”则小，解先成萃，则大。

九五，王假有家。

“假”，格也。“格”，至也。谓解二之五成萃，即萃之“王假有庙”。解成萃，乃“有家”也。

勿恤，吉

解成恒，则“恤”。

上九，有孚。

谓孚于解。

威如。

“威”，仪也。“仪”犹宜也。虽“有孚”，若上先之解三，成恒，则非宜。

终吉。

威而后，成既济，则“吉”。

（睽）

☲ 离上
☱ 兑下

睽。小事吉。

柔在五，故“小”。小而有事，谓二之五。

初九，悔亡。

蹇通于睽，犹革通于蒙。

丧马。

蹇通睽，则知丧，据上未成乾，故“丧马”。

勿逐。

马末得，蹇初，不可先之睽四。

自复，

二先之五。

风恶人。

上言蹇舍，革而通睽，此言蹇舍，大壮而通睽也。大有上之比三成蹇，不能“遏恶”，故为“恶人”。“见”，犹显，谓代也。

无咎。

蹇能变通于睽，无论由“盈”而“自复”，由“失”而“见恶人”，皆“无咎”。

九二，遇主于巷。

二之五，为姤二之复五之比例，故称“遇”。刚自外来，而为主于内，故称“主”。“巷”邑中所其道也。二之五，而四应之，成益。艮为径路，艮、坤相兼，故为“巷”。

无咎。

申初九“无咎”以此。

六三，见舆曳。

坤为“舆”，坎为“曳”，谓大有，上之比三，比下之舆，互坎。申初九“见恶人”之义。

其牛掣。

"掣"，一角爷也。《尔雅》作"犎"。成益，则互坤有牛，益上不之三，则角仰。

其人天且劓。

二之五，上乾为"天"。蹇下艮为鼻。四之蹇初，毁去其艮为"劓"。"见舆曳"，言蹇变通于睽也。"其牛掣"，言睽成益，上不之三也。此则详言，其二先之五，而后四之蹇初，蹇无艮鼻，睽有坤牛。申九二"遇主于巷"之义。

无初有终。

谓蹇成既济也。据巽成蹇而言。

九四，睽孤。

上言其当位，此言其失道，而"睽"也。"孤"犹"寡"也。地不之五，而四先行，成损，失道而寡助，故"睽孤"也。

遇元夫。

损有孚，元吉。

交孚

"交"谓二之五，损孚于咸而交。

厉，无咎。

能变通，虽厉，而无咎。

六五，悔亡。

申初九之义。

厥宗噬肤。

"宗"即尊也。乾尊谓二之五，成无妄，上乾也。所以宗者，以"噬肤"故也。与井二之噬嗑五同。

往何咎

不"噬肤"，而四往蹇初，故成损，而"孤"。必变通，而"遇元夫"，乃得无咎。则未"遇元夫"，其往为有咎矣。若先"噬肤"而后往，何咎之有？

上九，睽孤。

九四之"睽孤"，谓成损，此谓成大壮。

见豕负涂。

"豕"，蹇上坎。蹇通睽，故"见豕"。震为大涂，虽"见家”，而不以二之五，先以上之三，成大壮，上震。

载鬼一车。

大壮不能变通，又以四之蹇初成泰，柔居五为“鬼”。坤为车，不通观，不能“神道设教”，上乃成坤车，而载鬼也。

先张之弧。

睽成大壮，大壮成泰，泰二之五，后于初三矣。变通于否，则二之五仍为先。“弧”，弓也。“张”，犹扬也。胃泰二之五，上成坎，改而更张于否，故云“张”。

后说之弧。

否上后之三，成咸，上兑，故“后说”。“说”者，解脱也。蹇成既济，上亦坎脱去，既济而通否，是说之弧也。

匪寇昏媾。

与《屯·六二》同，往谓三往上，成大壮，方“负涂”，尚未“载鬼”。

遇雨则吉。

上谓往，而成大壮，不能变通，以致成泰，而后始通否。此谓大壮不成泰，即能通观，不必俟张弧、说弧乃吉。是时“遇雨”，即已吉也。大壮二之五而观上之三，与夬二之剥，而剥上之三同。

（蹇）

䷦ 坎上 艮下

蹇。利西南。

“西南”，坤也，谓“西南行朋”。

不利东北。

“东北”，艮也。革四之蹇初则不利。

利见大人。贞吉。

“见大人”谓通睽，睽二之五。睽成无妄，初乃可往。

初六，往蹇。

睽二未之五，往则成损。睽之所以睽，即蹇之所以蹇。

来誉。

“来”，谓升二之五也。升不来，来则成蹇。升通无妄而二之五成蹇，犹蹇，犹蹇通睽，而二之五成无妄。升二之来，即睽地之来也。初四从五，故“有誉”。

六二，王臣。蹇蹇。

“王”即“利用宾于王”之王。“臣”即“遇其臣”之臣。乾、坤交而成蹇，蹇通于睽，则可不蹇矣。乃睽二不之五，则蹇初之往蹇矣。睽二不之五，而上又之三成大壮，则蹇初之往益、蹇矣，是蹇而又蹇也。故大壮变通于观，二之五为王臣。所以“王臣”者，以其“蹇蹇”也。大壮、蹇相错，为小过、需，大壮通观，为小过通中孚之比例，故并言“王臣”明之。

匪躬之故。

“匪”即“匪其彭”之匪。睽成大壮，犹大有，成大壮也。躬谓蹇也，以大壮系蹇，所以“蹇蹇”，故谓变通。

九三，往蹇来反。

升、无妄相错，为姤、复。升为无妄之反，即复为姤之反。

六四，往蹇来连。

“连”，犹烂也。剥成谦通履，履二之谦五，为升二之五之比例。

九五，大蹇朋来。

蹇五所以“大”，以“朋来”也。升二之五犹姤二之复五。

上六，往蹇来硕，吉。

“硕”，犹石也。升二之五，则下之艮石，著矣。

利见大人。

既成蹇，则必通睽。谓升成蹇，无妄成革也。

（解）

☳☵ 震上 坎下

解。利西南，

解则二之五成萃，萃下坤，“西南”也，家人上来之三，则“利西南”也。

无所往

初不先往四。

其来复古。

先以二来复于五

有攸往。

谓三往家人上。

夙吉。

“夙”犹速也。“往”即成咸。则五先已“来复”矣。

初六，无咎。

遁四之初，成家人，则“有咎”矣。变通于解，解初四不先行，故“无咎”。“无咎”在初四，故于初发之。

九二，四获三狐。

犹“田获三品”也。巽成家人，变通于解。解二之五，而家人上之解三，故“获三狐”。狐通狐，而为“黔喙之属”，兼坎艮象。家人上成坎则解下成艮也。

得共矢，贞吉。

二之五得黄，家人上来之三则“得矢”，贞谓家人，成既济。

六三，负且乘。

负即“见豕负涂”之负，乘即“乘马班如”之乘，谓成恒又成泰。

致寇至。

泰不通否而二之五。

贞吝。

谓已"昏媾"成既济。

九四，解而拇。

家人通解，宜以二先之五。不以二之五而四之初成临，临上坤为母。"拇"，犹母也。

朋至斯孚。

临通于循犹复通于姤。临二之五，为"朋至"，犹姤二之复五，为"朋来"。斯，澌也。临五空涸为澌，能变通使"朋至"，则澌者有孚矣。

六五，君子维有解，吉。

成萃成"君子"，而后三维于家人上。以解家人之悔。

有孚于小人。

"小人"，解五柔也，谓家人孚于解。

上六，公用射隼。于高墉之上，获之，

成咸，互乾为"公"。"射隼"，解二之五，而后家人上之解三也。"高墉之上"，家人上九也。"获之"家人成既济也。不射隼而获，则成恒，为"田妩禽"。

无不利。

家人变通，于解不致成，两既济。

（损）

䷨ 艮上 兑下

损。有孚，元吉，无咎。

睽、蒙成损，咎在初四，惟有孚于咸，则"元吉"而"无咎"。

可贞，利有攸往，

有孚元吉，则损成益。咸成既济矣。咸"贞"，损未"贞"也。乃贞必视乎其"可贞"，而三乃可往上，成既济。

曷之用。

用即用上之三也。将申上"可贞"而设为问。

二簋。可用享。

“簋”谓坤也，损之簋在五，与咸通而二之五，此一“簋”之用也。成益，益之簋在三，与恒通，而后上之三，此又一“簋”之用也。

初九，巳事遄往。

“巳”即“巳日乃孚”之巳，革四之蒙，初成损，不巳者也。损孚于咸，咸四不之初，则仍“巳”。“巳”而有事，谓孚于咸，咸四不之初而损二之五也。“遄”，速也。“往”，谓三往上也。孚于咸，而二之五，又上往三也。

无咎。

损“有咎”，孚于咸，则“无咎”。

酌损之。

“酌”，犹约也，谓益上之三，咸四未之初则损仍与咸系，酌损非酌益也。

九二，利贞。

“酌损”则“贞”矣。通于咸，则“利”。

征凶。

谓成泰。

弗损益之。

所以“征凶”者，以革四之蒙初，成损。若不先成损，而由观成益，何凶之有？

六三，三人行则损一人。

上之三成泰，则三阳相聚，为“三人”，犹需下之“三人”，犹需下之“三人”也。“损”，犹失也。二不之五，五位空虚，此一人为失矣。

一人行，则得其友。

“一人行”，谓损二之五也。“得友”则不失矣。“一人行”，犹云“独行”。

六四，损其疾。

四不之初为疾，“损其疾”，谓革四之蒙初也。

使遄。有喜，无咎。

“遄”，速也，速谓咸也。“使”，从也。舍革而与咸相从，则有喜。

六五，或益之。

损成益，咸成既济，则不相孚，而疑或。

十朋之龟。

“朋”即所得友也。坤之数十损五，三互坤二之五，是为十朋。咸四之初应之成，既济，不离为龟。

弗克。违，

益上不可之三，宜去而通于恒。

元吉

终则有始，故“元吉”。

上九，弗损益之无咎。

蒙二先之五，而后革四之蒙初，则“无咎”。

贞吉。利有攸往。

不损而益，则蒙成益，革成既济。不变通，而益上之三，则“贞凶”矣。若“贞”而“吉”，则必变通于恒，而后“有攸往”也。

得臣无家。

申上“利有攸往”之义，既济、益相错，为家人，“得臣”，谓恒二之五。益通恒，而“得臣”。成咸，而后益上之三咸、既济，相错不成家人，故“无家”也。

（益）

䷩ 巽上 震下

益。利有攸往。

“往”，上往三也。变通于恒，则利，利乃可往也。“益”，犹济也。谓成既济。

利涉大川。

申上文。

初九，利用为大作。

“为大作”，知大始也。

元吉，无咎。

知大始，则“元吉”矣。谓恒二之五也。

六二，或益之十朋之龟，弗克违。永贞吉。

损成益，十已朋矣，咸成既济，已龟矣。恒二之五，而后益上之三，则永久不已。

王用享于帝，吉。

申言所以“永贞”也，恒上震为帝，二之五，而益上之三应之。

六三，益之。

上之三。

用凶事。

克伐之事，兵事也，故“凶”。

无咎。

上申言之。

有孚。

旁通于恒。

中得。

恒二之五。

告。

初筮为“告”，蒙先成损，而后而益，不可为告，有孚于恒，恒二之五，仍初筮也。

公用圭。

恒成咸，互乾为公，乾为玉，本互于恒，二用于五，是用玉成圭也。二之五为君，公则玉，亦随之而尊贵矣。

六四，中行告，公从。

恒二已之五，咸四之初，从之。

利用为迁国。

互坤为国，国本在损，依咸。损成益，咸成既济，则迁而依恒。申上所以“中行告”，由通恒，而为大作也。

九五，有孚。

孚于恒。

惠心。

惠，顺也。恒二之五则“恒其心”。

勿问，元吉。

问，犹遗也。益五已定，无俟问遗。而以通恒为“元吉”。

有孚。

谓恒孚于益。

惠我德。

鼎、解成恒，已失其德。孚于益，而二之五乃为“恒其德”。德由于益，故云“我德”，谓益之德也，益孚于恒，恒又孚于益，故两言有孚。

上九，莫益之。

上之三，成既济为益。

或击之。

“击”即“击蒙”之击。不孚于恒而益上之三，故疑或。申上所以莫益也。

立。心勿恒，凶。

申上“或击”之义。击则益成，既济而立矣。未孚而立，则恒二未之五，故凶。

（夬）

䷪ 兑上 乾下

夬。扬于王庭。

“扬”，犹显也，谓变通于剥，“王”谓革互乾，“庭”谓剥五。

孚号有厉。

乾上之坤三，成谦、夬，则“号咷”矣。孚于剥则有以孚其号矣。因其号而孚之为“孚号有厉”，故号。《易》每用到也。

告自邑。

夬二之剥五与蒙二之五同，为“初筮告”。剥成观，下坤为邑。

不利即戎，

四之谦初，成明夷，下有离戎，而后二乃从之成两既济，故“不利”。

利有攸往。

能变通，则四可往。

初九，壮于前趾。

夬成革犹大壮成革，故称“壮前趾”，谓谦下艮也。不变通故称“前”。“前”，犹旧也。谓二之廉五。

往，不胜为咎。

“往”四往谦初也。“不胜”犹云“莫之胜”。谓乾上之坤三，成夬，谦已不胜，而有趾，不能变通，而壮于前趾，成革、蹇革四又往蹇初，则成两既济。

九二，惕号。

舍谦而孚剥，故“惕”。

莫夜，有戎。

“莫”，无也。不可四之谦初成明夷也。二之剥五，下卦成离，为“有戎”，不可使成明夷，而“即戎”，宜成革，而“有戎”也。成明夷，晦为夜。

勿恤。

剥上不可先之三。

九三，壮于頄，有凶。

“頄”，权也。居面之两畔相等，谓剥上先之三，成谦，与夬三两则相敌，如面之有权。而后夬二之剥五后于三，故凶。凡言有凶者，谓有不凶者也。先壮后頄，则吉矣。

君子夬夬。

剥成君子，由夬有以夬之。需二之晋五则夬需非“夬夬”也。

独行。

四未行，二先之剥五。

遇雨。

因遇而雨，谓剥上从五，成蹇。

若濡。

夬四先之剥初，夬成需。

有愠无咎。

惟夬二可夬于剥五，需二则不可夬于剥五矣。"愠"之为怒，犹"缊"之为絮，宜以需二之晋五，有衣絮也。

九四，臀无肤。

"臀"谓三也。剥五柔为肤，夬二先之剥五而后剥上之三，则"臀无肤"矣。

其行次且。

"次且"不行也。夬成革，剥成蹇，故四不可行。

牵羊悔亡。

革上兑为羊，牵而孚于蒙。

闻言不信。

成需，上坎为耳。四互兑为言，故"闻言"。谓二不行，而四行也。不信，不孚也。虽孚于剥失是，犹不孚矣。此与九三互明。"独得遇雨"则宜变通，而"牵羊悔亡"、"闻言不信"，则宜变通，而"有愠无咎"是，二未行，而剥上先行，则"壮于頄"。二未行而四先行，则"若濡"。二先行，而剥上从之，为"臀无肤"。四犹宜，"次且"待"牵羊"而后行，兑二未行，而讵可"闻言不信"乎！此"君子"所以"夬夬"也。

九五，苋陆夬夬。

"苋陆"，草名，一名商陆。"陆"即"鸿渐于陆"之陆，"苋"为见之假借。借商陆之名，以明夬，变通于剥，而以二夬于剥五成观。观巽为高，高而平，则陆也。夬见，而夬为陆，所以"夬夬"者如此，申九三也。

中行无咎。

又以"中行"明"独行"也。夬二之剥五，为"夬夬"、为"中行"，则"无咎"。若需则"闻言不信"，为有咎矣。

上六，无号。

二之剥五而后剥上之三，即"孚号"，而"惕号"为"无号"矣。

终，有凶。

"无号"仍有凶者，以其终也。剥成蹇，夬成革。革通蒙，而终，则不凶。成两既济则凶，故云“有凶”。

（姤）

☰ 乾上
☴ 巽下

姤，女壮。

姤则二之复五，成遁，女壮，谓复三之姤，上成咸，咸上兑女也。咸、既济相错，即革、大壮，二以刚加五，为“大壮”，复三以柔，姤上成兑女，为“女壮”。

勿用取女。

既成咸，未通于损。不可取四之初。

初六，系于金。柅，

“柅”，籰柄收丝者也，乾金在巽绳之上，初之四成小畜，则绳旋于金上，是柅也。“系”谓通于豫。

贞吉。

豫成咸，则小畜成既济，为吉。

有攸往。

谓初往四。

见凶。

成小畜不系于“金柅”，而仍以二之复五，成屯为见，则不吉而凶。

羸豕。

成小畜，若二不之复五而上之复三，则小畜成需，上坎为豕，复成明夷，下离为羸。

孚。

谓复孚姤。

蹢躅。

谓二不进也，虽孚而二不先进，致成“羸豕”。“金柅”之见且凶，“羸豕”之凶可知矣。

九二，包有鱼，无咎。

谓姤二先之复五也。五在坎中。如鱼在水。

不利宾。

“宾”即“利用宾于王”之宾。小畜通豫，为大壮通观之比例。在用宾则利，而先成不畜，则不利。

九三，臀无肤。其行次且。

谓复成既济，姤成咸。咸未通损，四仍不遽行。

厉，无大咎。

咸四之初，则成两既济，故“厉”。“次且”，故“无咎”。

九四，包无鱼。

与复旁通，宜有以“包”之矣。“无鱼”谓二不之复五。

起凶。

“起”谓复下震也。坤成复，本凶。有姤包之，乃可补救。今“包”而“无鱼”，则仍无解于坤成复之“凶”，盖姤成小畜矣。

九五，以杞包瓜。

杞柳可屈桡包物，犹蕉苇也。借杞以为起矣，艮为果“蓏”。瓜，蓏属也。瓜又通弧，谓姤二之复五，复五有坎，姤下有艮，瓜兼坎、艮，犹拇兼坤无艮也。“包无鱼”则起凶，“包瓜”则杞吉矣。

含章。

四不之初，不成两既济。

有陨自天。

上之复三也，自乾而不得，故自天。四不之初，故上有乾。

上九，姤其角。

谓“包有鱼”，而后陨，与晋成咸同。

吝，无咎。

不以乾二之坤五，而以乾四之坤初，失道路变通于姤，然后复其道，功由困勉，故不免于吝，失道，而能改悔变通，故“无咎”。

（萃）

䷬ 兑上
坤下

萃，享。

萃成咸，则大畜，享。

王假有庙。

家人通解成萃，犹萃通大畜，成家人。

利见大人。

谓大畜变通于萃，而二之五。

享。

“见大人”则假有庙。萃成咸，则王假所以享。

利贞。

萃成咸，则大畜成既济。

用大牲吉。

“大牲”牛也。萃下坤，为牛，大畜上之萃三，杀之，故“用大牲”。

利有攸往。

谓三往大畜，上以从二五。凡《经》文，皆连贯如此。《彖》辞谓萃则享矣。萃何以享？以与大畜通“王假有庙”也。何以“王假有庙”？以大畜二先之五，见大人也。“见大人”，由于能变通为利，利而见大人，故“享”。利而享，即是由利而贞。何以“利贞”？“用大牲”是也。何为“用大牲”因利而“有攸往”也，凡《易》辞皆如是贯之。

初六，有孚不终。

大畜初四失道而有孕于萃。大畜成既济则终，而萃成咸“不终”。

乃乱乃萃。

“乱”绝之，使不聚也。大畜成既济，则乱，萃成咸则聚。申上文。

若号。

若指大畜也。鼎二不之五，而四之初，故“号咷”。

一握为笑。

握与渥同。鼎其形渥。渥，足也。足则终，终则乱。惟有孚于萃，不终而“乃乱乃萃”。乱者，渥矣。萃不终，则不渥，萃不渥而不仅大畜渥，是为一渥。两渥则凶，一渥则号变为笑矣。

勿恤，往无咎。

“恤”即号也。不号，则大畜二先之五，而三往大畜上为“无咎”。

六二，引吉。

与大畜，相牵引。

无咎，

大畜有咎，得萃相引，则“无咎”。

孚乃利，用禴。

“引”则“孚”矣，“孚”则“利”矣，“利”则“用禴”矣。“禴”与“礿”同，犹约也，谓大畜上之萃三。

六三，萃如，嗟如。

大畜上之萃三，则萃矣，大畜二不先之五，故“磋”。

无攸利，

“嗟”则虽旁通，仍不利。

往无咎。

指初六，“勿恤，往无咎”。

小吝。

大畜成泰，其吝可知。即“往无咎”，而以鼎成大畜，言之，亦为“小吝”。

九四，大吉无咎。

鼎成小，成小的畜仍小，故“吝”。大畜通萃，成家人，小化为大，故“往无咎”。

九五，萃，有位，无咎。

萃谓萃成咸，“有位”，谓大畜二之五，申上“往无咎”之义。

匪孚。

“匪”即“匪其彭”之匪。大有成大畜，为匪，而变通与萃“孚”。

元永贞。

大有，成大畜，比成屯，屯通鼎，为“元永贞”。大畜通萃，亦“元永贞”也。

悔亡。

萃成咸，通于。

上六，赍咨。

“赍”犹齐也。“咨”即嗟也。

涕洟，无咎。

萃成咸，大畜成泰，则“嗟如无攸利”矣。泰通于否则有以齐其咨，故“涕洟无咎”。涕出于目谓泰二之五，下离为目也。洟出于鼻谓否上之三，下艮为鼻也。“涕出”即“涕沱若”之涕，既济、咸相错为蹇。与涣成蹇同。

（升）

䷭ 坤上 巽下

升。元亨。

二之五为“元”，无妄上之三，应之为“亨”。

用见大人。

通无妄而二之五。

勿恤。

二五，选于三上，则不忧。

南征吉。

无妄上征三，成革，下离为南。

初六，允升。

“允”，信也。师成升，而二遽之五，为“升其高陵，三岁不兴”，非允也。允而升，则与无妄孚矣。

大吉。

大谓二之五。

九二，孚乃利。用禴，无咎。

孚于无妄，乃“利”。“禴”谓无妄，上之三。

九三，升虚邑。

五无实，故“虚”。二之五实之。

六四，王用享于岐山，

“岐山”犹西山也。升二之五，而后无妄上之三，犹蛊二之五，而后上之随古。

吉，无咎。

明蛊上先之随三“有咎”。

六五，贞吉，升阶。

阶有等级，谓二先之五，而后无妄四之升，初成既济。

上六，冥升。

升成泰，无妄成既济。相错即小畜成需，豫成明夷。“冥升”之冥，即“冥豫”之冥。

利于不息之贞。

明不可息，故明夷通讼。与泰通否同。

(困)

䷮ 兑上 坎下

困。享。

贲，通于困则享。

贞。

困二之贲五，贲上之困三，应之，“享”也。贲成既济，“贞”也。

大人吉。

贲小，成家人，则大。

无咎。

贲“有咎”。孚于困以变通而“无咎”。

有言不信。

谓成需。

初六，臀困于株木。

三称“臀”，贲上之困三，成大守，下巽为木。贲成明正比例夷，明夷诛也。木而诛，故为“株木”。

入于幽谷。

巽为入，大过下巽也。谷，穷也。

三岁不觌。

明夷下离为三岁。未之贲五，故“不觌”。

九二，困于酒食。

谓成需。

朱绂方来。

“朱”，大赤，谓乾也。“绂”，所以揜也。谓二成需，下乾，则朱其绂。

“方”，旁也。既成需乃旁通于晋，需二之晋五为来。

利用享祀。

“享”谓晋成否，否上之三，成咸也。“祀”巳也。谓四时祭祀一讫，故通“已止”之已，与损“已事”之已为假借。否成咸，四不之初，为已也。

征凶，无咎。

“入于幽谷”故“征凶”。既“利用享祀”，虽“征凶”亦“无咎”。

六三，困于石。

成咸则下艮为“石”。二不先行，而贲上来之三，成大过，然后以大过二通于颐五，虽亦有艮名，而不免困矣。

据于蒺藜。

“据”，引也，引贲通困而不以困二之贲五，先以贲上之困三，是引之于“蒺藜”也。“蒺藜”之言疾也，虽成大过四，尚未之初，由此而通颐，则虽困仍可成咸为石。承上所以“困于石”者，以“据于蒺藜”也。

入于其宫。

成咸，则有宫。“宫”，犹躬也。成大过，下不为艮，而为巽人，故“入于其宫”。

不见其妻，凶。

大过变通于颐，则“得其妇妻”。不通颐，而成需，故“凶”。

九四，来徐徐。

“徐徐”，怠缓也，谓困二不之贲五，成大过双成需，乃来。

困于金车。

需二来之晋五，成否，上乾下坤。

吝，

徐而又徐，故吝。

有终。

能变通而来，既济。

九五，劓刖。

成咸，则有艮鼻。不成咸，而成大过，故“劓”。成屯则有震足。不成屯而成节，故“刖”。或刖为“灭趾”与“灭鼻”同，皆指贲成明夷，上艮灭去。

困于赤绂。

坎为赤，所以无艮。无震者，二拚之也。

乃徐有说。

徐即“来徐徐”也，有说谓晋成咸之兑。

利用祭祀。

“祭祀”犹“享祀”也。

上六，困于葛藟。

“葛藟”附木而生。谓成大过，上兑为附，下巽为木。古以“葛藟”束棺，贲上之困三，成棺，以约束之也。

于臲卼。

失道则趋于危。

曰动，悔。

“曰”，言也。“动”，震也。四之初成震，则二必先之贲五，成家人，故“悔”。

有悔。

果能有悔则变通于鼎。

征吉。

如是而"征"则"吉"，成大过，则"征凶"也。

（井）

☵ 坎上
☴ 巽下

井。

井之言法也，失道以法制之。使旁通噬嗑，故谓之井也。

改邑不改井。

坎成井，则宜改，而通噬嗑，是为"改井"。若不改井而初之丰四，丰成明夷，则宜通于讼为"邑"。"邑"谓明夷上坤也。先改井则不致成邑。所以"改邑"者，以其先不"改井"也。

无丧无得。

谓"改井"成蹇，又宜知丧。不知丧，仍无所得。

往来井井。

井通噬嗑，而成蹇，此井"往"矣。蹇又通睽，此井又"来"也。睽二之五，同于井二之噬嗑五。

汔至。

"汔"，涸也，谓不改进。

亦未繘井。

"繘"汲绠也。巽为强，井二之噬嗑五而初四从之，噬嗑成益。井下巽出于益于上，如繘出于井。

羸其瓶。凶。

离为大腹，"瓶"之象也，井二不之噬嗑五，而噬嗑四之井初，则不繘，而噬嗑上又之三，成明夷，为"羸其瓶"。羸亦离也，与羸同而义为弱。二不之噬嗑五，故事弱也。

初六，井泥不食。

泥即"需于泥"之泥，谓井成需也。不食二不之噬嗑五也。

旧井无禽。

井不更新，故"旧"。二不之噬嗑五，故"无禽"。

九二，井谷，

"谷"，穷也。"旧井无禽"，故穷。

射鲋，

"鲋"，犹附也。井成需，而通于晋，需二之晋五，而晋上之三成就，上兑为附。

瓮敝漏。

"瓮"，瓶也，亦通于壅。雍之言壅也，需二之晋五，壅窒之。需下成离，则"敝"也。"漏"，下渗也。谓丰四之井初成需，此井所由穷通于晋而"射鲋"，则有以壅其漏，而敝其漏。

九三，井渫不食。

"渫"同泄，即漏也。

为我心恻。

"我"谓井也，坎成井，离成丰。三先于五，故忧恻，所以成井为"心恻"也。

可用汲。

谓需通晋也。"汲"，及也。及，犹逮也，谓"水火相逮"。

王明。

井成需则丰成明夷。既变通于晋，晋成否，上乾为王，则不与明夷系矣。

并受其福。

"并"，犹旁，谓旁通于晋而"受兹介福"。

六四，井甃，无咎。

承上谓需通晋。

九五，井洌。

"洌"，洁算也。井泥成需，需通晋则泥去。

寒泉食。

乾为寒，谓需下乾也，坎泉也。入坎成井，又井泥成需，是寒其泉。既变通于晋前之泥者，改而洌矣。泉而寒者亦变而食矣。"需者饮食之道"，谓此。

上六，井收，勿幂。

收井成既济也。“勿幂”，噬嗑成益，而上不之三也。

有孚，元吉。

离上之坎三，成井失道有孚于噬嗑，有以补救三上之失，故仍“元吉”。

（革）

☱兑上
☲离下

革。巳日乃孚，

“巳”，止也。止于日谓四不行，而孚于蒙也。

元。

蒙二之五为“元”。

享。

革四之蒙初。

利。

谓变通于蒙。

贞。

谓革成既济。

悔亡。

乾成革，坤成蹇，则有悔。革变通于蒙，故“悔亡”。

初九，巩，用贡牛之革。

“巩”固执之也。“黄牛”，蒙二之五，下坤也。“执”，四不行于蹇初而用蒙二之五。

六二，巳日乃革之。

据兑言也，兑二之艮五，艮上之兑三成革，下离为日，即止而通于蒙。

征吉。

溯，辞也，即无妄之“南征吉”。惟革四不之蹇初，斯渐上之，随三为吉。

无咎。

革四已变，而通蒙，故“无咎”。

九三，征凶。

“戒”，辞也。谓蒙成益，革成既济。益上征三则凶。

贞厉。

惟“征凶”，故“贞厉”。

革言三就，有孚。

上兑为“言”。“革”言革去其言也。“就”，成也。蒙二之五，一“就”。革四之蒙，初成益，二“就”。益通恒，而后上之三，三“就”。革既有孚于蒙，益又有孚于恒，则虽厉，而不征凶。

九四，悔亡，有孚。

所以“悔亡”，以孚于蒙。

改命吉。

有孚于蒙，即“改命”也。

九五，大人虎变

“大人”蒙二之五也。坤为虎，蒙成观，则“风从虎”。

未占，有孚。

占亦变也，“未占”未“虎变”也。既变成观，则又不与革“有孚”矣。

上六，君子豹变。

“君子”，蒙已成益也。“豹”，犹约也。益上之三，“纳约”必变通于恒。

小人革面。

“小人”谓蒙未成益也。“革面”则以革四之蒙初成益也。先言“豹变”者，《易》之辞多用到，其例如此。

征凶。

革面成益，未通于恒。益上征三则成两既济。

居贞吉。

居谓恒二之五，居而后贞，即“豹变”也。

（鼎）

☲ 离上
☴ 巽下

鼎。

鼎之言始也，器能新物。故谓之鼎。

元吉。

屯变通于鼎，鼎二之五，为“元”。

享。

谓屯三之鼎上，应之。

初六，鼎颠趾。

“颠”，填也。二之五，以填其虚成遁，下艮为止。

利出否。

“出否”则不致于否。屯成既济，鼎成泰，则否矣。

得妾以其子。

兑为妾，二之五称子，上之屯三，得成兑。妾者以二先之五而四不之初也。

无咎。

否则有咎。

九二，鼎有实。

五虚，二之五，以实之。

我仇有疾。

“仇”犹敌也。上之屯三与鼎三两刚相敌，四不之初，则成咸，为“有疾”。

不我能即，吉。

“即”，从也。四从之，则成家人，不与屯孚矣。四不从，而屯三从之，所所吉。

九三，鼎耳革。

成家人，则三互坎为“耳”。宜改而通释，解成萃，与家人相错，亦为什么革。

其行塞。

行成家人，则塞而不通。

雉膏不食。

“离为雉”，“膏”犹高也。成家人。上离为巽。家人上之屯三，屯三，屯成既济，下离为雉。故为“雉膏”。屯、鼎相错，为井、噬嗑，则二之五为“食”。先成大畜，大畜二之五，不可为食，先以二食五，则上之屯三，雉而不膏。雉而膏者，由先不食也。

方雨，亏，悔，终吉。

“方”谓旁通于解，解二之五，而后家人上之解三，旁通乃有坎雨。

家人、屯则盈，旁通于解不盈，故“亏”。

“盈”变为“亏”，则能悔而终吉。

九四，鼎折足。

成大畜，互震为“足”，互兑为“折”。

覆公悚。

“悚”，鼎实也。“覆”，犹悖也。“公”，君也。“折足”则悚不在五，而在二，公不在上，而在下，故“覆”。

其形渥。

“形”乃谓之器，已成器，不复能神，谓成既济也。“渥”，犹满也。屯成既济，鼎亦成既济。盈而不亏，悔矣。

凶。

一渥为笑，则吉。

六五，鼎黄耳。

二之五，得中为“黄”，成遁上之屯三为耳。

金铉，

黄则上有乾“金”，以上贯于屯三。为“铉”之贯于耳。

利贞。

耳不在鼎，而在屯三，故“利贞”。

上九，鼎玉铉。

乾亦为“玉”。成咸，犹益之“用圭”。

大吉，无不利。

不成两既济，则咸又通损。